Governança Corporativa de Bancos e a Crise Financeira Mundial

ANÁLISE COMPARATIVA DE FONTES DO CENÁRIO BRASILEIRO

Governança Corporativa de Bancos e a Crise Financeira Mundial

ANÁLISE COMPARATIVA DE FONTES DO CENÁRIO BRASILEIRO

2017

Pamela Romeu Roque

GOVERNANÇA CORPORATIVA DE BANCOS E A CRISE FINANCEIRA MUNDIAL
ANÁLISE COMPARATIVA DE FONTES DO CENÁRIO BRASILEIRO
© Almedina, 2017

AUTORA: Pamela Romeu Roque
DIAGRAMAÇÃO: Almedina
DESIGN DE CAPA: FBA
ISBN: 978-858-49-3221-4

Dados Internacionais de Catalogação na Publicação (CIP)
(Câmara Brasileira do Livro, SP, Brasil)

Roque, Pamela Romeu
Governança corporativa de bancos e a crise financeira mundial : análise comparativa de fontes do cenário brasileiro / Pamela Romeu Roque. – São Paulo : Almedina, 2017.
Bibliografia
ISBN: 978-85-8493-221-4
1. Administração de crise - Brasil 2. Bancos - Brasil 3. Crise financeira 4. Crise Financeira Mundial 5. Direito econômico 6. Governança corporativa - Brasil I. Título.

17-04807   CDD-332.14209

Índices para catálogo sistemático:
1. Governança corporativa : Crise Financeira : Economia mundial 332.14209

Este livro segue as regras do novo Acordo Ortográfico da Língua Portuguesa (1990).

Todos os direitos reservados. Nenhuma parte deste livro, protegido por copyright, pode ser reproduzida, armazenada ou transmitida de alguma forma ou por algum meio, seja eletrônico ou mecânico, inclusive fotocópia, gravação ou qualquer sistema de armazenagem de informações, sem a permissão expressa e por escrito da editora.

Junho, 2017

EDITORA: Almedina Brasil
Rua José Maria Lisboa, 860, Conj.131 e 132, CEP: 01423-001 São Paulo | Brasil
editora@almedina.com.br
www.almedina.com.br

Ao meu tio Marco, que infelizmente já se foi, e aos adoráveis membros da nova geração que já chegaram, meus sobrinhos Roberto e Yan.

AGRADECIMENTOS

Este livro é fruto atualizado de minha dissertação de mestrado defendida na Faculdade de Direito do Largo São Francisco da Universidade de São Paulo. Escrever referida dissertação de mestrado, para mim, foi a confirmação empírica de que não fazemos nada nessa vida sozinhos, mesmo que seja um trabalho "individual". Com efeito, tenho muito o que agradecer a diversas pessoas que contribuíram de variadas formas para a concretização deste trabalho.

Em primeiro lugar, agradeço ao meu orientador, Professor Doutor Paulo Fernando Campos Salles de Toledo, desde a oportunidade de retornar à Velha e Sempre Nova Academia até os últimos minutos de sua excelente orientação na realização de minha dissertação de mestrado. De fato, fui agraciada com a sorte de ter sido orientada por ele, profissional do ensino que exerce seu ofício com dedicação e verdadeira vocação.

Agradeço também ao Professor Doutor Carlos Pagano Botana Portugal Gouvêa e à Professora Doutora Maristela Basso, que participaram da minha banca de qualificação, pelas perspicazes sugestões e críticas ao trabalho, que auxiliaram de maneira decisiva a condução da pesquisa e a estruturação da redação final do trabalho. No mesmo sentido, agradeço ao Professor Doutor Alexandre di Miceli da Silveira que, em conjunto do Professor Doutor Carlos Botana Portugal Gouvêa, participou da banca de defesa de minha dissertação, com ricas observações quanto ao trabalho que foram absorvidas para essa versão publicada e certamente a enriqueceram.

Agradeço aos profissionais que lidam diariamente com a governança corporativa de bancos – seja internamente nas instituições, seja na posição de autoridade bancária, ou, ainda, na de auditores – e que se disponibilizaram a conversar comigo, e até a ler meu trabalho (apesar da agenda cheia), contribuindo com valiosos comentários e compartilhamento de suas visões: Wilson Ometto, Marcelo Vicentini, Peter Harper, Jairo Soares, Ismael Nicomédio, Alexandre Ibrahim, Antonio Girelli, Ênio Meinen e Paulo Sergio Ortega Rausch.

Agradeço também aos meus companheiros de Insper pelas orientações e fluxo enriquecedor de ideias: André Antunes Soares de Camargo, Eduardo Montenegro Dotta, José Luiz Conrado Vieira, Ana Paula Candeloro, Régis Fernando de Ribeiro Braga, Daniel Martins Boulos, Rodrigo Fernandes Rebouças e Ana Cristina von Gusseck Kleindienst.

Agradeço aos membros de minha família pelo apoio e paciência necessários, sem os quais não teria sido possível concluir minha dissertação. Dentre essas pessoas que tiveram sua paciência e sua capacidade de ajudar testadas de maneira acentuada, agradeço especialmente ao meu pai, ao meu primo Marquinho e ao *mein Schatz* Max.

Agradeço ainda a meus amigos, pelos atos de amizade durante a redação deste trabalho, especialmente pelas conversas e palavras de conforto acadêmico. Nesse sentido, não posso deixar de mencionar os amigos Marília Cruz Ávila, Marília Miranda, Daniel Gustavo Peixoto Orsini Marcondes, Paula Ferraresi Santos, Maria Alice Rodrigues, Natália Luchini e Fábio André Oliveira.

Agradeço também aos funcionários da Faculdade de Direito da Universidade de São Paulo, que certamente contribuíram para a realização e conclusão de meu trabalho, bem como a Silvia Massimini Felix pela revisão do português do texto final (os erros que permanecem são de minha inteira responsabilidade).

Por fim, reservo essas palavras finais de agradecimentos para me dirigir de maneira especial e destacada à minha mãe, pelo incentivo ímpar e por estar sempre ao meu lado, mesmo quando essa postura não parece ser a mais recomendável.

Ciente de que sou falível, desculpo-me se acaso não mencionei alguma pessoa que tenha participado desse extenso processo acadêmico.

PREFÁCIO

Muito se fala atualmente, e muito se escreve, sobre governança corporativa. Mas, e se concentrarmos o foco nas instituições bancárias, continuaremos encontrando a mesma disseminação? A resposta, especificamente no tocante ao Brasil, é negativa.

Qual seria a razão do quase vazio de produção intelectual a respeito da governança corporativa de instituições bancárias? Seria a especificidade do enfoque, a exigir que se adaptem as recomendações gerais, aplicáveis às empresas e organizações dos mais diversos setores, ao campo próprio dos bancos? Ou seria a relativa complexidade da matéria, nem sempre facilmente acessível àqueles que não têm um contato mais direto com o tema? Ainda que não se encontre a resposta a essas indagações, o certo é que, especialmente em tempos de crise econômica, o assunto é de abordagem indispensável.

Pois a Pamela lançou-se a esse desafio. E isto no âmbito de dissertação de Mestrado na Faculdade de Direito da Universidade de São Paulo. Tive a grande satisfação acadêmica de ter sido seu orientador. Acompanhei, por isso, passo a passo, seu empenho e sua dedicação.

Pamela foi fundo nas pesquisas. Buscou as mais abalizadas fontes normativas (de *hard law* e de *soft law*), e a mais atualizada doutrina, e soube extrair, desse material, os componentes fundamentais para sua proposta de trabalho. E esta era particularmente significativa.

Pamela, partindo das falhas constatadas no sistema bancário na crise de 2008, em termos de governança corporativa, passou a demonstrar que essas fragilidades concorreram para um aprimoramento das estruturas e das práticas nesse setor. Assim é que princípios e recomendações do Comitê de Basiléia, antes descurados, tornaram-se de observância frequente. Ao mesmo tempo, legislações mais severas entraram em vigor.

Com esse manancial, Pamela voltou seus olhos para a realidade brasileira. Uma boa notícia a respeito: as regras do Comitê de Basiléia já eram aqui postas em prática, ao menos em parte. Cabe lembrar a propósito, as referências ao comitê de risco, à instituição de um *Chief Risk Officer*, aos cuidados com a gestão de riscos e com a política de remuneração dos administradores e de todos aqueles que, mesmo não ocupando cargos da alta administração, assumem posições de risco.

A dissertação, submetida a uma banca presidida por seu orientador e integrada pelos Professores Carlos Portugal Gouvea e Alexandre Di Miceli da Silveira, foi aprovada com distinção. E é esse trabalho que, transformado em livro, é oferecido ao mercado. Tem tudo pra se tornar obra de consulta indispensável para todos aqueles que se propuserem a estudar a governança corporativa das instituições bancárias.

PAULO FERNANDO CAMPOS SALLES DE TOLEDO

LISTA DE QUADROS

Quadro 1: Comparação entre os enunciados de práticas de governança corporativa de organizações bancárias do documento de 1999 do Comitê da Basileia e os enunciados dos princípios constantes do documento de 2006 de mesma entidade 168

Quadro 2: Comparação entre os princípios constantes do documento de 2006 do Comitê da Basileia e os constantes do documento de 2010 de mesma entidade 198

Quadro 3: Comparação entre os princípios de governança corporativa para bancos constantes do documento de 2010 do Comitê da Basileia e os constantes do documento de 2015 de mesma entidade 214

Quadro 4: Segmentação de instituições autorizadas a funcionar pelo Banco Central do Brasil inserida pela Resolução n. 4.553/2017 250

Quadro 5: Comparação no tocante a previsões atinentes ao comitê de riscos constantes do documento de 2015 do Comitê da Basileia e de dispositivos da Resolução n. 4.557/2017 276

Quadro 6: Comparação de recomendações do Comitê da Basileia (2015) e de dispositivos selecionados da Resolução n. 3.988/2011, da Resolução n. 3721/2009, da Resolução n. 3.464/2007, da Resolução n. 3.380/2006 e da Resolução n. 4.090/2012 285

Quadro 7: Comparação no tocante a previsões atinentes ao CRO constantes do documento de 2015 do Comitê da Basileia e de dispositivos da Resolução n. 4.557/2017 293

SUMÁRIO

INTRODUÇÃO 17

1. GOVERNANÇA CORPORATIVA E INSTITUIÇÕES BANCÁRIAS 25
   1.1 Governança corporativa: breves delineamentos 25
       1.1.1 Conceito de governança corporativa 26
       1.1.2 Fundamentos da governança corporativa: o conflito de agência 29
       1.1.3 Vertentes *shareholder-oriented, stakeholder-oriented e enlightened shareholder* 33
       1.1.4 Meios pelos quais a governança corporativa se expressa: fontes e mecanismos 48
   1.2 A governança corporativa para o setor bancário é (ou deve ser) diferente 52
       1.2.1 A complexidade da atividade bancária 59
           1.2.1.1 Estrutura de capital diferenciada 61
           1.2.1.2 Opacidade de ativos 62
           1.2.1.3 Menor transparência e recrudescimento da assimetria de informações 63
           1.2.1.4 Combinação e extensão únicas de riscos corridos 67
       1.2.2 A multiplicidade e magnitude de partes interessadas (*stakeholders*): apetites a risco conflitantes e desafios ao monitoramento 69
           1.2.2.1 Alta administração 71
           1.2.2.2 Acionistas 77
           1.2.2.3 Credores 82
           1.2.2.4 Trabalhadores 88

    1.2.2.5 Demais instituições financeiras   89
    1.2.2.6 Entidades de seguro-garantia de crédito bancário   90
    1.2.2.7 Fisco (contribuintes)   93
    1.2.2.8 Reguladores (e supervisores): classificação dúbia como partes interessadas e sua interferência como mais um atuante a impactar o desempenho do banco   95
   1.2.3 Maior nível de regulação   99
  1.3 Contribuições da governança corporativa para instituições bancárias   105
  1.4 Fontes de governança corporativa para instituições bancárias   109

2. A GOVERNANÇA CORPORATIVA DE INSTITUIÇÕES BANCÁRIAS E A CRISE FINANCEIRA MUNDIAL DE 2008   117
  2.1 Impacto da crise de 2008 na governança corporativa de instituições bancárias: panorama geral   117
  2.2 Falhas na governança corporativa de instituições bancárias (e financeiras) evidenciadas pela crise financeira mundial de 2008   133
   2.2.1 Falhas nas práticas de governança relacionadas à gestão de risco   136
   2.2.2 Sistemas de remuneração e de incentivos: incentivos fortes à assunção de risco   139
   2.2.3 Deficiências nas práticas e qualificações do conselho de administração   141
   2.2.4 Conduta de acionistas e a crítica ao fundamento da vertente de *shareholder-oriented* como falha de governança corporativa evidenciada pela crise de 2008   145
  2.3 A divergência quanto à real extensão da contribuição da governança corporativa das instituições financeiras (e bancárias) para a crise   150
  2.4 Princípios e recomendações a eles correlatas do Comitê da Basileia em matéria de governança corporativa em instituições bancárias após a crise de 2008   159
   2.4.1 O Comitê da Basileia e a governança corporativa de bancos   159
   2.4.2 Princípios indicados pelo Comitê da Basileia em 2010   169
    2.4.2.1 Práticas do Conselho   172
    2.4.2.2 Alta gestão (*senior management*)   177
    2.4.2.3 Gestão de risco e controles internos   178

2.4.2.4 Remuneração	191
2.4.2.5 Estruturas corporativas complexas ou opacas	195
2.4.2.6 Divulgação e transparência	197
2.4.2.7 Destaques da evolução dos princípios de 2006 para 2010	197
2.4.3 Princípios indicados pelo Comitê da Basileia em 2015	201
2.4.4 Observações da evolução dos princípios e recomendações de práticas de tópicos selecionados em função da crise de 2008	216

3. PONTOS DE MECANISMOS INTERNOS DE GOVERNANÇA CORPORATIVA DE INSTITUIÇÕES BANCÁRIAS ESTIMULADOS PELA CRISE DE 2008 E CONSIDERAÇÕES SOBRE FONTES NO BRASIL ... 221

3.1 Introdução ao capítulo	221
3.2 Propósito a ser perseguido pelos conselheiros no direcionamento da governança corporativa de bancos	227
3.3 Qualificação dos conselheiros: conhecimento e/ou experiência bancária necessária ao conselho	235
3.4 Estruturas de governança de risco: instauração de comitê de riscos e estabelecimento de um *chief risk officer* (CRO)	2475
3.4.1 Breve apresentação panorâmica da Resolução n. 4.557/2017 e da Resolução n. 4.553/2017	248
3.4.2 Constituição de comitê de riscos	257
3.4.2.1 Cenário das fontes abstratas de governança corporativa no Brasil anterior à publicação da Resolução n. 4.557/2017 no tocante ao comitê de riscos	261
3.4.2.2 Cenário das fontes abstratas de governança corporativa no Brasil posterior à publicação da Resolução n. 4.557/2017 no tocante ao comitê de riscos	267
3.4.2.2.1 Formalização e organização do comitê de riscos	267
3.4.2.2.2 Atribuições do comitê de riscos	268
3.4.2.2.3 Composição do comitê de riscos	271
3.4.2.2.4 Obrigatoriedade de constituição do comitê de riscos	272

3.4.2.2.5 *Comparação com as recomendações do Comitê
 da Basileia em matéria de comitê de riscos*   275
3.4.3 Estabelecimento de um *Chief Risk Officer* (CRO)   277
    3.4.3.1 Cenário das fontes abstratas de governança
corporativa no Brasil anterior à publicação da
Resolução n. 4.557/2017 no tocante ao CRO   280
    3.4.3.2 Cenário das fontes abstratas de governança
corporativa no Brasil posterior à publicação
da Resolução n. 4.557/2017 no tocante ao CRO   289
    3.4.3.2.1 *Comparação com as recomendações do Comitê da Basileia
em matéria de CRO*   292
3.5 Políticas de remuneração e instauração de comitê de remuneração:
relacionamento com o risco   294
    3.5.1 Disciplina da Resolução n. 3.921/2010: política
de remuneração da alta administração e comitê
de remuneração no Brasil   298
    3.5.2 Comparação das fontes abstratas de governança corporativa
no Brasil com as recomendações do Comitê da Basileia em
matéria de políticas remuneratórias e comitê de remuneração
em bancos   311

CONCLUSÃO   317

REFERÊNCIAS   321

Introdução

A governança corporativa, desde seu surgimento como objeto de estudo, vem sendo estimulada pela ocorrência de crises, as quais, ao mesmo tempo em que reforçam sua importância, destacam caminhos para seu aprimoramento. A crise financeira mundial de 2008[1] não foi, nesse sentido, diferente. De fato, quando seus efeitos começaram a ser mais abruptamente sentidos, muitos estudiosos voltaram-se de maneira mais detida à análise das práticas vigentes de governança corporativa das organizações empresariais, identificando suas possíveis falhas e futuros aperfeiçoamentos.

Não obstante essa consequência frequentemente observada em crises em geral, a de 2008 tem um notável traço distintivo nesse campo: uma vertente especial de análise foi dedicada à governança corporativa de bancos. Com efeito, a crise de 2008 representou um estímulo ao

---

[1] O período exato abrangido pela referida crise é assunto controverso e sua delimitação é metodologicamente necessária em estudos empíricos. Na presente dissertação, em que não há pretensão em se realizar estudos empíricos, faremos referência ao ano de 2008 por se alinhar à maior parte da doutrina utilizada e referenciada em seu decorrer, bem como por representar um ano em que a existência de uma crise grave e com extensões territorialmente vastas ficou patente. Ilustra essa assertiva o apontamento do relatório "Financial Crisis Inquiry Commission Report", segundo o qual a *full-blown crisis* ocorreu no outono de 2008 (Financial Crisis Inquiry Comission, **Financial Crisis Inquiry Report – Final Report of the National Commission on the Causes of the Financial and Economic Crisis in the United States**, jan. 2011, p. xvi. Disponível em: <https://fcic.law.stanford.edu/report>. Acesso em: 27 set. 2016). Observa-se, contudo, que é comum também a referência ao início da crise no ano de 2007, bem como é frequente nomeá-la por "crise financeira mundial".

estudo e às considerações específicas da governança corporativa de referidas instituições, com a maior aceitação de sua especialidade e da necessidade de configurações peculiares (ou mais ênfase) de mecanismos para a efetiva direção, monitoramento e incentivo daquelas, considerada sua importância decorrente do impacto, tanto positivo quanto negativo, de suas atividades para a economia como um todo.

É justamente para a identificação e descrição desse estímulo que a presente dissertação se volta, notadamente quanto à perspectiva dos mecanismos internos[2] da governança dos bancos, buscando-se adicionalmente situar, pela análise de suas fontes abstratas, a governança corporativa dos bancos do Brasil no âmbito de discussões que decorreram de referido período histórico e, assim, contribuir para o desenvolvimento do tema no contexto nacional.

Para o atendimento desse objetivo, a presente dissertação se valerá da análise de doutrina especialmente dedicada à governança corporativa de instituições bancárias, com destaque à produzida por autores do contexto anglo-saxão por representarem a maior incidência de estudos na matéria, até mesmo em função de se situarem no epicentro da crise financeira de 2008. Serão referenciados também relatórios e documentos oficialmente publicados por organismos multilaterais e governos que se dedicaram ao assunto. Nesse contexto, reforçamos que nosso objetivo não é discutir se e como as deficiências da governança corporativa contribuíram para a crise, mas revelar o estímulo que esta proporcionou à análise e aprimoramento de mecanismos internos de governança corporativa dos bancos, explicitando-se, ademais, que não há pretensão de se realizar estudos empíricos, mas sim um estudo descritivo de natureza bibliográfica adstrito ao objeto eleito. Nesse ponto, destacamos também que não serão aprofundados aspectos de regulação sistêmica e prudencial ou mesmo de supervisão bancária, embora tenham sido largamente estimuladas pela crise de 2008, na medida em que nosso foco se situa nos limites da governança corporativa interna de instituições bancárias. Ainda, cabe salientar a lente de profissional do direito que é inevitavelmente utilizada pela autora, motivo pelo qual uma atenção especial será dedicada aos aspectos afetos às fontes de normas de governança

---

[2] Os delineamentos dos mecanismos internos de governança corporativa serão abordados no item 1.1.4 do primeiro capítulo.

INTRODUÇÃO

corporativa, ainda que algumas não sejam vinculativas, e às suas respectivas exegeses.

Com esse objetivo e foco de análise, a presente dissertação está estruturada em três capítulos e uma posterior conclusão, além da presente introdução. No primeiro capítulo, serão inicialmente apresentados breves delineamentos no tocante à governança corporativa geral, já que governança corporativa é um assunto complexo, com múltiplas definições, fazendo-se necessário situar os aspectos pressupostos ao desenvolvimento desta dissertação. Ainda nesse diapasão, após a apresentação de delineamentos gerais, adentraremos mais precisamente na governança corporativa específica de bancos, enfatizando por que e em que medida podemos destacá-la da governança corporativa de outras espécies de organizações.

Feito esse enquadramento, passaremos, no capítulo 2, a analisar mais propriamente o estímulo provocado pela crise de 2008 à governança corporativa de instituições bancárias. Com esse intuito, destacaremos suas falhas no contexto da crise como apontadas por relatórios oficiais publicados, na medida em que, até por sequência lógica, se parte da evidenciação destas para se buscar o aprimoramento daquela. Em seguida, analisaremos a evolução das proposições do Comitê da Basileia na matéria, conforme expostas em documentos específicos ao assunto. A escolha da apresentação de referidas proposições do Comitê da Basileia pauta-se em três principais justificativas: em primeiro lugar, pelo fato de que, não obstante não sejam vinculativas, são ponderações que possuem elevada autoridade em seu conteúdo, sendo internacionalmente consideradas (o que é com frequência chamado de *soft law*, como abordaremos ao longo da presente dissertação); em segundo, por ser fruto do trabalho de profissionais da supervisão bancária, e demais colaboradores de instituições financeiras, de diversas jurisdições e que expressamente extraem princípios e boas práticas abstraindo as diferenças normativas existentes dentre os variados países que integram referido órgão – muito embora, ressalve-se, o enfoque seja tipicamente de supervisão bancária, ou seja, notadamente voltada à estabilidade financeira que, embora não seja a única vertente possível de ser adotada para a abordagem da governança corporativa, foi, no mais, a de especial destaque no contexto da crise; e, em terceiro, por se tratar de um órgão que se volta ao estudo específico da governança corporativa de bancos desde antes da crise de 2008, ofertando assim um profícuo guia adequado ao nosso propósito de identificar o impacto provocado por aquela nesse tocante.

Na sequência, no capítulo 3, situaremos o Brasil no contexto objeto de nosso estudo por meio da análise de fontes nacionais abstratas de governança corporativa *vis-à-vis* as recomendações do Comitê da Basileia em tópicos selecionados em função do quanto discorrido tanto no primeiro quanto no segundo capítulos. Permeia o terceiro capítulo a concepção de que as fontes abstratas de governança corporativa, conforme desenvolvido no decorrer desta dissertação, trazem patamares mínimos para o desenvolvimento da governança corporativa concreta das instituições bancárias, sendo também nessa medida um importante fator de sua propagação e, assim, merecedoras de análise.

Por fim, concluiremos a presente dissertação apresentando os principais estímulos identificados em nosso objeto em função da crise de 2008, bem como as observações decorrentes do estudo realizado no que se refere ao Brasil.

Antes de passarmos aos capítulos anteriormente descritos, entretanto, é necessário esclarecer um aspecto terminológico do objeto em análise, a saber, o que entendemos, para os efeitos deste trabalho, por "instituições bancárias" e por "banco", expressões que serão aqui adotadas como sinônimas. De fato, a definição de instituição bancária ou de banco não é unívoca em doutrina nacional ou estrangeira[3]. Como uma espécie de instituição financeira, a depender do ramo de conhecimento (especialmente, economia ou direito[4]), bem como o objetivo

---

[3] Nesse sentido, por exemplo: SADDI, J. **Crise e regulação bancária**: navegando mares revoltos. São Paulo: Textonovo, 2001 ("a definição de banco é espinhosa", op. cit. p. 27); CARVALHO, F. C. de. et al. **Economia monetária e financeira**: teoria e prática. Rio de Janeiro: Campus, 2000, p. 253-254; BINNIE, R. **Transparência dos bancos**. São Paulo: Almedina, 2011, p. 13.

[4] A definição de instituições financeiras – dos quais os bancos são uma espécie – no ordenamento jurídico brasileiro tem como norte legal o artigo 17 da Lei 4.595, de 31 de dezembro de 1964 ("Lei 4.595/1964"): "Art. 17. Consideram-se instituições financeiras, para os efeitos da legislação em vigor, as pessoas jurídicas públicas ou privadas, que tenham como atividade principal ou acessória a coleta, intermediação ou aplicação de recursos financeiros próprios ou de terceiros, em moeda nacional ou estrangeira, e a custódia de valor de propriedade de terceiros./ Parágrafo único. Para os efeitos desta lei e da legislação em vigor, equiparam-se às instituições financeiras as pessoas físicas que exerçam qualquer das atividades referidas

neste artigo, de forma permanente ou eventual". A redação de referido artigo é comumente criticada por sua amplitude desmesurada (por exemplo, SALOMÃO NETO, E. **Direito bancário**. 2. ed, rev. e atual. São Paulo: Atlas, 2014, p. 16), de modo que, se interpretada literalmente, deixaria poucas atividades de fora de seu alcance. Com efeito, referido dispositivo legal deve ser e é interpretado de forma mais elaborada, vislumbrando-se a necessidade de que os atos de captação e aplicação de recursos sejam cumulativos para se caracterizar a atividade financeira enunciada por mencionada lei. Ademais, costuma-se pontuar a necessária habitualidade e o intuito de lucro, ou sua economicidade, da atividade exercida. A exegese da referida lei é enfrentada por autores como: SALOMÃO NETO, op. cit.; WALD, A. A evolução do conceito de instituição financeira. **Revista de Direito Bancário e do Mercado de Capitais**, v. 8, n. 28, abr.-jul. 2005, p. 211-229; PINTO, G. M. A. **Regulação sistêmica e prudencial no setor bancário brasileiro**. São Paulo: Almedina, 2015, p. 113-116; COVAS, S.; CARDINALI, A. L. **O Conselho de Recursos do Sistema Financeiro Nacional**: atribuições e jurisprudência. São Paulo: Quartier Latin, 2008, p. 255-256 (abordando decisões do Conselho de Recursos do Sistema Financeiro Nacional que se valeram da definição de instituição financeira), dentre outros. Definido nosso objeto tal qual esclarecido no texto, não pretendemos tecer maiores considerações quanto à definição legal de instituição financeira no Brasil, até porque a presente dissertação contará com considerações advindas da experiência internacional que prescinde do delineamento exato de nossa definição legal de instituição financeira (e das espécies consubstanciadas nos bancos). Ainda nesse âmbito, é salutar observar que o Banco Central do Brasil, ao explicar as informações que divulga trimestralmente sobre o Sistema Financeiro Nacional, conceitua como instituições bancárias: instituições financeiras do tipo banco com carteira comercial, com carteira de investimento, bancos múltiplos (os quais devem ter ao menos ou a carteira comercial, ou a de investimento, necessariamente), caixa econômica, com carteira de desenvolvimento (só para bancos públicos) e cooperativas de crédito (disponível em <http://www4.bcb.gov.br/top50/port/esc_met.asp>. Acesso em: 28 nov. 2016). Ainda que não unânime, já que, por exemplo, o economista Alexandre Assaf Neto classifica como "instituições bancárias" apenas aquelas com carteira comercial (ASSAF NETO, A. **Mercado financeiro**. 12. ed. São Paulo: Atlas, 2014, p. 48-49), essa classificação do Banco Central do Brasil alinha-se à nossa definição, destacando, entretanto, que nuances afetas a cooperativas de crédito (e a outras entidades do cooperativismo de crédito) não estão abarcadas no objeto do presente trabalho, ainda que estas sejam consideradas instituições bancárias. Faz-se esse corte pelo fato de que análises específicas a cooperativas de crédito não foram feitas pela literatura e estudos de organismos internacionais *vis-à-vis* a crise de 2008, além de apresentarem desafios muito próprios de governança corporativa por sua qualidade de cooperativismo, os quais podem ser estudados por meio de estudos e cartilhas específicas para essas entidades, pelo que nos remetemos a: VENTURA, E. C. F. et al. **Governança cooperativa**: diretrizes e mecanismos para fortalecimento da governança em cooperativas de crédito. Brasília: BCB, 2009. 256 p. Disponível em: <https://www.bcb.gov.br/Pre/microFinancas/coopcar/pdf/livro_governanca_cooperativa_internet.pdf>. Acesso em: 10 ago. 2016; BCB. **Governança cooperativa**: diretrizes para boas práticas de governança em cooperativas de crédito. Brasília, ago. 2008. Disponível em: <https://www.bcb.gov.br/pre/microFinancas/coopcar/pdf/diretrizesVersaoSint%C3%A9tica.

do autor que a analisa, diversas demarcações de tipologia podem ser apresentadas[5]. O aprofundamento dessa definição ou classificação não é objetivo do presente trabalho, bastando estipular, no âmbito deste posicionamento introdutório, que o que se busca é abarcar instituições de intermediação financeira que captem a poupança popular – notadamente por meio de depósito bancário à vista[6] ou a prazo – e, por meio de operações ativas bancárias, repassem recursos a tomadores, bem como financiem atividades (de especial importância, a produtiva) sem finalidade específica. Com essa estipulação, buscamos nos alinhar às observações que serão extraídas a partir de colocações de nosso tema no

---

pdf>. Acesso em: 28 nov. 2016; e MEINEN, Ê. **Cooperativismo Financeiro**: Virtudes e Oportunidades. Ensaios sobre a perenidade do empreendimento cooperativo. Brasília: Confebras. 2016. Destaca-se ainda nesse sentido o fato de que as cooperativas de crédito (e demais entidades do cooperativismo de crédito) estão submetidas a diversas normas do Conselho Monetário Nacional e do Banco Central do Brasil a elas específicas merecendo oportuno estudo próprio que recomendamos para desenvolvimento futuro. Também é de se observar que bancos públicos, pela condição de públicos, também não são destacados para análise singular, seja por não ensejarem pontos específicos evidenciados pela crise de 2008, seja por também terem desafios próprios para além da atividade bancária em si e que merecem trabalho monográfico apartado.

[5] Com essa mesma observação e procedendo a uma revisão literária: PINTO, G. M. A. **Regulação sistêmica e prudencial no setor bancário brasileiro**. São Paulo: Almedina, 2015, p. 117-122. Destacamos: "[a]tualmente é possível encontrar, nas obras dedicadas ao tema, uma variedade de formas de classificação das instituições financeiras atuantes no SFN. Essas diferentes formas de classificação estão relacionadas ao conceito de instituição financeira presente em certos diplomas legais – notadamente a Lei 4.595/1964 –, bem como a análise de aspectos determinantes nas atividades desempenhadas por tais entidades, tarefa esta não raro influenciada pela formação jurídica ou econômica daquele que pretende apresentar o esquema de classificação. Dessa forma, é possível encontrar juristas que partem de uma interpretação literal dos dispositivos legais para classificar os tipos de instituição financeira, enquanto economistas tendem a privilegiar aspectos comuns às atividades desempenhadas por cada qual delas" (p. 117).

[6] No Brasil, possível especificamente para caixas econômicas, bancos cooperativos, cooperativas de crédito e para instituições que contem com carteira comercial. Para um detalhamento das carteiras e permissões para captação de recursos no Brasil, ver SALOMÃO NETO, op. cit., p. 66-81. Para uma revisão da doutrina no tocante à tipologia das instituições participantes do Sistema Financeiro Nacional, v. PINTO, op. cit., p. 117-118. Destacamos, mais uma vez, que não adentraremos em particularidades das espécies de instituições bancárias, especialmente das entidades do cooperativismo financeiro na toada do que expusemos na nota de rodapé 4 da presente introdução.

INTRODUÇÃO

plano internacional (e, portanto, não restritas às definições da legislação brasileira e demais normas infralegais decorrentes).

Não obstante este foco, deve-se ressalvar que muitas assertivas e reflexões podem ser estendidas a instituições financeiras em sentido mais amplo (e não só às espécies mencionadas que captam depósitos e financiam sem finalidade específica), motivo pelo qual utilizaremos em alguns pontos o termo "instituição financeira", especialmente no capítulo terceiro, que se volta a analisar fontes de governança corporativa no Brasil em tópicos selecionados, havendo referências a normas emanadas do Conselho Monetário Nacional e Banco Central do Brasil que, por muitas vezes, abrangem mais instituições financeiras que não apenas as selecionadas para a investigação da presente dissertação (inclusive, em alguns casos, mais do que "instituições financeiras", mas "instituições autorizadas a funcionar pelo Banco Central do Brasil"). Nessa direção, inclusive, é importante ressalvar que, como decorrência do foco na atividade bancária tal como selecionada, as análises de fontes normativas serão especialmente voltadas às emanadas pelo Conselho Monetário Nacional e Banco Central do Brasil, ainda que se faça referências a outras espécies de normas.

Feitos esses esclarecimentos, passaremos agora ao primeiro capítulo, que se inicia com o delineamento de aspectos gerais da governança corporativa.

1. Governança Corporativa e Instituições Bancárias

1.1 Governança corporativa: breves delineamentos

Governança corporativa é um assunto complexo[1], pois envolve conceitos de diversos ramos de estudo, como economia, administração, contabilidade, direito e psicologia. Preliminarmente, pode-se afirmar que é o sistema pelo qual as empresas são dirigidas, monitoradas e incentivadas, assegurando-se um comportamento responsável, transparente e confiável necessário para seu crescimento empresarial no longo prazo, bem como colaborando para a decisão de investimento por parte de investidores. Como tal, a boa governança corporativa das empresas contribui para a estabilidade dos mercados financeiros, para o investimento e para o crescimento econômico[2].

---

[1] Nesse mesmo sentido, ver BINNIE, R. **Transparência dos bancos**. São Paulo: Almedina, 2011, p. 55.

[2] Conforme destacado pela Organização para a Cooperação e Desenvolvimento Econômico (OCDE), *in*: **Os princípios da OCDE sobre o governo das sociedades**. 2004, p. 3. Disponível em: <http://www.oecd.org/daf/ca/corporategovernanceprinciples/33931148.pdf>. Acesso em: 1 jul. 2015. Alerte-se para o fato de que esse documento sofreu revisão com a publicação de uma nova versão em 2016: OCDE. **Princípios de governo das sociedades do G20 e da OCDE**. 2016. Disponível em: <http://www.keepeek.com/Digital-Asset-Management/oecd/governance/principios-de-governo-das-sociedades-do-g20-ocde_9789264259195-pt#page15>. Acesso em: 25 nov. 2016. Preliminarmente, entretanto, a definição aposta no texto – largamente referenciada na doutrina especializada – atende ao propósito acima delineado. Na nova versão, destacamos os seguintes trechos: "[o] objetivo do governo das sociedades é ajudar a construir um ambiente de confiança, transparência e responsabilidade, necessário para fomentar o investimento a longo prazo, a estabilidade

A seguir, apresentaremos de maneira sucinta os conceitos-base da governança corporativa, tecendo algumas considerações a respeito de sua definição, seus fundamentos, vertentes e formas de manifestações.

1.1.1 Conceito de governança corporativa

Qualquer pesquisa simples que envolva o termo "governança corporativa" revelará, quase de imediato, a miríade de definições que existem a esse respeito no mundo todo[3]. Respeitando os limites de apresentação sucinta para o desenvolvimento do presente trabalho, no entanto, entendemos que seja pertinente a apresentação de seis delas, com as quais pretendemos enfatizar elementos que julgamos aqui relevantes.

A primeira – uma das mais citadas e simples definições – é a que consta do Relatório do Comitê Cadbury de 1992, segundo a qual governança corporativa é *"the system by which companies are directed and controlled"*[4]. De fato, essa primeira definição apresentada evidencia o

---

financeira e a integridade empresarial, apoiando, assim, um crescimento mais forte e sociedades mais inclusivas" (op. cit., 2016, p. 7), e "[o] governo das sociedades envolve um conjunto de relações entre os órgãos de gestão de uma empresa, o seu conselho de administração, os seus acionistas e *stakeholders*. O governo das sociedades fornece também a estrutura através da qual os objetivos da empresa são definidos e se determina os meios para alcançar esses objetivos e para monitorizar o desempenho" (op. cit., 2016, p. 9).

[3] Nesse sentido, Alexandre di Miceli da Silveira apresenta vinte principais definições distribuídas entre definições acadêmicas e de instituições de mercado/organismos internacionais. (Silveira, A. di M. da. **Governança corporativa no Brasil e no mundo: teoria e prática**. 2. ed. Rio de Janeiro: Elsevier, 2015, p. 16-18). Flávio Campestrin Bettarello, por sua vez, destacando como a expressão governança corporativa é polissêmica e aludindo simultaneamente a diversos sistemas, mecanismos e visões conceituais, traça um panorama descritivo enquadrado em quatro grupos: i) governança corporativa como conjunto de direitos e sistemas de relações; ii) governança corporativa como sistema de governo e estruturas de poder; iii) governança corporativa como valores e padrões de comportamento; e iv) governança corporativa como sistemas normativos (Bettarello, F. C. **Governança corporativa**: fundamentos jurídicos e regulação. São Paulo: Quartier Latin, 2008). Destacamos que, não obstante e independentemente da existência dessa classificação, em nosso texto foram selecionadas algumas definições que encontramos na pesquisa realizada para enfatizar aspectos que entendemos pertinentes para o desenrolar da presente dissertação.

[4] Tradução livre: "Sistema pelo qual as companhias são dirigidas e controladas". Cadbury, A., **Report of the Committee on the Financial Aspects of Corporate Governance**, London, Dec. 1992. Disponível em: <http://cadbury.cjbs.archios.info/report>. Acesso em: 11 jul. 2015.

coração da governança corporativa: é o sistema de direção e controle de companhias.

A segunda definição, tão difundida quanto a primeira, porém com viés mais econômico, é oferecida por Andrei Shleifer e Robert Vishny, para os quais a governança corporativa *"deals with the ways in which suppliers of finance to corporations assure themselves of getting a return on their investment"*[5]. Essa definição demonstra a importância da direção e do controle para assegurar que quem investiu na empresa obtenha seu retorno.

A terceira definição a que iremos fazer referência é a elaborada pelo autor português Jorge Manuel Coutinho de Abreu, segundo o qual

> [g]overnação (ou governo) das sociedades[6] designa o complexo das regras (legais, estatutárias, jurisprudenciais, deontológicas), instrumentos e questões respeitantes à administração e ao controlo (ou fiscalização) das sociedades[7].

Essa definição acrescenta um elemento relevante na compreensão da governança corporativa: esta envolve um complexo de regras de diversas naturezas (ao menos, legais, estatutárias, jurisprudenciais e deontológicas).

A quarta definição advém do Relatório de Governança Corporativa de 1999, encabeçado por Stefano Preda, presidente à época da Borsa Italiana S.p.A.:

> La Corporate Governance, *intesa come il sistema delle regole secondo le quali le imprese sono gestite e controllate, è il risultato di norme, di tradizioni, di comportamenti elaborati dai singoli sistemi economici e giuridici e non è certamente riconducibile ad un modello unico, esportabile ed imitabile in tutti gli ordinamenti*[8].

---

[5] Tradução livre: a governança corporativa "lida com os meios pelos quais os fornecedores de capital asseguram o retorno de seus investimentos". SHLEIFER, A; VISHNY, R. A Survey of Corporate Governance. **The Journal of Finance**, v. 52, n. 2, Jun. 1997, p. 737.

[6] Em Portugal, a tradução de *corporate governance* adotada foi "governo de sociedades", expressão mais alinhada ao vernáculo. A adoção neste trabalho da expressão "governança corporativa", entretanto, ocorre para se ajustar à doutrina nacional no tocante ao tema.

[7] ABREU, J. M. C. de. **Governação das sociedades comerciais**. 2. ed. Coimbra: Almedina, 2010, p. 7.

[8] Tradução livre: "A Governança Corporativa, no sentido de um sistema de regras pelas quais as empresas são gerenciadas e controladas, é o resultado de normas, tradições e padrões de

Com ela, acrescenta-se o elemento da tradição no sistema de governança corporativa, bem como o fato de seu desenvolvimento se dar por cada sistema econômico e legal, inexistindo um único modelo que possa ser transportado e implementado integralmente em mais de um lugar.

A quinta definição é a apresentada pelo autor do campo jurídico Milton Nassau Ribeiro:

> Assim, a governança corporativa é um sistema de gestão que privilegia o uso de instrumentos (lei, regulamentos e práticas comerciais) visando compatibilizar os diversos interesses daqueles que se relacionam com a companhia, ou seja, controladores, administradores, auditores externos, minoritários, conselhos fiscais e *stakeholders*.
> Essas práticas estão calcadas basicamente na transparência, na prestação de contas das decisões, na responsabilidade pelos resultados, no respeito às leis e na equidade. Evidentemente, esses interesses devem estar em consonância com os da companhia[9].

Por meio dessa definição, revela-se que o sistema em questão deve visar à compatibilização de diversos interesses – como explicitaremos mais à frente –, inclusive aqueles da própria companhia.

Por fim, a sexta e última definição que destacaremos é a apresentada pelo Instituto Brasileiro de Governança Corporativa (IBGC), na quinta edição de seu Código das Melhores Práticas de Governança Corporativa (2015)[10]:

---

conduta desenvolvidos por um sistema econômico e legal, e certamente não é baseado em um só modelo que pode ser exportado e imitado em todos os ordenamentos". Disponível em: <http://www.ecgi.org/codes/documents/codice_di_autodisciplina.pdf>. Acesso em: 9 jul. 2015.

[9] RIBEIRO, M. N. **Aspectos jurídicos de governança corporativa**. São Paulo: Quartier Latin, 2007, p. 24.

[10] A definição contida na versão de 2009 (4. ed.) deste código já era largamente referenciada e expressava: "Governança corporativa é o sistema pelo qual as organizações são dirigidas, monitoradas e incentivadas, envolvendo os relacionamentos entre proprietários, conselho de administração, diretoria e órgãos de controle. As boas práticas de governança corporativa convertem princípios em recomendações objetivas, alinhando interesses com a finalidade de preservar e otimizar o valor da organização, facilitando seu acesso a recursos e contribuindo para sua longevidade". IBGC. **Código das melhores práticas de governança corporativa**. 4. ed. Disponível em <http://www.ibgc.org.br/CodigoMelhoresPraticas.aspx>. Acesso em: 13 jul. 2015. A crítica cabível resume-se à utilização, no contexto brasileiro, do termo "pro-

Governança corporativa é o sistema pelo qual as empresas e demais organizações são dirigidas, monitoradas e incentivadas, envolvendo os relacionamentos entre sócios, conselho de administração, diretoria, órgãos de fiscalização e controle e demais partes interessadas.

As boas práticas de governança corporativa convertem princípios básicos em recomendações objetivas, alinhando interesses com a finalidade de preservar e otimizar o valor econômico de longo prazo da organização, facilitando seu acesso a recursos e contribuindo para a qualidade da gestão da organização, sua longevidade e o bem comum.[11]

Essa definição enfatiza o aspecto pragmático e objetivo que deve circundar a governança corporativa, bem como sua contribuição para o valor e a longevidade das entidades empresariais. É, no mais, primordialmente com base nela que avançaremos em nossa análise na presente dissertação.

1.1.2 Fundamentos da governança corporativa: o conflito de agência

No plano conceitual, a primeira referência[12] que deve ser feita à base da governança corporativa situa-se no denominado "conflito de agência"[13]. Conforme definem Jensen e Meckling, um relacionamento de agência é um contrato no qual uma ou mais pessoas – o principal – engajam outra

---

prietários", como mais elucidado na nota 17 do presente capítulo, termo que não é mais utilizado na nova versão de referido código.

[11] IBGC. **Código das melhores práticas de governança corporativa**. 5. ed. Disponível em: <http://www.ibgc.org.br/CodigoMelhoresPraticas.aspx>. Acesso em: 15 ago. 2016.

[12] Não é a única referência teórica, entretanto é a mais utilizada pelos autores de governança corporativa, sobretudo os mencionados na presente dissertação, motivo pelo qual foi especificamente abordada nessas linhas de apresentação de conceitos basilares a nosso tema. Para mais referências teóricas, em doutrina nacional, ver: SILVEIRA, op. cit., 2015, p. 69-116. Este autor, inclusive, trata da abordagem comportamental da governança corporativa cada vez mais estudada.

[13] O termo "conflito de agência" é tradução literal da língua inglesa e passível de crítica. Alexandre di Miceli da Silveira, por exemplo, é cuidadoso em manter o termo em inglês *agency* ao tratar do tema, bem como em traduzir *"agency theory"* como "teoria da representação". Evita-se, assim, a confusão com o contrato de agência tipicamente regrado nos artigos 710 a 721 do Código Civil. Contudo, manteremos o emprego adotado no texto para a referência à expressão já utilizada na doutrina nacional, não obstante essa ressalva.

pessoa – o agente – para desempenhar alguma tarefa em seu favor, envolvendo a delegação de autoridade para tomada de decisão pelo agente[14].

De fato, desde que Berle e Means, no início dos anos 1930, chamaram a atenção para a moderna dispersão do capital das empresas e para o divórcio entre a propriedade e a gestão[15], instaurou-se a percepção[16] de que os gestores de empresas – enquanto agentes – podem ter interesses diversos e até mesmo conflitantes com os dos acionistas (comumente chamados de "proprietários"[17] da empresa) – os principais. Enquanto o interesse destes está associado ao maior retorno do capital por eles investido, os interesses daqueles podem estar associados a diversos outros objetivos, como a busca de status, remunerações elevadas no curto prazo às expensas da saúde no longo prazo da empresa, dentre outros. Desse modo, os gestores, no âmbito de suas funções, podem

---

[14] JENSEN, M.; MECKLING, W. Theory of the firm: managerial behavior, agency costs and ownership structure. **Journal of Financial Economics**, v. 3, p. 305-360, Oct. 1976, p. 6. Disponível em: <http://papers.ssrn.com/sol3/papers.cfm?abstract_id=94043>. Acesso em: 9 jul. 2015. No original: "[w]e *define an agency relationship as a contract under which one or more persons (the principal(s)) engage another person (the agent) to perform some service on their behalf which involves delegating some decision making authority to the agent*".

[15] ANDRADE, A.; ROSSETTI, J. P. **Governança corporativa**: fundamentos, desenvolvimento e tendências. 7 ed. rev. e amp. São Paulo: Atlas, 2014, p. 87.

[16] Ainda que os conflitos como os descritos no texto já fossem mencionados desde Adam Smith: "Os diretores das empresas (de capital aberto) são administradores do dinheiro das outras pessoas e não do seu próprio, e não se pode esperar que eles cuidem dele com a mesma vigilância ansiosa (dos donos). Negligência e esbanjamento, portanto, sempre prevalecem, mais ou menos, na gestão das questões dessas empresas". (CANDELORO, A. P. P.; RIZZO, M. B. M. de; PINHO, Vinicius. **Compliance 360**: riscos, estratégias, conflitos e vaidades no mundo corporativo. 2. ed. São Paulo: Ed. do Autor, 2015, p. 191).

[17] O emprego do termo "proprietários" para referir-se a acionistas, em tradução literal do termo "*proprietaries*" largamente utilizado em textos de governança corporativa em língua inglesa, deve ser visto com cautela técnica. Isso porque "proprietário" é uma expressão com sentido técnico jurídico no direito brasileiro relacionado ao artigo 1.228 do Código Civil, constante do título que dispõe sobre a propriedade, no âmbito do livro de direito das coisas, com amplo alcance no sentido daquele que "tem a faculdade de usar, gozar e dispor da coisa, e o direito de reavê-la do poder de quem quer que injustamente a possua ou detenha". Diferentemente, o que se pretende em geral apontar nos textos de governança corporativa é mais especificamente a categoria dos "acionistas" (ver Lei das S.A.) ou "sócios", nesse último caso podendo abranger as sociedades em geral.

exercer a autoridade a eles delegada pelos acionistas não em favor destes, mas sim em favor próprio, estabelecendo-se o "conflito de agência".

Para que os interesses desses dois polos do relacionamento de agência mencionado idealmente não se chocassem, duas premissas deveriam ser atendidas. Pela primeira, o contrato entre acionistas e gestores deveria prever de maneira completa *ex ante* todas as situações a que os gestores seriam submetidos de modo a pautar exaustivamente o exercício da autoridade a eles delegada. Pela segunda, o comportamento do agente deveria ser integralmente direcionado ao interesse do principal, em uma cooperação desinteressada na qual, para o agente, seria indiferente maximizar seus próprios objetivos ou o de terceiros.

Ocorre que nem a completude dos contratos nem os agentes perfeitos existem. Com relação aos contratos, além do grande número de ocorrências imprevisíveis que possam acontecer, as quais crescem em elevada frequência, há uma vasta multiplicidade de reações cabíveis a cada nova ocorrência[18]. Não sendo possível antecipar em contrato todas as vicissitudes futuras, há, consequentemente, a outorga de autoridade aos gestores para que tomem residualmente decisões em resposta a eventos não previstos ("direitos de controle residuais"), ou seja, para exercerem juízo gerencial[19], o qual poderá estar mais a serviço dos interesses dos gestores do que dos acionistas, em situação de conflito de agência. Quanto à inexistência do agente perfeito, esta se relaciona intimamente com a própria natureza humana utilitarista e racional que leva os indivíduos a maximizarem suas próprias preferências[20], ainda e mesmo que em detrimento dos interesses em função dos quais lhe

---

[18] Conforme exposto pelo axioma de Klein, construído com base na teoria contratualista da firma [A. Achian e H. Demsetz], pelo qual esta é um nexo de contratos entre clientes, trabalhadores, executivos e fornecedores de material e capital. Por essa ótica, os executivos e acionistas assinam um contrato que especifica o que os gestores devem fazer com os recursos da empresa. ANDRADE; ROSSETTI, op. cit., p. 86. Para aprofundamento: SILVEIRA, A. di M. da. **Governança corporativa e estrutura de propriedade**: determinantes e relação com o desempenho das empresas no Brasil. 2004. 250 f. Tese (Doutorado em Administração) – Faculdade de Economia, Administração e Contabilidade, Universidade de São Paulo, São Paulo, 2004. Disponível em: <http://www.teses.usp.br/teses/disponiveis/12/12139/tde-23012005-200501/pt-br.php>. Acesso em: 9 jul. 2015, p. 31 ss.; BETTARELLO, op. cit., p. 22-24.
[19] Tradução encontrada em doutrina para *managerial discretion*. ANDRADE; ROSSETTI, op. cit., p. 86; SILVEIRA, op. cit., 2004, p. 37, n. 8; e BETARELLO, op. cit., p. 23.
[20] Conforme o axioma de Jensen e Meckling. ANDRADE; ROSSETTI, op. cit., p. 87.

foram outorgados poderes, em um comportamento oportunista, reforçado pela assimetria de informação existente.

O conflito de agência, no entanto, não se limita apenas à hipótese clássica de tensão entre gestores e acionistas: sobretudo em mercados caracterizados por baixa dispersão de capital, como o brasileiro[21], o conflito de agência pode se dar entre acionistas controladores e acionistas não controladores. Com efeito, como observado em alguns escândalos dos anos 1980 nos mercados britânico e norte-americano, os acionistas controladores podem exercer o controle da companhia em detrimento dos interesses dos não controladores, extraindo benefícios privados.

Ainda, uma terceira hipótese de conflito de agência ressaltada na literatura refere-se ao potencial desalinhamento entre acionistas e credores[22]. Nessa linha, os primeiros teriam incentivos para assumirem riscos excessivamente elevados quando utilizam muito capital de terceiros, bem como incentivos para deixarem de realizar novos investimentos necessários com capital próprio, ou ainda incentivos para, no caso de uma iminente bancarrota, promover retirada maciça de capital próprio, prejudicando os credores em uma futura liquidação da empresa.

Por fim, em um sentido ainda mais amplo de conflito de agência atualmente adotado, há a hipótese de desalinhamento entre os interesses dos acionistas, como um grupo, e os diversos outros grupos de não acionistas[23] cujos interesses são efetiva ou potencialmente atingidos pelas decisões empresariais.

Em todas as situações mencionadas, é necessário monitorar e controlar a atividade dos agentes por parte do principal com vistas ao realinhamento dos interesses, gerando custos (os "custos de agência"[24]).

---

[21] Para um estudo relevante a esse respeito, ver SILVEIRA, op. cit., 2004.
[22] Conforme apresentado em doutrina nacional por Alexandre Di Miceli da Silveira (op. cit., 2015, p. 44).
[23] HOPT, K. J. Comparative Corporate Governance: The State of the Art and International Regulation. In: **ECGI Law Working Paper n. 170/2011**, p. 4-5. Disponível em: <http://papers.ssrn.com/sol3/papers.cfm?abstract_id=1713750>. Acesso em: 12 nov. 2016.
[24] Conforme Jensen e Meckling, os custos de agência são a soma dos i) custos de criação e estruturação de contratos entre o principal e o agente; ii) gastos de monitoramento das atividades do agente pelo principal; iii) gastos promovidos pelo próprio agente para mostrar ao principal que seus atos não lhe são prejudiciais; iv) perdas residuais que decorrem da diminuição da riqueza do principal pela diferença entre a decisão que maximizaria sua riqueza e a decisão tomada pelo agente. (*apud* SILVEIRA, op. cit., 2015, p. 34).

Os mecanismos de governança corporativa servem ao propósito de lidar com referidos conflitos, dentre outros desalinhamentos observados no ambiente das companhias.

1.1.3 Vertentes *shareholder-oriented*, *stakeholder-oriented* e *enlightened shareholder*

Ainda no plano conceitual, é imprescindível tecer algumas considerações a respeito das vertentes existentes de direcionamento da governança corporativa. Com efeito, compreender a existência de prováveis e latentes desalinhamentos de interesses no âmbito de uma empresa, bem como pensar o estabelecimento de um conjunto de mecanismos almejando o realinhamento destes, envolve o questionamento inerente acerca da direção para a qual esse realinhamento deve apontar, ou com base em qual função a empresa deve ser gerida. No âmago dessa discussão, situa-se o desenvolvimento teórico da responsabilidade social das empresas, intimamente relacionada ao cerne da governança corporativa.

Como explicitado por Tom Beauchamp e Norman Bowie, a empresa socialmente responsável é a boa empresa. No entanto, para responder o que é uma empresa socialmente responsável, os autores retomam os instrumentos da análise funcional desenvolvida pela filosofia grega, que afirma que o propósito de algo é a medida pela qual esse algo pode ser caracterizado como bom. Dessa forma, se o propósito de um bom cavalo de corrida é vencer corridas, e as características necessárias para atingir esse propósito são rapidez, agilidade e disciplina, então um cavalo rápido, ágil e disciplinado é um bom cavalo de corrida. Assim, adaptando esse raciocínio para responder o que é uma boa (socialmente responsável) empresa, torna-se imprescindível investigar qual é seu propósito[25].

Nesse ponto, pela análise da literatura e da comparação de sistemas de diversos países, pode-se explicitar três vertentes de proposições, a saber: *shareholder-oriented*, *stakeholder-oriented* e *enlightened shareholder*.

Na vertente *shareholder-oriented*, ou vertente em que o propósito da empresa é a maximização da riqueza aos acionistas, as decisões a serem tomadas na empresa devem visar sempre maximizar seu valor sob a perspectiva dos acionistas. Dessa forma, a empresa será boa (social-

---

[25] BEAUCHAMP, T.; BOWIE, N. **Ethical Theory and Business**. 6. ed. Londres: Prentice Hall, 2001, p. 45.

mente responsável) se direcionada para esse fim e, por conseguinte, os mecanismos de governança corporativa também deverão estar voltados para isso. Essa é a visão clássica do sistema norte-americano e, em larga medida, fundamenta-se no pensamento do conhecido autor Milton Friedman. Dois são os principais argumentos que a sustentam: em primeiro lugar, os acionistas são os "proprietários" da empresa e, por consequência, o lucro desta lhes pertence; em segundo, aos acionistas é devido o pagamento do lucro da empresa como resultado do contrato firmado entre todos os *stakeholders*[26]. Isso porque cada grupo de *stakeholders* tem um contrato estabelecido com a empresa, como os empregados que recebem salário por seus serviços, a comunidade local que se beneficia do pagamento de tributos e os fornecedores que recebem pelos produtos fornecidos conforme negociado. Os recursos financeiros que sobram após o pagamento de todos esses contratos é o lucro e, pelo contrato estabelecido com os acionistas, este lucro pertence aos últimos. São os acionistas que suportam o risco quando fornecem o capital para a atividade, e o lucro é o retorno contratual por assumirem esse risco[27].

Na vertente *stakeholder-oriented*, por sua vez, o propósito da empresa é considerar os grupos que são afetados pelas decisões do negócio. Ainda que toda pessoa ou grupo afetado pelas decisões da empresa seja um *stakeholder*, a maioria das análises dessa vertente se dirige aos grupos

---

[26] Como ensina Edward Freeman, esse termo teve seu primeiro emprego na literatura de administração em 1963, em um memorando interno do Stanford Research Institute para referir-se aos grupos cujo apoio é necessário para a existência da empresa. No original: "[t]*he actual word 'stakeholder' first appeared in the management literature in an internal memorandum at the Stanford Research Institute (now SRI International, Inc.), in 1963. The term was meant to generalize the notion of stockholder as the only group to whom management need be responsive. Thus, the stakeholder concept was originally defined as 'those groups without whose support the organization would cease to exist"*. In: FREEMAN, E. **Strategic Management**: a Stakeholder Approach. Reimp. Cambridge: Cambridge University Press, 2010, p. 31. Outras definições se sucederam, como pode ser aprofundado na obra de referido autor. Para o deslinde da presente seção, esse termo é adotado com o sentido relatado por Milton N. Ribeiro, qual seja, de demais interessados nas atividades da companhia, como empregados, fornecedores, clientes, comunidade e até mesmo cidadãos e governos, observado o fato de que *stake* é um jargão de mercado que quer dizer "risco", de forma que *stakeholder* se refere àqueles que estão expostos ao risco associado ao desempenho da empresa ao qual se relacionam (RIBEIRO, M. N., op. cit., p. 24, n. 18). Vale observar que tal conceito vem sendo usualmente também referido por "partes interessadas".

[27] BEAUCHAMP; BOWIE, op. cit., p. 45-46.

cuja existência é necessária para a sobrevivência da empresa, ou seja, tradicionalmente acionistas, empregados, clientes, administradores, fornecedores e comunidade local. Destaque-se que, como decorre da enumeração dos seis grupos de *stakeholders* referidos, os acionistas fazem parte desse conceito[28].

Ambas as vertentes mencionadas são alvos de diversas críticas. A crítica base feita pela vertente do *stakeholder* com relação à do *shareholder* é a de que, por esta última, aos acionistas – portanto, um dos grupos de *stakeholders* – se dispensa enfaticamente toda a atenção nos negócios da empresa, ao passo que os demais grupos ficam injustamente subordinados aos interesses daqueles[29]. Além disso, ao sobrepor os acionistas aos demais grupos, poder-se-ia justificar decisões da gestão que se mostrem prejudiciais ao todo e quiçá até mesmo à própria empresa a longo prazo[30]. Com efeito, há diversas críticas aos gestores norte-americanos, classicamente sujeitos à vertente *shareholder-oriented*, no sentido de administrarem com vistas ao curto prazo para agradar a Wall Street[31].

Já com relação às críticas à vertente *stakeholder-oriented*, é de se destacar a dificuldade no detalhamento dos direitos e responsabilidades de cada grupo de *stakeholders*, bem como na especificação de como os conflitos que fatalmente ocorrem entre direitos e responsabilidades dos diversos grupos devem ser solucionados, deixando os gestores sem um direcionamento claro para sua atuação, o que, na outra ponta, os deixaria livres para atuarem como bem entendessem[32].

---

[28] BEAUCHAMP; BOWIE, op. cit., p. 48.
[29] Há outra crítica em direção à vertente do *shareholders* no sentido de que a valorização da maximização dos acionistas pode ensejar e justificar a adoção de medidas imorais ou ilegais, desde que voltadas ao lucro dos acionistas. No entanto, como observa Tom Beauchamp e Norman Bowie, mesmo nos escritos de Friedman utilizados como base à criação dessa concepção, a perseguição do que seria a única responsabilidade social da empresa, ou seja, a utilização de seus recursos em atividades desenhadas para aumentar seus lucros, deve ocorrer dentro das regras do jogo, em livre concorrência, sem fraudes ou manipulações. Ainda que as tais "regras do jogo" nunca tenham sido profundamente elaboradas, parece-nos, assim como destacado por Tom Beauchamp e Norman Bowie, que a crítica ora mencionada não é fiel ao sustentado pelo referido autor (BEAUCHAMP; BOWIE, op. cit., p. 46-47).
[30] Essa é inclusive a base de muitas críticas tecidas em análises com respeito à crise de 2008 e que serão comentadas mais adiante (ver item 2.2.4).
[31] BEAUCHAMP; BOWIE, op. cit., p. 50.
[32] BEAUCHAMP; BOWIE, op. cit., p. 48.

Com efeito, em resposta às críticas apontadas, desenvolveu-se uma terceira vertente de orientação do propósito das empresas. Esta se vale da estrutura das teorias anteriores, mas aceita a maximização do valor da empresa no longo prazo como objetivo a ser buscado na administração desta e, assim, como critério para sopesar os conflitos e *tradeoffs* entre os *stakeholders*. Como observam Tom Beauchamp e Norman Bowie, ao se considerar a lucratividade no longo prazo, há uma grande probabilidade, em termos de comportamento gerencial, de coincidência entre as teorias do *shareholder* e do *stakeholder*[33]. O aprofundamento dessa vertente ensejou o seu desenvolvimento sob as designações de *enlightened shareholder* (ou *enlightened shareholder value*), *enlightened stakeholder theory* ou, ainda, *enlightened value maximization*[34].

A análise dos diversos sistemas de governança corporativa no mundo realizada por estudiosos refere-se comumente à separação destes em dois grandes grupos[35]: o anglo-saxão e o nipo-germânico. O primeiro

---

[33] Aprofundando seu pensamento, os autores expressam o entendimento de que, em termos práticos, a diferença entre as teorias do *stakeholder* e do *shareholder* situa-se, na verdade, no motivo pelo qual as decisões são tomadas. Nesse sentido, uma empresa gerida em função da maximização dos lucros dos acionistas poderia praticar atividades de caridade na medida em que tais atos contribuíssem para a vantagem competitiva da empresa, ao passo que uma empresa orientada pela teoria dos *stakeholders* poderia agir da mesma forma, mas pautada no motivo de que isso seria o certo a se fazer, o propósito a ser atendido. BEAUCHAMP; BOWIE, op. cit., p. 50.

[34] Essas duas últimas expressões utilizadas por Michael Jensen, in: Value Maximization, Stakeholder Theory and the Corporate Objective Function, **HBS working paper**, Oct. 2000, p. 9. Disponível em: <http://www.hbs.edu/faculty/Publication%20Files/00-058_f2896ba9-f272-40ca-aa8d-a7645f43a3a9.pdf>. Acesso em: 12 jul. 2015. Referido autor esclarece, no desenvolvimento de seu raciocínio, que: "[e]*nlightened value maximization uses much of the structure of stakeholder theory but accepts maximization of the long-run value of the firm as the criterion for making the requisite tradeoffs among its stakeholders*" (op. cit., p. 9). Optamos por utilizar a expressão *enlightened shareholder value* (ou, simplesmente, *enlightened shareholder*) por ser a adotada pelos demais autores que consultamos para o desenvolvimento da presente dissertação, enfatizando, entretanto, que nos valemos – ao referirmos à mencionada vertente – do seu conceito basilar de maximização do valor da empresa no longo prazo como propósito a ser perseguido por sua administração e critério para sopesar os *tradeoffs* entre os *stakeholders*, ainda que a definição e conceituação dessas designações, bem como o foco procurado, possam variar dentre os diversos autores.

[35] Cf. RIBEIRO, M. N., op. cit., p. 48.

alinha-se tradicionalmente à vertente do *shareholder-oriented*[36], ao passo

[36] Deve-se esclarecer, entretanto, que houve recentes alterações no Reino Unido, introduzidas pela UK Companies Act de 2006, em sua seção 172, sendo que há divergências na atual classificação empregada por alguns autores à vertente da legislação britânica. Nesse sentido, Klaus Hopt, por exemplo, classifica o Reino Unido como de orientação *stakeholder* ("*The classic shareholder-oriented approach prevails in the United States, and also in economic theory. Many European countries, such as Germany and the United Kingdom, have a stakeholder approach instead; in the former, this concept is further strengthened by labor codetermination on the board. In its weaker form, corporate law mandates that the board act in the interest of the enterprise as a whole, a requirement which is of course open to multiple interpretations*". In: HOPT, op. cit., 2011, p. 10), ao passo que outros autores aproximam a referida legislação da vertente *enlightened shareholder* (como aponta Alexandre di Miceli da Silveira: "[n]o Reino Unido, a UK Companies Act de 2006 inovou no debate sobre o propósito das empresas ao propor um conceito denominado por diversos autores de 'valor para o acionista iluminado'". SILVEIRA, op.cit., 2015, p. 58). A referida seção previu que cabe aos conselheiros agir da maneira que julgarem mais apropriada para o sucesso da companhia e de seus acionistas, devendo considerar: a) as possíveis consequências no longo prazo de quaisquer de suas decisões; b) os interesses dos empregados; c) a necessidade de promover relacionamentos de negócio saudáveis com fornecedores, clientes e outros; d) o impacto das operações da companhia sobre a comunidade e o meio ambiente; e) o desejo da companhia em manter uma elevada reputação em seus negócios; e f) a necessidade de agir de maneira justa nas relações entre os diferentes acionistas da companhia. Um documento que contribui para o esclarecimento da discussão da orientação no Reino Unido é ofertado pela Association of Chartered Certified Accountants (ACCA), in: Shareholder Primacy in UK Corporate Law: An Exploration of the Rationale and Evidence. **Research Report 125**, 2011. Disponível em: <http://www.accaglobal.com/content/dam/acca/global/PDF-technical/business-law/rr-125-001.pdf>. Acesso em: 9 out. 2016. Com base em um estudo extensivo com revisão literária e entrevistas com diversas pessoas envolvidas tanto na reforma da lei britânica quanto com profissionais que compõem conselhos de administração, e outros profissionais relacionados a ONGs, David Collison, Stuart Cross, John Ferguson, David Power e Lorna Stevenson abordam a discussão sobre os interesses para os quais as companhias devem ser dirigidas, justamente retomada no Reino Unido em função do referido UK Companies Act 2006. Após reforçarem a análise tipicamente existente entre capitalismo "anglo-americano" voltado ao modelo de mercado de capitais, no qual a maximização do valor para o acionista é o objetivo típico das companhias, e o modelo "*social market*", em que tradicionalmente há um balanço entre os interesses de diferentes *stakeholders*, os autores destacam como os entrevistados do setor corporativo entendem que o dever dos conselheiros é maximizar o valor para o acionista pela maximização do valor das ações, bem como que alguns entrevistados questionaram a importância da alteração da escrita legal já que a retórica do *shareholder-value* advém de um contexto mais amplo do que os requerimentos legais. Não obstante, "[i]*n relation to views about the new form of words, there was perhaps only one point on which all the interviewees agreed. This was that shareholder primacy is the clear intention and thrust of the current law – notwithstanding the notion of 'enlightened shareholder value'. [...] The more widely shared understanding was that, while the wording acts as a reminder about the interests of other stakeholders, their interests should be taken into account only in order to*

induce them to contribute to the overriding objective, which is to maximise shareholder value. The central intention of the CLR, subsequently enshrined in CA 2006, is that the shareholder is sovereign" (op. cit., 41). E ainda, "[...] *whether directors' duties amounted to a duty to maximise shareholder value. This prompted discussion of what the term means: for so me the distinction between the long and short term was central, and a number were critical of interpretations of MSV* [maximisation of shareholder value – maximização do valor para o acionista] *as meaning that share price should be maximised in the short term. It was recognised that this is what the term often does mean in practice* [...] *Enthusiasts for the 'enlightened shareholder value' wording thought that MSV should imply a long-term emphasis, though again the interpretation of the term was held, formally, to be solely a matter for shareholders to determine"* (op. cit, p. 42). Outra colocação interessante no âmbito da interferência legal no *common law*: "*One Steering Group member had suggested that 'judges would have probably adopted a more shareholder friendly stance in 2000 than...in 1960'; and a view expressed to us by a BIS official was that the wording for directors' duties, which was the final outcome of CA 2006, reflected what was thought to be the common law position, ie the position that would have been upheld by the courts. Such views could suggest that protection of shareholder primacy reflects a legal attachment to the cultural and material status quo, which the common law, unlike the civil law, inherently protects"* (op. cit., p. 43). Da leitura de referido trabalho, evidencia-se que, em primeiro lugar, a letra da lei é apenas mais um componente no contexto do que é praticado no Reino Unido, sendo a orientação ainda fortemente influenciada pelo conceito *shareholder-oriented,* e, em segundo lugar, que há discussões sobre até que ponto esse conceito deveria se valer de critérios de curto prazo ou de longo prazo, ainda que, na prática, seja largamente associado ao curto prazo e, mesmo para entusiastas do longo prazo, essa decisão entre curto e longo prazo deve ser deixada para os acionistas. No mais, deve-se ressaltar no âmbito da presente dissertação que, dada a proximidade da referida legislação com o estopim da crise, e, inclusive, o peso da tradição *shareholder-oriented* nesse sistema, muitas análises realizadas e critérios adotados naquele ambiente no âmbito do objeto deste trabalho permanecem alinhados a essa última vertente. Isso ficará mais claro no decorrer da presente dissertação, na medida em que serão feitas referências a autores que, escrevendo a partir do sistema de governança corporativa britânico, destacam e criticam a orientação ao acionista (praticada com o viés de maximização do valor de ações) como um dos fatores implicados na base da crise de 2008. Por fim, noticia-se que atualmente, mais uma vez, as práticas de governança corporativa no Reino Unido estão sob análise e revisão em referido país, conforme divulgou o Wall Street Journal (STEIN, M. **The Morning Risk Report: UK Dials Up Review of Corporate Governance**. 15 nov. 2016. Disponível em: <http://blogs.wsj.com/riskandcompliance/2016/11/15/the--morning-risk-report-uk-dials-up-review-of-corporate-governance/>. Acesso em: 18 nov. 2016) e a KPMG (**FRC announces review of the UK Corporate Governance Code**. 16 feb. 2017. Disponível em: https://home.kpmg.com/qm/en/home/insights/2017/02/frc-announces-review-of-the-uk-corporate-governance-code.html. Acesso: 18 mar. 2017). Na base de referida análise e revisão, encontra-se um documento preparado pelo governo do Reino Unido e divulgado em novembro de 2016: UK. Department for Business, Energy & Industrial Strategy. **Corporate Governance Reform – Green Paper**. Nov. 2016. Disponível em: https://www.gov.uk/government/uploads/system/uploads/attachment_data/file/584013/corporate-governance-reform-green-paper.pdf. Acesso: 18 mar. 2017).

que o segundo é voltado à do *stakeholder-oriented*. Nesse sentido, o primeiro é caracterizado pela existência de um mercado de capitais forte, com participação acionária pulverizada e efetiva separação entre capital e gestão, quadro em que os acionistas são considerados os legítimos senhores dos resultados da atividade empresarial, para quem esta deve ser dirigida. Já o segundo é caracterizado pela presença menos relevante do mercado de capitais como financiador das atividades, pela elevada concentração da propriedade das ações de controle em poucos acionistas que mantêm posições não especulativas e, assim, de longo prazo, bem como pela preocupação em compatibilizar o interesse dos acionistas com os demais *stakeholders*, como ocorre com a determinação legal na Alemanha de que haja membro(s) no Conselho de Administração indicado(s) pelos empregados[37].

Identificar a orientação dos referidos modelos mostra-se relevante para o presente trabalho na medida em que as análises realizadas por alguns autores[38] apontam que as falhas de governança corporativa evidenciadas pela crise mundial de 2008 estariam relacionadas de maneira íntima com a configuração *shareholder-oriented* tipicamente anglo-saxã, adotada por sistemas que se situaram no epicentro da referida crise.

Além disso, considerando-se o fato de que este trabalho também procura tecer considerações afetas ao seu tema no tocante especificamente ao sistema brasileiro, é indispensável comentar para qual orientação a governança corporativa no Brasil se direciona. Nesse ponto, iniciando-se a análise pelas determinações constitucionais e legais constantes do ordenamento jurídico brasileiro, entendemos que no sistema brasileiro de governança corporativa devem ser sopesados os interesses dos *stakeholders* (*stakeholder-oriented*), podendo-se caminhar para a vertente do *enlightened shareholder value*, nos termos apresentados anteriormente, na medida em que se pontue o longo prazo como direção a ser perseguida com a preservação da empresa e sua longevidade[39].

---

[37] Nesse sentido, ver SILVEIRA, op. cit, 2015; ANDRADE; ROSSETTI, op. cit.; RIBEIRO, M. N., op. cit.

[38] V. item 2.2.4 adiante.

[39] Como apontado por Alexandre Di Miceli da Silveira: "[...] nossa lei está muito mais próxima de uma visão abrangente para a atuação dos administradores que inclinada para a abordagem da maximização da riqueza dos acionistas como propósito da companhia" (SILVEIRA, op. cit., 2015, p. 59). No mais, para além do direito posto, referido autor menciona pesqui-

Com efeito, o sistema brasileiro de governança corporativa, envolto em uma realidade de concentração elevada da propriedade acionária e de conflito latente entre acionista controlador e acionistas não controladores[40], encontra, como observado por Milton Nassau Ribeiro, fundamento e marco interpretativo[41] no parágrafo único ao artigo 116 da Lei n. 6.404, de 15 de dezembro de 1976 (Lei das S.A.), que dispõe:

> O acionista controlador deve usar o poder com o fim de fazer a companhia realizar o seu objeto e cumprir a sua função social, e tem deveres e responsabilidades para com os demais acionistas da empresa, os que nela trabalham e para com a comunidade em que atua, cujos direitos e interesses deve lealmente respeitar e atender.

Percebe-se que é imperativo do ordenamento jurídico brasileiro que as companhias sejam controladas com vistas à realização de seu objeto social, cumprimento de sua função social, bem como respeito e atendimento aos direitos e interesses dos demais acionistas, empregados e comunidade em que atuam (*stakeholders*), confirmando, já em um primeiro momento, nossa posição exposta anteriormente. Além do expresso e claro mandamento de respeito e atendimento com lealdade aos direitos e deveres de *stakeholders*, a norma constante do parágrafo único do artigo 116 da Lei das S.A. destaca o cumprimento da função social da companhia, motivo pelo qual se faz necessário elucidar brevemente o que esta vem a ser.

Como esclarece Calixto Salomão Filho, a função social da empresa representa a evolução da função social da propriedade, passando de

---

sa empírica realizada em 2014 com 93 altos executivos brasileiros para avaliar como os administradores brasileiros compreendem seu papel e o propósito das companhias, pesquisa essa cujo resultado, de modo agregado, demonstrou que tais administradores aparentemente possuem uma visão mais ampla de seu papel e do propósito das companhias em que atuam, distanciando-se da visão predominante preconizada pela abordagem da maximização da riqueza dos acionistas, ainda que o autor ressalve ser importante checar se, na prática, a atuação dos administradores brasileiros é de fato compatível com as respostas oferecidas na mencionada pesquisa (Ibid., p. 59-61).

[40] Para mais, ver SILVEIRA, op. cit., 2015.

[41] Vale destacar que a Lei das S.A., além de fundamento e marco interpretativo para o sistema de governança corporativa brasileiro, é aplicável às instituições bancárias – objeto da presente dissertação – na medida em que estas, no Brasil, constituem-se sob a forma de sociedade anônima, conforme prevê o *caput* do artigo 25 da Lei n. 4.595/64.

"uma limitação a uma situação estática de propriedade para um instrumento de controle das relações sociais – no caso da empresa das relações de dependência e hierarquia por ela geradas"[42]. A função social da propriedade é agasalhada constitucionalmente como princípio da ordem econômica brasileira por meio do artigo 170 da Constituição Federal de 1988[43]. Ainda com referido autor:

> No Brasil, a idéia da função social da empresa também deriva da previsão constitucional sobre a função social da propriedade (art. 170, III). Estendida à empresa, a idéia de função social da empresa é uma das noções de talvez mais relevante influência prática na transformação do direito empresarial brasileiro. É o princípio norteador da 'regulamentação externa' dos interesses envolvidos pela grande empresa. Sua influência pode ser sentida em campos tão díspares como direito antitruste, direito do consumidor e direito ambiental.
>
> Em todos eles é da convicção da influência da grande empresa sobre o meio em que atua que deriva o reconhecimento da necessidade de impor obrigações positivas à empresa. Exatamente na imposição de deveres positivos está o seu traço característico, a distingui-la da aplicação do princípio geral *neminem laedere*. Aí está a concepção social intervencionista, de influência reequilibradora de relações sociais desiguais.[44]

A função social da empresa impõe deveres positivos ao exercício da atividade empresarial pelo que se deve perseguir a consecução do objeto social com o objetivo de lucro sem, no entanto, descurar dos direitos e responsabilidades dos demais *stakeholders* envolvidos. Assim:

---

[42] SALOMÃO FILHO, C. Função social do contrato: primeiras anotações. **Revista de Direito Mercantil, Industrial, Econômico e Financeiro**. Ano XLII, n. 132, out.-dez. 2003, p. 7-24, p. 9.

[43] Art. 170. "A ordem econômica, fundada na valorização do trabalho humano e na livre iniciativa, tem por fim assegurar a todos existência digna, conforme os ditames da justiça social, observados os seguintes princípios: I – soberania nacional; /II – propriedade privada; /III – função social da propriedade; /IV – livre concorrência; /V – defesa do consumidor; /VI – defesa do meio ambiente, inclusive mediante tratamento diferenciado conforme o impacto ambiental dos produtos e serviços e de seus processos de elaboração e prestação; (Redação dada pela Emenda Constitucional nº 42, de 19.12.2003); /VII – redução das desigualdades regionais e sociais; /VIII – busca do pleno emprego; /IX – tratamento favorecido para as empresas de pequeno porte constituídas sob as leis brasileiras e que tenham sua sede e administração no País. (Redação dada pela Emenda Constitucional nº 6, de 1995)".

[44] SALOMÃO FILHO, op. cit., 2003, p. 8.

Sem dúvida o parágrafo único do artigo 116 da LSA cumpre papel importantíssimo neste contexto (responsabilização dos controladores pelos atos praticados por meio deste poder), na medida em que, indiscutivelmente, aplica o primado constitucional da função social da propriedade ao exercício do poder de controle, fazendo com que não só os acionistas destituídos do poder, como a própria coletividade possam fiscalizar e, se necessário, combater os excessos que por ventura [sic] venham a ser praticados pelo controlador[45].

Novamente com Calixto Salomão Filho:

Essa influência legislativa ampla da função social da empresa revela que ao se desprender da propriedade e passar a se referir à empresa, sua disciplina transforma-se de algo fortemente ligado ao interesse estatal em uma disciplina ligada ao interesse de grupos afetados pelas atividades da empresa[46].

Ao contrário do que poderia parecer em uma leitura descuidada[47], entretanto, o conteúdo da função social da companhia não afasta em absoluto o propósito desta de perseguir o objetivo empresarial para a qual foi estabelecida, muito menos significa o abandono ao seu fim lucrativo. Ao contrário, a função social da companhia consiste no exercício da atividade empresarial (a consecução do objeto social da companhia) voltada à maximização do lucro, mas sem ignorar os demais interesses do ambiente em que está inserida, devendo harmonizar-se com eles. Como alerta Modesto Carvalhosa, cabe ao administrador, atendendo às exigências do bem público, proporcionar meios para maximização dos lucros sociais. Dessa feita, não se trata de meramente superar o aspecto contratual de lucratividade, mas: "[o] que deve nortear a con-

---

[45] BERTOLDI, M. M. O poder de controle na sociedade anônima: alguns aspectos. **Revista de Direito Mercantil**, Ano XXXIX, n. 118, abr.-jun. 2000, p. 62-87, p. 75-76.
[46] SALOMÃO FILHO, op. cit., 2003, p. 8.
[47] Como chama a atenção Luis Roberto Ahrens, in: Breves considerações sobre a função social da empresa. In: **Âmbito Jurídico**, Rio Grande, XIV, n. 85, fev. 2011. Disponível em: <http://www.ambito-juridico.com.br/site/index.php?n_link=revista_artigos_leitura&artigo_id=8936>. Acesso em: 9 jul. 2015.

duta do administrador é a harmonização dos fins sociais [esclarece-se, fins da sociedade anônima] com os demais interesses da comunidade"[48].

Com efeito, as companhias devem ser controladas observando-se sua função social, e o cumprimento desta, por sua vez, implica que diversos interesses sejam harmonizados (inclusive quanto ao seu fim lucrativo). Como exemplifica Paulo Salvador Frontini:

> [...] na empresa confluem o interesse econômico da companhia (fim de lucro), o fim econômico da produção (em prol da economia nacional), o fim econômico da coletividade (aptidão dos bens ou serviços produzidos para atenderem a necessidades válidas dos consumidores), o fim econômico social inerente ao trabalho de empregados e demais prestadores de serviço e o fim econômico e social tanto de natureza concorrencial como de caráter tributário (interesse nacional). Esse rol, claro, é exemplificativo.
> São esses valores que, a nosso ver, correspondem, hoje, ao núcleo do conceito de 'função social'[49].

Nesse diapasão, oportunas são as palavras de Milton Nassau Ribeiro ao esclarecerem que: "[...] o art. 116, parágrafo único, impõe deveres genéricos ao acionista controlador que nada mais são do que aquilo que é pregado pelo sistema de gestão da governança corporativa"[50]. Com efeito, o imperativo da norma comentada parece indicar que a atividade empresarial no Brasil deve se nortear pelos fundamentos do sistema de gestão da governança corporativa pelo qual se deve buscar a compatibilização com os interesses dos *stakeholders* envolvidos.

Ainda, observadas inclusive as críticas anteriormente apresentadas à vertente *stakeholder-oriented*, entendemos que a harmonização adequada aos preceitos expressos na norma em questão melhor se compactua justamente com a realização do objeto social voltado para a maximização de lucros no longo prazo, com vistas à longevidade financeiramente sustentável da empresa, de modo a assim vislumbrar a função-objetivo da companhia que permita atender melhor aos interesses díspares que

---

[48] CARVALHOSA, M. **Comentários à lei de sociedades anônimas**. 6. ed. São Paulo: Saraiva, 2014, p. 397, v. 3.
[49] FRONTINI, P. S. Função Social da Companhia: Limitações do Poder de Controle. In: ADAMEK, Marcelo Vieira von (coord.). **Temas de Direito Societário e Empresarial Contemporâneos**. São Paulo: Malheiros, 2011, p. 539 e 540.
[50] RIBEIRO, M. N., op. cit., p. 149.

podem confluir dos diversos grupos de *stakeholders*. Entendemos que a análise dos demais dispositivos legais pertinentes confirma, em uma leitura sistêmica, tal interpretação, a exemplo do artigo 154, *caput* e seu parágrafo primeiro[51], da Lei das S.A., que ao tratarem do administrador preveem:

> Art. 154. **O administrador** deve exercer as atribuições que a lei e o estatuto lhe conferem para lograr **os fins** e **no interesse da companhia**[52], satisfeitas as **exigências do bem público e da função social da empresa**.

[51] No sentido de referida confirmação, segue também parte do *caput* do artigo 155 da Lei das S.A.: "O administrador deve servir com lealdade à companhia [...]" (grifos nossos), destacando-se a ausência de menção de dever dos administradores de atenderem especificamente ao melhor interesse dos acionistas, conforme observa Alexandre di Miceli da Silveira ao analisar o propósito da companhia no Brasil após descrever abordagens de demais jurisdições (SILVEIRA, op. cit., 2015, p. 59). Demais deveres dos administradores (constantes especialmente dos não taxativos arts. 153 a 157 da Lei das S.A.) compõem o cenário exposto no texto. O detalhamento destes, entretanto, foge ao escopo do presente trabalho, além de ser objeto de vasta produção doutrinária societária. Referenciamos, de maneira exemplificativa: SPINELLI, L. F. **O conflito de interesses na administração da sociedade anônima**. São Paulo: Malheiros, 2012; ADAMEK, M. V. von. **Responsabilidade civil dos administradores de S/A (e as Ações Correlatas)**. São Paulo, Saraiva, 2009; COSTA, L. F. D. M. **Contribuição ao estudo da responsabilidade civil dos administradores de companhias abertas**. Dissertação (Mestrado em Direito) – Faculdade de Direito, Universidade de São Paulo, São Paulo, 2006; PARENTE, F. **O dever de diligência dos administradores de sociedades anônimas**. Rio de Janeiro: Renovar, 2005; e TOLEDO, P. F. C. S. de. **O conselho de administração na sociedade anônima**: estrutura, funções e poderes, responsabilidades dos administradores. 2. ed. São Paulo: Atlas, 1999.

[52] Deve-se referir à existência da interpretação do "interesse da companhia" em acordo com o "interesse social", termo este, por sua vez, extremamente controvertido e alvo de antiga divergência na doutrina societária, marcada especialmente pela confrontação entre a teoria contratualista, que o associa ao interesse dos sócios, e a teoria institucionalista, que o associa ao interesse da empresa em si considerada (originalmente divulgada na Alemanha por Walter Rathenau). Ressalve-se que não se pretende aprofundar esse tema do interesse social, muito menos todos os aspectos das referidas teorias da doutrina societária – o que, por si só, mereceria um trabalho monográfico exclusivo, e inclusive já foi muito bem abordado por autores como Calixto Salomão Filho (**O novo direito societário**. 4 ed. rev. e ampl. São Paulo: Malheiros, 2015, p. 27-39), e Fábio Konder Comparato (em conjunto com Calixto Salomão Filho: **O poder de controle na sociedade anônima**. 6 ed. rev. e atual. Rio de Janeiro: Forense, 2014, p. 317-330) –, mas tão somente enunciar e referenciar sua existência, na medida em que nosso texto está voltado à apresentação do necessário para a posterior exposição dos estímulos da crise de 2008 para a governança corporativa das instituições bancárias (especialmente sob seu viés interno), bem como para posicionar o Brasil nesse contexto. Para uma ampla indicação bibliográfica no âmbito do direito societário da Europa

§1º O administrador eleito por grupo ou classe de acionistas tem, para com a companhia, os mesmos deveres que os demais, não podendo, ainda que para defesa do interesse dos que o elegeram, faltar a esses deveres. [grifos nossos]

Assim, entendemos que a gestão responsável da empresa, monitorada e controlada por mecanismos de governança corporativa, atende no Brasil aos ditames constitucionais e legais na medida em que é exercida em prol da lucratividade da atividade empresarial (da consecução de seu objeto social) em perspectiva de longo prazo. Ainda, para finalizar nossa leitura do ordenamento jurídico brasileiro, vale analogicamente obser-

Continental e dos Estados Unidos, ver CEREZETTI, S. C. N. **A recuperação judicial de sociedade por ações:** O princípio da preservação da empresa na Lei de Recuperação e Falência. São Paulo: Malheiros, 2012, p. 178-179. A autora observa da revisão da literatura empreendida: "[r]econhece-se doutrinariamente que, em geral, o objetivo comum do direito societário na Europa Continental não diz respeito à maximização do valor das ações ou da riqueza dos acionistas, mas à acomodação dos interesses conflitantes entre os diversos interessados na companhia. O quadro é exatamente o oposto nos Estados Unidos, local em que a valorização da proteção dos interesses dos acionistas tem alcançado níveis excessivos, incluindo-se sua elevação a propósito central do direito societário" (op. cit., p. 178). Fazendo também ampla revisão da doutrina nacional em direito societário, Sheila Christina Neder Cerezetti noticia que o propósito central de referido ramo no Brasil não é claro, havendo divergência de modo que uma parte faz alusão, em um sentido, ao caráter institucionalista da Lei das S.A., e, outra, ao interesse social como o interesse comum dos sócios enquanto sócios, o que seria a perspectiva contratualista. A conclusão à que a autora chega após analisar diversos argumentos de um lado e de outro é que nossa Lei das S.A. é marcada por uma acentuada incongruência: "[s]e, por um lado, são confessados propósitos e valores institucionalistas – ou seja, de valorização de ampla rede de interesses –, por outro, são encontradas regras que não impõem a consumação dos mesmos desígnios e – o que é pior – permitem o seu desacato./ A coerência entre princípios e regras há de ser, então, defendida, e seu alcance parece depender de alterações legislativas ou interpretações que permitam a integração entre os mais variados interesses abarcados por uma companhia e o respeito a eles" (op. cit., p. 185). Ademais, como observa Calixto Salomão Filho, o Brasil situa-se entre o contratualismo e o institucionalismo ao ter princípios e dispositivos em nosso sistema positivo iluminados por ambas as teorias, destacando que "[o]corre que a declaração de princípios do artigo 116 não pode ser tida como vã. Representa a única declaração direta dos princípios a ordenarem o interesse social" (op. cit., 2015, p. 39-40), de forma que a análise de regras da lei societária deve ser temperada pela perspectiva institucionalista. Em nosso âmbito, cumpre ressaltar a perspectiva institucionalista da legislação societária brasileira, complementada, no mais, com outras manifestações de fontes de governança corporativa que ultrapassam o patamar mínimo estipulado por referida legislação, como a recomendação do IBGC mencionada anteriormente.

var outro dispositivo constante da importante Lei n. 11.101, de 9 de fevereiro de 2005 (Lei de Falências), na qual, em cumprimento à tarefa de compatibilizar diversos interesses conflitantes e cumprir a função social da empresa, a norma privilegia, sob o mesmo manto constitucional que o dos dispositivos da Lei das S.A. antes comentados, a lógica da preservação da empresa, ou seja, sua atividade sustentável sob a perspectiva do longo prazo:

> Art. 47. A recuperação judicial tem por objetivo viabilizar a superação da situação de crise econômico-financeira do devedor, a fim de permitir a manutenção da fonte produtora, do emprego dos trabalhadores e dos interesses dos credores, promovendo, assim, a preservação da empresa, sua função social e o estímulo à atividade econômica[53].

---

[53] Para um detalhamento da interpretação desse artigo e do princípio da preservação da empresa por ele expressamente declarado, ver CEREZETTI, op. cit. Vale destacar, como apontado pela autora, que: "não há consenso acerca do que significa a expressão 'preservação da empresa'. Para alguns ela representa a manutenção do capital como mínimo de rentabilidade, sendo que ainda se debate se a manutenção do capital deveria ser entendida como nominal ou como material. Para outros, tratar-se-ia de uma preservação da autonomia jurídica da sociedade. A expressão pode, ainda, ser entendida como a preservação do substrato econômico da empresa, visto como a manutenção da capacidade produtiva da empresa no tempo – sendo que essa perspectiva encontra mais ampla aceitação./ Não obstante as divergências quanto ao significado da expressão, entende-se que a preservação é um interesse básico ou mínimo a todos aqueles que de alguma forma participam da empresa, pois da manutenção da empresa dependeria a satisfação dos interesse de cada um desses participantes [...] A doutrina alemã, portanto, dentro de uma perspectiva denominada de *Integrationsmodell*, identifica o interesse social como decorrência da ponderação dos mais variados interesses abrangidos pela companhia. Essa definição, justamente por sua amplitude de sentido, não extermina as dúvidas que podem advir quanto ao ajustamento de determinadas decisões empresariais com relação ao interesse social. Por esse motivo desenvolve-se a ideia de que apenas a preservação da empresa pode ser um elemento comum a todos os interesses – e, portanto, deve ela servir de parâmetro em casos de conflito" (op. cit., p. 173-175). Esclarece-se que seguimos essa última linha (do substrato econômico da empresa), em acordo com a lógica que decorre de nosso texto. Vale ainda mencionar com a referida autora, e em complemento com a nota de rodapé anterior (de número 52) e nosso texto, que: "[o] art. 47 da Lei de Recuperação e Falência [...] estimula o exercício da função social da empresa e partilha do entendimento de que há diversos centros de interesses que gravitam em torno da empresa e que justificam sua preservação./ [...] A positivação do princípio da preservação da empresa no capítulo destinado à recuperação judicial demonstra a atribuição de relevância aos diversos interesses que envolvem a sociedade e que contribuem à formação do denominado e controvertido interesse social – o qual, em acepção institucionalista, é identificado exatamente com a preservação da empresa" (op. cit., p. 80-81).

Por fim, observamos que vários trechos do Código de Melhores Práticas de Governança Corporativa do Instituto Brasileiro de Governança Corporativa, em nosso entender, expressam-se no mesmo sentido da visão exposta anteriormente quando destacam o alinhamento de interesses com a finalidade de preservação e otimização do valor econômico de longo prazo da organização[54], a exemplo dos destacados a seguir:

> As boas práticas de governança corporativa convertem princípios básicos em recomendações objetivas, alinhando interesses **com a finalidade de preservar e otimizar o valor econômico de longo prazo da organização,**

---

[54] O Código Brasileiro de Governança Corporativa – Companhias Abertas igualmente destaca como princípio que: "[o] conselho de administração deve exercer suas atribuições considerando os interesses de longo prazo da companhia, os impactos decorrentes de suas atividades na sociedade e no meio ambiente e os deveres fiduciários de seus membros, atuando como guardião dos princípios, valores, objeto social e sistema de governança da companhia", como fundamento: "[o] conselho de administração é o órgão central do sistema de governança corporativa, sendo responsável por exercer o papel de guardião dos princípios, dos valores, do objeto social e do sistema de governança da companhia, prevenir e administrar conflitos de interesses e buscar que cada parte interessada receba benefício apropriado e proporcional ao vínculo que possui com a companhia e ao risco a que está exposta", e como prática recomendada que o conselho de administração deve: "(i) definir estratégias de negócios, considerando os impactos das atividades da companhia na sociedade e no meio ambiente, visando a perenidade da companhia e a criação de valor no longo prazo" (GT Interagentes. **Código brasileiro de governança corporativa – companhias abertas**. São Paulo: IBGC, 2016, p. 29. Disponível em: <https://www.editoraroncarati.com.br/v2/phocadownload/codigo_brasileiro_de_governanca_corporativa_companhias_abertas.pdf>. Acesso em: 19 nov. 2016). Por sua vez, o "Código Abrasca de Autorregulação e Boas Práticas das Companhias Abertas", elaborado no âmbito da Associação Brasileira das Companhias Abertas (Abrasca), também caminha na direção da sustentabilidade e perenidade das companhias abertas brasileiras, ainda que não mencione, nesse ponto, as partes interessadas: "[o] presente Código Abrasca de Autorregulação e Boas Práticas das Companhias Abertas ('Código') estabelece princípios, regras e recomendações com o objetivo de contribuir para o aprimoramento das práticas de governança corporativa, visando a promover a confiança dos investidores, facilitar o acesso ao mercado de capitais e reduzir o custo do capital, fomentando a sustentabilidade e a perenidade das companhias abertas brasileiras, assim como a criação de valor no longo prazo" (Abrasca. **Código Abrasca de autorregulação e boas práticas das companhias abertas**. 2011, p. 4. Disponível em: <http://www.abrasca.org.br/Uploads/autoregulacao/codigo_Abrasca_de_Autorregulacao_e_Boas_Praticas_das_Companhias_Abertas.pdf>. Acesso em: 12 out. 2016). A adoção desse princípio é obrigatória para as companhias que aderem ao referido código.

facilitando seu acesso a recursos e contribuindo para a qualidade da gestão da organização, sua **longevidade** e o **bem comum**[55]. [grifos nossos]

1.1.4 Meios pelos quais a governança corporativa se expressa: fontes e mecanismos

Por fim, ainda com a finalidade de introduzir os conceitos basilares do presente trabalho, cumpre apresentar sucintamente como a governança corporativa se expressa, ou seja, quais são suas fontes bem como os mecanismos geralmente utilizados por esse sistema de direção, monitoramento e incentivo das empresas. Como já decorre das definições e comentários antes apresentados, os sistemas de governança corporativa valem-se de um complexo de regras que abarcam princípios, normas legais, normas estatutárias, regulamentos, condutas, práticas e tradições comerciais.

Com efeito, a governança corporativa pertence ao domínio das normas legais formais, como as pertinentes ao direito societário, ainda que o termo "governança corporativa" não conste necessariamente do texto legal. Dessas normas legais sobressaem princípios e estruturas que devem nortear de maneira mandatória os mecanismos de governança corporativa adotados pelas companhias em determinada jurisdição. Em certos setores, ainda no plano do direito formal, a governança corporativa é também delineada por normas jurídicas infralegais, como as emanadas por agências regulatórias e demais autoridades, a exemplo do que ocorre no sistema financeiro.

Em adição ao direito estatal formal[56], a autorregulação, ainda que voluntária, também faz surgir diversas regras aplicáveis à governança

---

[55] IBGC. **Código das melhores práticas de governança corporativa**. 5. ed. Disponível em: <http://www.ibgc.org.br/CodigoMelhoresPraticas.aspx>. Acesso em: 30 ago. 2016.

[56] Especialmente voltado à perspectiva jurídica da governança corporativa, Nilson Lautenschleger Júnior faz comentários pertinentes sobre seu caráter normativo: "[...] a tendência preponderante com relação às regras de governança corporativa, com pesar [sic] dos casos específicos de intervenção legislativa, está na sua introdução em forma de recomendações de comportamento ou, quando muito, como no Brasil, como pressupostos para alcançar determinado mercado. Tais regras possuem um caráter dispositivo na linguagem jurídica, ou seja, não são obrigatórias, mas podem exercer um efeito imediato como elemento de interpretação ou de mercado./ É, sobretudo, precipitada, portanto, a conclusão de que não há necessidade de análise de tais regras da governança corporativa pelo jurista, ao menos até o momento em que sejam convertidas em lei ou atos regulatórios. É fato que as regras de governança corporativa não são, em regra, obrigatórias, porém devemos atentar aqui para

corporativa. Nesse sentido, no mercado de capitais, por exemplo, a listagem de valores mobiliários em determinados segmentos de mercado pelo mundo depende da adoção, pela companhia emissora, de níveis de práticas de governança corporativa consideradas necessárias à proteção dos investidores. Nesses ambientes, inclusive, é comum que se apliquem normas que determinam a efetiva adoção de práticas específicas de governança corporativa ou a publicação dos motivos de elas não terem sido adotadas (*comply or disclose* ou *comply or explain*).

Uma das grandes fontes de referência para a governança corporativa, entretanto, advém de regras de condutas hoje reunidas nos denominados "códigos de melhores práticas". Como observado por Milton Nassau Ribeiro, "[e]sses códigos podem ser definidos como um apanhado de princípios e regras de conduta, sem força cogente, propostos por diversas organizações, governamentais ou não, sugeridos às companhias e aos seus órgãos, visando à gestão equânime daquelas"[57]. De fato, as boas práticas recomendadas nesses códigos – que proliferam no âmbito internacional – são de adesão voluntária e não têm qualquer caráter vinculativo, sendo praticadas pelos interessados em função da autoridade que decorre de seu próprio conteúdo. No Brasil, o grande código de referência nesse sentido é o Código de Melhores Práticas do IBGC[58], o

---

dois fatos muito concretos também na experiência brasileira. Refere-se a primeira aos efeitos de tais regras de governança corporativa sobre a interpretação dos tribunais para os casos de controle de conteúdo (*Inhaltskontrolle*), isto é, aqueles casos em que, dado o caráter geral e amplo da norma, o juiz é aclamado a julgar uma regra (que pode ser um princípio ou um dispositivo legal) segundo critérios que estão muito mais ligados, dada a amplitude do conceito, à sua experiência profissional e pessoal do que a regras legisladas. Exemplos destes tipos de normas ou princípios encontram-se com abundância no sistema jurídico brasileiro [...] Ora, não resta muita dúvida que, no caso concreto, poderá o juiz lançar mão de uma regra de governança corporativa como elemento formador de sua decisão, como diretriz do que a sociedade entende ser o comportamento desejável no caso ou, mesmo, como a própria doutrina alemã chega a mencionar, como costume comercial./ O segundo fato que se deve considerar é a potencial pena aplicada a tais regras de governança corporativa de forma indireta pelo mercado, como já comentamos. Pensamos aqui, por exemplo, nas restrições para ter a ação incluída em índice de bolsa, a concessão de financiamento ou a realização de investimentos" (LAUTENSCHLEGER JR., N. **Os desafios propostos pela governança corporativa ao direito empresarial brasileiro**. São Paulo: Malheiros, 2005, p. 189-190).

[57] RIBEIRO, M. N., op. cit., p. 18.
[58] Como já observava Vanessa Alessi Manzi: "[é] incontestável a importância do IBGC (Instituto Brasileiro de Governança Corporativa)" (MANZI, V. A. **Compliance no Brasil**: consolidação e perspectivas. São Paulo: Saint Paul, 2008, p. 65).

qual destaca de maneira valiosa que "as boas práticas convertem princípios em recomendações", evidenciando que a governança corporativa desejada é mais do que principiologia, devendo ser pragmaticamente aplicada.

Assim, de regras jurídicas estatais formais, de autorregulação ou de códigos voluntariamente praticados decorrem mecanismos de governança corporativa que permitem o cumprimento do objetivo de referido sistema. Nesse sentido, por meio de mecanismos, a governança corporativa contribui para o alinhamento dos interesses implicados no âmbito das empresas. Para os limites do presente trabalho, esses mecanismos podem ser classificados em internos e externos[59].

Os primeiros são afetos à própria estrutura interna da sociedade e estão focados no balanço das respectivas forças internas à organização, destacando-se, como exemplos, o conselho de administração, a política de remuneração dos administradores e os controles internos de auditoria. Os mecanismos externos, por sua vez, decorrem de estruturas e incentivos advindos de forças externas à empresa, relacionando-se ao ambiente institucional e regulador no qual a empresa está inserida. Nesse sentido, são exemplos a existência de mercado de aquisições hostis, a existência de mercado de trabalho competitivo e a proteção legal de investidores.

Vale observar que a distinção entre mecanismos internos e externos é especialmente útil para o presente trabalho na medida em que o tema aqui desenvolvido foca a governança corporativa interna de instituições bancárias a partir de considerações fomentadas pela crise financeira de 2008, não aprofundando, assim, os mecanismos externos neste contexto, ainda que sejam formuladas considerações gerais, quando pertinentes[60]. No entanto, cumpre esclarecer que, apesar de as forças

---

[59] Hopt, op. cit., 2011, p. 7-8.; Silveira, op. cit., 2015, p. 11; Andrade; Rossetti, op. cit., p. 215-251.

[60] Essa escolha alinha-se ao pensamento de Klaus Hopt, para quem a governança corporativa interna de instituições bancárias *vis-à-vis* a crise de 2008 é tema para desenvolvimento teórico aprofundado. A governança corporativa externa no mercado bancário advinda do mercado de aquisição hostis, na maioria dos países, não traz influência de efetiva disciplina. Nesse sentido, sustenta Klaus Hopt para o ambiente europeu: "*Corporate Governance in a wider sense comprises internal as well as external governance, external governance being the disciplining forces of markets, in particular the market for corporate control. In the banking sector, this market did not do very much disciplining.* [...] *The takeover market in banking, in particular its*

advindas do ambiente institucional e regulatório serem, como apontado, primordialmente relacionadas a mecanismos externos de governança corporativa, em setores altamente regulados, como o sistema financeiro, há muitas normas que tocam e estabelecem parâmetros para os mecanismos internos das entidades reguladas, de modo que, não obs-

---

international side, was never really subject to the general market for corporate control. Why this is so is not fully clear, but the reasons might include the often-described opaqueness of banking structures and business, the different regulatory environments and national protectionism" (HOPT, op. cit., 2013, p. 3). Entendemos que essa é uma realidade que se aproxima do cenário bancário brasileiro, inclusive pelas características da concentração presente em nosso setor bancário (sobre a concentração bancária brasileira, ver MATTOS, E. da S. **O que a crise do *subprime* ensinou ao direito?** Evidências e lições do modelo concorrencial e regulatório bancário brasileiro. São Paulo: Almedina, 2015; e MÜLLER, B. A. **Concorrência no setor bancário brasileiro**. 2007. Dissertação (Mestrado) – Faculdade de Direito, Universidade de São Paulo, São Paulo, 2007). Vale observar que, mesmo em uma perspectiva ampla do cenário brasileiro (não apenas bancária), esse mecanismo externo não se mostra atuante, como elucida Alexandre di Miceli da Silveira: "[a] possibilidade de aquisição hostil depende da existência de um mercado de capitais desenvolvido, da relativa pulverização das ações com direito a voto e da inexistência de mecanismos defensivos restritivos nas companhias. Em mercados com elevada concentração acionária, como é o caso do Brasil, esse mecanismo de governança não tem se mostrado relevante na prática" (SILVEIRA, op. cit., 2015, p. 295, n. 24). Apesar desse esclarecimento quanto ao Brasil, é de se reforçar que "[e]*ven in industrialized countries, hostile takeovers tend to be rare in banking [...]. Indeed, long delays in the regulatory approval process associated with bank purchases makes hostile takeovers in banking extremely rare*". LEVINE, R. **The Corporate Governance of Banks**: A Concise Discussion of Concepts and Evidence, p. 9. Disponível em: <https://openknowledge.worldbank.org/bitstream/handle/10986/14239/WPS3404.pdf?sequence=1>. Acesso em: 20 ago. 2016. Para uma análise da disciplina do mercado (mecanismo externo de governança corporativa) à luz da crise de 2008, ver STEPHANOU, C. Rethinking market discipline in banking: lessons from the financial crisis. **Policy Research Working Papers**. The World Bank, n. 5227, 2010. Disponível em: <http://ssrn.com/abstract=5227>. Acesso em: 6 ago. 2016. Mas, especialmente de uma perspectiva britânica bancária mais recente, Andreas Kokkinis destaca que: "[g]*ranted, it is well established that in the banking sector hostile takeovers are uncommon both internationally and in the UK. However, major UK banks are sometimes engaged in hostile takeovers of foreign banks, and do frequently resort to friendly mergers, which are generally facilitated by the implicit threat of a possible hostile takeover. Therefore, although the pressures from the market for corporate control are somewhat limited in the special case of banks, there is still an incentive for bank senior managers to maintain the share price of the bank so as to minimise the likelihood of a hostile takeover offer arising*". KOKKINIS, A. A Primer on Corporate Governance in Banks and Financial Institutions: Are Banks Special? In: CHIU, Iris H-Y (Ed.). **The Law on Corporate Governance in Banks**. Cheltenham: Edward Elgar, 2015, p. 8.

tante a utilidade da classificação, esta não deve deixar a análise míope a ponto de excluir a inerente e inegável correlação existente.

1.2 A governança corporativa para o setor bancário é (ou deve ser) diferente

Uma vez delineados os principais aspectos da governança corporativa pertinentes à presente dissertação, cumpre-nos explanar em poucas linhas se o setor bancário apresenta características próprias que justifiquem um cuidado maior ou uma configuração peculiar dos mecanismos de governança corporativa. Em outras palavras, cumpre-nos avaliar se é possível e/ou necessário distinguir uma governança corporativa qualificada às instituições bancárias em contraste com a governança corporativa genericamente aplicada às demais organizações não bancárias.

Nesse sentido, a primeira observação a ser feita diz respeito à importância dos bancos para as economias nacionais e, por consequência, para a sociedade. Como salientado por Eduardo Fortuna, as instituições bancárias são, nas modernas economias de mercado, a espinha dorsal das ações políticas monetária, cambial e fiscal, do sistema de pagamento e compensações, da mobilização dos recursos financeiros, da distribuição do crédito, da criação dos meios de pagamentos e da distribuição de riscos financeiros[61].

---

[61] FORTUNA, E. L. P. **A governança corporativa no sistema bancário**: uma visão orientada aos depositantes, credores e à sociedade. 2007. Tese (Doutorado) – Instituto COPPEAD de Administração, Universidade Federal do Rio de Janeiro, Rio de Janeiro, 2007, p. 68. O autor usa a expressão "instituições financeiras monetárias" para referir-se às instituições financeiras que criam moeda escritural, abarcadas portanto em nosso objeto, conforme delimitado na introdução. Andreas Kokkinis ilustra bem essas consequências: "[...] *the occurrence of a bank crisis has detrimental consequences for the real economy. First, bank lending is curtailed as ailing banks seek to reduce their loan portfolios. The resulting credit crunch undermines the ability of firms to raise debt and expand, and can thus cause the economy as a whole to enter into a recession and unemployment to rise. To make matters worse, Government spending to prevent the failure of large banks (and thus the collapse of the financial system), and the overall economic recession leads to the inescapable consequence of increasing the public debt with potentially serious long-term consequences for the economy. It seems that whatever policy is followed to manage a banking crisis, serious negative externalities are generated when a large bank fails, and the losses are borne not only by other banks but also by the real economy and taxpayers. Indeed, the consequences of bank crises are so severe that it is highly unlikely that any benefits accruing from increased risk taking during the period leading up to a crisis (e.g. in the form of lower unemployment and faster growth) will outweigh the cost of a financial crisis (although formal economic evidence on this is a difficult to find)*" (KOKKINIS, op. cit., p. 11).

Nessa mesma direção, Ross Levine destaca como algumas pesquisas apontam que os bancos são criticamente importantes para a expansão industrial, a governança corporativa de empresas e a alocação de capital. Com efeito, quando os bancos mobilizam e alocam eficientemente os recursos, o custo de capital das empresas diminui, a formação de capital aumenta e o crescimento da produtividade é estimulado, com ramificações para a prosperidade das nações. Devido a essa importância dos bancos, sua governança corporativa assume um papel central. Entretanto, como observado pelo autor, essa importância sozinha não motiva uma análise isolada da governança corporativa, já que bancos também são firmas[62].

Com efeito, aprofundando e complementando a importância econômica das instituições bancárias, é possível apresentar alguns elementos pertinentes às características das instituições bancárias e do setor em que estas se inserem, como destacadas por autores que estudaram especificamente a governança corporativa de bancos, para ressaltar por quais razões e com qual alcance a governança corporativa deve ser para

---

Os autores Thankom Arun e John Turner, por sua vez, reforçam a importância ainda mais sensível dos bancos (e de sua governança corporativa) para o caso das economias em desenvolvimento, destacando: "[t]*he corporate governance of banks in developing economies is important for several reasons. First, banks have an overwhelmingly dominant position in developing-economy financial systems, and are extremely important engines of economic growth (King and Levine 1993a, 1993b; Levine 1997). Second, as financial markets are usually underdeveloped, banks in developing economies are typically the most important source of finance for the majority of firms. Third, as well as providing a generally accepted means of payment, banks in developing countries are usually the main depository for the economy's savings*" (ARUN, T. G.; TURNER, J. D. Corporate Governance of Banks in Developing Economies: concepts and issues. **Corporate Governance: An International Review**, v. 12, n. 3, p. 371-377, 2004).

[62] No original: "*When banks efficiently mobilize and allocate funds, this lowers the cost of capital to firms, boosts capital formation, and stimulates productivity growth. Thus, weak governance of banks reverberates throughout the economy with negative ramifications for economic development [...] Research finds that bank are critically important for industrial expansion, the corporate governance of firms, and capital allocation. When banks efficiently mobilize and allocate funds, this lowers the cost of capital to firms, boosts capital formation, and stimulates productivity growth. Thus, the functioning of banks has ramifications for the operations of firms and the prosperity of nations./ Given the importance of banks, the governance of banks themselves assumes a central role. [...]/ [...] While banks are important, this alone does not motivate a separate analysis of the governance of banks. Banks are firms.*" LEVINE, op. cit., p. 1-2.

eles especial[63]. Ainda que historicamente a aceitação mais generalizada, tanto teórica quanto prática, dessa diferença nos mecanismos de governança corporativa para instituições bancárias tenha ocorrido mais recentemente, sobretudo após a crise de 2008, como detalharemos no capítulo 2, são comumente apontados[64]: (1) a complexidade da atividade

---

[63] A perspectiva adotada nessas explanações foca as características que sejam importantes sob o ponto de vista da governança corporativa. Nesse sentido, não pormenorizamos questões envolvendo as teorias econômicas que discutem o porquê de os bancos serem especiais. Quanto a esse último aspecto, remetemo-nos ao famoso, e recorrentemente referenciado em doutrina especializada, artigo de Eugene F. Fama de 1985, "What's different about banks?" (Disponível em: <http://www.sciencedirect.com/science/article/pii/0304393285900510>. Acesso em: 15 ago. 2016). De acordo com Klaus Hopt, esse artigo é um dos primeiros a tratar da diferença dos bancos (HOPT, op. cit., 2013a, p. 4, n. 2). Em doutrina nacional, MATTOS, op. cit., p. 15-45; PINTO, G. M. A. **Regulação sistêmica e prudencial no setor bancário brasileiro**. São Paulo: Almedina, 2015, p. 39-72; CARVALHO, F. C. de. et al. **Economia monetária e financeira**: teoria e prática. Rio de Janeiro: Campus, 2000. Também é de se reforçar que o foco mencionado não abrange a análise aprofundada e ampla de aspectos de regulação bancária, pelo que nos remetemos aos dois últimos autores referidos, dentre outros como SAMPAIO, G. J. M. de C. **Fundamentos da regulação bancária e aplicação do princípio da subsidiariedade**. São Paulo: Almedina, 2015; RIBEIRO, I. C. **Os megabancos e as crises financeiras**: uma análise teórica e jurimétrica da regulação e do direito concorrencial. São Paulo: Almedina, 2015; YAZBEK, O. **Regulação do mercado financeiro e de capitais**. 2. ed. ampl. Rio de Janeiro: Elsevier, 2009; TURCZYN, S. **O sistema financeiro nacional e a regulação bancária**. São Paulo: RT, 2005; SADDI, J. **Crise e regulação bancária**: navegando mares revoltos. São Paulo: Textonovo, 2001.

[64] Dentre outros, Penny Ciancanelli e José A. Reyes-Gonzalez destacam a regulamentação que acentua a assimetria de informação nos bancos comerciais, limita o poder da disciplina do mercado e deve ser vista como uma força externa que altera os parâmetros de governança nos bancos (In: **Corporate Governance in Banking**: A Conceptual Framework. 2000. Disponível em: <http://papers.ssrn.com/sol3/papers.cfm?abstract_id=253714>. Acesso em: 29 ago. 2016). David Llewellyn aponta que há diversos fatores que sugerem que os arranjos de governança corporativa funcionam diferentemente com os bancos: i) os bancos estão sujeitos a regulação; ii) os bancos estão sujeitos a supervisão e monitoramento contínuos por agências oficiais; iii) os bancos têm uma relação fiduciária com seus clientes; iv) há uma dimensão sistêmica dos bancos; v) os bancos estão sujeitos a arranjos de garantia de liquidez não disponíveis para outras companhias (In: A Regulatory Regime For Financial Stability. **Oesterreichische Nationalbank Working Paper 48**, 2001. Disponível em: <http://econpapers.repec.org/paper/onboenbwp/48.htm>. Acesso em: 29 ago. 2016). Gerard Caprio Jr. e Ross Levine destacam a maior opacidade dos bancos e a maior intervenção de regulação estatal como os dois atributos que diferenciam os bancos (In: **Corporate Governance in Finance**: Concepts and International Observations. 2002. Disponível em: <http://siteresources.worldbank.org/DEC/Resources/corporategover_finance.pdf>. Acesso em: 20 ago. 2016). Jonathan Macey e Maureen O'Hara destacam a estrutura de capital, a dificuldade de

monitorar os bancos, os incentivos para assunção de risco advindos de seguro de depósito, e a presença de interesses de outras partes que não os acionistas (In: The Corporate Governance of Banks. **FRBNY Economic Policy Review**, Apr. 2003. Disponível em: <https://www.newyorkfed.org/medialibrary/media/research/epr/03v09n1/0304mace.pdf>. Acesso em: 29 ago. 2016). Jonathan Macey e Maureen O'Hara, em outro trabalho, destacam a diferença dos bancos sob a perspectiva de que uma disciplina significativa das partes interessadas é ausente e que, de forma não surpreendente, o fato de que diversas soluções para esse problema tenham sido experimentadas ao longo dos anos (como intervenções regulatórias) sustenta a assertiva de que os problemas de governança corporativa dos bancos são mais severos do que o usual (In: Solving The Corporate Governance Problems of Banks: A Proposal. **The Banking Law Journal**, v. 120, n. 4, Apr. 2003, p. 326-347). Em trabalho mais recente, os autores pontuam que a cada vez maior complexidade e maior opacidade do monitoramento dos bancos requer uma maior expertise dos seus conselheiros e membros do comitê de risco (In: **Bank Corporate Governance**: A Paradigm for the Post-Crisis World. Mar. 2014. Disponível em: <https://fnce.wharton.upenn.edu/linkservid/6703E275-5056-893A-285F1F77AF3D52FF/showMeta/0/>. Acesso em: 29 ago. 2016. Esse trabalho foi republicado mais recentemente in: Bank Corporate Governance: A Proposal for the Post-Crisis World. **FRBNY Economic Policy Review**. Aug. 2016. p. 85-105. Disponível em: <https://www.newyorkfed.org/medialibrary/media/research/epr/2016/epr_2016_post-crisis-world_macey.pdf?la=en>. Acesso em: 29 ago. 2016). Renée Adams e Hamid Mehran destacam diferenças nos mecanismos de governança corporativa de companhias holding de bancos após análise empírica das práticas adotadas no mercado norte-americano e as atribuem às diferenças nas características de investimento e a presença da regulação (In: Is Corporate Governance Different for Bank Holding Companies? **FRBNY Economic Policy Review**, Apr. 2003, p. 123-142. Disponível em: <https://www8.gsb.columbia.edu/leadership/sites/leadership/files/Is_Corporate_Governance_Different_For_Bank_Holding_Companies.pdf>. Acesso em: 29 ago. 2016). Kose John e Yiming Qian destacam o fato de os bancos serem mais regulados do que indústrias e significativamente mais alavancados (In: Incentive Features in CEO Compensation in the Banking Industry. **Economic Policy Review**, v. 9, n. 1, Apr. 2004. Disponível em: <http://papers.ssrn.com/sol3/papers.cfm?abstract_id=795564>. Acesso em: 29 ago. 2016). Johan Devriese, Mathias Dewatripont, Dirk Heremans e Grégory Nguyen ressaltam o risco sistêmico, a alta alavancagem, e partes interessadas dispersas e leigas (In: Corporate Governance, regulation and supersivion. **National Bank of Belgium, Financial Stability Review**, 2004. Disponível em: <https://www.nbb.be/doc/oc/repec/fsrart/fsr_2004_en_95_120.pdf>. Acesso em: 26 ago. 2016). Thankom G. Arun e John David Turner destacam a assimetria informacional e a opacidade implicadas nos bancos, o risco moral advindo das garantias governamentais implícitas ou explícitas, a presença da regulação e a possível relativa baixa competitividade do setor (op. cit.). Shri V. Leeladhar destaca a opacidade, falta de transparência e de liquidez dos ativos dos bancos, a maior importância dos interesses de outros agentes do que ocorre em organizações não financeiras, bem como o envolvimento estatal (regulação) (In: Corporate Governance in Banks. **Reserve Bank of India Bulletin**, Dec. 2004, p. 1101-1104. Disponível em: <https://rbidocs.rbi.org.in/rdocs/Bulletin/PDFs/59405.pdf>. Acesso em: 29 ago. 2016).

Kern Alexander destaca a diferença da governança corporativa dos bancos em função dos maiores riscos que eles representam para a economia, e, como consequência, o regulador tem um papel mais ativo (In: Corporate Governance and Banking Regulation: The Regulator as Stakeholder. **CERF Research Programme in International Financial Regulation Working Paper 17**, June 2004. Disponível em: <http://www.cfap.jbs.cam.ac.uk/publications/downloads/wp17.pdf>. Acesso em: 29 ago. 2016). Andrea Polo faz uma revisão do debate sobre a especialidade da governança corporativa dos bancos apontando a opacidade e a regulamentação como pontos de destaque, ao mesmo tempo em que, porém, evidencia que não é unanimidade que os bancos sejam de fato menos transparentes empiricamente (In: **Corporate Governance of Banks:** The Current State of the Debate, Jan. 2007. Disponível em: <http://papers.ssrn.com/sol3/papers.cfm?abstract_id=958796>. Acesso em: 29 ago. 2016). Peter Mülbert destaca i) o descasamento de maturidade (exigibilidade) dos ativos e passivos dos bancos; ii) a função de produção de liquidez; iii) a alta alavancagem; iv) as demonstrações contábeis notoriamente mais opacas; v) a interconexão entre os bancos, vi) a sujeição a alterações drásticas no perfil de risco de bancos com carteira substancial de derivativos e outros valores mobiliários financeiros mesmo que o banco não tome novas posições, vii) a sujeição a corridas bancárias; e viii) a abundante regulação e supervisão de autoridades (In: Corporate Governance of Banks after the Financial Crisis – Theory, Evidence, Reforms. **ECGI Law Working Paper n. 130/2009**, Apr. 2010. Disponível em: <http://papers.ssrn.com/sol3/papers.cfm?abstract_id=1448118>. Acesso em: 29 ago. 2016). Hamid Mehran, Alan Morrison e Joel Shapiro apresentam as diferenças da governança corporativa de bancos como decorrentes da complexidade da atividade bancária e da multiplicidade e magnitude dos *stakeholders* envolvidos (In: Corporate Governance and Banks: What Have We Learned from the Financial Crisis? **Federal Reserve Bank of New York Staff Report n. 502**, June 2011, p. 1. Disponível em <http://www.newyorkfed.org/research/staff_reports/sr502.pdf>. Acesso em: 12 jul. 2015). Andreas Kokkinis ressalta o interesse público na estabilidade financeira, com destaque para a importância econômica dos bancos, os riscos únicos implicados, o risco sistêmico, a estrutura de capital peculiar, o desalinhamento entre os interesses dos acionistas do banco e o interesse público, bem como o potencial de monitoramento limitado tanto dos acionistas quanto dos credores (KOKKINIS, op. cit.). No Brasil, seguindo em grande parte os autores aqui já referidos: Ana Cecília Marcassa, empreendendo uma revisão bibliográfica internacional, ressalta a importância dos bancos para a economia, a diversidade das partes interessadas, com destaque para os reguladores (In: **Mecanismos de Governança Corporativa em Bancos**. 2004. Disponível em: <http://www4.bcb.gov.br/pre/inscricaoContaB/trabalhos/Mecanismos%20de%20Governan%C3%A7a%20 Corporativa%20em%20Bancos.pdf>. Acesso em: 31 ago. 2016). Manoel S. Banzas pontua as diferenças do setor bancário por considerações à inaplicabilidade perfeita da teoria da agência a referido segmento. As considerações são prioritariamente voltadas à influência da regulação, que, procurando manter a segurança do ambiente econômico preocupando-se fundamentalmente com a existência do risco sistêmico, aplica instrumentos julgados eficazes para limitar este, os quais alteram os incentivos e o relacionamento entre o agente e o principal (In: **Governança corporativa no setor bancário**: evolução recente no mercado brasileiro. 2005. Dissertação (Mestrado) – Instituto COPPEAD de Administração, Universi-

bancária, destacando-se: i) a estrutura de capital diferenciada das instituições; ii) a opacidade de seus ativos; iii) sua menor transparência, que recrudesce a assimetria de informações; e iv) a inter-relacionada/combinação e extensão única de riscos corridos; (2) a multiplicidade e extensão dos interesses envolvidos (*stakeholders*) e a consequente complexidade dos conflitos; e (3) a intensidade de regulação[65, 66 e 67].

dade Federal do Rio de Janeiro, Rio de Janeiro, 2005). Eduardo L. P. Fortuna (op. cit.) demonstra a necessidade de se estabelecer um tratamento diferenciado para os princípios e práticas da governança corporativa no sistema bancário, tanto governança dos reguladores, como das instituições. Jaildo Lima de Oliveira e César Augusto T. Silva destacam a peculiaridade das empresas integrantes do Sistema Financeiro Nacional de dependerem da confiança de seus depositantes ou participantes como garantia de sua continuidade (In: **A governança corporativa no sistema financeiro nacional**. [2005]. Disponível em: <http://www4.bcb. gov.br/pre/inscricaoContaB/trabalhos/A%20Governan%C3%A7a%20 Corporativa%20nn%20SFN.pdf>. Acesso em: 31 ago. 2016). Antonio Maria H. B. Araújo, Paulo César de M. Mendes e Paulo Roberto B. Lustosa se propõem a analisar se existem diferenças de práticas de governança corporativa entre instituições financeiras e instituições não financeiras no Brasil. São utilizadas variáveis que dizem respeito às estruturas internas de governança, à propriedade em bloco dos acionistas, a existência de Comitê de Auditoria e o prazo de mandato dos conselheiros em amostra composta pelos quinze maiores bancos com informações sobre governança corporativa em seus sítios na internet e quinze empresas não financeiras que compõem o Nível 2 de Governança Corporativa da BM&FBovespa. Pelo resultado da pesquisa obtido por meio de testes estatísticos para diferenças de média, os autores concluíram que, estatisticamente, pode-se inferir que não há diferenças significativas na maioria das práticas de governança corporativa adotadas por instituições financeiras e instituições não financeiras no Brasil, à exceção das variáveis Comitê de Auditoria e Prazo do Mandato (In: Governança corporativa no Brasil: contraste de práticas entre instituições financeiras e instituições não financeiras. **Revista Universo Contábil**, Blumenau, v. 8, n. 2, p. 64-83, abr.-jun. 2012).

[65] A acepção de "regulação" empregada nesse trabalho é ampla, alinhando-se ao quanto explanado por Otavio Yazbek, ou seja, que "engloba atividades estatais que vão da criação de normas, passando pela sua implementação por meio de determinados atos administrativos e pela fiscalização do seu cumprimento, até a punição dos infratores". YAZBEK, op. cit., p. 184.

[66] Gerard Caprio Jr. e Ross Levine destacam também como diferencial da governança corporativa de bancos a participação acionária estatal (In: **Corporate Governance in Finance**: Concepts and International Observations. 2002, p. 15. Disponível em: <http://siteresources.worldbank.org/DEC/Resources/corporategover_finance.pdf>. Acesso em: 20 ago. 2016). A situação do Estado como acionista de bancos é comum em muitos países, como no caso específico do Brasil, mas entendemos, dentro do escopo da presente dissertação, que os desafios trazidos por essa situação ultrapassam nosso foco, na medida em que, a uma, a governança corporativa dos bancos tem elementos distintos independentemente da presença do Estado como acionista controlador, de forma que esse elemento nos parece ser um qualificador a mais (governança corporativa de instituições bancárias controladas pelo Es-

O conjunto desses elementos exacerba os múltiplos conflitos de interesse presentes nos bancos – especialmente sob a perspectiva dos conflitos de agência[68] –, dificulta a direção e o monitoramento de suas atividades, e faz com que mecanismos de governança corporativa aplicáveis de maneira genérica a outras organizações possam funcionar, nas

---

tado), e, a duas, esse elemento não esteve em destaque na literatura e nas recomendações internacionais a respeito de mecanismos internos de governança corporativa de instituições bancárias em função da crise de 2008 (com notória exceção da análise do perfil dos conselhos de administração de bancos públicos, em particular bancos dos *Länder* [estados], e de bancos privados na Alemanha, estabelecendo relação de causalidade entre qualificação e experiência dos membros do conselho de administração com as perdas três vezes maiores dos bancos públicos entre o primeiro trimestre de 2007 e o terceiro trimestre de 2008. In: Hau, H.; Thum, M. P. Subprime Crisis and Board (In)Competence: Private vs. Public Banks in Germany. **INSEAD Working Paper n. 2010/45/FIN,** June 2010. Disponível em: <http://sites.insead.edu/facultyresearch/research/doc.cfm?did=44430>. Acesso em: 25 ago. 2016). Entretanto, o controle do Estado não foi um fator de destaque nas análises da governança corporativa dos bancos em função da crise de 2008). Não obstante, reconhecemos que há importância no estudo de referido elemento e o recomendamos para trabalhos futuros. No mais, tocando esse tema: Caprio, Gerard et al. (Eds.). **The Future of State-Owned Financial Institutions.** Washington: The Brookings Institution, 2004; Levine, op. cit. (destacando que a participação acionária estatal remove o papel do Estado como monitor independente, enfraquecendo os incentivos de monitoramento e reduzindo a competição).

[67] Luc Laeven destaca como os bancos são especiais também por serem credores para a economia real, servindo em conselhos de administração como investidores em diversos países, de forma a potencialmente desempenharem um papel importante na governança corporativa na economia. Assim, se a governança corporativa da instituição é inadequada, é difícil de imaginar que ela promoverá uma governança corporativa saudável nas empresas para as quais concederam empréstimos. (In: **Corporate Governance:** What's special about banks? p. 4. Disponível em: <http://www.annualreviews.org/doi/abs/10.1146/annurev-financial-021113-074421?journalCode=financial>. Acesso em: 31 ago. 2016.). Novamente não inserimos esse aspecto em nosso texto como um diferencial pois entendemos que, embora traga uma consequência relevante pela importância que os bancos representam na governança corporativa de outras empresas – como inclusive já citado por nós –, esse elemento não implica necessariamente uma característica própria a justificar uma governança corporativa peculiar aos bancos, mormente se considerarmos o fato de que outros grandes credores, como fundos de pensão e outros investidores institucionais, também apresentam essa característica.

[68] "Conflitos de interesse" é um termo mais amplo do que "conflito de agência" na medida em que este é qualificado pela assimetria de informações e a impossibilidade de ajustes contratuais completos que resta por deixar uma margem de juízo a ser exercido pelo principal, conforme explicação dada no item 1.1.2. Preferimos, nesta exposição, destacar que há propriamente muitos conflitos de interesse nos bancos, ainda que a perspectiva tradicional da governança corporativa volte-se especialmente aos conflitos de agência.

instituições bancárias, de forma menos efetiva[69] ou até com resultados adversos[70]. A seguir, discorreremos sobre cada um desses elementos.

1.2.1 A complexidade da atividade bancária

A atividade bancária é caracterizada por uma complexidade ímpar, decorrente das funções econômicas desempenhadas pelas instituições bancárias e cuja importância já foi mencionada anteriormente. Deve-se destacar aqui três funções que distinguem as instituições bancárias de outras entidades empresariais, ainda que, na prática, as instituições bancárias venham se engajando cada vez mais em várias outras atividades em serviços[71]: a intermediação financeira (transmutação de ativos e transferência de liquidez), a criação de moeda e a compensação de pagamentos.

A intermediação financeira é realizada pelas instituições bancárias por meio da captação de recursos de agentes (superavitários) e da subsequente realização de empréstimos a outros (deficitários), com a consequente transferência de liquidez entre eles. As contínuas operações nesse sentido, captando recursos da poupança popular, emprestando recursos para o financiamento da atividade econômica, recebendo

---

[69] Conforme observam, por exemplo, Gerard Caprio Jr. e Ross Levine: *"Financial intermediaries – and banks in particular – have special atributes that intensify standard corporate governance problems and pervasive government involvement raises new impediments to effective corporate control"* (op. cit., p. 2); Peter Mülbert (*"To sum up, the particularities of banks described above act to exacerbate the multiple agency conflicts present within banks and to reduce the effectiveness of some of the mechanisms for mitigating these conflicts. The overall effect is for banks to take on more risk than a generic firm would do"* (op. cit., 2010, p. 19). David Walker: (*"[t]hese factors [public interest externalities and moral hazard of a kind and to an extent far in excess of those for any other type of business] and the particular complexities of much of BOFI [banks and other financial institutions] business suggest that governance arrangements require elements going beyond those that are regarded as sufficient for major non-financial business"* WALKER, D. **A review of corporate governance in UK banks and other financial industry entities**: Final recommendations, Nov. 2009, p. 25. Disponível em: <http://webarchive.nationalarchives.gov.uk/+/http://www.hm-treasury.gov.uk/d/walker_review_261109.pdf>. Acesso em: 15 set. 2016).

[70] Conforme, por exemplo: Kern Alexander (op. cit., p. 3) e Renée Adams e Hamid Mehran (In: Is Corporate Governance Different for Bank Holding Companies? **FRBNY Economic Policy Review**, Apr. 2003, p. 123. Disponível em: <https://www8.gsb.columbia.edu/leadership/sites/leadership/files/Is_Corporate_Governance_Different_For_Bank_Holding_Companies.pdf >. Acesso em: 29 ago. 2016).

[71] KOKKINIS, op. cit. p. 10, n. 44.

recursos de volta e emprestando novamente mais recursos provoca a multiplicação, sucessivas vezes, da circulação da moeda[72].

Ainda nesse contexto, os bancos efetivamente criam moeda escritural por meio da chamada reserva fracionada: considerando que, em termos estatísticos, não é muito provável que todos os depositantes de um banco venham a sacar os valores a eles devidos simultaneamente, a instituição mantém em estoque apenas parte dos depósitos recebidos (valor depositado menos reservas técnica e compulsória, exigida pelos bancos centrais), repassando o restante a terceiros como empréstimo[73].

Por fim, os bancos servem de palco para compensações entre os diversos agentes no setor bancário[74]. De acordo com a explicação de Eduardo Fortuna, o conceito básico do sistema de pagamentos do mercado financeiro é o de que, quando uma instituição bancária efetua um pagamento, ela o faz por intermédio de outro banco que, por sua vez, estará efetivando um recebimento, de modo que o aumento de liquidez de um banco se faz, via sistema de pagamentos, pela diminuição de liquidez de outro, ou seja, por meio da transferência de liquidez dentro do próprio sistema bancário[75]. Ainda, o complexo sistema de serviços de pagamentos provê uma rede intangível de essencial importância para a sociedade como um todo[76].

Tais funções trazem complexidade à atividade bancária que, acentuadas pelo volume e velocidade com que essas operações ocorrem (com o consequente grande processamento de informação), diferenciam-na das atividades de outras entidades empresariais.

---

[72] Ibid., p. 10.

[73] MATTOS, op. cit., p. 17. A descrição objetiva de Gustavo José Marrone de Castro Sampaio é elucidativa do quanto exposto: "[e]ste fenômeno [criação de moeda] pode começar a ser entendido quando se identifica que os bancos reservam apenas parte dos recursos neles depositados para atender solicitações de resgate e destinam o saldo remanescente a operações de créditos em suas distintas modalidades. Estes empréstimos, por sua vez, ao chegarem à posse dos tomadores, se convertem em novos depósitos em bancos, que, deduzidos de nova reserva para resgate, retornam ao mercado em novas operações de crédito. Assim, a moeda inicialmente lastreada pela emissão oficial estatal (atividade financeira pública privativa do Estado) multiplica-se por meio da atividade bancária, criando um contingente monetário existente apenas nos registros dos bancos operadores (moeda escritural)" (SAMPAIO, op. cit., p. 50).

[74] Nesse sentido, ver SADDI, op. cit., 2001, p. 89.

[75] FORTUNA, op. cit., p. 46-47.

[76] KOKKINIS, op. cit., p. 10-11.

1.2.1.1 Estrutura de capital diferenciada

Como consequência das funções mencionadas anteriormente, os bancos possuem uma estrutura de capital muito própria, caracterizada por sua alta[77] alavancagem. Como salientam Jonathan Macey e Maureen O'Hara, a estrutura de capital dos bancos é o que os distingue de outras espécies de empresas de duas formas: i) os bancos tendem a ter muito pouco capital próprio em comparação com outras empresas, financiando-se primordialmente em dívidas; e, ii) ainda, essas dívidas são largamente compostas de depósitos à vista[78] cujos recursos devem estar disponíveis aos depositantes (credores) assim que estes os exigirem, enquanto os ativos dos bancos têm maturidade mais longa, ou seja, não podem ser exigidos imediatamente e, assim, são mais ilíquidos (ainda que o crescente refinamento de mercados secundários possa ajudar a mitigar esse descasamento)[79]. Como destaca Peter Mülbert, o negócio principal dos bancos é aceitar voluntariamente esse descasamento de prazo de exigibilidade entre seus passivos e seus ativos e, corolário a isso, sua existência depende crucialmente de um acesso ininterrupto à liquidez, seja por meio de depósitos, financiamento de curto prazo no mercado interbancário, financiamento com garantia ou financiamento do banco central como emprestador de último recurso[80 e 81].

---

[77] Os bancos tendem a se alavancar mais do que outras organizações considerando que sua lucratividade aumenta na medida em que a razão de seu capital próprio pelos ativos cai (KOKKINIS, op. cit., p. 14). Com efeito, a alavancagem é um fator de produção no contexto da atividade de um banco. Uma explicação econômica dessa alta alavancagem, que foge do escopo do presente trabalho, pode ser encontrada em Harry DeAngelo e René M. Stulz. **Why High Leverage is Optimal for Banks?** 2013. <Disponível em: http://fic.wharton. upenn.edu/fic/papers/13/13-20.pdf>. Acesso em: 27 ago. 2016.

[78] É importante observar que essa assertiva é válida para as instituições que estão autorizadas a captar recursos por meio dessa espécie de depósito, como, no Brasil, por exemplo e primordialmente, as que detêm carteira comercial.

[79] MACEY, J.; O'HARA, M. Solving The Corporate Governance Problems of Banks: A Proposal. **The Banking Law Journal**, v. 120, n. 4, Apr. 2003, p. 97.

[80] Peter O. Mülbert: "[...] *a bank's core business is to accept voluntarily a mismatch in the term structure of its assets and its liabilities. As a corollary, the existence of banks depends crucially on uninterrupted continuous access to liquidity, be it deposits, short-term funding on the interbank market, funding on secured financing markets or funding from a central bank as the liquidity provider of last resort*". (op. cit., 2009, p. 1).

[81] Utilizamos "emprestador de último recurso" como tradução de *liquidity provider of last resort*. É possível encontrar-se também a tradução "emprestador de última instância". Outra

1.2.1.2 Opacidade de ativos

Com essa estrutura de capital, os bancos, além de diferentes, caracterizam-se geralmente[82] por uma alta opacidade quando comparados a outras espécies de organizações. Com efeito, é muito mais difícil avaliar um portfólio de ativos financeiros e de empréstimos bancários do que uma fábrica ou maquinários, assim como é muito mais difícil para agentes externos a um banco avaliarem a qualidade dos empréstimos – que depende da capacidade de tomar crédito de cada mutuário – e prever a taxa de inadimplência em que será incorrida[83].

Acresce-se a essa opacidade e complexidade o fato de que os bancos, como Ross Levine aponta, podem alterar a composição de risco de seus

---

opção de nomenclatura é adotada por Jairo Saddi (op. cit., 2001): "prestamista de última instância", assim como Otavio Yazbek (op. cit.), expressão esta que se assemelha à utilizada no idioma espanhol. Adotaremos tais expressões indistintamente na presente dissertação.

[82] Diz-se "geralmente" uma vez que não há unanimidade em considerar os bancos sempre particularmente opacos, como será observado adiante no texto.

[83] KOKKINIS, op. cit., p. 21. A maior dificuldade de um agente externo em avaliar ativos financeiros de bancos em comparação com outras espécies de ativos como fábricas e equipamentos foi questionada por Flannery et al. (*"Just as many loans do not trade in active secondary markets, neither do many assets of nonfinancial firms: e.g., plant and equipment, patents, managers' human capital, or accounts receivable. How can outside investors accurately value the public securities issues by these firms?"*. FLANNERY, M.; KWAN, S.; NIMALENDRAN, M. **Market Evidence on the Opaqueness of Banking Firms' Assets**. 2002, p. 2. <Disponível: http://bear.warrington.ufl.edu/flannery/PDF/FKN_Jan01.pdf>. Acesso em: 27 ago. 2016). No entanto, outros estudos, mencionados nesta dissertação (ver n. 93 do presente capítulo, que apontam divergências na análise de agências de *rating* parecem confirmar a dificuldade existente. A probabilidade dessa maior dificuldade, acentuada pelas demais características apresentadas, notadamente a assimetria informacional presente no complexo contexto bancário, parece-nos suficiente para chamar a atenção para esse ponto quando da análise da necessidade de mecanismos de governança corporativa específicos aos bancos. No mais, é de se pontuar que muitas das referências à dificuldade em avaliar as carteiras de crédito é relacionada ao fato de que os empréstimos são firmados em relações privadas (não em ambiente público de mercado de capitais) o que acentua a assimetria de informações, ao contrário do que ocorre com outros produtos financeiros (por exemplo, Leeladhar: *"Secondly, bank assets are unusually opaque, and lack transparency as well as liquidity. This condition arises due to the fact that most bank loans, unlike other products and services, are usually customised and privately negotiated"*. In: Corporate Governance in Banks. **Reserve Bank of India Bulletin**, Dec. 2004, p. 1102. Disponível em: <https://rbidocs.rbi.org.in/rdocs/Bulletin/PDFs/59405.pdf>. Acesso em: 29 ago. 2016). Para além dessa colocação, enfatizamos o que se descreveu no corpo do texto quanto à dificuldade de um terceiro externo em avaliar uma determinada carteira de crédito na medida em que é necessário avaliar a capacidade de cada mutuário envolvido.

ativos mais rapidamente, bem como esconder problemas alongando empréstimos a clientes que não conseguiriam honrar as obrigações originais[84]. Situação essa agravada pela sofisticação (e inovações) de produtos financeiros, como os observados na base da crise de 2008[85], que aumentam a exposição dos bancos à volatilidade dos mercados financeiros[86], e desafiam até mesmo a habilidade da regulação e supervisão bancárias tradicionais de prover um sistema bancário seguro e saudável, como já observava Craig Furfine em 2001[87]. Dessa feita, torna-se especialmente desafiador avaliar bem como distinguir bancos em boa e em má situações.

1.2.1.3 Menor transparência e recrudescimento da assimetria de informações

Também como consequência do quanto exposto, as demonstrações financeiras dos bancos são particularmente mais complexas tanto para sua confecção quanto para seu entendimento, acrescendo à opacidade já salientada. Tal fato contribui para um cenário de transparência mais baixa e assimetria mais acentuada de informações entre os agentes

---

[84] No original: *"Moreover, banks can alter the risk composition of their assets more quickly than most non-financial industries, and banks can readily hide problems by extending loans to clients that cannot service previous debt obligations"* (LEVINE, op. cit., p. 3). No mesmo sentido, Peter Mülbert: *"banks hold a portfolio of financial assets, i. e. debt claims and securities, the composition of which and thus corresponding risk-profile they can alter much faster than, for example, a car manufacturer can do, who will make much more firm-specific and, hence, less readily marketable investments in production equipment (machines) and property. The technique of securitization even allows banks to easily liquidate long-term debt claims, e. g., mortgages, and securities lacking a viable secondary market by transforming them into tradeable assets and investing the proceeds in new assets with a very different risk-profile"*. (op. cit., 2009, p. 16)

[85] Com efeito, é um apontamento comum que a securitização de empréstimos subprime e demais atividades de bancos de investimento exacerbaram a opacidade dos ativos dos bancos no período associado à crise de 2008. Cf. KOKKINIS, op. cit., p. 21. Um estudo que destaca como a opacidade de bancos envolvidos em securitização é mais acentuada pode ser encontrado em CHENG, M.; DHALIWAL, D.; NEAMTIU, M. Banks' Asset Securitization and Information Uncertainty. 2009. Disponível em <http://capana.net/download/2009papers/Mei%20Cheng.pdf>. Acesso em: 26 ago. 2016.

[86] KOKKINIS, op. cit., p. 21.

[87] *"[R]apid developments in technology and increased financial sophistication have challenged the ability of traditional regulation and supervision to foster a safe and sound banking system"* (FURFINE, C. Banks as Monitors of Other Banks: Evidence from the Overnight Federal Funds Market. **Journal of Business**, v. 74, n. 1, Jan. 2001, p. 33).

internos e os agentes externos ao banco, diferente do que ocorre com organizações de outros setores[88].

Em períodos de crises financeiras, a opacidade dos bancos pode aumentar ainda mais, haja vista a tendência que eles têm de evitar a divulgação de informações a respeito de seus ativos. Essa assertiva é sustentada por fortes evidências empíricas demonstradas por um estudo de Flannery et al., no âmbito do qual se analisou a opacidade de bancos norte-americanos em um período de vinte anos e concluiu-se que a opacidade dos bancos aumentou para um nível único ao setor bancário durante a crise financeira de 2008[89]. Segundo Andreas Kokkinis, essa é uma evidência que também sustenta uma visão difundida de que o descrédito entre os bancos quanto à qualidade de seus ativos durante a crise indica que até mesmo os bancos acham difícil avaliar o risco de outros bancos com precisão[90].

---

[88] Segundo Andreas Kokkinis (op. cit., p. 25), há evidências fortes no sentido de que as demonstrações financeiras periódicas de bancos podem ser manipuladas e influenciar o preço das ações dos bancos sem que isso seja notado por investidores e analistas. Nessa direção caminham Adam Ashcraft e Hoyt Bleakley, para quem, no mercado norte-americano, observando dados de outubro de 2001 a fevereiro de 2005, divulgações trimestrais de determinadas informações, envolvendo o *impairment* de empréstimos de bancos, só foram significativas em trimestres em que os bancos em questão foram examinados por reguladores (ASHCRAFT, A. B.; BLEAKLEY, H. Federal Reserve Bank of New York. **Staff Report n. 257**, 2006. Disponível em: <https://www.newyorkfed.org/medialibrary/media/research/staff_reports/sr257.pdf>. Acesso em: 26 ago. 2016). Em doutrina nacional, Ricardo Binnie aborda a transparência dos bancos, ressaltando a importante diferenciação entre "divulgação de informações" e "transparência" (op. cit., p. 43), bem como o uso, por algumas entidades, de poder discricionário para manipular os números que lhes convêm sejam divulgados ao mercado (op. cit, p. 62).

[89] FLANNERY; KWAN; NIMALENDRAN, M. The 2007-09 Financial Crisis and Bank Opaqueness. **Federal Reserve Bank of San Francisco Working Paper Series 2010-27**. Sep. 2010. Disponível em: <http://www.frbsf.org/economic-research/files/wp10-27bk.pdf>. Acesso em: 27 ago. 2016. Vale observar que os autores questionavam em estudo anterior, de 2002, a maior opacidade dos bancos quando comparados a outras espécies de firmas (FLANNERY; KWAN; NIMALENDRAN, op. cit., 2002), conforme mencionado na nota de rodapé 92 (adiante) do presente capítulo.

[90] KOKKINIS, op. cit., p. 22. No mesmo sentido, Peter Mülbert: "*After the collapse of Lehman Brothers, the inter-bank-market virtually crashed even for (very) short-term lending since, all of a sudden, an all-out distrust prevailed among banks about the quality of other banks' assets. Put differently, even banks themselves find it difficult to assess the riskiness of other banks accurately*" (op. cit., 2010, p. 11). Analisando dados do severo deslocamento no mercado interbancário norte-americano no pico da crise financeira, Simon Kwan pontua que até as instituições financeiras estavam relutantes de emprestarem recursos entre si (KWAN, S. Financial Crisis and Bank

Nesse ponto, cumpre-nos observar que, embora seja incontroverso que os bancos demonstraram uma opacidade muito maior do que outras organizações na crise de 2008, não há uma unanimidade empírica de que os bancos sejam sempre particularmente opacos[91]. Nesse sentido, enquanto muitos estudos não conseguiram identificar uma diferença significativa nesse aspecto entre bancos e organizações não bancárias em situações econômicas normais[92], tantos outros confirmaram que a opacidade dos bancos é uma característica geral do setor bancário o tempo todo, e não apenas em períodos de crise[93]. Não obstante, o fato

Lending. **Federal Reserve Bank of San Francisco Working Paper Series 2010-11**. May, 2010. Disponível em: <http://www.frbsf.org/economic-research/files/wp10-11bk.pdf>. Acesso em: 27 ago. 2016). Em estudo mais antigo, advogando em favor da capacidade de os bancos se monitorarem entre si com base em estudo de que o preço das transações interbancárias reflete o risco de crédito das instituições tomadoras dos empréstimos (mas valendo-se de dados de bancos comerciais nos Estados Unidos disponíveis em 31 dez. 1997), ver FURFINE, op. cit.

[91] KOKKINIS, op. cit., p. 22.

[92] Flannery et al., apresentando uma revisão bibliográfica que discute se os ativos dos bancos são mesmo mais opacos do que outras firmas, e observando que os ativos dos bancos poderiam até ser relativamente mais opacos, mas que a regulação mitiga essa característica, avaliam com dados do mercado norte-americano de 1990 a 1997, focados em companhias holding de bancos, se empiricamente haveria essa opacidade. As conclusões que seguem caminham no sentido de que os bancos não são relativamente mais opacos, ainda que haja diferenças nos detalhes entre grandes e pequenos bancos. (FLANNERY; KWAN; NIMALENDRAN, op. cit., 2002). Após a crise, os mesmos autores publicaram um novo trabalho – já citado em nosso texto –, destacando como ainda não havia um consenso na literatura bancária quanto à opacidade dos bancos, e, após uma análise de dados do mercado norte-americano compreendidos dentre os anos de 1990-2009, concluem que a habilidade de um pesquisador em achar evidências de que os bancos são opacos depende do período escolhido para exame, bem como que durante a crise a opacidade dos bancos se evidenciou (FLANNERY; KWAN; NIMALENDRAN, op. cit., 2010).

[93] Nesse sentido, em um estudo frequentemente referenciado, Donald Morgan analisa o padrão de divergência de notas entre as agências de *rating* no tocante aos bancos dentre os anos de 1983 e 1993, divergência esta que supera as que ocorrem em outros setores, e conclui que os bancos são mais opacos e que é possível associar tal divergência aos ativos dos bancos e à sua estrutura de capital, o que sugere que a opacidade está relacionada em alguma medida com as características inerentes da atividade (MORGAN, D. P. Rating Banks: Risk and Uncertainty in an Opaque Industry. **American Economic Review**, v. 92, n. 4, 2002, p. 874-888). Considerando a evolução na literatura no tocante à opacidade dos bancos, bem como o ocorrido na crise dentre os anos de 2007 e 2009, Giuliano Ianotta e Simon Kwan analisaram os efeitos do *impairment* atrasado de empréstimos no balanço dos bancos (prática de gerenciamento de resultados) na transparência dos bancos. Ainda que

de não haver controvérsias quanto à constatação de que os bancos foram especialmente opacos durante a crise de 2008 parece-nos já ser suficiente para a sustentação de que a governança corporativa de instituições bancárias demanda cuidados especiais em função dessa opacidade. Ademais, a existência das referidas evidências no sentido da provável constante opacidade dos bancos também nos parece justificar suficientemente que essa característica seja destacada para efeitos de governança corporativa.

Por fim, cumpre-nos anotar que algumas normas legais que determinam o sigilo das operações bancárias podem colaborar para acentuar ainda mais a assimetria informacional nos bancos e dificultar a avaliação de um terceiro externo ao banco quanto à qualidade dos créditos concedidos. No contexto brasileiro, como apontado pela cartilha de governança corporativa elaborada pela Associação Brasileira de Bancos

sensíveis ao período analisado, merecendo estudos mais aprofundados, os autores asseveram que práticas com relação à provisão de perdas tiveram efeitos significativos na opacidade dos bancos mesmo antes da crise (IANNOTTA, G; KWAN, S. The impact of Reserves Pratices on Bank Opacity. Federal Reserve Bank of San Francisco. Working Paper Series. **Working Paper 2013-35**, 2014. Disponível em <http://www.frbsf.org/economic-research/files/wp2013-35.pdf>. Acesso em: 28 ago. 2016). Em estudo anterior, Giuliano Ianotta, seguindo a análise de Donald Morgan, identificou maior probabilidade de divergência entre agências de *rating* para bancos europeus no período de 1993-2003 (IANNOTTA, G. Testing for Opaqueness in the European Banking Industry: Evidence from Bond Credit Ratings. **Journal of Financial Services Research** 30, 2006, 287-309. Disponível em: <http://download.springer.com/static/pdf/265/art%253A10.1007%252Fs10693-006-0420-y.pdf?originUrl=http%3A%2F%2Flink.springer.com%2Farticle%2F10.1007%2Fs10693-006-0420-y&token2=exp=1472421182~acl=%2Fstatic%2Fpdf%2F265%2Fart%25253A10.1007%25252Fs10693-006-0420-y.pdf%3ForiginUrl%3Dhttp%253A%252F%252Flink.springer.com%252Farticle%252F10.1007%252Fs10693-006-0420-y*~hmac=6fc066ba9485cf96cad87980ac2634f235b7767f0c4ecbc5207712c116fedd28>. Acesso em: 28 ago. 2016). Ressalve-se que a utilização de divergências entre agências de *rating* como indicador para avaliar a opacidade de um setor é criticada por Achim Hauck e Ulrike Neyer, para os quais a divergência pode ocorrer mesmo em setores perfeitamente transparentes (HAUCK, A.; NEYER, U. Are rating splits a useful indicator for the opacity of an industry? **Heinrich-Heine-University of Düsseldorf Economics Finance, and Taxation Discussion Paper** n. 3/2008, 2008. Disponível em: <https://papers.ssrn.com/sol3/papers.cfm?abstract_id=1304146>. Acesso em: 13 nov. 2016). Não obstante, apesar de seu uso ser criticável, parece-nos que a divergência identificada contribui para constatar a opacidade dos bancos que, no mais, decorre também da observação da dificuldade de um agente externo avaliar seus portfólios, recrudescida pelo uso de complexos produtos financeiros, como a securitização que esteve na base da crise de 2008.

(ABBC) e pelo Centro de Estudos de Governança da Fundação Instituto de Pesquisas Contábeis, Atuariais e Financeiras (Fipecafi), o sigilo das operações bancárias (como preservação do negócio) pode afetar a transparência dos bancos, já que algumas das informações prestadas são direcionadas ao Banco Central e não são acessíveis às demais partes interessadas[94].

1.2.1.4 Combinação e extensão únicas de riscos corridos

Ainda nesse contexto, os bancos lidam com uma composição de riscos peculiar em suas atividades, que se agrava pelo entrelaçamento existente entre as instituições financeiras. Isso porque os bancos conduzem grande parte de seus negócios com outras instituições financeiras. Por exemplo, os bancos contam com o mercado de empréstimos interbancário a fim de assegurar que haja liquidez adequada para honrar com seus compromissos financeiros em determinado período, de forma a estarem inter-relacionados. Relembramos ainda o emaranhado sistema de pagamentos relacionando todas as instituições bancárias. Além desse entrelaçamento, a inabilidade dos mercados financeiros em distinguirem bancos em boas e em más condições financeiras em tempos de crise pode paralisar o mercado interbancário, dificultando a todos os bancos a obtenção de capital[95].

Ademais, um problema em um banco pode causar uma crise de confiança no sistema financeiro como um todo, acarretando corridas bancárias em outras instituições, ou ao menos um aumento de saques[96] – o que é capaz de afetar até mesmo bancos em boas condições financeiras[97], situação recrudescida pelo fato de que, como já apontado, é

---

[94] ABBC – Associação Brasileira de Bancos e Centro de Estudos de Governança da Fundação Instituto de Pesquisas Contábeis Atuariais e Financeiras (Fipecafi). **Cartilha de Governança Corporativa**. 2009, p. 15. Disponível em: <http://www.abbc.org.br/ADM/publicacoesconfig/uploads/30333550179494052001_ABBC_Cartilha_Governanca_Corporativa.pdf>. Acesso em: 28 ago. 2016.

[95] Conforme a colocação de Peter Mülbert já mencionada na nota de rodapé 90 do presente capítulo.

[96] KOKKINIS, op. cit., p. 13.

[97] MACEY; O'HARA, op. cit., 2003a, p. 97. Os autores usam o termo *"solvent bank"*, mas preferimos adotar "banco em boas condições" para não ensejar confusão no sentido da palavra solvência, principalmente quando contrastada a liquidez.

deveras difícil para o público em geral identificar uma instituição bancária em boas condições de uma em má situação.

Com efeito, se os bancos já correm riscos corporativos comumente enfrentados por outras organizações não bancárias, como os riscos estratégicos, de mercado, de liquidez, de crédito, operacional[98], a alta alavancagem, a impossibilidade de honrar de uma única vez com o saque de todos os depósitos à vista a eles disponibilizados (e, portanto, a necessidade de contar com a confiança[99] de seus depositantes), a dificuldade em se analisar a boa ou má condição de um banco e seu entrelaçamento com as demais instituições financeiras exacerbam a extensão dos mencionados riscos, e tornam premente a concretização do risco sistêmico[100] com o potencial contágio por toda a cadeia financeira.

---

[98] COIMBRA, F. **Estrutura de governança corporativa e gestão de riscos**: um estudo de casos no setor financeiro. 2011. Tese (Doutorado) – Faculdade de Economia, Administração e Contabilidade, Universidade de São Paulo, São Paulo, 2011, p. 23-41. Para uma análise individualizada de riscos da atividade bancária, ver TURCZYN, op. cit., p. 62-77 (acrescendo os riscos legal ou regulatório, fora do balanço e moral para além dos exemplificados no excerto acima); SAMPAIO, op. cit., p. 53-65 (acrescendo o risco legal ou regulatório para além dos exemplificados no excerto acima); e SADDI, op.cit., 2001, p. 97-102 (acrescendo os riscos políticos, de força maior, legal e reputacional, bem como os fora do balanço para além dos exemplificados no excerto acima). Vale destacar o risco de reputação que, na toada do quanto afirmado no texto, é especialmente relevante aos bancos. Jairo Saddi o classifica sob a égide do risco legal, e destaca sua capacidade de afetar a credibilidade ou renome da instituição (op.cit., 2001, p. 101). Ademais, nesse tocante específico da importância da credibilidade para os bancos, merecem reprodução as palavras de referido autor: "O elemento principal do instrumental de qualquer instituição financeira não é de natureza técnica ou facilmente conquistável – é intangível, fruto e resultado de um longo e penoso esforço, aliado à experiência necessária dos anos. Como comumente se afirma, a credibilidade é difícil de ser conquistada, porém é facílima de ser perdida. Bancos vivem de credibilidade – esse é seu maior ativo" (op. cit., 2001, p. 39-40).

[99] Como apontado por David Walker: "[b]*anks are different from other corporate entities because public confidence is critical to their survival in a way and to an extent that does not arise even in the wake of serious brand damage sustained by a major consumer-oriented non-financial business. When depositor confidence is lost in a bank, its whole survival is put in jeopardy*" (op. cit., p. 25).

[100] Não é escopo do presente trabalho adentrar em pormenores afetos ao risco sistêmico, aspecto analisado mais de perto pela literatura relativa à regulação bancária. Para aprofundamento, apontamos JACKSON, H. **Systemic Risk Literature Review** (Definition and Policy Proposals), 14 nov. 2009. Memorando apresentado em conferência, The Financial Crisis: Can we prevent a recurrence? Disponível em: <http://www.law.columbia.edu/null/download?&exclusive=filemgr.download&file_id=154832>. Acesso em: 28 ago. 2016.

Já por essas características, é evidente que um sistema pelo qual os bancos são dirigidos e monitorados demanda especificidades quando comparado a outras organizações, notadamente necessitando de atenção ao acesso à informação e aos riscos corridos, bem como necessitando de expertise própria. Ademais, a extensão e os riscos da atividade bancária atingem uma multiplicidade de partes (*stakeholders*), que possuem, cada qual, interesses no tocante à assunção de riscos em direções nem sempre coincidentes, como veremos no item a seguir.

1.2.2 A multiplicidade e magnitude de partes interessadas (*stakeholders*): apetites a risco conflitantes e desafios ao monitoramento

Como visto, a extensão e os riscos da atividade bancária são capazes de alcançar uma vasta gama de partes com interesses conflitantes. No presente item, aprofundaremos, por grupos selecionados, referidos interesses no tocante à assunção de riscos[101], evidenciando a complexidade de seu alinhamento, bem como destacaremos a capacidade de monitoramento da administração do banco por essas partes interessadas, notoriamente dificultado pela complexidade da atividade bancária, e as correlacionadas opacidade, transparência mitigada e assimetria de informações.

Sob uma perspectiva ampla, há um contraponto comumente analisado entre os interesses de credores (referidos na literatura estrangeira como *debtholders*) e dos acionistas (*shareholders*) no que tange ao grau de risco que deve ser perseguido pelos bancos. Isso porque, dependendo de certas configurações mais exploradas à frente, haveria uma tendência dos primeiros a serem mais avessos a riscos elevados, preocupando-se com o pagamento de seu crédito, ao passo que os acionistas estariam mais engajados na assunção de riscos na medida em que podem ter maior retorno de seu capital sem correr, em algumas jurisdições, maiores

---

Em doutrina nacional, abordam o tema, dentre outros, PINTO, op. cit., p. 61-64; SAMPAIO, op. cit., p. 61-65; TURCZYN, op. cit., p. 74-77.

[101] Como salientou Andreas Kokkinis (op. cit., p. 6), a atitude em face do risco é um aspecto particular do desalinhamento de interesses entre principal e agente e merece foco no caso dos bancos uma vez que uma característica-chave específica da atividade bancária são os riscos únicos incorridos e as consequências da tomada de riscos por um grande banco para outros bancos e a economia como um todo.

riscos pessoais, os quais se limitariam ao valor de suas ações[102]. Essa situação se recrudesce especialmente em ambientes jurídico-institucionais em que os referidos credores não têm condições reais de influenciar a gestão de bancos, que, como regra, estão sujeitos ao controle dos acionistas.

Ainda, o monitoramento dos bancos pelas partes interessadas envolvidas é particularmente difícil, consideradas a complexidade e a opacidade implicadas nos bancos, com a consequente assimetria de informações, como já mencionado. De fato, mesmo para os acionistas é difícil monitorar se a alta administração está engajando o banco em um grau de risco aceitável para eles[103], como veremos a seguir. Com efeito, mesmo na relação dos interesses dos acionistas com a condução do banco, os custos de agência costumam ser mais elevados do que seriam em uma organização sem essas características típicas dos bancos, sendo este um desafio para a governança corporativa dessas últimas entidades.

Essa dificuldade de monitoramento, no mais, mitiga a chamada disciplina de mercado no setor bancário, além de, mais especificamente, a própria disciplina das partes interessadas. Como destacam Jonathan Macey e Maureen O'Hara: *"What makes banks fundamentally different from other types of firms, however, is the lack of significant discipline from other fixed claimants"*[104]. Nesse contexto, destaca-se a figura da autoridade bancária, a qual acresce configurações diferenciadas aos conflitos existentes nos bancos e ao seu monitoramento, como discorreremos.

Por fim, ainda com a finalidade de tecer comentários mais gerais, vale recordar as diversas vertentes de governança corporativa existentes nos modelos apresentados anteriormente: *shareholder-oriented*, *stakeholder-oriented* e *enlightened shareholder value*. Para essa discussão, no caso dos bancos, há a inserção de um elemento a mais, a saber, a estabilidade financeira, mormente perseguida e representada pela figura do

---

[102] No Brasil, entendemos que essa situação resta mitigada na medida em que os controladores (e administradores), além de sofrerem a indisponibilidade imediata de seus bens, podem acabar respondendo solidariamente e com todo o seu patrimônio pessoal pela bancarrota de uma instituição financeira, modificando assim o quadro de incentivos acima apresentado e pautado na literatura estrangeira indicada (Decreto-Lei n. 2.321, de 25 de fevereiro de 1987, Lei n. 6.024, de 13 de março de 1974 e Lei n. 9.447, de 14 de março de 1997), conforme será comentado mais adiante no texto.

[103] KOKKINIS, op. cit., p. 25.

[104] MACEY; O'HARA, op. cit., 2003b, p. 327.

"regulador"[105 e 106]. Nesse ponto, reforçamos nosso entendimento de que a vertente *enlightened shareholder value* pode representar uma congruência para o alcance dos objetivos das partes interessadas envolvidas enquanto há um foco na sustentabilidade ou longevidade da organização, o que no caso bancário pode contribuir para a estabilidade financeira, ainda que esta não se confunda integralmente com aquela.

1.2.2.1 Alta administração

A alta administração, ou seja, os diretores em conjunto com os membros do conselho de administração, são atores-chave para os bancos e organizações em geral, especialmente em mercados em que há capital disperso, embora essa também seja uma assertiva verdadeira para mercados com controle acionário concentrado. Eles são responsáveis pela operação do banco e pela assunção de seus riscos.

Como observa Klaus Hopt, os interesses e incentivos da alta administração na tomada de riscos dependem das circunstâncias. Em teoria, eles podem ser menos tendenciosos a assumir riscos elevados do que os acionistas, na medida em que não costumam ter um portfólio diversificado como estes últimos (aquela organização em que os administradores atuam provavelmente tem um peso substancial considerável em seus rendimentos, sobretudo no caso dos diretores)[107]. Mas isso só se concretiza para riscos que, de tão elevados, representam um perigo para suas

---

[105] O uso do termo "regulador" na presente dissertação deve ser entendido como abarcando também os supervisores bancários. Nesse sentido, pode-se dizer amplamente que se procura tratar da autoridade bancária, ainda que se adote o termo "regulador" para alinhar-se à doutrina citada.

[106] Ainda que devamos observar que a governança corporativa seja mais voltada ao contexto micro da instituição bancária em específico, ainda que, logicamente, traga consequências no âmbito macro da estabilidade financeira, conforme exploramos adiante no item 1.3.

[107] Como observado de maneira similar por Andreas Kokkinis: "*Indeed, taking into account that managers are full-time employees who have invested their personal capital in the company, it becomes clear that they are, in general, risk averse compared to the shareholders. Human capital is not diversifiable and the potential failure of a company normally has a huge reputational cost for a senior manager and is likely to reduce his chance to obtain an equivalent position in the future*" (op. cit., p. 7). Jonathan Macey e Maureen O'Hara também observam que: "*Second, risk-taking is reduced to some extent because managers are not perfect agents of risk-preferring shareholders. Managers are fixed claimants to that portion of their compensation designated as salary. In addition, managerial incentives for risk-taking are reduced, since managers have invested their nondiversifiable human capital in their jobs. This capital would depreciate significantly in value if their firms were to fail./ The second risk-reducing*

posições de administradores, e apenas se esse perigo for efetivamente percebido por eles. Ainda nesse sentido, eles podem assumir riscos elevados mesmo tendo pleno conhecimento disso se estiverem no final da carreira naquele determinado banco (seja por aposentadoria ou por esperarem trocar de organização no futuro próximo) e procurarem colher resultados elevados de curto prazo antes que os riscos em que estes são calcados se concretizem[108].

Normalmente, o que ocorre é que assumir riscos aumenta as chances de obter lucros, crescimento e reputação, tanto para o banco como para os administradores. Essa situação pode ser agravada por um otimismo exacerbado por parte dos administradores, e, notoriamente, pela política de remuneração, que pode enfatizar resultados de curto prazo e incentivar a assunção de riscos elevados para o longo prazo.

No que tange mais especificamente aos bancos, devemos relembrar que a composição de risco de seus ativos pode ser facilmente alterada. Dependendo da situação, a alta administração pode se beneficiar dessa característica. Administradores cuja remuneração é parcialmente baseada em desempenho podem alterar o perfil de risco do banco para atingir as metas de desempenho acordadas, sobretudo para metas de desempenho mais de curto prazo[109 e 110].

factor – the fact that managers tend to be more risk-averse than shareholders – is present for commercial banks as well as other corporations" (op. cit., 2003a, p. 98).
[108] HOPT, op. cit., 2013a, p. 15-16.
[109] Mülbert, op. cit., 2010, p. 17.
[110] A política de remuneração em instituições bancárias, com efeito, enfrenta desafios próprios. Nesse sentido, Jairo Saddi enumera três razões pelas quais a remuneração dos administradores do setor financeiro é diferente de outros setores: i) pela administração estar exposta a riscos de mercado que independem da decisão tomada pelo gestor; ii) pelo fato de que decisões potencialmente vantajosas para o executivo implicam assunção muito maior de risco; e iii) pelo fato de que, se um banco se tornar insolvente, isso traz efeitos negativos para a economia e, consequentemente, para toda a sociedade (É papel do Banco Central regular a remuneração dos executivos de instituições financeiras? In: **Revista Capital Aberto**, São Paulo, abr. 2010, p. 2. Disponível em: <http://www.ibgc.org.br/biblioteca/download/E%20 papel%20do%20Banco%20Central.pdf>. Acesso em: 9 nov. 2016). Em doutrina estrangeira, Lucian A. Bebchuk e Holger Spamann destacam, em um artigo largamente citado, o descasamento que pode haver dos interesses dos administradores no tocante à assunção de risco para além do que seria de interesse de outras partes interessadas (*bondholders, depositors and taxpayers*) e socialmente desejável (o que foi observado na crise de 2008), analisando como a estrutura de remuneração insere-se nesse quadro e como sua regulação poderia contribuir para desencorajar a assunção excessiva de riscos. Um dos pontos de especial atenção dos

O fato de os bancos serem opacos, assim como suas demonstrações financeiras, torna ainda mais difícil o alinhamento de interesses, já que é difícil monitorar o real atingimento das metas ou se houve uma assunção de uma estratégia mais arriscada do que a esperada ou antecipada[111]. Com efeito, sob a perspectiva da alta administração, esse quadro possibilita um comportamento oportunista, já que os administradores (especialmente os diretores) podem adotar condutas voltadas para seus próprios interesses cujos resultados são mais dificilmente processados e compreendidos[112], seja esse interesse a provável tomada de mais riscos para conseguir mais retornos financeiros ou o entrincheiramento para proteger suas posições, adotando assim posturas diversas das esperadas por outra(s) parte(s) interessada(s)[113].

---

autores é que a maior participação dos acionistas na determinação da política de remuneração inserida por reformas pós-crise (*say-on-pay*), se por um lado pode trazer benefícios do ponto de vista dos acionistas (maior alinhamento com seus interesses), por outro lado não se pode esperar de tal mecanismo necessariamente uma contribuição para a eliminação dos incentivos para a assunção excessiva de riscos pela administração. Ver BEBCHUK, L.; SPAMANN, H. Regulating Bankers' Pay. **The Georgetown Law Journal**, v. 98, 2010, p. 247-287.

[111] Nesse sentido, MÜLBERT, op. cit., 2010, p. 17.

[112] Andreas Kokkinis, em um contexto britânico, observa: "[...] *since the assets of banks cannot be accurately valued by the investors, senior managers can easily manipulate banks' financial results and hence manage their share prices. This enables them to reach targets set by their remuneration contracts and entrench themselves in their positions. At this point it is essential to clarify that the argument here does not suggest that senior managers of UK banks have been engaging in unlawful market abuse, which carries criminal and civil penalties. Rather, the point is that, given the asset opacity explored above, it can be expected that bank managers will tend to engage in borderline practices of managing financial announcements and strategically forming corporate policy in order to influence a bank's share price. Indeed, there is considerable empirical evidence that in the years leading up to the crisis banks (and other companies) resorted to securitization at carefully selected points in time, when their earnings were low, to prevent a fall in their share prices. There is also strong evidence that banks can manage the information content of their periodic financial disclosures and hence influence the price of their shares without being noticed by investors and analysts*" (op. cit., p. 25).

[113] O destaque é realmente no desalinhamento dos interesses, e não ainda o alinhamento para qual direção. O alinhamento por mecanismos (notadamente a política de remuneração) que eram adotados no contexto *shareholder-oriented* em mercados de capitais pulverizados que estiveram no epicentro da crise levou a uma assunção desmedida de riscos pelos administradores, em sintonia com o que era entendido como interesse dos acionistas pulverizados não comprometidos com o longo prazo (ou sustentabilidade) da companhia. Ver item 2.2.

Vale observar que, no Brasil, esse quadro de incentivos pode ser considerado diferente pela existência de responsabilidade civil[114], administrativa[115] e penal[116] dos administradores de bancos. Nesse cenário, especial relevo tem a responsabilidade pessoal[117] dos administradores caso um banco venha a se submeter a técnicas de saneamento pelo banco central, ou seja, intervenção, regime de administração especial tem-

[114] Como pontua Nelson Abrão, os administradores de bancos estão sujeitos às previsões de responsabilidade geral constantes da Lei das S.A., como também às leis específicas (Lei n. 4595/1964 e Lei n. 6.024/1974). (ABRÃO, N. **Direito Bancário**. 12 ed. atualizada por Carlos Henrique Abrão. São Paulo: Saraiva, 2009, p. 305-306). Não obstante, o enfoque de nosso texto à responsabilidade da Lei n. 6.024/74 justifica-se tanto por sua especialidade quanto por alinhar-se ao destaque da doutrina nele citada.

[115] Na esfera administrativa, estão sujeitos, nos termos do artigo 44 da Lei n. 4.595/1964, (o *caput* de mencionado dispositivo prevê a sujeição das "instituições financeiras, seus diretores, membros de conselhos administrativo, fiscais e semelhantes, e gerentes"), a penas como de multa, advertência, suspensão, inabilitação (ver incisos ao referido artigo), em razão de infrações aos dispositivos de referida lei. Ainda, há responsabilidade administrativa pelo descumprimento de normas expedidas pelo Conselho Monetário Nacional ou pelo Banco Central do Brasil, além das penalidades passíveis de aplicação pela Comissão de Valores Mobiliários, especialmente nos casos de bancos com capital aberto (art. 11 da Lei n. 6.385, de 7 de dezembro de 1976) ou para atos e atividades sob sua competência regulatória. Para uma análise da responsabilidade administrativa, ver PAULIN, L. A. A Responsabilidade do Administrador de Instituição Financeira, em face da Lei Bancária. In: NERY JR., N.; NERY, R. M. de A. (Org.). **Doutrinas Essenciais de Responsabilidade Civil**, v. 3, p. 1063-1101, out. 2011.

[116] A responsabilidade penal dos administradores de instituições financeiras decorre de atos tipificados, especialmente na Lei n. 7.492/1986 ("Lei do Colarinho Branco") e na Lei n. 9.613/1998, conforme alterada pela Lei n. 12.683/2012. Exemplos de tipos pertinentes para incentivar uma gestão saudável de bancos são o crime de gestão fraudulenta de instituição financeira (*caput* do art. 4º da Lei do Colarinho Branco) e o crime de gestão temerária (parágrafo único do mencionado artigo), dentre outros. Para a análise mais detida dessa responsabilidade que foge ao escopo do presente trabalho, ver: BITTENCOURT, C. R.; BREDA, J. **Crimes contra o sistema financeiro nacional e contra o mercado de capitais**. 3. ed. Rio de Janeiro: Saraiva, 2014; BADARÓ, G. H.; BOTTINI, P. C. **Lavagem de dinheiro**: aspectos penais e processuais penais: comentários à Lei n. 9.613, com alterações da Lei n. 12.683/2012. São Paulo: Editora Revista dos Tribunais, 2012; OLIVEIRA, L. H. M. Crimes de gestão fraudulenta e gestão temerária em Instituição Financeira. **Revista de Informação Legislativa**. Brasília a. 36, n. 143, jul.-set. 1999. Disponível em: <https://www2.senado.leg.br/bdsf/bitstream/handle/id/502/r143-05.PDF?sequence=4>. Acesso em: 10 out. 2016; TRAUCZYNSKI, N. **Gestão fraudulenta e concurso de normas na lei dos crimes contra o sistema financeiro nacional**. 2014. Dissertação (Mestrado) – Universidade de São Paulo, São Paulo, 2014. SALOMÃO NETO, E. **Direito bancário**. 2. ed, rev. e atual. São Paulo: Atlas, 2014, p. 527-661.

[117] Ver artigos 36 a 40 da Lei n. 6.024/1974.

porária[118] e liquidação extrajudicial, ou ainda a falência, ainda que haja divergência quanto ao alcance subjetivo ou objetivo dessa responsabilidade[119 e 120]. No mais, esse foi um ponto de destaque em um estudo de

[118] Conforme artigo 19 do Decreto-Lei n. 2.321/1987.

[119] Mesmo que entendamos que a referência no texto seja importante nessas explanações mais amplas das especificidades da governança corporativa dos bancos, é de se destacar que a responsabilidade (tanto a administrativa, a penal, como a civil) advinda de dispositivo legal é um mecanismo externo de governança corporativa, motivo pelo qual não será aprofundado no presente trabalho. No que tange à responsabilidade civil de administradores em bancos, enfrentando a divergência referida, ver FARIAS, R. R. A natureza da responsabilidade civil dos administradores de bancos em regime especial Lei n. 6.024/1974 e Dec.-Lei n. 2.321/1987. **Revista de Direito Bancário e do Mercado de Capitais**, v. 59, p. 65, jan. 2013. Disponível em: <http://www.ifibe.edu.br/arq/201509142145001867673918.pdf>. Acesso em: 30 ago. 2016; WALD, A.; WALD, A. de M. A responsabilidade civil do banqueiro (evolução recente da jurisprudência). **Revista de Direito Bancário e do Mercado de Capitais**, v. 48, abr. 2010, p. 17; WAISBERG, I. A evolução da jurisprudência sobre a responsabilidade civil dos administradores de instituições financeiras sujeitas a regimes especiais. **Revista de Direito Bancário e do Mercado de Capitais**, v. 40. São Paulo: Ed. Revista dos Tribunais, abr.-jun. 2008, p. 186; WALD, A. A culpa e o risco como fundamentos da responsabilidade pessoal do diretor de banco. **Revista de Direito Bancário e do Mercado de Capitais**, v. 40. São Paulo: Ed. Revista dos Tribunais, abr.-jun. 2008, p. 345. CARVALHO, E. P. de O. A reponsabilidade dos administradores de instituições financeiras frente aos credores. 2011. Dissertação (Mestrado) – Faculdade de Direito, Universidade de São Paulo, São Paulo, 2011 (sustentando a inconstitucionalidade e ineficiência da responsabilidade objetiva, ainda que aponte um possível aprimoramento quanto à subjetiva). Para uma vasta revisão de posicionamentos doutrinários, ainda que anteriores à evolução jurisprudencial mais recente tratada pelas referências bibliográficas apontadas retro, ver WAISBERG, I. **Responsabilidade civil dos administradores de bancos comerciais**: regimes especiais: intervenção, liquidação extrajudicial, regime de administração temporária – RAET. São Paulo: Revista dos Tribunais, 2002 (o autor, em sua opinião pessoal, sustenta a responsabilidade subjetiva dos administradores na situação em questão, mas com a culpa sendo aferida por meio de um *standard* mais rigoroso do que o "homem médio"). Para a sustentação da responsabilidade objetiva decorrente do artigo 40 da Lei n. 6.024/1974, vale conferir TOLEDO, P. F. C. S. de. Liquidação extrajudicial de instituições financeiras: alguns aspectos polêmicos. **Revista de Direito Mercantil, Industrial, Econômico e Financeiro**, São Paulo: RT, n. 60, Nova Série, p. 24-38, out.-dez. 1995, bem como VERÇOSA, H. M. D. **Responsabilidade civil especial**: nas instituições financeiras e nos consórcios em liquidação extrajudicial. São Paulo: RT, 1993.

[120] De fato, ainda que haja a divergência, e até que sejam apuradas as devidas responsabilidades, os administradores da instituição ficam com seus bens indisponíveis, o que, para efeitos de análise de incentivos como a elaborada no texto, é aspecto relevante. Como observa Estevão Prado de Oliveira Carvalho: "[n]o modelo atual, ao menos como foi aplicado por décadas, após a quebra o administrador tem todos os seus bens presentes e futuros tornados indisponíveis, sendo de arrestados depositados nas mãos do liquidante. Assim ficam até o

caso levado a efeito no âmbito do International Finance Corporation (IFC)[121], bem como foi citado por Jonathan Macey e Maureen O'Hara ao analisar que uma ampla responsabilidade altera o cálculo dos responsáveis quanto ao nível aceitável de risco a ser corrido por uma instituição financeira[122].

fim da ação de responsabilidade, cujo valor é o passivo da instituição financeira, sempre infinitamente maior que o patrimônio do administrador, ação que demora, em alguns casos, mais de vinte anos" (op. cit., p. 14-15). É de consignar que a indisponibilidade também recai sobre quaisquer pessoas que tenham sido administradores da instituição nos doze meses anteriores à decretação do regime especial (art. 36, §1º da Lei n. 6.024/74 e art. 2º da Lei n. 9.447/97).

[121] "[...] *the examination of Brazilian banks afforded participants a study of how a well developed financial system was able to manage the crisis and avoid the near colapse experienced by many other jurisdictions.* [...] *The governance structure of Brazilian banks, typical of many emerging markets, with a control group dominating ownership, was also cited as an ameliorative factor in the crisis. The Brazilian Central Bank mandates that there be a controlling group in the ownership of banks. Legislation places a strong emphasis on the personal responsibility and liability of directors, managers and shareholders. These groups are personally liable for bank failures. Whatever the other advantages of the Anglo/American diverse ownership structure, the Brazilian model makes for clear accountability; everyone knows who is in control and who is responsible should things go wrong (or right).* [...] *Finally on the role of boards in Brazil, all directors and senior managers not only must be approved by the Central Bank, but they also undergo a 'no objection' public consultation. In addition, supervisory banking authorities regularly interview board members to make sure that they are adequately involved and engaged with the board's functions of the respective institutions.* [...]" IFC. **Global Corporate Governance Forum – Financial Crisis Response, International Consultation**, Paris, 19 Jun. 2009. p. 14-16. Disponível em: http://www.ifc.org/wps/wcm/connect/d858228048a7e-5d2a3c7e76060ad5911/GCGF%2BParis%2BConsultation--Final%2BReport%2B2009.pdf?MOD=AJPERES&CACHEID=d858228048a7e5d2a3c7e76060ad5911>. Acesso em: 1 out. 2013.

[122] MACEY; O'HARA, op. cit., 2014, p. 36. Com efeito, o impacto da responsabilidade civil dos administradores dos bancos (e a estrutura de responsabilidade limitada no âmbito de entidades bancárias nos Estados Unidos) é um ponto que ganhou novo destaque na análise da doutrina estrangeira pós-crise de 2008. Esse ponto inclusive já havia sido primeiramente esboçado pelos referidos autores em 2003 (op. cit., 2003a). Seu aprofundamento não se encontra no escopo do presente trabalho, mormente voltado ao estudo de mecanismos internos de governança corporativa (a responsabilidade civil determinada por lei enquadra-se em mecanismos externos). Em doutrina nacional, uma interessante análise comparando aspectos da referida responsabilização no Brasil e nos Estados Unidos tendo como pano de fundo o contexto da crise de 2008 pode ser encontrado em FRANCO, G. H. B.; ROSMAN, L. A. C. A crise bancária norte-americana: algumas lições da experiência brasileira. In: GARCIA, M.; GIAMBIAGI, F. **Risco e regulação**: por que o Brasil enfrentou bem a crise e como ela afetou a economia mundial. Rio de Janeiro: Elsevier, 2010, p. 157-169.

1.2.2.2 Acionistas

O próximo grupo de parte interessada a ser mencionado é o dos acionistas. Com efeito, os interesses dos acionistas estão no âmago do desenvolvimento da Teoria da Agência, um dos fundamentos teóricos da governança corporativa, e pautaram grande parte da literatura estrangeira no desenvolvimento de mecanismos que alinhassem a administração das organizações a referidos interesses, principalmente sob o critério da maximização de lucros.

Sob a análise do principal-agente, dos acionistas poderia se esperar, em um primeiro momento, que se contrapusessem à assunção de riscos excessiva da alta administração na medida em que os acionistas são aqueles que, em última análise, correm o risco do negócio. No entanto, observa-se que os incentivos e a capacidade de monitoramento podem ser bem diferentes dependendo da estrutura acionária.

Por exemplo, em uma estrutura acionária pulverizada, o acionista comum está interessado no preço da ação e nos dividendos; em geral, eles não entendem os riscos em cena do negócio[123] e não podem servir como contrapeso à assunção de riscos pelos administradores. Pelo contrário, eles pressionarão (ou representarão uma pressão) por mais lucro e distribuição de dividendos, situação que se recrudesce se os acionistas contarem com investimentos diversificados. Vale destacar que, no caso dos bancos, diferentemente de outras organizações empresariais, estes não se endividam para conduzir outros negócios, mas, ao revés, seu próprio negócio é se endividar aceitando depósitos e emprestando os recursos para outrem. O resultado é que os acionistas de bancos têm incentivos mais fortes para apoiar uma tomada de risco elevado do que os acionistas de outras organizações empresariais[124]. Nessa medida, não se pode esperar que os acionistas, no cenário aqui delineado, levem em consideração o interesse dos depositantes e demais credores; na realidade, eles estão mais propensos a assumir riscos já que, em última instância, caso o

---

[123] Ross Levine destaca que: *"A variety of factors, however, keep diffuse shareholders from effectively exerting corporate control. There are large informational asymmetries between managers and small shareholders [...]. Small shareholders frequently lack the expertise to monitor managers. Furthermore, the large costs associated with monitoring managers accompanied by each small investors small stake in the firm may induce a 'free rider' problem: each investor relies on others to undertake the costly process of monitoring managers, so there is too little monitoring"* (op. cit., p. 4).

[124] KOKKINIS, op. cit., p. 14.

risco se concretize, os acionistas perderão apenas o valor das ações, enquanto os prejuízos reais serão suportados pelos depositantes e outros *stakeholders*[125].

Ocorre também que, como visto, a avaliação do real valor de um banco e suas demonstrações financeiras não é uma tarefa fácil, de modo que o valor das ações de um banco costuma refletir mais o lucro apresentado por ele e os dividendos pagos[126], reforçando o cenário de incentivo para tomada de risco elevada, de modo a refletir em maiores lucros e dividendos.

Se a estrutura acionária for caracterizada por um acionista controlador ou um bloco de acionistas controladores, os interesses e incentivos diferem do quanto acima apontado. Esses acionistas podem ser melhor qualificados para entender o risco e até mesmo motivados a se oporem à assunção excessiva de riscos na medida em que eles detêm um claro risco no banco[127]. No mais, podem exercer uma influência efetiva, capaz de alterar a condução da instituição.

No Brasil, em especial, caracterizado por uma estrutura acionária concentrada, entendemos que essa motivação para se opor à assunção excessiva de riscos é reforçada na medida em que os acionistas controladores podem responder com todo o seu patrimônio pessoal pela ban-

---

[125] Hopt, op. cit., 2013a, p. 16.

[126] Kokkinis, op. cit., p. 23. Como apontado pelo autor, especialmente inserido em um contexto britânico de mercado de capitais desenvolvido, há evidências de que, nos anos que antecederam a crise de 2008, investidores em ações de bancos não relacionaram que o aumento do retorno sobre o capital próprio nos bancos advinha de um aumento da alavancagem e assunção de mais riscos. Nesse sentido é o estudo de Michael King no qual o autor observa que, de 2002 a 2007, grandes bancos transnacionais aumentaram seus dividendos em média em 15% por ano. No mesmo período, os investidores não apreçaram corretamente os riscos maiores assumidos pelos bancos até o início da crise. KING, M. The cost of equity for global banks: a CAPM perspective from 1990 to 2009. **BIS Quarterly Review**, Sept. 2009, p. 59-73. Disponível em: <http://www.bis.org/publ/qtrpdf/r_qt0909g.pdf>. Acesso em: 26 ago. 2016.

[127] Hopt, op. cit., 2013a, p. 17. Como apontado por Ross Levine: *"Large investors have the incentives to acquire information and monitor managers. Furthermore, large shareholders can elect their representatives to the board of directors and thwart managerial control of the board of directors. Large shareholders will also be more effective at exercising their voting rights than an ownership structure dominated by small, comparatively uninformed investors. Finally, well-informed, large shareholders can more effectively negotiate managerial incentive contracts that align owner and manager interests than poorly-informed small shareholders whose representatives – the board of directors – can be manipulated by management"* (op. cit., p. 5).

carrota (ou aplicação dos regimes especiais de saneamento) de uma instituição financeira, modificando assim o quadro de incentivos apresentado para mercados pulverizados e pautado na literatura estrangeira indicada[128 e 129].

[128] Reconhecemos, entretanto, ser possível que, dependendo do cenário, um acionista controlador de um banco que se vê em situação financeira difícil exerça seu controle no sentido da assunção de riscos exacerbados na tentativa de ressuscitar o banco, notadamente em função das consequências pessoais que serão experimentadas. Em sentido próximo, Jairo Saddi, ao analisar os incentivos e desincentivos da regulação, questiona-se como evitar que um regulado aposte irresponsavelmente em uma determinada alternativa incentivado apenas por uma circunstância específica, dando como exemplo "um banco já insolvente enfronhando-se em operações de alto risco apenas na tentativa de 'ressuscitar', ou seja, de obter lucros de proporção tal que lhe permita cobrir seus passivos descobertos e ainda normalizar-se" (op. cit, p. 80).

[129] No mesmo sentido de que a ampla responsabilidade prevista em lei (art. 40 da Lei n. 6.024/1974 c.c. art. 19 do Decreto-Lei n. 2.321/87) e a indisponibilidade dos bens dos controladores (art. 15 e 19 do Decreto-Lei n. 2.321/87 e art. 1º e 2º da Lei n. 9.447/97) e administradores (art. 36 a 38 da Lei n. 6.024/74) nos regimes especiais aplicáveis a instituições em crise mitigam os incentivos para esses executivos se engajarem em comportamentos excessivamente arriscados PINTO, op. cit., p. 184 e FRANCO, G. H. B.; ROSMAN, L. A. C. A crise bancária norte-americana: algumas lições da experiência brasileira. In: GARCIA, M.; GIAMBIAGI, F. **Risco e regulação**: por que o Brasil enfrentou bem a crise e como ela afetou a economia mundial. Rio de Janeiro: Elsevier, 2010, p. 158, 162 ("[a] legislação brasileira possui ao menos duas singularidades relativamente à americana: (i) interfere *ex-ante* nos incentivos a correr risco por parte de diretores estatutários, membros de conselhos de administração e do grupo de acionistas controladores, pois todos teriam, potencialmente, *responsabilidade ilimitada*, ainda que com mecanismos mitigadores, por prejuízos causados a credores em eventos de liquidação ou intervenção; e (ii) *ex-post facto*, além de fazer valer a indisponibilidade de bens dos responsáveis pelo problema, atendendo ao clamores da opinião pública pela identificação de responsáveis, para não falar em *fairness*, proporciona à figura do interventor, ou liquidante, poderes para vender ativos e negociar passivos [...] É claro que há desproporção entre a dimensão do patrimônio pessoal de administradores e a típica dimensão dos prejuízos deixados por instituições financeiras no caso de 'insucesso empresarial'. Este pode não ser o caso de controladores, sendo certo que, desde há muito, a autoridade monetária exige que controladores de instituições financeiras tenham patrimônio num múltiplo do capital integralizado na instituição. Vale aqui, todavia, não propriamente a 'capacidade econômica' de indenizar prejuízos, mas os *incentivos que a regra produz no seio da governança da instituição, notadamente no tocante a risco*"). No mais, Otavio Yasbek pontua: "Cumpre considerar, brevemente, os ônus criados pela legislação para administradores e controladores das instituições naquela situação, cujas raízes se encontram, também, na especificidade das atividades financeiras e na necessidade de garantir a adequada administração das instituições que delas se encarregam. Se, por um lado, tornar administradores e controladores responsáveis por determinadas dívidas da empresa representa uma garantia a mais para os credores, por outro

Mesmo assim, entretanto, como Klaus Hopt aponta, o cenário pode ser diferente. Os acionistas controladores, em particular em grupos de bancos ou multinacionais, detêm suas preferências próprias podendo incentivar, por exemplo, a tomada excessiva de riscos em uma das entidades integrantes do grupo para beneficiar outras que mais lhes interessem[130]. Eles podem também, em atendimento a suas preferências próprias, procurar extrair benefícios privados, conduzindo o banco a uma assunção de risco que não interessa às demais partes interessadas, incluindo os acionistas não controladores[131]. Há também o apontamento de que acionistas controladores podem ser otimistas e afeitos à tentação de construir impérios (o que a literatura estrangeira denomina *empire-building*)[132]. Vale relembrar que a composição de risco dos ativos de um banco pode ser facilmente alterada e os acionistas podem explorar os depositantes e outros credores (ou outros acionistas não controladores) por meio de uma oportunista alteração para uma estratégia de negócio mais arriscada. Novamente, o fato de os bancos serem opacos, assim

---

lado, tal medida visa desestimular as eventuais irregularidades – resta neutralizado, assim, o *moral hazard* que poderia decorrer da certeza da aplicação de regimes de intervenção ou de liquidação" (op. cit., p. 228). Eduardo Salomão Neto também enfrenta a matéria da responsabilidade de administradores e controladores nos regimes especiais opinando: "[o]s regimes especiais são marcados por regras bastante estritas quanto a responsabilidade e sua efetivação [...]. É comum a crítica a tais regras por sua dureza, mas esta nos parece sua grande virtude. Em nenhum outro campo de atividades o fracasso ou a desonestidade são tratados pela lei tão severamente. [...] a severidade recai no ponto culturalmente mais sensível em nossa época tão ligada a valores materiais: o patrimônio. Será talvez por isso, ao menos em parte, que o sistema financeiro do Brasil é comparativamente limpo de aventuras e aventureiros: os riscos da informalidade são muito maiores do que em outros setores" (SALOMÃO NETO, E. **Direito bancário**. 2. ed. São Paulo: Atlas, 2014, p. 720-721).
[130] HOPT, op. cit., 2013a, p. 17. Como também apontado por Ross Levine: "*Large investors may pay themselves special dividends and exploit business relationships with other firms they own that profit themselves at the expense of the corporation of bank. In general, large shareholders maximize the private benefits of control at the expense of small investors* (DeAngelo and DeAngelo, 1985; Zingales, 1994)" (op. cit., p. 5).
[131] Em linha com o conflito de agência mais notoriamente observado no Brasil: entre o acionista majoritário e o minoritário. Nesse sentido, conferir Alexandre di Miceli da Silveira, op. cit., 2015.
[132] HOPT, op. cit., 2013a, p. 17; KOKKINIS, op. cit., p. 5 (ainda que o autor, em sua nota de rodapé 17, pontue que: "*Large corporations that own diverse businesses and operate in various markets are generally less susceptible to insolvency and hostile takeovers*").

como suas demonstrações financeiras, deixa ainda mais difícil o monitoramento desse comportamento.

O caso específico dos investidores institucionais também merece breves comentários[133]. Nesse tocante, Klaus Hopt salienta que a presença dessa figura não altera o quadro vislumbrado na hipótese de dispersão acionária se consideradas as características usualmente observadas de que esses investidores detêm pequenas parcelas acionárias e não estão interessados na governança corporativa interna dos bancos. Essa observação é especialmente reforçada pelo fato de que, se as ações não servirem a referidos investidores, eles as vendem (regra de Wall Street)[134]. Não obstante, há um movimento[135] para que os investidores institucionais se tornem mais ativos quanto à governança corporativa de bancos e organizações em geral, como é o caso do UK Stewardship Code, apesar de existir uma boa dose de ceticismo por parte de autores quanto a esse ponto[136].

---

[133] Os investidores institucionais não serão foco de aprofundamento na presente dissertação, na medida em que sua atuação não traz especificidades para as instituições bancárias em si. Com efeito, a participação dos investidores institucionais e o movimento para que estes sejam mais ativos encontra-se no escopo da governança corporativa em geral.

[134] Hopt, op. cit., 2013a, p. 16-17.

[135] Referido movimento foi acompanhado no Brasil pela Associação de Investidores no Mercado de Capitais (Amec). Com efeito, essa associação, também motivada pela crise de 2008, publicou, em 27 de outubro de 2016, após audiência pública havida no mês de julho, seu Código Amec de Princípios e Deveres dos Investidores Institucionais – *Stewardship*, com o propósito de fomentar a cultura de *stewardship* de investidores institucionais em nosso país, os quais, mais ativos, devem levar – espera-se – as empresas a ter processos mais estruturados de gestão de seus negócios e de mitigação de seus diversos riscos (AMEC. **Código Amec de Princípios e Deveres dos Investidores Institucionais – *Stewardship***. Disponível em: <http://www.amecbrasil.org.br/wp-content/uploads/2016/10/Codigo-Amec-de-Principios--e-Deveres-dos-Investidores-Institucionais-Stewardship-3.pdf>. Acesso em: 12 nov. 2016). Os comentários gerais referidos no texto são também válidos para essa iniciativa, ressalvada a particularidade de que no Brasil não temos mercado de capitais tão desenvolvido a ponto de facilitar a regra de Wall Street mencionada, o que deveria, em teoria, incentivar um maior acompanhamento das empresas investidas pelos investidores institucionais, ainda que seu portfólio seja diversificado a ponto de o desempenho de uma empresa específica não ser tão relevante.

[136] Hopt, op. cit., 2013a, p. 17. Nesse sentido, vale observar que, além da visão de que os investidores institucionais não são ativos quanto à governança corporativa das companhias em que investem, há também a percepção de que o comportamento destes leva, na verdade, a uma pressão por resultados de curto prazo. Essa percepção será mais aprofundada no segundo capítulo, especialmente em seu item 2.2.4.

1.2.2.3 Credores

Os credores são um grupo diversificado e com incentivos diversos a depender de fatores como o tamanho do crédito, o conhecimento do credor ou as garantias existentes. O interesse geral, entretanto, consiste no recebimento do crédito, o que, sob uma visão ampla, alinha-se com o interesse de que o banco não se engaje em riscos excessivos.

Nos bancos, deve-se destacar a peculiaridade da presença dos depositantes, que são, ao mesmo tempo, muitos, em geral leigos em matéria bancária, mas de importância ímpar, já que proveem uma parcela substancial e a parte mais estável dos recursos dos bancos, e sua confiança depositada nas instituições bancárias sustenta a estabilidade do sistema como um todo, como já afirmamos.

No mais, novamente são relevantes a opacidade dos bancos e a, em geral, falta de expertise para que os credores os monitorem. Vejamos separadamente aspectos das espécies de credores:

a) Depositantes

Na governança corporativa de bancos, por parte da perspectiva dos depositantes, os mecanismos de governança corporativa baseados na propriedade acionária são insuficientes. Há a necessidade de estabelecimento de algum mecanismo de governança mais direcionado a evitar a assunção excessiva de risco pelo banco. Os depositantes não estão interessados no lucro dos bancos em si, mas em terem seus recursos disponíveis (à vista ou a prazo). O lucro mesmo ficará no banco e será distribuído para os acionistas. Dessa forma, eles são, em geral, avessos a riscos[137].

Depositantes, como regra, não têm a expertise necessária para processar informações importantes do nível de risco assumido pelos bancos. Na verdade, os depositantes em geral são indivíduos que não têm nem mesmo um entendimento adequado do setor bancário, muito menos dos relatórios financeiros. Ainda que haja depositantes em posição melhor do que essa, como empresas grandes, mesmo assim, como já exposto antes, avaliar a qualidade de um banco não costuma ser uma habilidade técnica presente. No mais, as empresas procuram obter empréstimos das instituições bancárias, de forma que a probabilidade dos bancos

---
[137] HOPT, op. cit., 2013a, p. 17.

lhe emprestarem recursos costuma ser mais determinante na escolha de em qual banco depositar do que a avaliação técnica da saúde da instituição[138] – ainda que possa haver uma conjugação da probabilidade de obter empréstimos com a percepção da reputação da solidez do banco (a confiança já mencionada), sem a análise mais precisamente técnica, para a referida escolha.

Ademais, ainda que os depositantes em regra tivessem capacidade de aferir adequadamente o risco do banco, seu poder de barganha para influenciar o nível desse risco a ser assumido pela instituição (por exemplo, transferindo os recursos para outro banco) costuma ser relativamente fraco[139]. Contribuem para esse fator as condições de concorrência próprias de cada determinado mercado relevante[140] e a influência de regras regulatórias, pontos estes cujo aprofundamento ultrapassa os limites da presente dissertação, bastando mencionar a probabilidade de que, na prática, o monitoramento realizado pelos depositantes seja insatisfatório para influenciar o banco a adotar um nível de risco adequado aos interesses daqueles, o que deve ser ponderado para a governança corporativa dessas entidades.

Há ainda um apontamento constante na literatura[141] que diz respeito à redução dos incentivos ao monitoramento dos bancos pelos depositantes provocado pelo seguro de depósito[142], bem como pelo fato de

---

[138] KOKKINIS, op. cit., p. 28-29.

[139] Como analisa Andreas Kokkinis (op. cit., p. 29) para o mercado britânico.

[140] A expressão "mercado relevante" é empregada aqui no sentido de mercado "em que se travam as relações de concorrência ou atua o agente econômico cujo comportamento está sendo analisado" (FORGIONI. P. A. **Os fundamentos do antitruste**. 2. ed., 2 tir. rev. e atual. São Paulo: RT, 2005, p. 231), expressão esta que foi introduzida no Brasil pela Lei n. 8.884, de 11 de junho de 1994., hoje substituída pela Lei n. 12.529, de 30 de novembro de 2011. Para uma análise da concorrência do setor bancário brasileiro: MATTOS, op. cit.; RIBEIRO, I. C. **Regulação financeira, poder no mercado e crise financeira**. 2012. Tese (Doutorado) – Faculdade de Direito, Universidade de São Paulo, São Paulo, 2012; e MÜLLER, op. cit., 2007.

[141] KOKKINIS, op. cit., p. 29-30; HOPT, op. cit., 2013a, p. 19. Com efeito, como destacado por Peter Mülbert (op. cit., p. 18), o seguro de depósito é frequentemente considerado um fator de redução de incentivos para monitoramento de fora (*outsider control*). No mesmo sentido, LEVINE, op. cit., p. 10-11; MACEY; O'HARA, op. cit., 2003a, p. 98-99; DEVRIESE et al., op. cit., p. 98.

[142] Utilizaremos as expressões "seguro de depósito", "seguro de crédito bancário", "seguro-garantia de crédito bancário" ou "garantia de depósito" como sinônimos com vistas, no mais, a abarcar as expressões da doutrina utilizada. Na literatura de idioma inglês, encontra-

o banco central representar um emprestador de último recurso. Nesse sentido, diz-se que, uma vez protegidos pelo seguro de depósito, os depositantes não têm incentivos para gastarem seu tempo e dinheiro monitorando a saúde dos bancos na medida em que não sofrerão prejuízos. Ainda nessa toada, haveria um incentivo perverso de os depositantes/correntistas, protegidos pelo seguro, procurarem bancos que remunerem mais determinados produtos por serem mais agressivos no risco tomado do que bancos prudentes; ou seja, haveria inclusive um incentivo para um aumento no risco tomado como forma de atrair depositantes[143].

Ainda que haja esses potenciais incentivos, é reconhecida a importância singular do seguro de depósito, notadamente para a manutenção da confiança tão necessária ao setor bancário. Do ponto de vista da governança corporativa, destacamos, mais uma vez, que o monitoramento da saúde do banco pelos depositantes, ainda que fosse incentivado (ou não houvesse a redução de incentivos como apontada), é restrito pela complexidade da atividade bancária[144]. Dessa forma, cuidados devem ser tomados pois os interesses dos depositantes, apesar de grande importância e magnitude, podem não ser adequadamente ponderados em estruturas de governança corporativa não específicas às instituições bancárias.

Por fim, cumpre mencionar a observação de Andreas Kokkinis de que a proteção dada pelos seguros de depósito (dependendo de como são estruturados, como será mais detalhado adiante) e as intervenções

---

-se com grande frequência a expressão *deposit insurance*. Jairo Saddi (op. cit.), por exemplo, vale-se da expressão "seguro-garantia de crédito bancário", e Gustavo Pinto (op. cit.), "seguro ou garantia de depósito".

[143] KOKKINIS, op. cit., p. 29-30.

[144] Em sentido similar: "[d]eve-se reconhecer que a inexistência de sistema garantidor de depósitos torna os investidores e depositantes mais atilados e atentos para a solidez das instituições financeiras em que investem, e portanto gera alguma seleção natural no mercado financeiro. Não nos parece, entretanto, que isso sirva como justificativa para a abolição das garantias de depósitos, porque de qualquer maneira o nível de informações de depositantes pode não ser alto ou uniforme em relação aos problemas de uma instituição. É de fato frequente que a massa dos depositantes não saiba da ameaça que se aproxima, ou pior ainda, que apenas alguns, os mais informados e de maiores depósitos, o saibam. Sendo assim, a ausência de sistema garantidor tenderia a prejudicar os menores depositantes, e talvez aí esteja o melhor argumento em sua defesa" (SALOMÃO NETO, op. cit., p. 670-671).

estatais isolam a maioria dos depositantes dos custos de agência relativos à administração do banco, já que quem acaba arcando com os custos de uma quebra bancária são os contribuintes[145].

b) Detentores de instrumentos de dívidas (*bondholders*)

Bondholders têm um incentivo racional para monitorar a assunção de riscos pelos bancos e tendem a exigir taxas de juros para compensar um aumento no risco assumido por um banco. A atitude dos *bondholders* ao risco diverge da dos acionistas na medida em que os *bondholders* serão prejudicados em um evento de bancarrota do banco, mas não ganharão nada a mais, em regra, se os bancos tiverem um desempenho excepcional. Nesse sentido, e considerando o fato de que *bondholders* geralmente são profissionais com nível razoável de conhecimento e o tamanho de seus investimentos costuma justificar despesas com o monitoramento, os *bondholders* poderiam desencorajar uma tomada excessiva de riscos pelos bancos cobrando deles taxas de juros mais elevadas. Ocorre, mais uma vez, que a opacidade dos ativos dos bancos limita em muito essa potencial capacidade[146] de monitoramento dos *bondholders* e os expõe

---

[145] KOKKINIS, op. cit., p. 30. Reforce-se: a depender de como forem estruturados esses mecanismos. Nesse sentido, o cenário pode ser diferente com entidades estruturadas como o Fundo Garantidor de Crédito no Brasil, conforme mencionaremos mais à frente.

[146] A opacidade é uma característica limitadora do monitoramento mesmo reconhecendo-se a existência de situações em que mais incentivos em prol deste existam, como é o caso de agentes fiduciários de debenturistas no Brasil. Com efeito, esse órgão da comunhão dos debenturistas encarregado de representá-la externamente está previsto nos artigos 66 a 70 da Lei das S.A., bem como na Instrução CVM n. 28, de 23 de novembro de 1983, conforme alterada (para emissões públicas de debêntures), com sua propedêutica indicada na Nota Explicativa n. 27/83. Destaque aqui é dado ao §1º do artigo 68 da referida lei que prevê, em norma legal geral, os deveres do agente fiduciário. Com base em referido parágrafo e suas alíneas, bem como considerando a norma da Comissão de Valores Mobiliários, José Romeu Garcia do Amaral classifica os deveres do agente fiduciário em: dever de diligência (ou de proteção); dever de informar; dever de cientificar e dever de agir (AMARAL, J. R. G. do. **Regime jurídico das debêntures**. 2. ed. São Paulo: Almedina, 2016, p. 246-253). Para o desempenho de suas funções e atendimento de referidos deveres, evidentemente o agente fiduciário deve monitorar a companhia emissora das debêntures, situando-se nesse fato o maior incentivo ao monitoramento para a situação em tela. Nesse sentido, vale especialmente referir, no âmbito do dever de diligência (ou de proteção), a alínea "a" do §1º, com seu preceito geral, pelo qual deve o agente fiduciário "proteger os direitos e interesses dos debenturistas, empregando no exercício da função o cuidado e a diligência que todo homem ativo e probo costuma empregar na administração de seus próprios bens". Com

ao mesmo potencial oportunismo da administração já observado para os acionistas. Com efeito, especificamente com relação a títulos emitidos pelos bancos, estudos empíricos confirmam que as agências de *rating* estão mais sujeitas a discordar quanto às notas dadas do que ocorre no tocante às notas dos títulos emitidos por outras espécies de empresas[147]. Assim, considerando que as informações quanto à qualidade dos ativos de um banco são mais difíceis de processar e verificar, somado ao fato já mencionado de que há uma tendência de os bancos ficarem ainda menos transparentes em épocas de crise, o poder de monitoramento (ou até mesmo de "disciplina") dos detentores de títulos fica mitigado. Acresça-se a esse cenário o desincentivo ao monitoramento que

---

efeito, nas palavras de Francisco José Pinheiro Guimarães, que corroboram nossa assertiva acima: "[o] cumprimento desse dever legal requer do agente fiduciário uma postura pró-ativa e vigilante, de forma a permitir antecipação aos fatos que possam afetar os direitos dos debenturistas e a tomada de medidas necessárias para resguardá-los. A atuação do agente fiduciário deve ser acima de tudo acautelatória, preventiva, e não meramente reparatória./ Assim, para bem desempenhar seu dever de diligência, o agente fiduciário [...] deve manter-se informado sobre as atividades da companhia emissora e apto a agir sempre que necessário para a proteção dos interesses dos debenturistas. Para tanto, pode e deve solicitar informações e promover diligências para averiguação dos negócios da companhia emissora e de atos ou fatos que possam, no seu entender, afetar os direitos dos debenturistas. Em casos extremos, o agente fiduciário pode e deve solicitar auditoria externa nas contas e livros da companhia emissora sempre que houver fundado receio de que os direitos dos debenturistas possam vir a ser prejudicados" (Debêntures. In: LAMY FILHO, A.; PEDREIRA, J. L. B. (Coord.). **Direito das companhias**. V. I. Rio de Janeiro: Forense, 2009, p. 628). Dois outros aspectos colaboraram para reforçar referido quadro de incentivo ao monitoramento: o primeiro advindo do §4º do artigo 68 referido, pelo qual o agente fiduciário responde perante os debenturistas pelos prejuízos que lhes causar por culpa ou dolo no exercício de suas funções (o que é, ademais, o complemento da existência dos deveres mencionados); e o segundo advindo do fato de que o agente fiduciário precisa atender aos requisitos de profissionalidade (pessoa física) e especialidade (pessoa jurídica) para exercer o cargo, conforme sustenta Modesto Carvalhosa (op. cit., p. 913), devendo, em determinados casos, inclusive, ser essa função desempenhada por uma instituição financeira autorizada a tanto pelo Banco Central do Brasil (v. art. 8º da IN CVM 28/1983); ainda que, como já mencionamos, a opacidade (e, mais amplamente, complexidade) das instituições bancárias permaneça sendo um desafio singular, não obstante referidos incentivos e aspectos. Esse raciocínio pode ser aplicável, observadas eventuais particularidades, a outras figuras que se encontrem em relação fiduciária, sujeitas ao dever de diligência mencionado, como outros gestores de recursos de terceiros.

[147] Conforme estudo de Donald Morgan (op. cit.) e Giuliano Iannotta (op. cit.) mencionados na nota de rodapé 93 do presente capítulo.

pode advir em situações nas quais as instituições bancárias são percebidas como grandes, importantes ou intrincadas demais para falirem[148], de modo a existir uma expectativa elevada de que elas serão de alguma forma salvas por recursos públicos, não comprometendo assim os investimentos dos credores aqui comentados.

Em resumo, os *bondholders* não são capazes de exercer completamente o monitoramento da assunção de riscos por um banco, e não estão na mesma posição que a administração de um banco para processar informações importantes em função da mencionada opacidade. Eles se tornam, assim, dependentes da boa administração de um banco, estabelecendo-se uma complexa relação principal-agente[149].

c) Demais credores

Outros credores que possam existir de uma instituição bancária são diversificados e os incentivos podem variar, ainda que o objetivo em abstrato permaneça sendo o recebimento de seus próprios créditos, e não necessariamente o lucro elevado do banco. Entretanto, vale o apontamento geral a respeito da diferença entre pequenos e grandes credores. Os pequenos credores, em regra – e de acordo com as diversas considerações que já foram feitas nesta dissertação com relação aos depositantes –, não estão em posição que lhes permita entender e avaliar a tomada excessiva de riscos por parte do banco, além de lhes faltar, em muitos ordenamentos, a possibilidade legal de se opor com eficácia a um cenário como esse[150].

Já os grandes credores, assim como os grandes acionistas, podem ser mais qualificados para entender os riscos envolvidos e podem estar motivados a se oporem à assunção excessiva de riscos. No entanto, grandes créditos costumam possuir garantias e, enquanto essas garantias não sejam afetadas, os credores poderão não se sentir atingidos por tomadas excessivas de risco pelo banco devedor[151]. Além disso, grandes credores, dependendo de sua importância, podem tentar influenciar as ativida-

---

[148] Ainda que a crise de 2008 tenha contribuído para se compreender que mesmo essas instituições bancárias podem efetivamente chegar a essa situação de falência.
[149] KOKKINIS, op. cit., p. 25-28.
[150] HOPT, op. cit., 2013a, p. 17.
[151] HOPT, op. cit., 2013a, p. 17.

des dos bancos para refletirem suas próprias preferências[152]. Sob essas perspectivas, os prejuízos finais acabam sendo suportados por credores pulverizados e sem garantia, sem mencionar outras partes interessadas. No mais, deve-se reforçar mais uma vez que a opacidade dos bancos – diferencial de destaque – pode tornar o monitoramento difícil mesmo para seus grandes credores.

Em suma, o incentivo e a própria possibilidade de real monitoramento dos bancos pelos pequenos credores são mitigados, assim como ocorre com os depositantes em geral, ao passo que os grandes credores podem não ter incentivos suficientes para empreender essa vigilância, ou também podem encontrar barreiras para tanto na opacidade das instituições bancárias.

1.2.2.4 Trabalhadores

Os empregados dos bancos terão seu interesse primordial no recebimento e na melhoria de seus respectivos salários e condições de trabalho[153], bem como na manutenção de seus empregos. Quanto a esse ponto não há diferenças entre os bancos e as demais organizações empresariais.

Especificamente para os bancos, mais uma vez, temos a ausência, em geral, de uma posição e/ou de conhecimento que permitam avaliar de maneira total os riscos assumidos na atividade bancária do banco como um todo, e/ou, dependendo de outros elementos da jurisdição e da estrutura da governança corporativa em específico[154], de exercer alguma influência efetiva sobre isso.

---

[152] LEVINE, R. No original: *"Because of their large investment, large debt holders are more likely to have the ability and the incentives to exert control over the firm by monitoring managers and influencing the composition of the board of directors. [...] If the legal system does not efficiently identify the violation of contracts and provide the means to bankrupt and reorganize firms, then creditors lose a crucial mechanism for exerting corporate governance. Second, large creditors – like large shareholders – may attempt to shift the activities of the corporation or bank to reflect their own preferences. For instance, large creditors may induce the company to forego good investments and take on too little risk because the creditor bears some of the cost but will not share the benefits (Myers, 1977). More generally, large creditors may seek to manipulate the corporation's activities for personal gain"* (op. cit., p. 6).

[153] HOPT, op. cit., 2013a, p. 17 e 20.

[154] Por exemplo, em países como a Alemanha, os trabalhadores podem de certa forma influenciar a administração do banco por meio da eleição de membro(s) do Conselho de Administração. Em outras, como no Brasil, pela atuação de sindicatos. Sobre formas de

No mais, os bancos costumam se situar dentre os grandes empregadores em suas respectivas economias[155], o que reforça a assertiva feita anteriormente da magnitude dos *stakeholders* envolvidos.

1.2.2.5 Demais instituições financeiras

A interligação entre as instituições financeiras já destacada, com as potenciais consequências negativas que possam decorrer dessa característica, alça aquelas à condição de *stakeholders*[156]. Com efeito, as demais instituições financeiras podem ser afetadas por um risco sistêmico mesmo que estejam saudáveis, como salientado por Peter Mülbert[157], já que é um setor complexo, de risco, e que se pauta na confiança do público. Dessa feita, naturalmente, elas têm interesse que outras instituições bancárias não lhe afetem negativamente por uma falha tamanha em sua assunção de risco capaz de abalar todo o sistema.

Destacam-se das demais partes interessadas notadamente pela expertise bancária, que lhes permite, em teoria, exercer o monitoramento da saúde das concorrentes. Nesse contexto, Craig Furfine sustentou a possibilidade de as instituições financeiras se monitorarem estudando o preço cobrado em empréstimos interbancários (com base em dados de bancos comerciais nos Estados Unidos disponíveis em 31 de dezembro de 1997). Segundo o autor, esse preço no período analisado foi capaz de refletir, em parte, o risco de crédito das instituições financeiras, demonstrando que as instituições financeiras são capazes de se monitorarem[158]. Em sentido oposto, no entanto, vale mencionar as observações de Simon Kwan, bem como de Peter Mülbert, atinentes ao que se cons-

---

participação dos trabalhadores na governança corporativa, ver apresentação de BLAIR, M. The Role of Employees in Corporate Governance. Third Southeastern Europe Corporate Governance Roundtable. Disponível em: <www.oecd.org/corporate/ca/corporategovernanceprinciples/2482851.ppt >. Acesso em: 20 ago. 2016.

[155] *"Banks are also large employers, especially in countries like the UK where the financial sector accounts for nearly 10 per cent of the GDP"*. Kokkinis, op. cit., p. 11.

[156] Baseado na observação ampla de Milton N. Ribeiro de que *stakeholders* são aqueles que estão expostos ao risco associado ao desempenho da empresa ao qual se relacionam (de *stake*, um jargão de mercado que quer dizer risco). (Ribeiro, M. N., op. cit., p. 24, n. 18). Para mais definições, ver item 1.2.2.8 abaixo.

[157] Mülbert, op. cit., 2010, p. 12.

[158] Furfine, op. cit., p. 54-55.

tatou durante a crise de 2008, de que mesmo as instituições financeiras tiveram dificuldades em se avaliarem[159].

Presente essa dificuldade ou não, é de se destacar que a expertise diferenciada das demais partes interessadas existe. O ponto é que as demais instituições financeiras são concorrentes entre si e, se são capazes de monitorar, ou ao menos, mais capazes do que as demais partes interessadas até aqui analisadas, seus interesses não necessariamente coincidem na mesma medida com os dessas últimas.

1.2.2.6 Entidades de seguro-garantia de crédito bancário

Como já expusemos, seguros de crédito bancário podem acarretar incentivos ambíguos. Sob uma visão ampla, ao mesmo tempo em que proporcionam proteção aos depositantes (e possivelmente outros pequenos credores), consistindo em uma medida indispensável à manutenção de mínima confiança no sistema financeiro necessária ao seu correto funcionamento, também representam um incentivo perverso a comportamentos de tomada de riscos por parte dos bancos. Ainda, os depositantes/credores protegidos, não obstante o sistema necessite de sua confiança, podem ser incentivados a serem menos prudentes, ou até mesmo *free riders*[160].

Sob uma visão mais detalhada, esses incentivos podem ser alterados dependendo do desenho institucional dos mecanismos de seguro-garantia de crédito bancário em determinada jurisdição[161 e 162]. Para o

---

[159] Conforme as referências constantes na nota de rodapé 90.

[160] HOPT, op. cit., 2013a, p. 19. Com efeito, como destacado por Peter Mülbert, o seguro de depósito é frequentemente considerado um fator de redução de incentivos para monitoramento de fora (*outsider control*) (op. cit, p. 18). No mesmo sentido, LEVINE, op. cit., p. 10-11; MACEY; O'HARA, op. cit., 2003a, p. 98-99; DEVRIESE et al., op. cit., p. 98.

[161] Descer a minúcias quanto à estruturação de seguros de crédito bancário foge ao escopo do presente trabalho. Para princípios para o fortalecimento e efetividade dos sistemas de seguro de depósitos no âmbito da cooperação internacional: International Association of Deposit Insurers (IADI). **Core Principles for Effective Deposit Insurance Systems**. Nov. 2014. Disponível em: <http://www.iadi.org/en/assets/File/Core%20Principles/cprevised-2014nov.pdf>. Acesso em: 30 ago. 2016.

[162] Como Peter Mülbert aponta, o efeito pode ser limitado na prática na medida em que a cobertura obrigatória é, em geral, limitada a valores baixos. Assim, elimina-se o incentivo de monitoramento apenas de pequenos depositantes, que já são leigos o suficiente para não servirem como monitores (op. cit., p. 18).

presente item, o destaque é dado para o desenho que institui uma entidade independente, que receba recursos de verbas não públicas[163]. Nesse sentido, essa entidade também será uma *stakeholder* dos bancos abarcados por seus seguros. É o que ocorre no Brasil com o Fundo Garantidor de Crédito[164], uma associação civil sem fins lucrativos custeada pelas próprias instituições[165] associadas, abarcada constitucionalmente pelo inciso VI do artigo 192, que veda a participação de recursos da União no mecanismo[166].

---

[163] No caso de recebimento de recursos de verbas públicas, a análise é abarcada no próximo item.

[164] Criado em 16 de novembro de 1995, por meio da Resolução CMN n. 2.211, após a autorização da Resolução CMN n. 2.197, de 31 de agosto de 1995 (autorização para constituição de entidade privada sem fins lucrativos, destinada a administrar mecanismo de proteção a titulares de créditos contra instituições financeiras). A primeira resolução mencionada foi alvo de diversas alterações, sendo a última a Resolução n. 4.469, de 25 de fevereiro de 2016, que alterou e consolidou as normas que dispõem sobre o estatuto e o regulamento do FGC. Como aponta Jairo Saddi, o sistema brasileiro de seguro-garantia de crédito bancário é explicado por suas seguintes características: i) proteção explícita, ii) adesão compulsória, iii) cobertura limitada, iv) origens dos recursos arrecadadas *ex ante*, e v) utilização exclusiva de recursos privados com gestão igualmente privada (op. cit., p. 139).

[165] Vale observar que as instituições associadas não são só as bancárias, objeto do presente trabalho. Houve adesão compulsória de instituições financeiras e associações de poupança e empréstimo em funcionamento no país (instituições que captem recursos por meio de operações objeto da garantia ordinária proporcionada pelo fundo, não contemplando as cooperativas de crédito e as seções de crédito das cooperativas), bem como a autorização do Banco Central do Brasil para funcionamento de novas instituições financeiras é condicionada à adesão ao FGC. Vale também observar que o custeamento (fundeamento) do FGC, além das contribuições ordinárias e especiais mensais das instituições associadas, advém de taxas de serviços, rendimentos, remunerações por operações realizadas, recuperações de direitos creditórios nos quais o fundo tenha se sub-rogado, dentre outros. Além disso, explicitamos que são garantidos não apenas depósitos à vista até o limite previsto, mas também outras operações (também até o limite previsto), tais como depósitos de poupança, depósitos a prazo, com ou sem emissão de certificado, letras de câmbio, letras imobiliárias, letras hipotecárias, letras de crédito imobiliário, letras de crédito do agronegócio, dentre outros. Para o aprofundamento dessas questões, vale a leitura do estatuto e do regulamento consolidados referidos anteriormente, bem como as explicações constantes do próprio website da entidade (<www.fgc.org.br>. Acesso em: 30 ago. 2016).

[166] Para histórico do FGC e análise de suas características, ver SADDI, op. cit., p. 131-136; PINTO, op. cit., p. 134-144. Para a discussão da natureza jurídica do seguro ou garantia provido pelo FGC, ver SADDI, op. cit., p. 139 ss.; YAZBEK, op. cit., p. 231; e SALOMÃO NETO, op. cit, p. 682 ss.

Como entidade independente chamada a aportar seus recursos para garantir os depósitos (e/ou outras espécies de pequenos créditos) mantidos em face de instituição bancária em má situação financeira[167], a instituição de seguro-garantia de crédito bancário está exposta ao risco associado ao desempenho dos bancos com os quais se relaciona e, como tal, tem o interesse de que referidos bancos não tomem riscos excessivos. No mais, tal entidade detém, em regra, mais expertise para monitorar os bancos quando comparada aos depositantes e pequenos credores que assegura, e, dependendo do desenho institucional de determinada jurisdição, pode ter mais meios de exercer efetivamente um controle que não poderia ser exercido pelos depositantes e pequenos credores de forma individual. Assim, nesse cenário, apesar do – tão mencionado em doutrina – incentivo para reduzir o monitoramento pelos depositantes, as entidades de seguro-garantia de crédito bancário poderiam servir como um substituto dos pequenos depositantes/credores[168] no monitoramento dos bancos.

Também a depender de como é o desenho institucional do seguro-garantia, o incentivo à assunção de riscos elevados pelo banco (já que em tese permitiria apostar por lucros maiores sob o manto da proteção

---

[167] No Brasil, o FGC atua nas situações de decretação de regimes especiais de intervenção ou liquidação da instituição financeira. Como observa Jairo Saddi, no advento da liquidação da instituição, o pequeno depositante recebe o limite de sua cobertura e cede seu crédito ao FGC, que se sub-roga no valor do pagamento efetuado em face da massa liquidanda em geral se tornando seu maior credor (op. cit., p. 139-140). Conforme descreve Gustavo Pinto, nos últimos anos houve uma ampliação do papel do FGC, incluindo-se em suas finalidades não apenas a proteção de depositantes, mas também a contribuição para a manutenção da estabilidade do SFN e prevenção de crises bancárias sistêmicas (conforme inserido pela Resolução CMN n. 4.087/2012). Nesse sentido, o FGC pode contratar operações de assistência ou de suporte financeiro a instituições financeiras (programas de liquidez ou estruturais). No mais, a Resolução CMN n. 3.656/2008 (atualmente alterada) permitiu a aplicação de recursos do fundo, até o limite global de 50% de seu patrimônio líquido, em operações como aquisição de direitos creditórios, o que proporcionou a possibilidade de um papel importante do FGC para amenizar a crise de liquidez em 2008 e 2009, ocupando um espaço que as grandes instituições hesitaram em assumir, com compras de carteiras de crédito que superaram 10 bilhões de reais em 280 operações feitas em pouco mais de seis meses. O detalhamento dessas alterações no papel do FGC ultrapassa os limites da presente dissertação, de forma que nos remetemos à análise de Gustavo Pinto (op. cit., p. 134-144), observadas, no entanto, alterações inseridas no contexto descrito pelo autor pelas Resoluções CMN n. 4.312/2014, 4.439/2015 e 4.469/2016.
[168] MÜLBERT, op. cit., 2009, p. 25-26.

de seus depositantes) pode ser mitigado pela estrutura da participação dos bancos no aporte de recursos para tal entidade.

Em suma, os incentivos dependerão muito de como o seguro-garantia é estruturado em determinada jurisdição. Do ponto de vista da governança corporativa, as entidades de seguro-garantia de crédito bancário podem ser consideradas *stakeholders* e, ao mesmo tempo em que podem reduzir o interesse de depositantes (e outros pequenos credores) no monitoramento do risco dos bancos, podem também os substituir.

1.2.2.7 Fisco (contribuintes)

O Fisco – ou mais precisamente seus contribuintes, já que estes é que arcam, por conseguinte, com os recursos financeiros que se fizerem necessários – também é parte interessada no desempenho dos bancos, assim como de outras empresas em geral. As especificidades do caso bancário abarcam o volume de tributos envolvidos (já que bancos costumam figurar dentre os maiores contribuintes), a participação dos bancos como agentes da política fiscal[169] e a existência de ajuda financeira pública (seja por meio de seguros de crédito bancário custeados por verbas públicas, ou pelo papel do banco central como emprestador de última instância com consequências para o erário[170], ou ainda por qual-

---

[169] Como desenvolvido por Eduardo Fortuna: "Caso o Governo Federal gaste mais do que arrecada, ele será obrigado a recorrer ao endividamento interno do Tesouro, absorvendo recursos do setor privado e prejudicando a formação da poupança interna necessária ao financiamento do investimento produtivo./ Nessa ação, as IFM [instituição financeira monetária, ou seja, criadora de moeda escritural], públicas e privadas, são as principais sócias na ponta financiadora do Tesouro, seja com seus recursos próprios ou na orientação das aplicações dos recursos de terceiros, tornando o Governo Federal e as IFM reféns siameses em seus interesses mútuos de financiar uma política fiscal exacerbada e garantir as melhores alternativas de retornos via a vis [*sic*] os riscos incorridos, respectivamente". (op. cit., p. 34-35).

[170] Como explicado por Carlos Eduardo Carvalho: "[...] o BC entra em ação: se for um banco pequeno e um caso isolado, 'organiza' a quebra do banco; se for um banco grande, com forte ligações com outras instituições financeiras, e mais ainda se forem vários bancos simultaneamente, o BC emite dinheiro e oferece crédito para estancar a corrida./ Essa emissão de dinheiro é discricionária: o BC emite na quantidade que acredita ser necessária, ou na proporção do que é pedido pelos bancos, tentando 'advinhar' [*sic*] a quantidade necessária para manter o sistema em funcionamento. A denominação 'emprestador de última instância' indica que os bancos podem recorrer a estes recursos quando se esgotaram as possibilidades de obter financiamento junto ao público ou junto a outros bancos./ [...] A presença do BC

quer outro mecanismo em que haja o aporte de verbas públicas em instituições bancárias para sanear sua situação financeira). O destaque aqui deve ser dado a essa última especificidade.

A existência de ajuda financeira pública a bancos em dificuldade, principalmente devido à ideia de que eles são muito grandes ou muito complexos para quebrarem, pode incentivar a tomada de riscos por aumento de lucros às expensas dos contribuintes[171]. Em outras palavras, recrudesce-se o risco moral no tocante aos controladores e administradores, sobretudo de instituições consideradas muito grandes para falir: caso apostas arriscadas revertam retornos positivos, estes serão apropriados pela instituição, ao passo que, se forem malsucedidas, as perdas serão arcadas pelos contribuintes, situação captada pela analogia apresentada por Paul Krugman em que "cara eu ganho, coroa os contribuintes perdem"[172]. Mais uma vez, há uma diminuição no incentivo à adoção e exercício da governança corporativa em prejuízo dos contribuintes que, em última instância, proveem os recursos para o resgate financeiro público de instituições bancárias.

No mais, essas garantias implícitas do banco central, estados ou outros entes públicos advindas do dilema do *too big to fail* é frequentemente interpretada como abarcando todas as obrigações do banco e, assim, distorce os incentivos de todos os atores, ou seja, tanto dos próprios bancos, como também dos depositantes, de outros credores etc.[173], que podem diminuir o interesse no monitoramento do banco contando com a certeza de seu resgate.

é quase óbvia, já que a essência da atividade de última instância é a emissão de moeda e o financiamento direto dos bancos, prerrogativa dos BC. A presença do Tesouro decorre de que a ação de emprestador de última instância do BC quase sempre gera um custo fiscal. O BC em geral incorre em prejuízo nessas operações e as perdas precisam ser transferidas para o Tesouro, ou, se ficarem no BC, o Tesouro terá que capitalizar o BC" (In: O Banco Central como emprestador de última instância: mão quase invisível ao sustentar os mercados. **Revista OIKOS**, v. 11, n. 2, p. 221-222, Rio de Janeiro, 2012, p. 217-239. Disponível em: <http://www.revistaoikos.org/seer/index.php/oikos/article/viewFile/313/176>. Acesso em: 29 ago. 2016).

[171] HOPT, op. cit., 2013a, p. 19.

[172] The New York Times. **Financial Russian roulette**, 14 set. 2008. Disponível em <http://www.nytimes.com/2008/09/15/opinion/15krugman.html?_r=0>. Acesso em: 30 ago. 2016. A tradução é de Gustavo Pinto (op. cit., p. 180).

[173] MÜLBERT, op. cit., 2010, p. 18.

De toda forma, o monitoramento da assunção de riscos pelos contribuintes segue a mesma direção do que já foi apontado para outras partes interessadas: é necessário expertise, acesso a informação e, como regra, faltam mecanismos que *a priori* permitam alguma influência no apetite de risco do banco.

1.2.2.8 Reguladores (e supervisores): classificação dúbia como partes interessadas e sua interferência como mais um atuante a impactar o desempenho do banco

Por fim, vale brevemente comentar a presença dos reguladores (em sentido amplo, abarcando, assim, os supervisores[174]) no contexto bancário. Com efeito, há referência em doutrina de que os reguladores são *stakeholders*. Nesse sentido, manifestam-se, por exemplo, Jonathan Macey e Maureen O'Hara[175], Hamid Mehran e Renée Adams[176], Alexander Kern[177], e, no âmbito de recomendações para a supervisão bancária, o Comitê da Basileia, desde a versão de 1999 de seu guia específico de governança corporativa para organizações bancárias[178]. Sob essa visão, os reguladores – principalmente como representantes dos demais

---

[174] Com efeito, o termo "regulador" é aqui adotado em sentido amplo, abarcando a(s) autoridade(s) bancária(s) existentes em determinada jurisdição que desempenhe(m) atividades de regulação, fiscalização, supervisão e/ou monitoramento. Para uma descrição e distinção de referidas funções, ver SADDI, op. cit., 2001, p. 63-64 e p. 124.

[175] Os autores, usando o termo *"claimants"* (e não *stakeholders*), também incluem os reguladores em seus papéis como asseguradores dos depósitos e emprestadores em última instância e na função de agentes de outros *claimants* (MACEY; O'HARA, op. cit., 2003a, p. 92).

[176] *"In addition to investors, depositors and regulators have a direct interest in bank performance. On a more aggregate level, regulators are concerned with the effect governance has on the performance of financial institutions because the health of the overall economy depends upon their performance"* (op cit. p. 124).

[177] *"The large number of stakeholders (such as employees, customers, suppliers etc), whose economic well-being depends on the health of the banking industry, depend on appropriate regulatory practices and supervision. Indeed, in a healthy banking system, the supervisors and regulators themselves are stakeholders acting on behalf of society at large. Their primary function is to develop substantive standards and other risk management procedures for financial institutions in which regulatory risk measures correspond to the overall economic and operational risk faced by a bank"* (op. cit., p. 6).

[178] *"'Stakeholders' include employees, customers, suppliers and the community. Due to the unique role of banks in national and local economies and financial systems, supervisors and governments are also stakeholders."* (BCBS. **Enhancing Corporate Governance for Banking Organisations**, 1999, p. 3, n. 3. Disponível em: <https://www.bis.org/publ/bcbsc138.pdf>. Acesso em: 24 nov. 2016).

stakeholders, da economia, e, por consequência, da sociedade como um todo – têm interesse na performance dos bancos.

Entretanto, parece-nos que considerar os reguladores de fato *stakeholders* dos bancos depende da definição dada ao termo. Assim, por exemplo, caso se adote uma definição inspirada no primeiro emprego da palavra no Stanford Research Institute, ou seja, *"those groups without whose support the organization would cease to exist"*[179], ainda que se possa discutir a necessidade de regulação para a existência de determinados mercados, parece-nos que a importância do regulador no caso bancário encontra-se suficientemente evidenciada. Nesse sentido, aos reguladores seria possível estender a classificação de *stakeholders*.

Contudo, se considerada a definição de que *"those groups who can affect or are affected by the achievement of an organization's purpose"*[180], uma divergência pode surgir. Isso porque, por um lado, os reguladores, no desempenho de suas funções públicas, afetam e são instrumentalmente afetados pelos objetivos dos bancos, o que poderia alçá-los à condição de *stakeholder*. Por outro lado, no entanto, quem realmente resta ao cabo afetada é a sociedade, de quem os reguladores, no âmago, recebem seus poderes para exercerem seus mandatos (ou, caso se prefira concretizar mais os atores afetados, já que "sociedade" pode ser considerado um termo muito vago, explicita-se que são afetados os demais *stakeholders* aqui apresentados e, especialmente, os contribuintes pelo que se expôs no item anterior).

Se, no mais, acrescermos a essa discussão a perspectiva adotada no quanto discorrido até agora nesta dissertação, ou seja, de assunção e

---

[179] Tradução nossa: "aqueles grupos sem cujo suporte a organização deixaria de existir" (FREEMAN, op. cit., p. 31). Vale observar que nem "regulador", e muito menos "governo", estavam na lista desse primeiro emprego, que originalmente incluiu: acionistas, empregados, clientes, fornecedores, emprestadores e sociedade. Como apontado por Edward Freeman, o ponto central daquela definição era a sobrevivência da firma, ainda que os grupos escolhidos com essa visão pudessem ser questionados (op. cit., p. 33).

[180] Tradução nossa: "aqueles grupos que podem afetar ou serem afetados pelo alcance do objetivo da organização". Definição apresentada por Edward Freeman. O próprio autor chama a atenção para o cuidado com o papel das definições em teorias. No mais, o autor analisa que o conceito de *stakeholder* se desenvolveu em várias disciplinas distintas. A definição por ele apresentada está voltada para a gestão estratégica de empresas e, por isso, o cuidado com os grupos que afetam e podem afetar o atingimento do propósito da organização (op. cit., p. 48-49).

exposição ao risco, entendemos que, sob esse viés, o mais correto seria não classificar os reguladores como *stakeholders*, já que os interesses primários afetados são os da sociedade (ou demais *stakeholders*), e não propriamente do regulador. Em outras palavras, os reguladores (enquanto no exercício de suas funções) não são aqueles que estão efetivamente expostos ao risco associado ao desempenho da instituição ao qual se relacionam, e, nessa medida, ainda que reconheçamos que os reguladores podem afetar e serem afetados pelo alcance dos objetivos do banco, além de serem importantes para a sobrevivência do setor, não identificamos um interesse legitimamente próprio dos reguladores, enquanto no desempenho da função pública, a ponto de classificá-los como *stakeholders*[181]. Ao contrário, o risco, mesmo no caso da atuação dos reguladores, permanece sendo suportado pelas outras partes interessadas. Tal assertiva permanece sendo verdadeira ainda que se trate de jurisdições caracterizadas por elevado grau de intervenção dos reguladores, como é o exemplo brasileiro. Para essa linha de raciocínio, as palavras de Klaus Hopt são elucidativas:

> *For the regulators and supervisors [...] Their very task is to intervene, but to intervene only on the basis of legitimization by law and only insofar as interference in the play of the market is necessary. Therefore, it is not a question of interests and incentives of the supervisors, but rather of the maintenance of financial stability of the banking system (not by maintaining individual banks) and, more specifically, of corporate governance of banks insofar as this contributes, though only indirectly, to such stability. As far as corporate governance and debt governance are concerned, the intervention of*

---

[181] Uma colocação interessante é feita por Jairo Saddi no sentido de estabelecer uma relação principal-agente entre o regulador e o regulado. Saddi, partindo do conceito de que principal e agente são entidades (pessoas físicas ou jurídicas) distintas que não possuem os mesmos objetivos, enquanto o principal deseja induzir o agente a agir com base em seu interesse particular, mas não possui informações completas nem sobre as diversas variáveis que afetam o negócio nem a respeito da possibilidade real de dirigir o comportamento do agente, entende que é clara a relação em que o regulador é o principal e o regulado é o agente. Isso porque o regulador desconhece a qualidade gerencial dos gestores do banco, sendo razoavelmente difícil obter subsídios mais efetivos para solucionar esse tipo de dúvida, bem como o regulador bancário não pode monitorar de forma absolutamente precisa a maneira pela qual os bancos regulados aderirão às regras, ou como cumprirão determinados padrões desejados. (op. cit., p. 76). Como o foco de nosso trabalho não se situa na regulação bancária em si, mas em aspectos da governança corporativa de bancos, notadamente seus mecanismos internos, esse ponto não será aprofundado.

regulation and supervision can therefore be considered as the necessary reaction to the failure of shareholders and debtholders to achieve appropriate corporate governance of the bank[182].

Embora não consideremos os reguladores propriamente *stakeholders* – condizente com a adoção do termo conforme expusemos –, eles interferem na atividade do banco (como decorre do item analisado a seguir) e o fazem com um viés pautado na estabilidade do sistema financeiro, coincidindo em larga medida com a direção dos interesses em geral compartilhados pelos depositantes e demais credores, e distanciando-se dos interesses de acionistas que enfoquem o curto prazo.

Como aponta Peter Mülbert, o interesse dos reguladores e supervisores do banco em manter a estabilidade financeira caminha em paralelo ao interesse dos credores e, assim, as atividades de monitoramento e controle dos supervisores atuam como substituto ao monitoramento e controle fracos dos credores. Dessa forma, com relação à governança corporativa dos bancos, as atividades deles poderão afetar acionistas e credores de forma desigual. Ambos os grupos se beneficiarão de melhoras nos mecanismos, estruturas e padrões de procedimentos de governança corporativa, isto é, de regras desenhadas para aprimorar os sistemas de controle interno e práticas de gestão de riscos, assim como da expertise dos membros do conselho de administração e de sua estrutura. Em contraste, os acionistas (observamos especialmente os que focam no curto prazo) poderão se beneficiar menos das regras substantivas no tocante à tomada de decisão, isto é, regras que prescrevem uma tomada de decisões orientada à estabilidade financeira. Isso também se mostra verdadeiro com relação aos mecanismos, estruturas e padrões de procedimentos que servem para induzir a administração de um banco a tomar decisões que estejam em sintonia com o interesse da supervisão de estabilidade financeira. Uma regulação bancária que prescreve padrões substantivos de sistemas remuneratórios é de particular relevância nesse ponto[183].

---

[182] Hopt, op. cit., 2013a, p. 18-19.
[183] Mülbert, op. cit., 2010, p. 38-39.

1.2.3 Maior nível de regulação

Até pelas colocações já feitas da importância do setor bancário para a economia, da necessidade de manutenção da confiança dos depositantes e demais participantes para que a atividade bancária ocorra, da vasta gama de interesses implicados e das características que recrudescem a assimetria informacional, os bancos são alvos de intensa regulação[184]. Ainda que nosso foco não seja a análise da regulação bancária em si[185] – tema de vasta margem para estudos individualizados –, cumpre-nos aqui destacar que a regulação (incluída a supervisão) bancária, se por um lado desempenha um papel que objetiva a manutenção e/ou aprimoramento da estabilidade do sistema financeiro em face de tantas peculiaridades, por outro representa mais uma força a influir nos incentivos dos atores envolvidos[186], na dinâmica do mercado[187], na complexidade da

---

[184] Como observado por Ross Levine: *"Because of the importance of banks in the economy, because of the opacity of bank assets and activities, and because banks are a ready source of fiscal revenue, governments impose an elaborate array of regulations on banks. [...] Of course, banking is not the only regulated industry [...] however, many government regulations adversely distort the behavior of bankers and inhibit standard corporate governance processes"* (op. cit., p. 3). Como salientado por Peter Mülbert: por causa da importância sistêmica dos bancos (ainda que organizações de outros setores também possam ter essa importância, os bancos são provavelmente mais suscetíveis a problemas sistêmicos) e da vulnerabilidade a corridas bancárias, os bancos são pesadamente regulados e supervisionados (op. cit., 2010). É de se destacar que, evidentemente, o setor bancário não é o único setor regulado. Não obstante, é fato que é um dos mais regulados (conforme observam Jonathan Macey e Maureen O'Hara, op. cit., 2014, p. 21), e que a diferenciação da governança corporativa aos bancos aplicáveis não decorre exclusivamente da existência da regulação, mas do conjunto de todos os elementos apresentados no texto.

[185] A própria finalidade/objetivo da regulação é apresentada de várias maneiras pelos autores especializados: Jairo Saddi, remetendo-se a Singer, destaca que os principais objetivos da regulação bancária são: atingir a estabilidade, a eficiência e a equidade do sistema (op. cit, p. 64). Andrea Polo destaca que os dois argumentos usualmente utilizados para justificar a regulação bancária são o risco sistêmico e a proteção dos depositantes (op. cit., p. 6). Para efeitos desta dissertação, podemos unir esses objetivos da regulação sob o manto da busca pela manutenção ou aprimoramento da estabilidade do sistema financeiro. Para maior aprofundamento na matéria, ver Pinto, op. cit, p. 39-72; Sampaio, op. cit., p. 67-92; Yazbek, op. cit., p. 184-188; Turczyn, op. cit., p. 348-350.

[186] Como decorre dos itens anteriormente analisados. No mais, a presença da regulação traz o incentivo para conduzir produtos financeiros complexos que passem à margem da regulação, como ocorreu na base da crise de 2008.

[187] Muitos são os apontamentos da interferência da regulação na concorrência do setor, já que há a inserção de barreiras (por exemplo, Gerard Caprio Jr. e Ross Levine, op. cit.). Além disso, Ciancanelli e Reyes-Gonzalez apontam que a regulação limita o poder de disciplina

direção bancária[188] e, por decorrência, na governança corporativa dos bancos[189].

---

das forças de mercado a ponto de as premissas da Teoria da Agência serem inadequadas para analisar a governança de instituições bancárias (ainda que o problema de agência permaneça sendo uma importante ferramenta) (op. cit. p. 4). No Brasil, Manoel Banzas (op. cit.).

[188] Como observam Jonathan Macey e Maureen O'Hara para sustentar que um diretor/conselheiro de banco não pode ter o mesmo padrão que de outras empresas: *"The vast complexity not only of the businesses of banking and finance but also of the laws and regulations that govern financial institutions, particularly in the wake of Dodd-Frank, provide additional support for the argument that bank directors should be held to somewhat higher standards than the amateur standard that governs directors generally"* (op. cit., 2014, p. 38). Os requisitos adicionais para a ocupação do cargo de membro de conselho de administração em um banco nacional norte-americano requer o conhecimento da regulação que governa a operação da instituição (ver nota de rodapé 88 do referido trabalho de Jonathan Macey e Maureen O'Hara, 2014).

[189] Não é foco do presente trabalho discutir e detalhar a influência empírica da regulação bancária na avaliação e assunção de riscos dos bancos e vice-versa. Para essa discussão, dentre outros, ver: Caprio, G.; Laeven, L.; Levine, R. **Governance and Bank Valuation**, 2004. Disponível em: <http://apps.olin.wustl.edu/jfi/pdf/CaprioLaevenLevine.pdf>. Acesso em: 15 nov. 2016 (apontando que a avaliação financeira de um banco é influenciada pela proteção legal dos acionistas e estrutura acionária, como em outras espécies de organizações, bem como afirmando que não há evidências de que requerimentos de capital [Pilar I do Acordo da Basileia II], o poder da supervisão bancária [Pilar II do Acordo da Basileia II] ou restrições regulatórias nas atividades dos bancos influenciem a avaliação financeira dos bancos pelo mercado, reduzindo o medo de expropriação); e Laeven, L.; Levine, R. **Corporate Governance, Regulation, and Bank Risk Taking**, 2007, Disponível em: http://fic.wharton.upenn.edu/fic/sicily/22%20laevenlevine.pdf. Acesso: 15 nov. 2016 (os autores encontram evidências de que, dentre outras, i) a estrutura acionária de um banco influencia seu nível de risco, conforme a teoria da firma, e ii) de que o encorajamento para que um banco faça uso de um portfólio de empréstimos diversificado reduz o risco, iii) mas que outras evidências apontam no sentido de que a regulação prudencial não parece produzir nenhum efeito benéfico no que tange à tomada de risco. Em um plano mais abstrato, Peter Mülbert sintetiza o impacto da regulação bancária no risco dos bancos: i) limita o quanto de risco um banco pode assumir, particularmente por estipular requerimentos de capital mínimo ajustados ao nível de risco de diferentes ativos; ii) limita a exposição de um banco a um único credor ou grupo de credores; e iii) trata o risco de interrupções no acesso à liquidez suficiente por meio de padrões de gestão de liquidez. Também não é foco detalhar aspectos da possível relação entre governança corporativa e risco sistêmico, que entendemos situar-se em uma perspectiva mais regulatória (força externa) do que a pretendida aqui (para esse tema, ver Mülbert, P. O.; Citlau, R. D. The Uncertain Role of Banks' Corporate Governance in Systemic Risk Regulation. **ECGI Law Working Paper n. 179/2011**, July 2011. Disponível em: <https://papers.ssrn.com/sol3/papers.cfm?abstract_id=1885866&download=yes>. Acesso em: 15 nov. 2016).

Nesse sentido, as normas que tratam do seguro-garantia de crédito bancário e do banco central como prestamista de última instância – mecanismos anteriormente analisados – já representam um claro exemplo do impacto da regulação na dinâmica dos interesses e incentivos dos participantes do setor, especialmente por serem possível fonte de risco moral[190], na medida em que diminuiriam os incentivos para os depositantes monitorarem os bancos e, por outro lado, aumentariam os incentivos para que os bancos assumissem mais riscos. Há outros pontos (inclusive em decorrência desse possível risco moral[191]), como o requeri-

---

[190] Políticas *too big to fail* e erros de apreçamento dos seguros de depósito deixam o risco moral particularmente severo. A posição de que referidos instrumentos são fonte de risco moral é a majoritária identificada na literatura especializada (ver nota 141 do presente capítulo), ainda que haja outra posição, como exposta por Robert R. Bliss, de que a visão delineada no texto é extremamente simplista, de modo que modelos mais realistas e complexos não permitem chegar a conclusões tão imediatas. Nesse sentido, o autor critica que na análise centrada somente nos incentivos dos acionistas e administradores para aumentarem o risco, há uma assunção implícita de que as alternativas não diferem quanto aos retornos esperados, o que é improvável de acontecer. Quando acionistas não são os administradores e problemas de agência são significativos, acionistas e credores terão os mesmos interesses que os reguladores quanto a retornos maiores com risco constante. Problemas de agência na forma de tomada de decisões ruins pela administração (como fraude, ausências de controles internos, etc.) são causas alternativas potencialmente importantes para bancos em dificuldades, de forma que o risco moral não seria o único problema (BLISS, R. R. Market discipline and subordinated debt: A review of some saliente issues. **Federal Reserve Bank of Chicago Economic Perspectives**, First Quarter, 2001, p. 24-45. Disponível em: <http://users.wfu.edu/blissrr/PDFs/Bliss%20-%202001,%20FRB-C%20EP%20-%20Market%20Discipline.pdf>. Acesso em: 15 nov. 2016).

[191] Andrea Polo aponta que a regulação serve para conter questões criadas por ela mesma (*"To sum up, in order to prevent systemic risk, governments have introduced 'safety nets' made of central bank credit of last resort and deposit insurance schemes. However, the safety net approach produces perverse incentives on bank managers, shareholders and creditors, which explains the introduction of special minimum capital requirements for banks and in general the pervasive powers assigned to prudential regulators which may even constitute the main bank corporate control mechanism"*), (op. cit., p. 7). Gustavo Pinto elucida a questão ao apontar, com Mishkin, que "[a]qui vale reiterar que, embora a busca pela higidez do sistema financeiro se apresente como um objetivo complementar à regulação sistêmica, com ela não se confunde. Enquanto a regulação sistêmica preocupa-se em criar mecanismos para conter os efeitos das externalidades negativas relacionadas à elevada integração entre instituições financeiras, a regulação prudencial possui caráter mais preventivo, procurando delinear regras que impeçam a ocorrência de crises sistêmicas. De fato, Mishkin chega a afirmar que uma das motivações para a regulação prudencial surge justamente em razão a ampliação do risco moral causada pelos instrumentos utilizados na regulação sistêmica. Assim, a regulação prudencial desempenharia também a importante

mento de capital mínimo[192], monitoramento e supervisão da autoridade bancária, ou as normas que disciplinam a composição acionária (por exemplo, restringindo quem pode ser controlador de uma instituição financeira), que não nos cumpre aqui detalhar[193], mas ilustrar como a presença da regulação acrescenta um elemento que também diferencia o setor de outros e afeta a governança corporativa[194].

Nesse sentido, alguns autores chegam a destacar que a regulação é o mecanismo de governança corporativa mais relevante nos bancos[195], principalmente sob a perspectiva da ausência da disciplina do mercado no setor. Alguns a apresentam como substituta da governança corporativa, de forma que esta última se torna menos crítica na condução e na

---

função de correção das consequências adversas da regulação sistêmica para que esta não tenha seu propósito final desvirtuado" (op. cit., p. 193).

[192] Como apontado por Jonathan Macey e Maureen O'Hara, o propósito dos requerimentos de capital mínimo é *"to reduce the probability of failure and to reduce moral hazard by forcing bank shareholders to bear a larger share of the losses experienced by the calimants on the cash flows of distressed firms"*. (op. cit., 2014, p. 31).

[193] Para esse detalhamento no Brasil, ver Pinto, op. cit., p. 39-72; Sampaio, op. cit.; Ribeiro, I. C., op. cit.; Salomão Neto, op. cit.; Yazbek, op. cit.; Turczyn, op. cit.; Saddi, op. cit., 2001. Vale alertar para as constantes alterações que ocorrem no nível de normas infralegais no âmbito da regulação do sistema financeiro, de forma que a leitura de todo e qualquer trabalho sobre o tema deve ser acompanhada pela verificação da vigência das normas.

[194] Um dos primeiros trabalhos que sistematizam a governança corporativa de bancos, e o faz tratando especialmente o peso da regulação nesse contexto, é o desenvolvido por Ciancanelli e Reyes-Gonzalez em 2000. Referidos autores sustentam que a regulação (regulamentação) provoca pelo menos quatro efeitos: 1) representa uma força externa, independente do mercado, e que afeta tanto o proprietário quanto o gestor do banco; 2) gera, implicitamente, uma governança corporativa externa ao banco; 3) implica que as forças de mercado irão disciplinar tanto os gestores como os proprietários dos bancos de forma diferente do observado nas empresas não regulamentadas; 4) passa a significar que uma segunda parte, externa ao banco, está compartilhando os riscos da instituição financeira, quando, por exemplo, o banco central atua como emprestador de última instância visando prevenir o risco sistêmico (op. cit, p. 11).

[195] Prowse, S. The Corporate Governance System in Banking: What Do We Know? **BNL Quarterly Review**, Special Issue, March 1997, p. 14. Disponível em: <ojs.uniromal.it/index.php/PSLQuarterlyReview/article/download/12898/12701>. Acesso em: 15 nov. 2016); Llewellyn, op. cit., p. 30; Banzas, op. cit, p. 28; Coimbra, op. cit, p. 52. Vale reforçar que, para efeitos dessa dissertação, a regulação em si é um mecanismo externo e, como tal, não é foco de análise.

operacionalização das instituições financeiras[196], e outros as apresentam – regulação e governança corporativa – como complementares[197]. Assumindo-se ou não a regulação como o principal mecanismo de gover-

---

[196] Como anotado por Renée Adams e Hamid Mehran, op. cit., p. 124. Jonathan Macey e Maureen O'Hara: *"The most obvious response to the corporate governance problems of bank is government regulation, particularly bank supervision, bank capital requirements and bank safety and soundness regulation"*. (op. cit., 2003b, p. 328).

[197] ADAMS; MEHRAN, op. cit., p. 124. MÜLBERT (op. cit., 2009, p. 25-26): *"The relationship between corporate governance and banking regulation/supervison in functional terms is often seen either as substitutive or as complementary"*. David Llewellyn sustenta que a governança corporativa interna, dentre outros elementos do regime regulatório, deve ser considerada no contexto de uma estratégia regulatória otimizada para a estabilidade financeira (op. cit.). David Walker assevera objetivamente: *"[a]longside specific regulatory provisions relating in particular to the adequacy of capital and liquidity against the risk profile of a financial institution, regulators are keenly interested in the effectiveness of the corporate governance of the entity. In a broadly reciprocal way the directors of the entity are interested in the degree of reliance they can place on the regulatory process, in particular in relation to continuing oversight of the risk profile and of the adequacy of the internal control systems that are in place. Ideally, corporate governance and regulation of a financial entity should be mutually reinforcing"* (op. cit., p. 25). Brian R. Cheffins também contribui em direção similar: *"Firms in highly regulated industries in fact often have more robust corporate governance than their counterparts in unregulated industries. Regulatory pressure stands out as a plausible explanation why. 'Safety-first' regulators, knowing they cannot oversee day-to-day operations of regulated firms, could well successfully exhort those firms to upgrade corporate governance and internal monitoring system to reinforce constraints regulation imposes"* (In: The Corporate Governance Movement, Banks and the Financial Crisis. **Theoretical Inquiries in Law**, 16 [1], 2015, 1-44, p. 15). No Brasil, Tiago Alves Costa, Rubens Famá e José Odálio dos Santos analisaram o impacto no valor das ações de bancos que entraram no Índice de Governança Corporativa da Bovespa e concluíram que não houve grande diferença, em parte porque os bancos já estavam sujeitos a existência de rígida regulamentação (**Serão as boas práticas de governança corporativa complemento ou substituto da regulamentação imposta à indústria bancária?**. Disponível em: <http://sistema.semead.com.br/10semead/sistema/resultado/an_resumo.asp?cod_trabalho=237>. Acesso em: 31 ago. 2016). Bruno Meyerhof Salama e Viviane Muller Prado, por sua vez, sustentam o uso da governança corporativa em complementaridade da regulação bancária, com foco especial em operações de crédito dentro de um mesmo grupo, apontando, para tanto, três premissas que justificariam pensar em governança corporativa como complementação da regulação financeira: a primeira é que regras de boa governança corporativa objetivam impedir a apropriação indevida de valores por alguns agentes societários; a segunda é que boas práticas de governança corporativa relacionam-se com formas de garantir a perenidade da empresa; e a terceira e última é que as práticas internas de governança corporativa podem ser úteis na fiscalização por parte do agente regulador bancário (Operações de crédito dentro de grupos financeiros: governança corporativa como complemento à regulação bancária. In: ARAÚJO, D. B. dos S. G. de; WARDE JR., W. J. (Orgs.). **Os grupos de sociedades**: organização e exercício da empresa. São Paulo: Saraiva, 2012, p. 246-247).

nança corporativa, há uma clara e profunda interligação entre governança corporativa e regulação no setor bancário, o que é bem ilustrado pelos poderes confiados à autoridade bancária quanto ao tema[198].

Com efeito, essa ilustração nos leva ao último ponto que destacaramos nessa exposição geral da especificidade da governança corporativa de instituições bancárias em função da presença da regulação: sob o prisma jurídico, o setor bancário caracteriza-se pela profusão de normas com força cogente a tocar na governança corporativa, e, em especial no âmbito da presente dissertação, inclusive quanto aos mecanismos internos de governança corporativa das instituições bancárias. A presença dessas normas jurídicas com força cogente é um evidente e relevante diferencial jurídico da governança corporativa interna de instituições bancárias em comparação ao que ocorre com outras espécies de organizações.

Assim, por tudo que foi exposto, os mecanismos de governança corporativa que dizem respeito à direção, ao monitoramento, incentivos e relacionamento entre as partes interessadas nas instituições bancárias reclamam contornos e ênfases específicos. Nesse sentido, deve-se abordar adequadamente as expertises e responsabilidades implicadas, a multiplicidade de interesses com os consequentes conflitos mais complexos, o monitoramento mais desafiador, os controles internos que também permitam mais transparência e a efetiva aplicação de normas, bem como uma estrutura de gestão de risco diferenciada, considerada a especificidade e extensão do conjunto de riscos presentes na atividade bancária.

Na mesma medida, é relevante observar que a governança corporativa de bancos, justamente por demandar especificidades para tais instituições, não deve servir como um padrão generalizado de governança corporativa para todas as espécies de organizações, como parece decorrer de muitas análises feitas em função da crise de 2008, que aprofundaremos no próximo capítulo[199]. Ainda que certos avanços em pontos como a gestão de risco possam servir de modelo para outras organizações de

---

[198] CÂMARA, P. O governo societário dos bancos – em particular, as novas regras e recomendações sobre remuneração na banca. In: CÂMARA, P.; MAGALHÃES, M. (Coords.). **O novo direito bancário**. Coimbra: Almedina, 2012, p. 147. O autor destaca como "particularmente interpelante" o exemplo do âmbito da supervisão em matéria remuneratória na Europa.

[199] Com efeito, são muitas as análises que tratam da governança corporativa geral *vis-à-vis* a crise de 2008. Ainda que essas considerações possam ser muito úteis, deve-se ter o devido

tamanho e complexidade similares que se situam fora do setor bancário, não deve haver uma decorrência automática e imediata dos mecanismos de governança corporativa ajustados aos bancos para outras organizações não bancárias, notadamente no tocante à intervenção regulatória[200].

1.3 Contribuições da governança corporativa para instituições bancárias

Depreendem-se, de tudo que foi exposto até o momento, as características próprias dos bancos pelas quais os mecanismos de governança corporativa de instituições bancárias devem ser especiais. No presente item, entretanto, procuraremos chamar a atenção para as contribuições que um sistema de governança corporativa efetivo pode acarretar para tais instituições.

Nesse ponto, vale retomar que a governança corporativa, com base na definição do IBGC, é o sistema pelo qual as empresas e demais organizações são dirigidas, monitoradas e incentivadas, envolvendo os relacionamentos entre sócios, conselho de administração, diretoria, órgãos de fiscalização e controle e demais partes interessadas, bem como que boas práticas de governança corporativa caminham no sentido do alinhamento de interesses com a finalidade de preservar e otimizar o valor econômico de longo prazo da organização, facilitando seu acesso a recursos e contribuindo para a qualidade da gestão da organização, sua longevidade e o bem comum.

Como observado pelo Comitê da Basileia, a governança corporativa de um banco determina a alocação de autoridade e responsabilidades com base nas quais a atividade e os negócios do banco são conduzidos por seu conselho de administração e alta gestão, incluindo como eles: i) estabelecem a estratégica e os objetivos do banco; ii) selecionam e fiscalizam as pessoas que nele trabalham; iii) operam a atividade do banco no dia a dia; iv) protegem os interesses dos depositantes, atendem às obrigações havidas junto aos acionistas e levam em consideração os interesses dos demais *stakeholders* reconhecidos; v) alinham a cultura, as ati-

---

cuidado na extensão de aspectos de governança corporativa específica de bancos para outras espécies de organizações.
[200] No mesmo sentido, ver MÜLBERT, op. cit., 2010, p. 39; e HOPT, op. cit., 2013a, p. 27.

vidades e o comportamento corporativos com a expectativa de que o banco funcionará de uma maneira saudável e segura, com integridade e em conformidade com as leis e demais normas aplicáveis; e vi) estabelecem funções de controle[201].

Por esse caminho, vislumbra-se como a governança corporativa efetiva de um banco contribui para o aprimoramento de seu processo decisório e de seus processos internos, bem como para uma gestão que preserva e otimiza seu valor econômico no longo prazo, podendo, assim, afetar sua avaliação financeira, seu custo de capital (pela maior atratividade de investimentos), seu desempenho e sua assunção de risco[202].

Pormenorizando, a cartilha de governança corporativa elaborada pela ABBC e pelo Centro de Estudos de Governança da Fipecafi destaca alguns benefícios da governança corporativa para instituições financeiras (abarcando nosso objeto):

> No que diz respeito aos benefícios trazidos para instituições financeiras, devido à boa governança, podemos destacar:
> - A maior cautela e, consequentemente, a maior eficiência no direcionamento de aplicação de recursos;
> - A redução de riscos regulatórios;
> - A redução de risco dos créditos concedidos aos devedores relacionados a problemas sócio-ambientais;
> - O aumento da credibilidade da instituição e, consequentemente, de ganhos de imagem.
>
> A governança não é importante apenas para resguardar a empresa de riscos associados à sua atividade, mas também para evitar, ou ao menos reduzir, o risco de responsabilização do seu administrador por fraudes e atos de má-gestão praticados internamente. Especificamente, no que se refere às instituições bancárias, há que se considerar ainda que a legislação é mais rigorosa, podendo ocasionar uma série de crimes por desvios dos administradores[203].

---

[201] BCBS. **Guidelines – Corporate governance principles for banks**. 2015. Disponível em: <http://www.bis.org/bcbs/publ/d328.htm>. Acesso em: 31 ago. 2016.

[202] Nesse sentido, também POLO, op. cit., p. 2.

[203] ABBC – Associação Brasileira de Bancos e Centro de Estudos de Governança da Fundação Instituto de Pesquisas Contábeis, Atuariais e Financeiras (Fipecafi). **Cartilha de governança corporativa** – fortalecendo a política de governança nas instituições financeiras de pequeno e médio porte. 2009. Disponível em: <http://www.abbc.org.br/ADM/publicacoes-

Além do que já expusemos, há ainda uma contribuição da adoção do sistema de governança corporativa efetivo pelos bancos que atinge o sistema financeiro como um todo, representando um efeito positivo que ultrapassa a esfera individualizada da instituição em específico. Trata-se da contribuição à estabilidade financeira perseguida pela autoridade bancária, e que foi especialmente enfatizada com a crise de 2008.

Entretanto, entendemos importante ressalvar que a governança corporativa sob a perspectiva da instituição bancária individualizada não se confunde integralmente com (ou melhor, não se restringe a) a governança corporativa sob a perspectiva da autoridade bancária e da regulação, ou seja, notadamente voltada à estabilidade do sistema financeiro, por meio da confiança nele depositada por seus participantes. Notoriamente, a governança corporativa dos bancos pode colaborar para essa segunda visão na medida em que contribui para uma melhor gestão dos bancos voltada à sua longevidade, maior monitoramento e consideração dos interesses das partes interessadas e dos riscos implicados[204]. Entretanto, deve-se evidenciar que a governança corporativa contribui para a instituição bancária também sem esse viés sistêmico. Com efeito, contribui para que os próprios objetivos, apetites e estratégias de determinada instituição bancária sejam apropriadamente estabelecidos e sua gestão esteja a eles adequada[205].

---

config/uploads/30333550179494052001_ABBC_Cartilha_Governanca_Corporativa.pdf >. Acesso em: 31 ago. 2016.

[204] Como observado por Henrique Meirelles: "11. Em suma, a chave para assegurar uma eficaz governança em nossas instituições financeiras passa necessariamente pelo esforço de construir um efetivo sistema de controles internos, que sustente a estabilidade e a continuidade das atividades individuais, e por conseqüência a própria estabilidade sistêmica do Sistema Financeiro Nacional". Pronunciamento do presidente do Banco Central, Henrique Meirelles, no evento "Boa Governança no Sistema Financeiro Nacional", 5 set. 2008, p. 5. Disponível em: <http://www.bcb.gov.br/pec/appron/Apres/Pronunciamento_presidente_BC_05-09-08.pdf>. Acesso em: 31 ago. 2016.

[205] Uma ilustração dessa separação e interligação dos benefícios da governança corporativa com a estabilidade financeira do sistema, ainda que sob uma perspectiva advinda de um sistema largamente pautado na vertente *shareholder-oriented* (Reino Unido), é oferecida por David Walker: "[t]*he separate, non-concentric interest and responsibility of the board in generating 'upside' in the sense of positive returns for shareholders is plainly not a responsibility for the public authorities. But the concern of prudential supervision and financial regulation to maintain the stability of and confidence in the financial system would be unlikely to be achieved if major financial institutions*

De forma a evidenciar essa linha de raciocínio, vale ilustrar com um exercício de análise de um caso hipotético em que a bancarrota de uma instituição bancária por falhas em sua condução não sanáveis a tempo em função de um sistema de governança corporativa deficiente não traga efetiva consequência sistêmica (seja em razão de uma conjuntura econômica específica, seja pelo funcionamento eficiente de medidas da regulação e supervisão bancárias nesse sentido, ou qualquer outro motivo). Mesmo nessa hipótese, as partes interessadas do caso concreto poderão ser prejudicadas de diversas maneiras e em variadas extensões. Ou seja, um sistema de governança corporativa efetivo dessa instituição bancária, ainda que esta não traga problemas do ponto de vista sistêmico, serviria ao atendimento de interesses das partes interessadas concretamente envolvidas, tais como credores sem garantia, trabalhadores, acionistas. Dessa forma, é claro que a governança corporativa dos bancos, bem como seus benefícios, estende-se para além dos possíveis efeitos para o sistema financeiro como um todo, não obstante também contribua nesse tocante de substancial importância.

Por fim, e ainda sob uma perspectiva de efeitos que ultrapassam a esfera individual dos bancos, vale comentar que a adoção efetiva de um sistema adequado de governança corporativa pelas instituições bancárias pode também contribuir para o desenvolvimento econômico de um país[206] na mesma medida em que uma fraca governança corporativa pode trazer prejuízos dessa ordem[207]. Tal fato, ademais, é condizente

---

failed over time to generate sufficient returns to justify the continuing investment commitment of their owners" (op. cit., p. 24).

[206] *"Effective governance practices are one of the key prerequisites to achieve and maintain public trust and, in a broader sense, confidence in the banking system. Poor governance increases the likelihood of bank failures. Bank failures may impose significant public cost, affect deposit insurance schemes, and increase contagion risks./ Banks and banking may affect the welfare of a significant percentage of the world's population. Banks' corporate governance arrangements, therefore, can influence economic development. Sound corporate governance can create an enabling environment that rewards banking efficiency, mitigates financial risks, and increases systemic stability".* GREUNING, H. van; BRATANOVIC, S. B. **Analyzing Banking Risk**: A Framework for Assessing Corporate Governance and Risk Management. 3. ed. Washington: The World Bank, 2009, p. 42.

[207] Como apontado por Eduardo Fortuna: "As instituições financeiras com governança fraca representam um passivo para o sistema financeiro. Primeiro porque, como Kaufman demonstra, elas exercem uma influência que distorce as regras e as ações funcionais do setor público e, segundo, porque elas emprestam mal e em volumes excessivos. A canalização dos recursos escassos da poupança de uma sociedade de baixa renda para devedores de má

com a importância econômica que os bancos têm e que foi comentada no início da análise dos motivos de os mecanismos de governança corporativa de instituições bancárias merecerem atenção especial.

1.4 Fontes de governança corporativa para instituições bancárias

Apresentadas as características pelas quais os mecanismos de governança corporativa das instituições bancárias devem ter atenção diferenciada, bem como as contribuições que a efetiva adoção de mecanismos adequados podem trazer aos bancos e, por decorrência, ao sistema financeiro e à economia em geral, cumpre-nos, no âmbito da presente dissertação, tecer comentários a respeito das fontes de governança corporativa para tais instituições. Com efeito, este tópico é de notável importância sob o viés jurídico da investigação desse tema.

Como mencionado no item 1.1.4 do presente trabalho, os sistemas de governança corporativa como um todo valem-se de um complexo de regras de diversas naturezas que abarcam princípios, normas legais, normas estatutárias, regulamentos, condutas, práticas e tradições comerciais. Esse complexo pode ser classificado entre normas de *hard law* (normas com força cogente) e normas de *soft law* (normas sem força cogente, mas observadas em função da autoridade que decorre de seu próprio conteúdo).

No primeiro grupo, situa-se o direito formal, composto de normas legais e infralegais. Até em decorrência do quanto já explanado, o setor bancário é distintamente objeto dessa espécie de norma jurídica e, nesse contexto, a governança corporativa dos bancos é permeada por normas estatais com força cogente, notoriamente as emanadas da(s) autoridade(s) bancária(s), que obrigatoriamente devem ser observadas. Vale enfatizar que é característica do setor bancário a presença de

---

qualidade, sem vontade de pagar, reduz o volume de crédito exigido pelos bons devedores (sem levar em consideração o custo desses recursos), diminuindo, pelos dois lados (escassez e inadimplência futura), o potencial de crescimento da economia. Por outro lado, o empréstimo em excesso pode criar as condições para uma crise financeira futura, caso um choque econômico faça com que muitos devedores percam as suas condições de pagamento." (op. cit., p. 83). O texto do autor citado encontra-se, segundo informado por Eduardo Fortuna, em KAUFMANN, D. Public and Private Misgovernance in Finance: Perverse Links, Capture and Their Empirics. In: LITAN, R.; POMERLEANO, M.; SUNDARARAJAN, V. (Eds.). **Financial Sector Governance**. Washington, DC: Brookings Institution Press, 2002.

mais normas jurídicas impositivas estatais que versam sobre aspectos da governança corporativa, inclusive a interna, das instituições bancárias em comparação aos setores não regulados[208]. Também há as normas decorrentes de autorregulação, tanto por delegação legal quanto voluntária[209], as quais, a partir do momento em que a instituição bancária opta por aderi-las, passam a ter força vinculante. Ainda nesse primeiro grupo, e de uma maneira individualmente considerada, há os estatutos sociais das instituições bancárias, bem como as normas internas por elas emanadas em conformidade com o referido documento de sua respectiva constituição.

Analisando-se mais concretamente o Brasil, temos como *hard law* presente no setor bancário, a) sob um plano geral e de origem estatal: a.1) normas legais, com destaque para a Lei n. 4.595/64, a Lei n. 6.024/74, a Lei n. 6.404/76[210], o Decreto-lei n. 2.321/87, dentre outras; a.2) normas infralegais estatais (regulação administrativa) ema-

---

[208] Destacando o relevo das fontes normativas sobre governança corporativa de bancos em Portugal: CÂMARA, op. cit., p. 146. O autor faz uma crítica salutar quando aponta, para o sistema português, que o referido acentuado relevo das fontes normativas e a falta de indicações recomendatórias indicam algum desequilíbrio, dado que uma combinação de fontes normativas e indicações recomendatórias conferiria maior adaptabilidade ao sistema de governo dos bancos, destacando-se o peso da falta de um código de governo societário específico aos bancos que agregasse e sistematizasse os dispositivos recomendatórios nesse âmbito. Nesse contexto, o autor sustenta como o princípio da proporcionalidade serve para calibrar a intensidade das restrições ao princípio de autonomia empresarial bancária, em função da dimensão, organização interna e natureza, âmbito e complexidade das atividades desenvolvidas pelos bancos no âmbito europeu (op. cit, p. 148-150).

[209] Para a análise da classificação em autorregulação por delegação legal e autorregulação voluntária, v. GOBBI, J. V. L. **Exequibilidade das decisões proferidas no âmbito dos processos de regulação e melhores práticas da Anbima**. Coleção Academia-Empresa 6. São Paulo: Quartier Latin, 2012; SALOMÃO NETO, op. cit., p. 176. Aborda também o tema da autorregulação no mercado financeiro e de capitais: YAZBEK, op. cit., p. 208-212.

[210] Vale enfatizar que as normas de governança corporativa de bancos ultrapassam as normas aplicadas à governança corporativa de empresas em geral, notadamente decorrentes, no Brasil, da Lei das Sociedades Anônimas. Como observado por Oliveira e Silva: "É interessante destacar que a legislação bancária objetiva manter não só a confiança dos investidores na instituição financeira, aí inclusos controladores e demais acionistas. Ela é mais abrangente, pois tem como meta manter a credibilidade da entidade junto aos depositantes e perante a sociedade. Neste sentido, o conceito de governança corporativa está presente no conjunto de normas que regem as operações das instituições financeiras nacionais, muitas vezes extrapolando as exigências contidas na Lei das Sociedades Anônimas (Lei 6.404, de 15 de dezembro de 1976), por meio de dispositivos que determinam a aplicação de procedimentos que

nadas a.2.i) pelo Conselho Monetário Nacional (CMN)[211] e Banco Central do Brasil (BC)[212] – dentre as quais mencionamos a título de exemplo a Resolução CMN n. 3.198, de 27 de maio de 2004, a Resolução CMN n. 3.921, de 25 de novembro de 2010, a Resolução CMN n. 4.122, de 2 de agosto de 2012, e a Circular BC n. 3.136, de 11 de julho de 2002; a.2.ii) pela Comissão de Valores Mobiliários (CVM)[213] (também sob a égide

viabilizem a otimização do desempenho e a transparência nas ações desenvolvidas por estas entidades" (OLIVEIRA, J. L. DE; SILVA, C. A. T., op. cit., p. 8).

[211] O Conselho Monetário Nacional (CMN), instituído pela Lei n. 4.595/64 e regrado em seu Capítulo II, exerce função de órgão deliberativo máximo e de cúpula do Sistema Financeiro Nacional. A ele compete estabelecer as diretrizes gerais das políticas monetária, cambial e creditícia do país, objetivando inclusive o aperfeiçoamento das instituições e dos instrumentos financeiros, com vistas à maior eficiência do sistema de pagamentos e de mobilização de recursos (art. 3º, inciso V), bem como a liquidez e solvência das instituições financeiras (art. 3º, inciso VI). Dentre outras atribuições, especialmente no escopo deste trabalho, compete também ao CMN propiciar, regular a constituição, funcionamento e fiscalização das instituições financeiras, bem como a aplicação das penalidades previstas (como decorre do art. 4º, inciso VIII). Para mais, ver SALOMÃO NETO, op. cit., p. 87; TURCZYN, op. cit, p. 132-138; YAZBEK, op. cit, p. 200.

[212] O Banco Central do Brasil (BC) é uma autarquia federal criada a partir da Superintendência da Moeda e do Crédito (Sumoc) conforme art. 8º da Lei n. 4.595/64, regrada pelo Capítulo III da mencionada lei. A ele compete a execução e fiscalização das leis e das normas emanadas pelo CMN em matéria bancária, tendo poderes ainda para atuar como agente econômico, praticando atos materiais que interferem diretamente sobre as condições de oferta e demanda no mercado. Especialmente no escopo deste trabalho, vale referir as atribuições de exercer a fiscalização das instituições financeiras e aplicar as penalidades previstas (Art. 10, inciso IX), conceder autorização às instituições financeiras (Art. 10, inciso X; caput do art. 18) e estabelecer condições para a posse e para o exercício de quaisquer cargos de administração de instituições financeiras privadas, assim como para o exercício de quaisquer funções em órgãos consultivos, fiscais e semelhantes, segundo normas que forem expedidas pelo Conselho Monetário Nacional (Art. 10, inciso XI). Para mais, ver SALOMÃO NETO, op. cit., p. 95-100; TURCZYN, op. cit., p. 138-148; YAZBEK, op. cit., p. 201.

[213] A Comissão de Valores Mobiliários é uma autarquia federal criada pela Lei n. 6.385/1976, vinculada ao Ministério da Fazenda (art. 5º de referida lei), a qual tem como propósito regulamentar, desenvolver, controlar e fiscalizar o mercado de valores mobiliários do país. Dentre outras funções, cabe à referida autarquia: assegurar o funcionamento eficiente e regular dos mercados de bolsa e de balcão; proteger os titulares de valores mobiliários; evitar e coibir modalidades de fraude ou manipulação no mercado; assegurar o acesso do público a informações sobre valores mobiliários negociados e sobre as companhias que os tenham emitido; assegurar a observância de práticas comerciais equitativas no mercado de valores mobiliários; estimular a formação de poupança e sua aplicação em valores mobiliários; e promover a expansão do mercado de ações (PINTO, op. cit., p. 112). Tanto o Banco Central do Brasil quanto a Comissão de Valores Mobiliários estão sujeitos ao Conselho Monetário

do CMN) e aplicáveis às instituições bancárias que emitam valores mobiliários e/ou prestem serviços no âmbito das atividades reguladas por referida autarquia[214]; b) ainda sob um plano geral, mas de origem extraestatal: b.1) normas infralegais emanadas de entes privados por delegação legal (notoriamente para que referidos entes privados atuem, com poderes e deveres, como órgãos auxiliares do regulador estatal), como a autorregulação da BM&FBovespa (ou B3, com a fusão daquela com a Cetip SA – Mercados Organizados) para os casos envolvendo os valores mobiliários de companhias de capital aberto (e, portanto, bancos de capital aberto[215]) negociados sob sua égide[216]; b.2) por autorregulação voluntária, de natureza contratual, como as emanadas pela Federação Brasileira de Bancos (Febraban), no âmbito de seu "Sistema Brasileiro de Autorregulação Bancária"[217], pela Associação Brasileira das Entidades dos Mercados Financeiros e de Capitais (Anbima), como o Código Anbima de Regulação e Melhores Práticas para a Atividade de Private Banking no Mercado Doméstico[218], e pela Associação Brasi-

---

Nacional. No âmbito da Comissão de Valores Mobiliários, cabe ao Conselho Monetário Nacional, por exemplo, definir a política a ser observada na organização e no funcionamento do mercado de valores mobiliários, bem como fixar a orientação geral a ser observada pela referida autarquia no desempenho de sus funções. Para mais, ver YAZBEK, op. cit., p. 201-202.

[214] Deve-se destacar, entretanto, que o espectro desses serviços não é foco da presente dissertação, como já delimitado.

[215] Conforme dados divulgados no sítio eletrônico da BM&FBovespa (data-base: 29 de março de 2017), há 25 entidades estruturadas como sociedade anônima de capital aberto, com títulos negociados na bolsa de valores, listadas no segmento "bancos". Dentre essas, seis estão listadas no segmento Nível 1; três no segmento Nível 2; e uma no segmento Novo Mercado. Disponível em: <http://www.bmfbovespa.com.br/pt_br/produtos/listados-a-vista-e--derivativos/renda-variavel/empresas-listadas.htm>. Acesso em: 29 mar. 2017.

[216] O fundamento legal para a mencionada autorregulação por delegação encontra-se no §1º do art. 8º e §1º do art. 17, todos da Lei n. 6.385/1976. Ademais, a norma infralegal Instrução CVM n. 461, de 23 de outubro de 2007, disciplina aspectos de referida autorregulação.

[217] Consultar em: <http://www.autorregulacaobancaria.com.br/normativos.asp>. Acesso em: 13 nov. 2016. Ainda que referida autorregulação não se volte especificamente à governança corporativa, há práticas que tocam a matéria, especialmente com relação ao relacionamento com os consumidores (grupo de *stakeholders*).

[218] A Anbima conta atualmente com doze códigos de autorregulação. Desses, mencionamos aqui, além do código atinente a *private banking*, o Código Anbima de Regulação e Melhores Práticas de Negociação de Instrumentos Financeiros e o Código Anbima de Regulação e Melhores Práticas de Serviços Qualificados ao Mercado de Capitais. Todos os códigos da

leira das Companhias Abertas (Abrasca), com seu Código Abrasca de Autorregulação e Boas Práticas das Companhias Brasileiras para companhias abertas (ou seja, aplicável para bancos abertos que a ela tenham aderido)[219]; e, sob um plano mais individualizado, c) o estatuto próprio da instituição, códigos e normas internas.

Ainda no tocante à perspectiva de fontes de governança corporativa que apresentem característica vinculativa, mencione-se o Código Brasileiro de Governança Corporativa – Companhias Abertas, lançado em 16 de novembro de 2016, o qual foi redigido pelo Grupo de Trabalho Interagentes, formado pelas seguintes entidades: a Associação Brasileira das Entidades Fechadas de Previdência Complementar (Abrapp), a já mencionada Abrasca, a Associação Brasileira de Private Equity & Venture Capital (ABVCAP), a Associação de Investidores no Mercado de Capitais (Amec), a já mencionada Anbima, a Associação dos Analistas e Profissionais de Investimento do Mercado de Capitais (Apimec),

Anbima podem ser acessados em: <http://portal.anbima.com.br/autorregulacao/codigos/Pages/default.aspx> Acesso em: 14 nov. 2016. Novamente, observe-se que referidos códigos não tratam especificamente (ou de maneira especializada) de governança corporativa, mas trazem práticas que tocam a matéria, como o estabelecimento de códigos de ética, de estruturas de processos e controles internos. Ademais, mencione-se a previsão de penalidades pelo descumprimento do quanto previsto em referidas normas de autorregulação voluntária, como advertência pública, multa, proibição temporária do uso dos dizeres e do selo Anbima e desligamento da Anbima. Para maiores detalhes do funcionamento da Anbima e da exequibilidade decorrente da força vinculativa para as instituições aderentes, inclusive apontando a natureza jurídica contratual da autorregulação voluntária, ver GOBBI, op. cit. Eduardo Salomão Neto analisa os códigos Anbima de Distribuição e Aquisição de Valores Mobiliários e de Fundos (op. cit., p. 178-180). Por fim, consigne-se que a Anbima congregou, em 2009, as atividades da Associação Nacional de Bancos de Investimento (Anbid) e da Associação Nacional das Instituições do Mercado Financeiro (Andima).

[219] O Código Abrasca de Autorregulação e Boas Práticas das Companhias Abertas é aplicável às companhias abertas associadas à Abrasca que voluntariamente decidam aderir aos seus preceitos, e vale-se da abordagem do "aplique ou explique", ou seja, as companhias que a ele tenham aderido podem não aplicar uma ou mais regras (conforme previsto pelo referido código) com a condição de que expliquem os motivos dessa decisão no Formulário de Referência (documento eletrônico previsto no art. 21, inciso II, c.c art. 24 e Anexo 24 da Instrução CVM n. 480, de 7 de dezembro de 2009, o qual deve ser entregue ao menos anualmente, em até cinco meses contados da data de encerramento do exercício social, reunindo informações relevantes para a compreensão e avaliação das companhias abertas e de seus valores mobiliários). Para mais informações, acessar o próprio código disponível em: <http://www.abrasca.org.br/Uploads/autorregulacao/codigo_Abrasca_de_Autorregulacao_e_Boas_Praticas_das_Companhias_Abertas.pdf>. Acesso em: 18 nov. 2016.

a BM&FBovespa, a Brasil Investimentos & Negócios (BRAiN), o já mencionado IBGC, o Instituto Brasileiro de Relações com Investidores (Ibri) e o Instituto Brasileiro de Mercado de Capitais (IBMEC), contando ainda com a observação do Banco Nacional de Desenvolvimento Econômico e Social (BNDES) e da CVM. Com efeito, o conteúdo de referido código, que será obrigatório para companhias abertas[220] (e, portanto, bancos com capital aberto), foi desenvolvido por entidades do campo extraestatal, mas sua aplicação se dará no âmbito da regulamentação da Comissão de Valores Mobiliários, consubstanciando-se em fonte de *hard law* de governança corporativa para determinadas instituições bancárias.

---

[220] A CVM publicou, em 07 de dezembro de 2016, o Edital de Audiência Pública SDM 10/16, contendo minuta de alteração da Instrução CVM n. 480, de 7 de dezembro de 2009, a qual, dentre outras modificações, prevê a criação de novo documento periódico anual ("Informe sobre o Código Brasileiro de Governança Corporativa – Companhias Abertas") contendo informações relativas à aplicação das práticas recomendadas no Código Brasileiro de Governança Corporativa – Companhias Abertas, que deverá i) ser entregue em até 6 (seis) meses após o fim do exercício social; ii) reentregue atualizado na data da apresentação de pedido de registro de oferta pública de distribuição, para garantir o acesso dos investidores a informações atualizadas relativas ao Código no momento da oferta. A mencionada minuta propõe que o informe seja elaborado e divulgado por emissores registrados na categoria A autorizados por entidade administradora de mercado à negociação de ações em bolsa de valores, ainda que a CVM destaque no referido edital que a previsão inicial com relação aos emissores com ações admitidas à negociação em bolsa ocorre sem prejuízo de que, no futuro, seja avaliada a sua extensão a outros emissores (edital disponível em: http://www.cvm.gov.br/audiencias_publicas/ap_sdm/2016/sdm1016.html. Acesso: 18 mar. 2017). Vale observar que o próprio código, ao esclarecer sua abordagem de "pratique ou explique" na mesma direção do Código Abrasca (conforme tratamos na nota de rodapé 219 do presente capítulo), elucida que as descrições e explicações que as companhias abertas deverão fazer com relação às práticas de governança corporativa *vis-à-vis* o código em questão deverão "ser disponibilizadas conforme instruído em regulamentação específica publicada pela Comissão de Valores Mobiliários (CVM)" (GT Interagentes. **Código Brasileiro de Governança Corporativa – Companhias Abertas**. São Paulo: IBGC, 2016, p. 14. Disponível em: <https://www.editararoncarati.com.br/v2/phocadownload/codigo_brasileiro_de_governanca_corporativa_companhias_abertas.pdf>. Acesso em: 19 nov. 2016). Vale ainda observar que, além da escolha do modelo "aplique ou explique" adotado pelo Código Abrasca, serviu também de base para a formulação do Código Brasileiro de Governança Corporativa – Companhias Abertas o Código das Melhores Práticas de Governança Corporativa do IBGC, já mencionado na presente dissertação. Outras referências também foram buscadas no ambiente internacional, como noticia o próprio código (op. cit., p. 11).

No segundo grupo, mencionam-se códigos de melhores práticas que não apresentam pretensão vinculativa para potenciais aderentes e recomendações internacionais. Novamente, no setor bancário, até por sua importância e extensão globais, há recomendações internacionais cuidadosamente elaboradas (notadamente do Comitê da Basileia para Supervisão Bancária) e que, pela importância de seu conteúdo, valem ser observadas[221], ainda que devam ser adaptadas à instituição bancária em concreto, de acordo com seu tamanho, complexidade, estrutura, importância econômica, perfil de risco e modelo de negócio[222], em conformidade com a máxima da governança corporativa geral *one size does not fit all*, que também é aplicável ao setor bancário.

Novamente aproximando-se de maneira mais específica do Brasil, podemos mencionar, além das recomendações internacionais, sobretudo do Comitê da Basileia, a já referida cartilha da ABBC e FIPECAFI especialmente voltada para instituições financeiras de pequeno e médio portes[223 e 224]. Por fim, merece referência o Código das Melhores Práticas do IBGC já mencionado que, embora não seja voltado especificamente para bancos, é uma referência de peso em matéria de governança corporativa no país.

---

[221] Analisando o contexto português, Paulo Câmara observa: "Convém antes indicar que, na sua vertente normativa, o governo (ou governação) societário dos bancos assenta em fontes de diversa natureza. De um lado, repousa em leis em sentido formal e em regulamentos atinentes às matérias de direito societário e de direito bancário. Mas de outro lado releva igualmente da *soft law*, ao envolver normas destituídas de sanção – normas deontológicas e recomendações./ Nessa medida, para capturar, na sua inteira extensão, o acervo de fontes relacionado com o governo dos bancos, é importante atender não apenas às fontes legislativas e regulamentares, mas também aos documentos de natureza recomendatória, [...]" (op. cit., p. 144).

[222] BCBS. **Guidelines – Corporate governance principles for banks**. 2015. Disponível em: <http://www.bis.org/bcbs/publ/d328.htm>. Acesso em: 31 ago. 2016.

[223] Com efeito, códigos (ou cartilhas) especificamente voltados para os bancos é uma recomendação presente em manifestações de autores de direito estrangeiro, notoriamente após a crise de 2008, nesse sentido, o já referido Paulo Câmara (op. cit., p. 146), bem como *Deutsche Juristentag*, apoiado por Klaus Hopt (op.cit., 2013a, p. 10).

[224] Ainda que não seja objeto da presente dissertação, vale mencionar as diretrizes do Banco Central para cooperativas de crédito: BANCO CENTRAL DO BRASIL. **Governança cooperativa**: diretrizes para boas práticas de governança em cooperativas de crédito. 2008. Disponível em: <https://www.bcb.gov.br/pre/microFinancas/coopcar/pdf/DiretrizesVersaoCompleta.pdf>. Acesso em: 31 ago. 2016.

2. A Governança Corporativa de Instituições Bancárias e a Crise Financeira Mundial de 2008

2.1 Impacto da crise de 2008 na governança corporativa de instituições bancárias: panorama geral

A crise de 2008 representou o maior abalo ao mercado financeiro mundial desde a quebra da Bolsa de Valores de Nova York em 1929[1]. Com efeito, originada no mercado de hipotecas norte-americano[2], a crise resultou na grave situação de insolvência de dezenas de instituições financeiras norte-americanas e europeias, contexto no qual algumas chegaram a ser resgatadas por meio de aporte bilionário de recursos públicos[3]. Observada a importância e as funções econômicas dos bancos,

---

[1] SILVEIRA, A. di M. da. **Governança corporativa no Brasil e no mundo:** teoria e prática. 2. ed. Rio de Janeiro: Elsevier, 2015, p. 40. A crise de 1929 encontra-se fora do escopo da presente dissertação. Para considerações a seu respeito, ver GALBRAITH, J. K. **The Great Crash of 1929**. New York: Houghton Mifflin Harcourt, 2009.

[2] O início da crise ocorreu após a deflação dos ativos no mercado imobiliário norte-americano no início de 2007, acarretando uma queda concomitante nos valores das hipotecas de alto risco que advinham de créditos concedidos a clientes com baixa capacidade de pagamento (por isso, *subprime*), espalhando o problema no mercado hipotecário dos Estados Unidos. Para um relato sobre a crise em doutrina nacional ver: MATTOS, E. da S. **O que a crise do *subprime* ensinou ao Direito?** Evidências e lições do modelo concorrencial e regulatório bancário brasileiro. São Paulo: Almedina, 2015, p. 69-81. O autor referencia diversas obras com enfoques variados (como político e econômico) ao longo de seu texto.

[3] Como brevemente descrito por Grant Kirkpatrick: *"Bear Stearns had been taken over by JPMorgan with the support of the Federal Reserve Bank of New York, and financial institutions in both*

como apresentadas no primeiro capítulo, sobretudo a criação de liquidez para o mercado e o financiamento da atividade produtiva, o problema por eles experimentado alastrou-se rapidamente por diversos setores e países, quase ocasionando o colapso completo do mercado financeiro mundial – cenário esse que destaca[4] a crise de 2008 de tantas outras observadas e evidencia suas dimensões.

De fato, os custos e as consequências negativas da crise foram imensos. Em agosto de 2009, o Fundo Monetário Internacional (FMI) calculou que o custo total da crise financeira global, dentre injeção de recursos em bancos, custo da compra de ativos tóxicos, garantias a débitos e suporte de liquidez de bancos centrais, atingiu a cifra de 11,9 trilhões de dólares norte-americanos[5]. Conforme apontou Edmund Conway, esse valor era equivalente a quase um quinto de toda a produção econômica anual do mundo à época[6]. Somam-se a esses custos financeiros os

---

the US (e.g. Citibank, Merrill Lynch) and in Europe (UBS, Credit Suisse, RBS, HBOS, Barclays, Fortis, Société Générale) were continuing to raise a significant volume of additional capital to finance, inter alia, major realised losses on assets, diluting in a number of cases existing shareholders. Freddie Mac and Fanny Mae, two government sponsored enterprises that function as important intermediaries in the US secondary mortgage market, had to be taken into government conservatorship when it appeared that their capital position was weaker than expected. In the UK, there had been a run on Northern Rock, the first in 150 years, ending in the bank being nationalised, and in the US IndyMac Bancorp was taken over by the deposit insurance system. In Germany, two state owned banks (IKB and Sachsenbank) had been rescued, following crises in two other state banks several years previously (Berlinerbank and WestLB). The crisis intensified in the third quarter of 2008 with a number of collapses (especially Lehman Brothers) and a generalised loss of confidence that hit all financial institutions. As a result, several banks failed in Europe and the US while others received government recapitalisation towards the end of 2008" (**Corporate Governance Lessons from the Financial Crisis**, Feb. 2009, p. 4. Disponível em: <http://www.oecd.org/finance/financial-markets/42229620.pdf>. Acesso em: 25 nov. 2016).

[4] Jairo Saddi destaca duas características pelas quais a crise financeira mundial de 2008 é única: i) em função da dificuldade de contabilização e localização, as perdas financeiras no sistema financeiro não ocorreram em um único momento, mas foram sendo reveladas aos poucos, prolongando a contração da liquidez monetária; e ii) a ampla e global disseminação dos prejuízos, apesar de seu epicentro localizar-se na economia norte-americana (Saddi, J. Notas sobre a crise financeira de 2008. **Revista de Direito Bancário e do Mercado de Capitais**, n. 42. São Paulo: Editora Revista dos Tribunais, out.dez. 2008, p. 33-47).

[5] Sun, W.; Stewart, J.; Pollard, D. (Eds.). **Corporate Governance and the Global Financial Crisis**: International Perspectives. Cambridge: Cambridge University Press, 2012, p. 2.

[6] Conway, E. **IMF puts total cost of crisis at £7.1 trillion**. Telegraph. Disponível em: <http://www.telegraph.co.uk/finance/newsbysector/banksandfinance/5995810/IMF-puts-total-cost-of-crisis-at-7.1-trillion.html >. Acesso em: 7 set. 2016.

custos sociais incorridos com, por exemplo, a elevação considerável do desemprego em diversos países[7].

A crise financeira decorreu de uma série de fatores complexos e de diversas ordens. Sinteticamente, esses fatores incluem, além de possivelmente falhas na governança corporativa (como abordaremos mais à frente)[8]: desequilíbrios financeiros globais entre os países, regulação deficiente no mercado norte-americano, taxas de juros demasiadamente baixas nos países ricos, criação de produtos financeiros excessivamente complexos e falhas das agências classificadoras de risco de crédito[9] – conjunto esse que levou à assunção, por parte de diversas instituições financeiras, de riscos excessivos e insustentáveis para a estabilidade do sistema financeiro global. O detalhamento desses pontos ultrapassa o objetivo do presente capítulo (e dissertação)[10], que se volta ao estímulo que a crise de 2008 provocou ao estudo e aprimoramento da governança corporativa de instituições bancárias.

Com efeito, sob essa perspectiva, observa-se que a crise de 2008 estimulou a governança corporativa de instituições bancárias de algumas maneiras que assim descrevemos: i) reconhecimento mais amplo e proliferação de estudos quanto à especificidade da governança corporativa

---

[7] Como apontado, por exemplo, em DERMINE, J. Bank Corporate Governance, Beyond the Global Banking Crisis. **INSEAD Faculty & Research Working Paper**. Mar. 2011, p. 2. Disponível em: <http://sites.insead.edu/facultyresearch/research/doc.cfm?did=47338>. Acesso em: 25 nov. 2016.

[8] Ver itens 2.2 e 2.3 a seguir.

[9] SILVEIRA, op. cit., 2015, p. 40.

[10] Para uma análise das causas, ver NÓBREGA, M. Origens da crise. In: GARCIA, M.; GIAMBIAGI, F. (Orgs.). **Risco e regulação**: por que o Brasil enfrentou bem a crise e como ela afetou a economia mundial. Rio de Janeiro: Elsevier, 2010; THE WHITE HOUSE, **Declaration of the Summit on Financial Markets and the World Economy,** 15 nov. 2008, Disponível em: <http://www.un.org/ga/president/63/commission/declarationG20.pdf>. Acesso em: 26 set. 2016; IOSCO. Technical Committee of the International Organization of Securities Commissions, **Final Report on The Subprime Crisis**, Maio 2008. Disponível em: <https://www.iosco.org/library/pubdocs/pdf/IOSCOPD273.pdf>. Acesso em: 27 set. 2016; JICKLING, M. Causes of the Financial Crisis. **Congressional Research Service Report for Congress**: Prepared for Members and Committees of Congress, 9 abr. 2010. Disponível em: <https://www.fas.org/sgp/crs/misc/R40173.pdf>. Acesso em: 20 nov. 2016 (o autor enumera amplamente as causas apontadas e recomenda literatura para aprofundamento em cada); MERROUCHE, O.; NIER, E. What Caused the Global Financial Crisis? – Evidence on the Drivers of Financial Imbalances 1999-2007. **IMF Working Paper**, dez. 2010. Disponível em: <https://www.imf.org/external/pubs/ft/wp/2010/wp10265.pdf>. Acesso em: 20 nov. 2016.

dos bancos, tanto do aspecto teórico e empírico[11] quanto da aplicação prática, ressaltando-se inclusive a percepção quanto às maiores complexidade e opacidade do setor implicadas nas últimas décadas[12], e multiplicidade de partes interessadas envolvidas; ii) aperfeiçoamento de recomendações (*soft law*), profusão de normas impositivas (*hard law*) na matéria e maior acompanhamento das práticas efetivadas pelas instituições bancárias[13]; e, de maneira mais específica, iii) reforço, alterações e

---

[11] *"Empirically it has been difficult to establish a link between bank failures and corporate governance, partly because government rescues have masked the true extent of the banks' problems, and partly because so many others factors have contributed to bank failures. Even so, recent empirical research on corporate governance and the crisis confirms that bank governance is different".* BECHT, M.; BOLTON, P.; RÖELL, A. Why bank governance is different. **Oxford Review of Economic Policy**, v. 27, n. 3, 2012, p. 437-463, esp. p. 438. Disponível em: <http://www.ecgi.org/tcgd/2012/documents/Becht_Bank_Governance.pdf>. Acesso em: 26 set. 2016.

[12] No sentido da observação de maior complexidade e opacidade da atividade bancária nas últimas décadas, ver MACEY; J.; O'HARA, M. Bank Corporate Governance: A Proposal for the Post-Crisis World. **FRBNY Economic Policy Review**. Aug. 2016, p. 85-105. Disponível em: <https://www.newyorkfed.org/medialibrary/media/research/epr/2016/epr_2016_post--crisis-world_macey.pdf?la=en>. Acesso em: 29 ago. 2016; e CHEFFINS, B. R., The Corporate Governance Movement, Banks and the Financial Crisis. **Theoretical Inquiries in Law**, 16 (1), 2015, 1-44. No sentido da confirmação de que os bancos são mais opacos, ao menos em situações de crise, o já mencionado trabalho de Flannery et at. no item 1.2.1.3 da presente dissertação.

[13] Por exemplo, com a alteração de uma posição de levar em conta principalmente a disciplina do mercado para uma de mais atuação dos reguladores no Reino Unido (KOKKINIS, A. A Primer on Corporate Governance in Banks and Financial Institutions: Are Banks Special? In: CHIU, Iris H-Y (Ed.). **The Law on Corporate Governance in Banks**. Cheltenham: Edward Elgar, 2015, p. 32-36), e a presença de novas normas legais versando sobre aspectos de governança corporativa como as constantes do Dodd-Frank Act nos Estados Unidos, embora com disposições aplicáveis não apenas a bancos. Ainda quanto aos Estados Unidos, merece menção a iniciativa da The Clearing House Association de publicar, em 2012, o documento *"Guiding Principles for Enhancing U.S. Banking Organization Corporate Governance"*, o qual foi revisado, tendo a nova edição sido publicada em 24 de junho de 2015 (Disponível em: <https://www.theclearinghouse.org/-/media/files/association%20related%20documents/20150624%20tch%20guiding%20principles%20for%20enhancing%20u%20s%20bank%20organization%20corporate%20governance.pdf>. Acesso em: 18 nov. 2016). No contexto da União Europeia, a European Banking Authority consolidou (atualizando e acrescentando pontos em função dos estudos e análises afetos à crise de 2008) as orientações que existiam no tocante a aspectos amplos de governança interna de instituições de crédito e de investimento, culminando com a publicação do documento *EBA Guidelines on Internal Governance* (GL 44) (disponível em: <https://www.eba.europa.eu/documents/10180/103861/EBA-BS-2011-116-final-EBA-Guidelines-on-Internal-Gover-

estabelecimento de novas recomendações e normas impositivas quanto a aspectos de governança corporativa interna de instituições bancárias, notadamente quanto às estruturas afetas à gestão de risco.

No tocante à especificidade da governança corporativa de instituições bancárias, é de se destacar que esse tema não é novo, como decorre da própria análise das referências utilizadas no primeiro capítulo da presente dissertação[14]. Entretanto, como ilustraremos a seguir, ocorreu um evidente estímulo ao seu estudo e confirmação decorrente da crise de 2008.

Nesse sentido, é de se observar que, em 1997, Stephen Prowse procedeu a uma revisão da literatura (em larga maioria, norte-americana) existente até aquele momento, identificando e constatando como havia poucos estudos específicos à governança corporativa dos bancos, dentre os quais os trabalhos mais antigos (dos anos 1970 e 1980) mantinham o foco em demonstrar que as medidas de displicência gerencial (*managerial slack*) nos bancos estavam geralmente correlacionadas de maneira positiva com comportamentos gerenciais inconsistentes com a maximização de lucro, entretanto sem dizer como e por que o sistema de gover-

---

nance-(2)_1.pdf>. Acesso em: 18 nov. 2016), atualmente em processo de consulta pública para revisão (até 28 de janeiro de 2017, conforme: https://www.eba.europa.eu/-/eba-reviews-its-guidelines-on-internal-governance. Acesso em: 18 nov. 2016).

[14] A importância da governança corporativa para os bancos também não é tema novo. Como observado por Hamid Mehran em 2003, por exemplo, "[y]*et surprisingly, the effect of corporate governance on the performance and overall health of firms in the financial services industry has typically received less academic scrutiny than it has in other industries./ After the thrift and banking problems of the 1980s and early 1990s, regulators and academics today agree that poor governance and poor management remain at the heart of most serious banking problems. The record number of savings-and-loan and bank failures in those years spurred legislative action – in the form of the Federal Deposit Insurance Corporation Improvement Act of 1991 – to strengthen bank boards and board committees with the goal of holding them more accountable for performance. Supervisory guidance since then has further underscored the responsibilities of boards for fostering sound bank management. Institutional and functional consolidation in financial services – both within and across national boundaries – also heightens the importance of effective governance./ Accordingly, financial regulators are continuing to increase their emphasis on corporate governance as a crucial element in promoting sound institutions. Academic researches, too, are stepping up their efforts to add insight to corporate governance*" (GROSHEN, E. L. (Ed.). Federal Reserve Bank of New York. **Economic Policy Review** 9 (2003), n. 1 (Apr.). Special issue 'corporate governance: what do we know, and what is different about banks?", p. 1. Disponível em: <https://www.newyorkfed.org/medialibrary/media/research/epr/2003/EPRvol9no1.pdf>. Acesso em: 27 set. 2016).

nança corporativa permitia essa displicência gerencial (*managerial slack*) ou, ainda, como isso poderia afetar a tomada de riscos pelo banco[15].

Ainda segundo a revisão do autor, a literatura do início dos anos 1990 tinha duas linhas distintas. A primeira, construída a partir dos estudos mais antigos, analisava se os bancos com medidas diferentes de juízo gerencial exibiam diferenças em comportamento, especialmente na tomada de risco, considerando como os problemas de alteração no controle societário (*corporate control*) e risco moral interagiam nos bancos e, nesse contexto, quais incentivos eram os mais importantes para determinar o comportamento deles. A segunda linha aprofundava-se mais nos elementos diferentes dos mecanismos de governança corporativa em bancos, procurando evidências de quais elementos eram mais e quais eram menos importantes para disciplinar os administradores[16] (notadamente sob a perspectiva do mercado de *corporate control*). Uma parcela dessa segunda linha comparava a atividade bancária como um todo com a não bancária, destacando a diferença do ambiente legal e regulatório enfrentado por bancos com relação ao enfrentado por outras espécies de organizações não bancárias. Para Stephen Prowse, essas linhas eram largamente complementares na medida em que a primeira procurava evidências de problemas de alteração de controle societário (*corporate control*) nos bancos dos anos 1980, e a segunda procurava identificar quais aspectos dos mecanismos de controle societário dos bancos eram deficientes e por que essas deficiências poderiam ocorrer. Especificamente em relação aos estudos que comparavam o mercado de controle societário dos bancos com organizações não bancárias, as evidências resumiam-se a apontar problemas baseados no fato de que não era permitido a muitos mecanismos funcionarem de maneira livre (ambiente legal e regulatório)[17]. No mais, os estudos destacavam que não havia

---

[15] PROWSE, S. The Corporate Governance System in Banking: What Do We Know? **BNL Quarterly Review**, Special Issue, March 1997, p. 24. Disponível em: ojs.uniroma1.it/index.php/PSLQuarterlyReview/article/download/12898/12701. Acesso em: 15 nov. 2016.

[16] PROWSE, S. The Corporate Governance System in Banking: What Do We Know? **BNL Quarterly Review**, Special Issue, March 1997, p. 24-25. Disponível em: <ojs.uniroma1.it/index.php/PSLQuarterlyReview/article/download/12898/12701>. Acesso em: 15 nov. 2016.

[17] Vale enfatizar que as análises se centravam em destacar a presença da regulação bancária e como ela afetaria o mercado de controle societário (*corporate control*), esclarecendo-se que a referência a mercado de *corporate control* em textos norte-americanos associa-se em geral às aquisições hostis de controle.

diferenças significativas entre bancos e não bancos no que se refere ao impacto da remuneração[18 e 19].

Com efeito, eram poucos os estudos voltados especificamente para a governança corporativa dos bancos e seus apontamentos não elucidavam de forma veemente suas particularidades. Como apontado por Peter Mülbert, essas particularidades só começaram a chamar alguma atenção durante e após a crise financeira asiática de 1997[20]. A partir

---

[18] PROWSE, op. cit., p. 33.

[19] Destacando também a existência de poucos estudos voltados à governança corporativa de bancos, Penny Ciancanelli e José A. Reyes-Gonzalez analisam as mesmas linhas destacadas por Stephen Prowse e observam que ambas tratavam os bancos como se fossem qualquer outra firma nas premissas teóricas: *"Consideration of corporate governance in banks is, however, apparently easier said than done. While there is a great deal of empirical research on corporate governance, very little of it concerns the behavior of owners and managers of banks. In addition, there is no clear theoretical path between governance as a microeconomic concept and regulation as a macroeconomic concept. There is, therefore, little guidance as to the conceptual framework that is suitable to understanding governance in banks./ Awareness that commercial banks are somehow different from other corporations may explain why there has been very little research – either empirical or theoretical – on their corporate governance. Previous research on corporate governance is limited mainly to empirical research using data on US banks. This research assumes that banks conform to the concept of the firm used in Agency Theory. That is, it assumes that moral hazard in banks is the same as that identified for any company in which control and ownership are separated./ One strand of this literature [...] is concerned specifically with managerial conduct [...] The other strand considers the different elements of the corporate governance mechanism in banks [...] In both strands, banks are treated as if they were the same as any other firm"* (In: **Corporate Governance in Banking**: A Conceptual Framework. 2000, p. 3-5. Disponível em: <http://papers.ssrn.com/sol3/papers.cfm?abstract_id=253714>. Acesso em: 29 ago. 2016). Andreas Kokkinis, referindo-se a alguns estudos norte-americanos de 1990, assevera que, em geral, não eram identificados problemas específicos de governança corporativa para bancos. No original: *"Early American literature on the subject generally viewed banks as not posing any special governance problems. See e.g. A Saunders, E Strock, and N G Travlos, 'Ownership structure, deregulation and bank risk-taking' (1990) 45 The Journal of Finance 643; L Allen, and S A Cebenoyan, 'Bank acquisitions and ownership structure: Theory and evidence' (1991) 15 Journal of Banking and Finance 425; S D Prowse, 'Alternative methods of corporate control in commercial banks' (1995) Federal Reserve Bank of Dallas Economic and Financial Policy Review 3, 24; A J Crawford, J R Ezzel, and J A Miles, 'Bank CEO pay-performance regulations and the effects of deregulation' (1995) 68 Journal of Business 231"* (op. cit., p. 20, n. 79).

[20] Há considerável literatura, principalmente de autores de origem oriental, que procura abordar aspectos de governança corporativa de bancos e a crise asiática de 1997. Dentre outros: KIM, H. Living With the IMF: A New Approach to Corporate Governance and Regulation of Financial Institutions in Korea. **Berkeley Journal of International Law 17**, 1999, p. 61-94; JOHNSON, S. et al., Corporate Governance in the Asian Financial Crisis. **Journal**

de então, ainda em sintonia com uma tendência mais geral, bancos com capital aberto e até mesmo instituições não abertas começaram, em âmbito mundial, a enfatizar publicamente que uma boa governança corporativa deveria ser de preocupação vital, inclusive com a adoção de códigos de governança corporativa individualizados[21]. No plano internacional, o Banco Mundial, como consequência direta das experiências advindas da crise asiática, passou a abordar, sob diversos aspectos, o tema da governança corporativa e desenvolveu uma metodologia para analisar os quadros legais e regulatórios da governança corporativa dos bancos nos planos nacionais[22 e 23]. Em contraste, o International Finance Corporation (IFC) – braço do Banco Mundial voltado para o setor privado – concentrou-se na governança corporativa de instituições financeiras individualmente consideradas, já que este órgão baseia parcialmente em uma auditoria na governança corporativa sua decisão de investir em um banco em particular[24].

of Financial Economic 58, 2000, p. 141-186; TABALUJAN, B. S., Why Indonesian Corporate Governance Failed: Conjectures Concerning Legal Culture. **Columbia Journal of Asian Law 15**, 2001-2002, p. 141-171; METZGER, B., **International Financial Institutions, Corporate Governance and the Asian Financial Crisis**, 2003. Disponível em: <http://papers.ssrn.com/sol3/papers.cfm?abstract_id=382840>. Acesso em: 26 set. 2016.

[21] MÜLBERT, P. Corporate Governance of Banks after the Financial Crisis – Theory, Evidence, Reforms. **ECGI Law Working Paper n. 130/2009**, Apr. 2010, p. 5. Disponível em: <http://papers.ssrn.com/sol3/papers.cfm?abstract_id=1448118>. Acesso em: 29 ago. 2016.

[22] Ibid., p. 6. O Banco Mundial é uma organização internacional que surgiu (inicialmente como "Banco Internacional para Reconstrução e Desenvolvimento" [BIRD]) da Conferência de Bretton Woods (1944) para atender às necessidades de financiamento para a reconstrução de países atingidos pela Segunda Guerra Mundial. De lá para cá, o Banco Mundial tornou-se uma referência internacional de peso em função de suas análises e experimentos relacionados ao processo de desenvolvimento dos países, além de adotar uma estrutura mais complexa configurando-se mais propriamente em um grupo. Para mais informações, ver seu website: <http://www.bancomundial.org/>. Acesso em: 26 set. 2016.

[23] Para tanto, o Banco Mundial valeu-se do guia de 1999 do Comitê da Basileia mencionado mais à frente, muito embora o guia, em si, não assevere explicitamente qualquer relação de suas análises com a crise asiática. Com efeito, são apenas referidos os princípios publicados um pouco antes, no mesmo ano, pela OCDE. Ver item 1 (BCBS. **Enhancing Corporate Governance for Banking Organisations**, 1999. Disponível em: <https://www.bis.org/publ/bcbsc138.pdf>. Acesso: 24 nov. 2016).

[24] MÜLBERT, op. cit., 2010, p. 6. Para mais detalhes dos instrumentos utilizados pelo IFC na análise da governança corporativa de entidades, incluindo uma seção para instituições financeiras, ver: <http://www.ifc.org/wps/wcm/connect/Topics_Ext_Content/IFc_External_Corporate_Site/Corporate+Governance/Investments/Tools/>. Acesso em: 15 set.

Ainda no final dos anos 1990, o Comitê da Basileia publicou a primeira edição de seu guia especificamente voltado para o aprimoramento da governança corporativa em organizações bancárias[25]. De fato, ainda que fundamentalmente baseado nos princípios enunciados no mesmo ano pela OCDE[26], o guia em questão já apontava aspectos próprios da governança corporativa de bancos, notadamente sob a perspectiva de autoridades de supervisão bancária, com destaque para a expressa menção de que a governança corporativa de bancos afeta como os bancos protegem os interesses dos depositantes[27].

Finalmente, pesquisas sobre governança corporativa de bancos começaram a proliferar na primeira década do ano 2000 (um pouco antes da crise de 2008), como se evidencia por um número crescente de estudos empíricos e teóricos[28]. No entanto, após o segundo ano da referida crise,

---

2016. Para uma análise mais avançada especificamente em bancos e outras instituições financeiras, ver: <http://www.ifc.org/wps/wcm/connect/topics_ext_content/ifc_external _corporate_site/corporate+governance/investments/tools/bank_governance_toolkit__ wci__1320147281104>. Acesso em: 15 set. 2016.

[25] Outras versões foram publicadas ao longo dos anos, como comentaremos no item 2.4, seguindo a evolução dos temas de governança corporativa.

[26] A Organização para a Cooperação e Desenvolvimento Econômico (OCDE), sucessora da Organização para a Cooperação Econômica Europeia (na sigla em inglês, OEEC), é uma organização internacional que foi oficialmente estabelecida em 30 de setembro de 1961 tendo como intuito a cooperação entre os países na identificação, discussões e análises de problemas, bem como na promoção de políticas para tratá-los. Hoje, a organização tem 35 países membros. O Brasil, em maio de 2007, foi convidado a se tornar um parceiro-chave (não membro), juntamente com Índia, Indonésia, República Popular da China e África do Sul. Para maiores informações, ver: <http://www.oecd.org/about/>. Acesso em: 26 set. 2016.

[27] Ver item 9 (BCBS, op. cit., 1999).

[28] Mencionamos, como ilustração, alguns estudos já referenciados no primeiro capítulo da presente dissertação. Destacamos, nesse sentido, que os estudos exemplificados a seguir asseveram expressamente a existência de pouca literatura no tocante à governança corporativa de bancos: LLEWELLYN, D.: "[w]*hile there are significant differences between banks and other firms, corporate governance issues in banks have received remarkably little attention*" (In: A Regulatory Regime For Financial Stability. **Oesterreichische Nationalbank Working Paper 48**, 2001, p. 28. Disponível em: <http://econpapers.repec.org/paper/onboenbwp/48.htm>. Acesso em: 29 ago. 2016); CAPRIO JR., G.; LEVINE, R.: "[n]*evertheless, the financial sector has generally received far less attention in the corporate governance literature*" (In: **Corporate Governance in Finance**: Concepts and International Observations. 2002, p. 2. Disponível em: <http://siteresources.worldbank.org/DEC/Resources/corporategover_finance.pdf>. Acesso em: 20 ago. 2016); JOHN, K.; QIAN, H.: "*the corporate governance of banks and financial institutions has received relatively less focus*" (In: Incentive Features in CEO Compensation in the Banking Industry.

houve um sensível aumento de estudos sobre o tema, como revela qualquer pesquisa com os termos "*corporate governance*" e "*banks*" em bases de dados de artigos de acesso público, como a Social Science Research Network[29 e 30].

Nesse sentido, o autor Peter Mülbert sustenta que é possível dividir a importância dada à governança corporativa de bancos em decorrência da crise financeira de 2008 em duas fases. Na primeira, logo após as turbulências do verão do Hemisfério Norte de 2007, o tema da governança corporativa de bancos, com a notável exceção do assunto remuneração[31], teria ficado, como regra, fora do foco de análises. Nesse sentido, muitos

---

Economic Policy Review, v. 9, n. 1, Apr. 2004, p. 109. Disponível em: <http://papers.ssrn.com/sol3/papers.cfm?abstract_id=795564>. Acesso em: 29 ago. 2016); ADAMS, R.; MEHRAN, H. "*given the little research on the governance of banking firms*" (In: Is Corporate Governance Different for Bank Holding Companies? **FRBNY Economic Policy Review**, Apr. 2003, p. 123. Disponível em: <https://www8.gsb.columbia.edu/leadership/sites/leadership/files/Is_Corporate_Governance_Different_For_Bank_Holding_Companies.pdf >. Acesso em: 29 ago. 2016); MACEY, J. O'HARA, M.: "[o]*ddly enough, despite the general focus on this topic, very little attention has been paid to the corporate governance of banks. This is particularly strange in light of the fact that a significant amount of attention has been paid to the role that the banks themselves play in the governance of other sorts of firms*" (In: The Corporate Governance of Banks. **FRBNY Economic Policy Review**, Apr. 2003, p. 91. Disponível em: <https://www.newyorkfed.org/medialibrary/media/research/epr/03v09n1/0304mace.pdf>. Acesso em: 29 ago. 2016).

[29] Com efeito, aproximadamente 84% dos artigos (402 de um total de 479 – data-base: 22 nov. 2016) em que constam as palavras "*corporate governance*" e "*bank*" (no resumo, título ou corpo do texto) em referido repósitorio de pesquisas acadêmicas (fundado em 1994, conforme informado em seu sítio eletrônico) foram postados posteriormente a 2008 (a partir de janeiro de 2009).

[30] A seguinte assertiva de Renée B. Adams e Hamid Mehran colaboram para ilustrar o quanto discorrido no texto: "[t]*he subprime crisis highlights how little we know about bank governance*" (ADAMS; R.; MEHRAN, H. Bank board structure and performance: Evidence for large bank holding companies. **Journal of Financial Intermediation**, n. 21, 2012, p. 243-267. Disponível em: <http://ac.els-cdn.com/S1042957311000398/1-s2.0-S1042957311000398-main.pdf?_tid=fc49c272-b0ff-11e6-b2b5-00000aab0f02&acdnat=1479852597_5efd683c307d93 3c616be460fed6cd04>. Acesso em: 22 nov. 2016).

[31] "*By way of exception, banks' remuneration practices attracted much interest from the outset of the crisis. Even without any hard evidence being available so far, the heavily-incentivized, short-term oriented remuneration structures, together with a fair amount of greed on the part of bankers were seen as a major or even the single most important cause of the financial turbulence. As a consequence, proposals for reform of this area soon abounded at international as well as at national level, resulting in the meantime in rather detailed regulation by many banking supervisory authorities*" (MÜLBERT, op. cit., 2010, p. 8).

relatórios e documentos publicados em 2008, propondo-se a analisar as causas e consequências da crise financeira, não chegaram a mencionar expressamente a governança corporativa dos bancos, como é o caso dos relatórios redigidos pelo (US) President's Working Group on Financial Markets[32], pelo Financial Stability Board (FSB)[33], International Monetary Fund (IMF)[34], Institute of International Finance (IIF)[35], e a declaração do Washington Summit of the G-20 propondo o *"Action Plan to implement Principles for Reform"*[36 e 37]. Especificamente, o relatório do

---

[32] The President's Working Group on Financial Markets, **Policy Statement on Financial Markets**, Mar. 2008. Disponível em: <https://www.treasury.gov/resource-center/fin-mkts/Documents/pwgpolicystatemktturmoil_03122008.pdf>. Acesso em: 15 set. 2016. O documento, muito embora mencione fraquezas na gestão de risco de algumas instituições financeiras grandes dos Estados Unidos e da Europa, não aborda expressamente a vertente da governança corporativa dos bancos.

[33] Financial Stability Forum, **Report of the Financial Stability Forum on Enhancing Market and Institutional Resilience**. Apr. 2008. Disponível em: <http://www.fsb.org/wp-content/uploads/r_0804.pdf?page_moved=1>. Acesso em: 15 set. 2016. Novamente, esclarece-se que referido relatório não trata da "governança corporativa de bancos", muito embora pontue que houve falhas, dentre outras questões, na gestão de risco e na divulgação de informações, assim como distorções de incentivos.

[34] International Monetary Fund, **The Recent Financial Turmoil** – Initial Assessment, Policy Lessons, and Implications for Fund Surveillance. Apr. 2008. Disponível em: <https://www.imf.org/external/np/pp/eng/2008/040908.pdf>. Acesso em: 15 set. 2016. Mais uma vez, não é tratada a governança corporativa, ainda que sejam destacadas as deficientes gestão de risco e divulgação de informações, dentre outros.

[35] Institute of International Finance, **Final Report of the IIF Committee on Market Best Practices**: Principles of Conduct and Best Practices Recommendations. July 2008. Disponível em: <https://www.iif.com/file/7102/download?token=zVgadpJM>. Acesso em: 15 set. 2016. São observados pontos nas áreas de gestão de risco, políticas de remuneração, risco de liquidez, securitização, avaliação financeira, *rating* de crédito, transparência, dentre outros, no entanto sem menção a "governança corporativa de bancos", ainda que algumas conclusões e sugestões abordem aspectos a ela afetos, como a habilidade de alguns conselhos de administração propriamente monitorarem a alta administração e entenderem e monitorarem a atividade da instituição propriamente dita.

[36] G-20. **Declaration of the Summit in Financial Markets and the World Economy**. Nov. 2008. Disponível em: <http://www.un.org/ga/president/63/commission/declarationG20.pdf>. Acesso em: 15 set. 2016.

[37] Peter Mülbert destaca também, nessa linha de não tratar especificamente da governança corporativa de bancos, ainda que tangencie certos tópicos, o trabalho do G-20 Study Group (Report on Global Credit Market Disruptions, Oct. 2008, não mais disponível no link apontado) e do German Council of Economic Experts (Sachverständigenrat zur Begutachtung der gesamtwirtschaftlichen Entwicklung, **Die Finanzkrise meistern** – Wachstumskräfte

Senior Supervisors Group[38] menciona encontros com a alta administração de bancos selecionados para elucidar quão bem ou mal os elementos-chave da governança corporativa teriam funcionado até então. Entretanto, como o referido autor aponta, os participantes dos encontros não devem ter observado nenhum problema sério uma vez que, subsequentemente, o relatório não se refere mais à governança corporativa[39]. Uma exceção a essa regra teria sido o relatório do Counterparty Risk Management Policy Group III (CRMPG III), com sua particular ênfase no adequado status do pessoal-chave de controle, em especial sua independência, o monitoramento e a gestão de risco[40 e 41].

Na segunda fase, iniciada a partir do segundo ano da crise financeira, o tema da governança corporativa dos bancos ressurgiu com for-

---

stärken, Jahresgutachten 2008/09, Wiesbaden, 2008, p. 116-191. Disponível em: <http://www.sachverstaendigenrat-wirtschaft.de/fileadmin/dateiablage/download/gutachten/ga08_ges.pdf>. Acesso em: 15 set. 2016.

[38] Senior Supervisors Group. **Observations on Risk Management Practices during the Recent Market Turbulences**, Mar. 2008. Disponível em: <https://www.sec.gov/news/press/2008/report030608.pdf>. Acesso em: 15 set. 2016. Como destacado no documento: "[i]*n November 2007, we met with senior management at the selected organizations to elicit their perspectives on how well or how poorly key elements of their corporate governance, business strategy, and risk management practices had worked up to that point in time*". Participaram de referido projeto a French Banking Commission, a German Federal Financial Supervisory Authority, a Swiss Federal Banking Commission, a U.K. Financial Services Authority, e, dos Estados Unidos, Office of the Comptroller of the Currency, Securities and Exchange Commission, e Federal Reserve.

[39] MÜLBERT, op. cit., 2010, p. 8.

[40] Counterpaty Risk Management Policy Group III, **Containing Systemic Risk: The Road to Reform**, Aug. 2008, p. 9-12, 71-74, 77-101. Disponível em: <http://www.crmpolicygroup.org/>. Acesso em: 15 set. 2016. Nesse sentido, por exemplo, o seguinte destaque dado pelo documento: "[b]*ecause effective risk monitoring and risk management are so tightly linked to sound corporate governance, this part of Section IV includes discusses* [sic] *and makes recommendations regarding corporate governance*".

[41] Além dessa exceção trazida pelo autor referido, acrescentamos a declaração oficial da International Corporate Governance Network (ICGN) publicada já no final de 2008, em 10 de novembro, em que consta: "[c]*orporate governance failings were not the only cause but they were significant, above all because boards failed to understand and manage risk and tolerated perverse incentives. Enhanced governance practices should therefore be integral to an overall solution aimed at restoring confidence to markets and protecting us from future crises*". (ICGN. **Statement on the Global Financial Crisis**. 10 nov. 2008, p. 1. Disponível em: <http://www.iasplus.com/en/binary/resource/0811icgn.pdf>. Acesso em: 8 out. 2016).

ça, notadamente com a OCDE[42], ainda que com a premissa de que os problemas dos bancos não seriam fundamentalmente diferentes daqueles enfrentados pelas demais organizações. Nesse sentido, o OECD Steering Group on Corporate Governance conduziu uma comissão de averiguação para estudar quatro áreas da governança corporativa na crise[43], e posteriormente, em 2010, publicou um relatório completo com os resultados-chave e as principais lições dentro e fora do setor bancário, concluindo, em particular, que não haveria necessidade de revisão dos princípios da OCDE, mas uma necessidade de implementação mais efetiva dos padrões já acordados. Na sequência, muitas assertivas[44] foram observadas no sentido da relevância da governança corporativa dos bancos e de suas falhas na crise de 2008. Nessa direção, vale mencionar a afirmação de Sir David Walker, encarregado de produzir uma análise independente da governança corporativa no setor bancário do Reino Unido para o governo britânico, de que *"need is now to bring corporate governance issues to center stage"*[45], pois sérias deficiências na supervisão prudencial e na regulação financeira no período precedente à crise foram

---

[42] O primeiro dessa sequência de documentos publicados pela OCDE referente às lições da crise de 2008 para a governança corporativa destaca, por exemplo: "[t]*he available reports have not so far dealt in much depth with the role and performance of the boards, the focus being on documenting risk management failures. This is an unfortunate omission since it is a prime responsibility of boards to ensure the integrity of the corporation's systems for risk management*" (KIRKPATRICK, op .cit., p. 19).

[43] São as quatro áreas: remuneração, gestão de risco, práticas do conselho de administração, e o exercício de direitos pelos acionistas. Os relatórios mencionados serão retomados no item 2.2 adiante.

[44] Por exemplo, o High-Level Group on Financial Supervision in the EU, presidido por Jacques de Larosière, afirmou categoricamente em seu relatório que a governança corporativa de bancos *"is one of the most important failures in the present crisis"* (LAROSIÈRE, J. **The High-level Group on Financial Supervision in the EU**. Report. 25 fev. 2009. Disponível em: <http://ec.europa.eu/internal_market/finances/docs/de_larosiere_report_en.pdf>. Acesso em: 26 set. 2016). A Association of Chartered Certified Accountants (ACCA) também declarou sua opinião de que *"believes that the credit crunch can [...] be viewed, in large part, as a failure in corporate governance"* (ACCA. **Corporate Governance and the Credit Crunch**. Disponível em: <http://www.accaglobal.com/content/dam/acca/global/PDF-technical/corporate-governance/cg_cc.pdf>. Acesso em: 26 set. 2016).

[45] WALKER, D. **A review of corporate governance in UK banks and other financial industry entities – Final recommendations**, Nov. 2009. Disponível em: <http://webarchive.nationalarchives.gov.uk/+/http:/www.hm-treasury.gov.uk/d/walker_review_261109.pdf>. Acesso em: 15 set. 2016.

acompanhadas de grandes falhas na governança dos bancos. Como observa Peter Mülbert, não surpreendentemente, a partir dessa segunda fase mencionada, houve uma mudança na percepção do inter-relacionamento entre crise e governança corporativa de bancos que também se refletiu em estudos empíricos e teóricos[46].

Conforme salienta Klaus Hopt, embora para as autoridades de supervisão bancária já fosse há tempos óbvio que a governança corporativa deveria ser considerada como parte da proteção de depositantes[47] (como evidenciado pelo Comitê da Basileia[48]), a visão majoritária implícita que existia antes da crise de 2008 era a de que bancos não eram fundamentalmente diferentes de outras espécies de organizações com relação à governança corporativa e, como decorrência, que as necessidades de políticas gerais eram similares entre as empresas financeiras e não financeiras[49]. Ainda segundo o autor, o caso especial da governança

---

[46] MÜLBERT, op. cit., 2010, p. 9.

[47] HOPT, K. Corporate Governance of Banks and Other Financial Institutions after the Financial Crisis – Regulation in the Light of Empiry and Theory. **Journal of Corporate Law Studies**, v. 13, Part 2, Oct. 2013, p. 5. Disponível em: <http://papers.ssrn.com/sol3/papers.cfm?abstract_id=2334874>. Acesso em: 11 jul. 2015.

[48] *"Sound corporate governance considers the interests of all stakeholders, including depositors, whose interests may not always be recognised. Therefore, it is necessary for supervisors to determine that individual banks are conducting their business in such a way as not to harm depositors"* (BCBS, op. cit., 1999, n. 31). Klaus Hopt cita também nessa linha o Committee of European Banking Supervisors (CEBS), cujas responsabilidades e tarefas foram assumidas pelo European Banking Authority em 1º de janeiro de 2011 (a respeito, <http://www.eba.europa.eu/cebs-archive>. Acesso em: 20 nov. 2016). Vale observar o comentário de Peter Mülbert: a conclusão, então, é de que sob a perspectiva da supervisão, o propósito da governança corporativa bancária é menos para salvaguardar a integridade das promessas feitas aos investidores, mas mais para salvaguardar as promessas feitas aos depositantes e outros credores (no original: *"[t]he upshot, then, is that from a supervisor's perspective the purpose of banks' corporate governance is less to safeguard the integrity of the promises made by corporations to investors, but to safeguard the promises made to depositors and other debtholders"*) (MÜLBERT, op. cit., 2010, p. 24).

[49] Como decorre da própria manifestação da OCDE, no sentido de que *"banks are not fundamentally different from other companies in respect to corporate governance, even though there are important differences of degree and failures will have economy-wide ramifications [...] The general policy needs are similar for financial and non-financial companies"* (**Corporate Governance and the Financial Crisis: Key Findings and Main Messages**, Paris, June 2009. Item 12, p. 11>. Disponível em: <http://www.oecd.org/corporate/ca/corporategovernanceprinciples/43056196.pdf. Acesso em: 27 set. 2016). É de se destacar, no entanto, que apesar dessa assertiva que reflete a visão implícita majoritária, a própria OCDE, no mesmo documento, pontua diversas especificidades dos bancos, como os seguintes excertos: [w]*hat differentiates banking*

corporativa só foi reconhecido após a crise. Em suas palavras: "[s]*ince the financial crisis, the insight that banks have special corporate governance problems has gained momentum rather quickly*"[50]. Na mesma linha, Marco Becht, Patrick Bolton e Ailsa Röell também enfatizam:

[f]*inancial regulation and policy has started to recognize that bank governance is different. It is now accepted that boards must have reponsibilities to creditors as well as shareholders. Remuneration must be adjusted for risk. Internal risk controls must*

in terms of corporate governance is the more important role of stakeholders (i.e. depositors) and implicit or explicit government guarantees with respect to classes of liabilities which changes the incentives facing boards, shareholders and managers. Failure of a bank could also have systemic consequences which is not the case with non-banks. Managers and shareholders are not likely to take account of this externality in conditioning their actions, laying the foundations for quite specific corporate governance policy interventions by the authorities such as demanding a 'fit and proper person' test for prospective bank board members and major shareholders" (op. cit., p. 11-12), "[t]*he financial crisis has raised new aspects of the compensation, especially at banks [...] An area of particular concern in financial firms is whether there is any risk adjustment in measuring performance for the purpose of bonuses, especially for employees lower down in the organisation where usually stock incentives (i.e. long term incentives) are not important. [...] First, lack of risk adjustment de-links the incentives of employees from the shareholders. Second, it leads to firms overpaying their employees versus their contribution to long term value creation (i.e. Economic Value Added, EVA). Paying out large bonuses based largely on non-risk adjusted, flow metrics serves to de-capitalise the financial institution*" (op. cit., p. 16-17); "*On the other hand, the banking sector has some quite specific risks that are of key significance for regulators. Unlike non-financial companies, banks especially are involved in maturity transformation (i.e. borrow short, lend long) which means that liquidity risks are crucial. The financial crisis has exposed gaps in risk management in this area with a number of firms relying on marketability of securities for liquidity needs, which with all trying to sell at the same time led to market failure. Closely associated with liquidity risk is reputational risk which has only been effectively kept under control during the crisis through widespread deposit and borrowing guarantees. The importance of public policy in this area means that the authorities have a legitimate interest in corporate governance arrangements in the banking sector that might extend beyond issuing guidelines and principles*" (op. cit., p. 32); "*Ensuring appropriate board composition and behavior is particularly important in banking. Deposit insurance can increase risk taking by banks so that in combination with their systemic importance it imposes on the authorities the need to interfere more closely in their affairs. Particularly important has been the 'fit and proper person' test to achieve basic board behavior of propriety and honesty. 'Fit and proper' has thus been assessed in terms only of fraud and history of bankruptcy. In view of excessive risk taking, there is a case for the criteria to be expanded to technical and professional competence and especially skills such as general corporate governance ones and risk management. In view of the important role for public policy, the test might also consider the case for Independence and objectivity*" (op. cit., p. 45). Com efeito, o ponto que parece circundar essas manifestações é compreender o que a OCDE quis dizer com "fundamentalmente".

[50] HOPT, op. cit., 2013a, p. 5.

be strengthened. These are positive developments supported by theory and the available evidence[51].

De fato, a crise de 2008, como anteriormente ilustrado, acarretou evidente estímulo ao estudo e aprimoramento da governança corporativa de bancos, partindo-se do maior reconhecimento de que há especificidades a serem consideradas. Ainda nesse sentido, houve uma profusão de recomendações e normas impositivas (legais e infralegais) à governança corporativa de bancos, tanto no plano internacional como no plano nacional de diversos países. Como observado, no ambiente britânico, por Andreas Kokkinis:

> *The corporate governance of banks is an area under continuous development which has changed dramatically in recent years both nationally and internationally. [...] the 2009 Walker Review introduced a series of governance recommendations specific to banks and other financial institutions. [...] More recently, the report of the Parliamentary Commission on Banking Standards urged for broader changes to bank corporate governance including the approved persons' regime and directors' duties. In parallel, the fourth Capital Requirements Directive (CRD IV), impacts on bank corporate governance with regard to executive remuneration*[52].

No contexto norte-americano, Brian Cheffins é categórico ao asseverar: "*the financial crisis emphatically ended the corporate governance 'free pass' banks had enjoyed*"[53]. No plano internacional[54], o Comitê da Basileia

---

[51] BECHT; BOLTON; RÖELL, op. cit., p. 459.
[52] KOKKINIS, op. cit., p. 2.
[53] Segundo o autor, o passe livre foi possível especialmente em razão dos resultados financeiros robustos que os bancos entregavam em comparação com outras espécies de empresas. Nesse sentido, os bancos contavam com CEOs "imperiais", com conselhos que apenas atuavam como seus súditos, enquanto as demais espécies de organizações empresariais já haviam em grande parte marginalizado referida figura do CEO celebridade após o Sarbanes-Oxley Act of 2002. Entretanto, "[i]*n the wake of the financial crisis [...] governance practices in banks received heightened attention [...] Regulatory-driven post-financial crisis overhauls [...] reputedly were commonplace in major US financial firms. This is not surprising given that the 2010 Dodd-Frank Act vested regulators with various new powers to restrain risk-taking by banks that might be too big to fail. [...] The Federal Reserve, for its part, issued in 2012 a supervisory letter providing guidance on its approach to risk-focused supervision of large financial firms that identified corporate governance as on pillar of its approach and spelled out various steps boards should take to provide the sort of effective corporate governance that would need to be in place for firms to be sustainable under economic, operational*

reviu seus princípios e recomendações específicos de governança corporativa dedicados a organizações bancárias que estavam em sua segunda versão (de 2006) expressamente motivado por falhas identificadas em função da crise:

> *Subsequent to the publication of the Committee's 2006 guidance, there have been a number of corporate governance failures and lapses, many of which came to light during the financial crisis that began in mid-2007 [...] Against this background, the Committee decided to revisit its 2006 guidance*[55].

Dessa feita, a crise de 2008 provocou o referido aprimoramento da governança corporativa de bancos e o fez por meio da evidenciação de suas falhas, motivo pelo qual passaremos agora a enunciá-las no próximo item. Desde logo apontamos que há controvérsia se a governança corporativa de instituições bancárias foi efetivamente (co)responsável pela crise de 2008[56]. No entanto, indicaremos primeiro as deficiências da governança corporativa de bancos evidenciadas nesse contexto, já que essa perspectiva contribuirá para expormos nossa posição no âmbito e escopo da presente dissertação[57].

2.2 Falhas na governança corporativa de instituições bancárias (e financeiras) evidenciadas pela crise financeira mundial de 2008

A crise de 2008 revelou falhas na governança corporativa de diversas instituições financeiras norte-americanas e europeias[58]. Como obser-

---

or legal stresses" (CHEFFINS, op. cit., p. 45-49). É de se observar que, apesar de diversas disposições dedicadas especificamente a bancos (inclusive como decorre do excerto anterior), a parte sob o título de "governança corporativa" no 2010 Dodd-Frank Act aplica-se de maneira geral a todas as organizações empresariais que estejam abarcadas pela competência da Securities Exchange Commission.

[54] Como observado por Andreas Kokkinis: "[a]*n integral part of the international regulatory response to the recent financial crisis was a series of reforms in bank corporate governance beginning with the publication of the Principles for Enhancing Corporate Governance in late 2010*" (op. cit., p. 32).

[55] BCBS, op. cit., 2010, item 6. A evolução dos princípios e recomendações especificamente voltados para a governança corporativa de bancos do Comitê da Basileia é objeto de análise no item 2.4.

[56] Conforme abordado no item 2.3.

[57] Nesse sentido, também HOPT, op. cit., 2013, p. 10.

[58] É de se observar que também foram apontadas falhas quanto à supervisão bancária levada a efeito em diversos países, inclusive no tocante à própria governança dos órgãos regulado-

vou Grant Kirkpatrick, quando os arranjos de governança corporativa de uma série de instituições financeiras foram colocados à prova, suas rotinas não serviram ao seu propósito de protegê-las contra a assunção excessiva de riscos[59].

No presente tópico, apontaremos as referidas falhas conforme apresentadas por relatórios internacionais oficialmente publicados sob uma perspectiva ampla (ou seja, não individualizada por instituições especificamente)[60]. Nesse sentido, selecionamos os relatórios produzidos pela OCDE[61] na medida em que, em primeiro lugar, abarcam uma

res em si. Nesse sentido, esclarecemos que o aprofundamento de referidas colocações se encontra fora de nosso foco de estudo, voltado mais especificamente para a governança corporativa dos bancos, notadamente sua vertente interna. Para referência nesse ponto, citamos: "[t]*he crisis has opened the old debate about the costs and benefits of regulation as opposed to market mechanisms. However, there have also been instances of regulatory failure even in the most regulated sectors. In a number of cases, it is now apparent that even amongst what were regarded as properly resourced and empowered regulators, there were important deficiencies [...] In some cases, the internal processes did not appear to aid decision making and high staff turnover challenged information gathering and analysis. In some instances, the authorities have been also subject to potentially conflicting objectives and interests such as investor protection and maintaining the safety and soundness of institutions. Poor enforcement of existing rules and regulation, together with inadequate supervisory and regulatory powers are also regular themes [...]. Moreover, the crisis has also highlighted the need for the authorities to be forward looking and seek to identify market developments that may challenge the relevance of current corporate governance rules and practices*" (OCDE. **Corporate Governance and the Financial Crisis: Conclusions and emerging good practices to enhance implementation of the Principles**. 24 fev. 2010, p. 6. Disponível em: <http://www.oecd.org/corporate/ca/corporategovernanceprinciples/44679170.pdf>. Acesso em: 27 set. 2016)

[59] KIRKPATRICK, op. cit., p. 2.

[60] O propósito desta dissertação não é fazer uma análise empírica, motivo pelo qual elucidaremos as falhas identificadas em função da crise de 2008 por meio da revisão dos relatórios mencionados sem, assim, adentrar em informações de instituições específicas. Para essas informações, vale consultar os relatórios publicados pelas próprias instituições em questão, como o frequentemente referenciado **Shareholder Report on UBS's Write-Downs**, disponível em: <http://maths-fi.com/ubs-shareholder-report.pdf>. Acesso em: 27 set. 2016.

[61] A OCDE, por meio de seu Steering Group on Corporate Governance, publicou três documentos referentes ao seu plano de ação no tocante à governança corporativa e a crise financeira de 2008: **Corporate Governance Lessons from the Financial Crisis**, de autoria de Grant Kirkpatrick (op. cit.), **Corporate Governance and the Financial Crisis: Key Findings and Main Messages** (op. cit., 2009), e **Corporate Governance and the Financial Crisis**: Conclusions and emerging good practices to enhance implementation of the Principles (op. cit., 2010). O segundo destaca a participação, além dos representantes dos países membros (Austrália, Áustria, Bélgica, Canadá, República Tcheca, Dinamarca, Finlândia, França, Alemanha, Grécia, Hungria, Islândia, Irlanda, Itália, Japão, Coreia, Luxemburgo,

perspectiva internacional, e, em segundo, representam notoriamente a fase de consideração da governança corporativa no contexto da crise, conforme identificado por Peter Mülbert e comentado no tópico anterior. Utilizamos como complemento às considerações da OCDE os relatórios: i) da Financial Crisis Inquiry Commission, produzido no âmbito dos Estados Unidos[62]; ii) o produzido por Sir David Walker (*A review of corporate governance in UK banks and other financial industry entities: Final recommendations*) no âmbito do Reino Unido[63]; e iii) o *European Commission's Green Paper on corporate governance in financial institution and remunerarion policies*[64], complementado pelo *Commission Staff Working Document – Corporate Governance in Financial Institutions: Lessons to be drawn from the current financial crisis, best practices*[65], conjunto esse que tece considerações sob a perspectiva comunitária dos países-membros da União Europeia[66].

Decorre da leitura dos referidos documentos que foram identificados como pontos fracos da governança corporativa[67] de instituições ban-

---

México, Holanda, Nova Zelândia, Noruega, Polônia, Portugal, Eslováquia, Espanha, Suécia, Suíça, Turquia, Reino Unido e Estados Unidos), também de representantes do Brasil, China, Índia e Rússia (OCDE, op. cit., 2009, p. 3).

[62] Financial Crisis Inquiry Comission, **Financial Crisis Inquiry Report** – Final Report of the National Commission on the Causes of the Financial and Economic Crisis in the United States, Jan. 2011, Disponível em: <https://fcic.law.stanford.edu/report>. Acesso em: 27 set. 2016.

[63] WALKER, op. cit.

[64] European Commission. **European Commission's Green Paper on corporate governance in financial institution and remuneration policies.** 2010. Disponível em: <http://ec.europa.eu/internal_market/company/docs/modern/com2010_284_en.pdf>. Acesso em: 27 set. 2016.

[65] European Commission. **Corporate Governance in Financial Institutions: Lessons to be drawn from the current financial crisis, best practices.** Commission Staff Working Document. 2010. Disponível em: <http://ec.europa.eu/internal_market/company/docs/modern/sec2010_669_en.pdf>. Acesso em: 27 set. 2016.

[66] Outro relatório frequentemente referenciado e utilizado como base para as considerações tanto da OCDE quanto da União Europeia e de Sir David Walker é o **Report on Bank Boards and the Financial Crisis**: A corporate governance study of the 25 largest European banks, produzido por Nestor Advisors em maio de 2009 e focado na análise dos conselhos de administração dos 25 maiores bancos europeus. Disponível em: <http://www.nestoradvisors.com/var/files/pdf/publications/ExecSum2009.pdf>. Acesso em: 22 set. 2016.

[67] No Brasil, Alexandre di Micelli faz um resumo objetivo e abrangente do quanto apontado: "[as] diversas análises realizadas concluíram que três problemas principais de governança fo-

cárias[68]: estruturas e práticas de gestão de risco não efetivas, inclusive caracterizadas pela falta de transparência das instituições com relação aos reais riscos decorrentes de suas complexas operações financeiras; incentivos (notoriamente remuneratórios, no plano interno, embora também haja uma contribuição significativa de padrões contábeis, práticas de agências de *ratings*, divulgações insuficientes ou inadequadas de informações, pressão de concorrência de instituições não bancárias e ambiente regulatório) excessivamente voltados ao curto prazo em detrimento dos riscos de longo prazo; desempenho ineficiente dos conselhos de administração tanto quanto ao monitoramento dos riscos aos quais as instituições estavam sujeitas quanto com respeito aos sistemas de incentivos; e conduta dos acionistas, principalmente institucionais, que não monitoraram e analisaram as instituições, situação recrudescida por uma cultura empresarial sem preocupação de ordem ética e com excessivo foco na maximização do preço de ações. Esse quadro foi acompanhado por falhas dos reguladores em fiscalizar e tomar medidas quanto aos pontos anteriormente enumerados. Todos esses elementos contribuíram para a assunção demasiadamente elevada de riscos e, no âmbito dos fatos, estão umbilicalmente relacionados, ainda que procuremos a seguir separá-los em alguns tópicos para análise.

2.2.1 Falhas nas práticas de governança corporativa relacionadas à gestão de risco

Um dos maiores choques da crise financeira foi a falha generalizada de gestão de risco[69]. Como já comentamos na presente dissertação, a atividade bancária está envolta em múltiplos e multifacetados riscos, consta-

---

ram culpados pelo colapso de diversas instituições financeiras:/ • A adoção de sistemas de remuneração dos executivos desvinculada dos riscos incorridos e excessivamente atrelada aos resultados de curto prazo;/ • As falhas dos conselhos de administração no monitoramento dos riscos aos quais suas companhias estavam sujeitas e na fixação de sistemas de incentivos adequados;/ • A falta de transparência das instituições financeiras em relação aos reais riscos decorrentes de suas complexas operações financeiras" (op. cit., 2015, p. 40).

[68] Observamos que nosso foco se situa nas instituições bancárias, muito embora os relatórios mencionados também abarquem aspectos gerais de governança corporativa aplicáveis tanto a instituições bancárias como a outras espécies de organizações. Nesse ponto, por exemplo, a OCDE procura apresentar suas considerações de forma a abranger não apenas entidades financeiras.

[69] KIRKPATRICK, op. cit., p. 7.

tação essa que não é novidade. Ocorre que a crise evidenciou que muitos desses riscos foram negligenciados, subestimados, não levados em consideração ou até mesmo não compreendidos. No que diz respeito à dimensão da governança corporativa relacionada a esses fatos, em um resumo objetivo, percebeu-se que a tão importante gestão de risco nos bancos não estava, em geral, profundamente incorporada na organização, em uma evidente falha[70].

Com efeito, as estruturas e práticas de gestão de risco frequentemente não contavam com uma função de gestão de risco independente, com status suficiente para ser considerada, respeitada e integrada às decisões, bem como para ter recursos necessários (inclusive de treinamento), para efetivamente exercer as atividades necessárias e para estabelecer uma comunicação adequada (fator essencial à governança corporativa). Nesse sentido, faltavam linhas claras de responsabilidade com relação à identificação e gestão dos riscos, e ausência de linhas diretas de reporte ao conselho de administração. Como apontado pela Comissão Europeia, havia uma falta de: i) entendimento dos riscos por parte dos envolvidos na sua gestão, bem como treinamento suficiente; ii) autoridade e poder por parte da função de gestão de risco para frear atividades de risco; iii) expertise ou experiência ampla e suficiente para gerir e monitorar riscos, não apenas os considerados como prioridades; e iv) informação sobre riscos em tempo real que permitisse uma reação rápida a alterações de exposição da instituição[71].

---

[70] Ibid., p. 19-20. De fato, é de se anotar que a atenção nos anos anteriores à crise focou nos controles internos enquanto relacionados aos relatórios financeiros e na necessidade de checagem externa (seguindo, por exemplo, as linhas da Sarbanes Oxley Section 404). É importante destacar que o controle interno é apenas um subconjunto da gestão de risco e, no contexto mais amplo que é de preocupação da governança corporativa, não recebeu a atenção que era necessária, apesar do fato de que estruturas de gestão de risco já estivessem em uso. De fato, apesar da importância da gestão de risco que já era dada por reguladores e princípios de governança corporativa, a crise financeira revelou falhas severas nas práticas tanto de gestão interna quanto do papel do conselho no monitoramento dos sistemas de gestão de risco (como destacaremos a seguir) em um número de bancos (nesse sentido, KIRKPATRICK, op. cit., p. 6-7).
[71] European Commission. **European Commission's Green Paper on corporate governance in financial institution and remuneration policies**. 2010, p. 7. Disponível em: <http://ec.europa.eu/internal_market/company/docs/modern/com2010_284_en.pdf>. Acesso em: 27 set. 2016.

Nesse sentido, em alguns casos o baixo prestígio e status do pessoal de gestão de risco *vis-à-vis* o de produção impossibilitava os primeiros de exercerem o escrutínio necessário para a função, circunstância essa recrudescida pelo ambiente que não encorajava o desenvolvimento de funções de controle[72]. Em algumas situações, os gestores de risco ficavam apartados da administração de forma a não integrarem, como parte essencial, a implementação da estratégia da instituição[73], e, em outras, a proximidade excessiva entre o pessoal de gestão de risco e o de produção mitigou a independência necessária[74]. Ainda ilustram caricatamente esse cenário a prática de algumas instituições de delegar a função de gestão de risco à de compliance/auditoria para meramente checar o atendimento aos requisitos regulatórios (como os de capital)[75], ou ainda o uso acrítico de modelos de risco e testes concebidos externamente às instituições e que não se adequavam ao seu modelo de negócios para simplesmente fundamentar a atividade em uma postura refletida na assertiva: "[t]*oo often, risk management became risk justification*"[76].

Como consequência, informações relevantes não chegaram aos conselhos de administração como deveriam, ou as estratégias aprovadas não estabeleciam métricas adequadas para monitorar efetivamente sua implementação. Ainda nesse contexto, a divulgação de fatores de risco previsíveis e dos sistemas estabelecidos para monitorá-los e administrá-los deixaram a desejar, e muitas considerações e análises não estavam baseadas na dimensão de risco da instituição como um todo (*bank-wide*, ou seja, em uma abordagem holística), muito menos ajustadas à sua estratégia[77]. Testes de estresse e análise de cenários não receberam atenção na revisão e direção da estratégia e da política de risco pelo conselho de administração, assim como não foram alvo de diálogos entre a alta administração e a função de gestão de risco[78]. Nesse sentido, frequente-

---

[72] KIRKPATRICK, op. cit., p. 12.
[73] OCDE, op. cit., 2010, p. 13.
[74] KIRKPATRICK, op. cit., p. 12.
[75] Como apontado no relatório de David Walker: "*there appears to have been in addition some tendency for boards to delegate important parts of risk oversight to the financial compliance function with the object of meeting regulatory capital requirements at minimum cost and with minimum erosion of returns equity*" (op. cit., p. 25).
[76] Financial Crisis Inquiry Comission, op. cit., p. xix.
[77] KIRKPATRICK, op. cit., p. 2
[78] Ibid., p. 10.

mente os riscos não foram corretamente compreendidos e/ou considerados, e/ou as práticas adotadas pela instituição ficaram descasadas do que seria seu apetite e sua estratégia.

Intimamente relacionada a essa constatação é a importante evidenciação da crise da desconexão que existia em muitas instituições entre, de um lado, estratégia e gestão de risco, e, de outro, incentivos (que incluem a remuneração, mas não se limitam a ela). Em muitos casos, incentivos fortes não eram correlacionados a controles fortes internos e de gestão de risco, conduzindo a uma assunção de riscos excessiva quando comparada ao apetite de risco declarado pela instituição[79]. De fato, as falhas relacionadas à gestão de risco se tornaram ainda piores devido aos sistemas de incentivos, que encorajaram e premiaram a assunção de riscos elevados[80], conforme passaremos a comentar.

2.2.2 Sistemas de remuneração e de incentivos: incentivos fortes à assunção de risco

Os sistemas de incentivos, especialmente remuneratórios[81], tiveram um papel importante em influenciar a vulnerabilidade das instituições financeiras[82] aos choques macroeconômicos e no desenvolvimento de posições insustentáveis no balanço contábil. Em síntese, esses sistemas foram um elemento essencial para o foco dado a resultados de curto prazo à custa da assunção elevada de riscos de longo prazo. Essa realidade nas instituições bancárias abarcava mesmo níveis profissionais mais abaixo da alta administração, especialmente nas funções de produção (vendas e *trading*), o que potencializou ainda mais o quadro de favorecimento à tomada de riscos e apostas exageradas.

---

[79] OCDE, op. cit., 2010, p. 13.

[80] KIRKPATRICK, op. cit., p. 3.

[81] Além dos remuneratórios, vale exemplificar, como incentivo interno, o sistema de promoções de carreira.

[82] Vale observar que análises no tocante a estruturas remuneratórias espalharam-se para além do setor bancário em função da crise de 2008. Mas, como salienta Stephen M. Bainbridge: "[w]*hat seems clear, however, is that the problem was localized to the financial sector. Whether or not financial institution executive compensation practices contributed to the crisis, there is no evidence that executive compensation at Main Street corporations did so*" (BAINBRIDGE, S. **Corporate Governance after the Financial Crisis**. New York: Oxford University Press, 2012). Para uma descrição mais ampla (para além do setor objeto de nosso estudo) das políticas remuneratórias depois da crise de 2008, ver a referida obra do autor.

Com efeito, os arranjos remuneratórios eram frequentemente complicados ou obscuros de forma a camuflar condições e consequências, sendo que a própria ligação entre performance e remuneração era muito fraca ou difícil de estabelecer. Além disso – e com destaque especial –, os arranjos remuneratórios eram, na maioria dos casos, assimétricos, com limitação quanto a perdas remuneratórias (mas não quanto aos ganhos) de forma a encorajar, como já mencionamos, a assunção excessiva de riscos. Nesse sentido, não eram levados em consideração, para o pagamento de remunerações, os riscos que haviam sido assumidos para a geração das receitas, caminhando-se assim para a tomada de posições de risco em desacordo com a estratégia e apetite da instituição. Comumente a gestão de risco, que já continha falhas por si só, não era apreciada no desenho das políticas remuneratórias.

Essa situação era agravada pelo receio dos bancos de adotar sistemas de remuneração diversos dos agressivos praticados, sob pena de perder seus talentos. De fato, em muitos casos, os conselhos de administração não foram hábeis para estabelecer e monitorar um sistema de incentivos que fosse adequado ao desempenho de longo prazo da instituição. Em várias situações, a diretoria tinha influência exacerbada sobre o nível e as condições da remuneração baseada em performance, e os conselhos eram incapazes de exercer um julgamento objetivo e independente nesse tocante. Como consequência, a política de remuneração realmente não se relacionava com a perspectiva de longo prazo e com os riscos envolvidos[83].

Como condensado pela Financial Crisis Inquiry Commission:

> *Compensation systems – designed in an environment of cheap money, intense competition, and light regulation – too often rewarded the quick deal, the short-term gain – without proper consideration of long-term consequences. Often, those systems encouraged the big bet – where the payoff on the upside could be huge and the downside limited. This was the case up and down the line – from the corporate boardroom to the mortgage broker on the street*[84].

---

[83] OCDE, op. cit., 2010, p. 8.
[84] Financial Crisis Inquiry Comission, op. cit., p. xix.

2.2.3 Deficiências nas práticas e qualificações do conselho de administração

As deficiências nos sistemas de gestão de risco e de incentivos citadas anteriormente apontam para a falha na supervisão do conselho de administração. Com efeito, apesar de responsáveis pelo estabelecimento da estratégia e políticas de risco e de remuneração, bem como pelo monitoramento e revisão de suas implementações, os conselheiros, em muitos casos, não foram capazes de assegurar o desempenho de tais funções adequadamente[85]. Diversas carências contribuíram para esse resultado.

Em primeiro lugar, constatou-se, em muitas situações, a falta de independência e objetividade dos conselhos com relação à diretoria (*friendly boards*), que assim não a questionavam da maneira necessária[86]. Também nesse contexto, destacou-se que muitos conselhos, quando coletivamente analisados, não dispunham de diversidade de visões, o que mitigava a capacidade crítica existente e favorecia o estabelecimento do *group thinking*[87]. Aponta-se também que não havia um comprometimento de tempo adequado[88] por parte dos conselheiros para

---

[85] Ilustra referida constatação a colocação de um analista de mercado financeiro norte-americano (Richard X. Bove de Ladenburg Thalman & Co) ao tratar, depois da crise, de conselheiros de bancos que *"realize they now have to be on top of things, have to be the ones who make sure management is actually accounting for risk... Of course, that always should have been the case, but at least they are stepping up now"* (DOBBS, K. Crisis Casts Bank Boards As Activists. **American Banker**, 14 jul. 2008. Disponível em: <https://www.highbeam.com/doc/1G1-181283373.html>. Acesso em: 20 nov. 2016).

[86] OCDE, op. cit., 2010, p. 20. Como apontado pelo "European Commission Staff Working Document": *"[i]n particular, for different reasons, many non-executive directors were not in a position to form objective and independent judgements on management decisions. In consequence, in many instances they failed to act as an effective check on, and challenge to, executive managers"* (op. cit., p. 6).

[87] WALKER, op. cit, p. 53. O "European Commission Staff Working Document" destaca: *"[g]enerally, the selection of candidates for non-executive positions in financial institutions seems to have drawn on a too narrow pool of people. This meant a lack of diversity in the composition of boards with regard to cultural, educational professional and legal background and also with regard to age and gender. As a consequence, there was a lack of diversity in the composition of boards within boards which may in some cases have contributed to the failure of non-executive board members to effectively challenge management decisions"* (op. cit., p. 8).

[88] Por exemplo, o modelo de dedicação parcial sofreu questionamentos (OCDE, op. cit., 2010, p. 18). O "European Commission Staff Working Document" pontua: *"[t]he model of part-time boards with boards members combining a number of mandates in different companies is under severe stress, particularly in large complex financial institutions. The crisis has revealed the difficulties*

efetivamente lidar com a complexidade das questões envolvidas no desempenho de suas funções[89].

Em segundo lugar, aliado às colocações anteriores que também foram observadas de maneira mais ampla em organizações não financeiras, tem-se que o conselho de administração de instituições bancárias falhou em muitos casos por não contar com qualificação adequada[90]. De fato, não obstante testes realizados por autoridades de supervisão bancária (que em muitas jurisdições estavam mais voltadas a aspectos de probidade[91]), foi comum a assertiva de que os conselhos de administração não tinham suficiente experiência bancária e financeira[92] atualizada,

---

which non-executive directors face understanding all dimensions of risks being taken by financial institutions within the time commitments typically required from them" (op. cit., p. 5-6).

[89] WALKER, op. cit., p. 47-48.

[90] Embora o enfoque do presente item desta dissertação seja a identificação de falhas na governança corporativa de instituições bancárias como apontadas pelos relatórios oficiais selecionados, vale mencionar a existência de dois trabalhos empíricos frequentemente referenciados no tocante ao estudo das características de conselhos de bancos. O primeiro é o produzido por Harald Hau e Marcel P. Thum (Subprime Crisis and Board (In)Competence: Private vs. Public Banks in Germany. **INSEAD Working Paper n. 2010/45/FIN,** June 2010. Disponível em: <http://sites.insead.edu/facultyresearch/research/doc.cfm?did=44430>. Acesso em 25 ago. 2016), pelo qual os autores analisaram, na Alemanha, a biografia de 593 membros de conselhos de administração (de supervisão, no modelo alemão) nos 29 maiores bancos em referida jurisdição e identificaram uma diferença pronunciada na experiência financeira e de gestão dos membros entre os bancos de controle privado e estatal. Ainda segundo os autores, a incompetência de membros do conselho de supervisão em finanças é relacionada a perdas na crise financeira de 2008. O segundo estudo a que nos referimos é o produzido por Daniel Ferreira, Tom Kirchmaier e Daniel Metzger (Boards of Banks. In: **AXA Working Paper Series** n. 6, Discussion Paper n. 664, Jan. 2011. Disponível em: <http://www.lse.ac.uk/fmg/workingPapers/discussionPapers/DP664_2010_Boardsof-Banks.pdf>. Acesso em: 23 nov. 2016). No mencionado artigo, sem asseverar se a independência ou a experiência dos conselheiros externos (não executivos) são boas ou más características, os autores estudaram razões para as diferenças encontradas nas configurações do conselho de administração entre diversos bancos e concluíram com base em vasta análise de dados (colhidos de 12.010 conselheiros de 740 bancos de capital aberto, dentre 2000 a 2008, em 41 países) que as características dos países (regulação e outras características institucionais) explicam a maior parte das variações na independência do conselho, ao passo que as alterações na experiência bancária estão positivamente relacionadas às alterações no tamanho dos bancos e negativamente relacionadas às alterações de desempenho dos bancos.

[91] OCDE, op. cit., 2010, p. 20.

[92] KIRKPATRICK, op. cit., p. 21. O "European Commission Staff Working Document" também anota que "[p]*articipants in the seminar organised by the European Commission on 12 October 2009 and several of the interviewed board members shared the view that lack of expertise of non-executive*

sendo que, ainda por cima, membros sem essa experiência participavam de comitês técnicos como os de auditoria e de risco[93] (este quando existente). Tal fato comprometeu a análise crítica[94] e especificamente necessária às instituições do setor bancário. Em algumas instâncias, deu-se enfoque exagerado à independência dos conselheiros – tema muito tratado antes da crise de 2008, embora tenha permanecido como um ponto de atenção –, em prejuízo da busca pela qualificação adequada para a função (individual e coletivamente considerada)[95].

Em terceiro lugar, faltou entendimento por parte de conselhos quanto à complexidade não só dos produtos analisados e utilizados pelas instituições, como também da própria estrutura organizacional daquelas[96]. Em diversas situações, faltavam informações ao conselho como reflexo da ausência de políticas adequadamente implementadas nas instituições (situação da qual são exemplos as estruturas relacionadas à função

---

board members prevented them from carrying out checks on the plausibility of information presented to them and explained in part the over reliance on ratings. In addition, nomination process of non-executives often did not sufficiently assess their capacity to carry out non-executive functions, including the ability to challenge the management" (op. cit., p. 7).

[93] KIRKPATRICK, op. cit., p. 22.

[94] Como apontado pelo "European Commission Staff Working Document": "[m]*oreover, many non-executive board members lacked relevant financial expertise and skills to be able to perform their duties and efficiently challenge dominant chief executives pursuing aggressive growth strategies. As showed by different studies, the presence of a sufficient number of experienced and informed non-executives encourages challenge as opposed to boards whose members do not question management decisions because the subject is too technical for them"* (op. cit., p. 7).

[95] OCDE, op. cit., 2010, p. 19.

[96] O Comitê da Basileia, por exemplo, pontua os desafios para a governança corporativa advindos de estruturas complexas e opacas de organizações bancárias (op. cit., 2010). O "European Commission Staff Working Document" destaca: "[o]*ne of the issues that have arisen during the financial crisis was the complexity of financial institutions and the challenge that this poses for boards to discharge their duties. Organisational complexity has particular implications for the oversight by non-executive board members of senior management and for the structure and operation of the board and its resources. In particular, in many cases information was not communicated to the board by the management in a timely, clear and understandable way"* (op. cit., p. 8). Ainda conforme este documento, durante o seminário sobre governança corporativa de instituições financeiras de 12 de outubro de 2009 organizado pela Comissão Europeia, um dos panelistas asseverou que *"questioning the quality of the management using available information is an important thing; however, challenging the accuracy and the depth of information received by the board is equally important and represents a real issue revealed by the current crisis"* (op. cit., p. 8, n. 32).

de gestão de riscos já comentadas[97]). Assim, ora não havia qualificação presente, ora não havia informação que permitisse o entendimento e a atuação adequados, contribuindo para a instauração de uma espiral de risco[98].

A conjugação dos fatores (de todos ou de parte deles) enumerados anteriormente nos casos concretos ocasionou que muitos conselhos não fossem claros com relação à estratégia e apetite de risco da respectiva instituição, ou não fossem capazes de responder tempestivamente aos riscos, atuando no sentido de seu controle ou mitigação[99]. Ainda, ocasionou um monitoramento não efetivo da compatibilidade dos sistemas de gestão e remuneração[100] com os objetivos e apetite de risco das instituições[101].

De fato, as falhas associadas aos conselhos de administração encontram-se no âmago das anteriormente apontadas por serem estes os

---

[97] Como a assertiva de Grant Kirkpatrick: "[e]*ven if risk management systems in the technical sense are functioning, it will not impact the company unless the transmission of information is through effective channels, a clear corporate governance issue*" (op. cit., p. 11). No "European Commission Staff Working Document", é destacado: "[i]*n particular, in a number of cases boards of financial institutions did not understand the characteristics of the new, highly complex financial products with which they were dealing. Nor were they aware of the aggregate exposure of their firms, seriously underestimating the risks of their operations. This seems to have been due part to the inadequate nature of board involvement in approving and overseeing the risk strategy (risk appetite) and risk management structure. Often, there were no clear lines of responsibility with regard to risk identification and management and lack of direct lines of reporting of the risk management function to the board*" (op. cit., p. 9).

[98] David Walker destaca: "[i]*nadequate oversight by the boards* [...] *of the executive management of these BOFI* [banks and other financial institutions] *entities and their collective failure to understand the new complex products resulted in spiraling enterprise-wide risk*" (op. cit., p. 26).

[99] Por exemplo: "[...] *some firms made strategic decisions to retain large exposures to super senior tranches of collateralised debt obligations that far exceeded the firms understanding of the risks inherent in such instruments, and failed to take appropriate steps to control or mitigate those risks* [...]. *As noted below, in a number of cases boards were not aware of such strategic decisions and had not put control mechanisms in place to oversee their risk appetite, a board responsibility. In other cases, the boards might have concurred.* [...] *Some firms had limited understanding and control over their potential balance sheet growth and liquidity needs. They failed to price properly the risk that exposures to certain off-balance sheet vehicles might need to be funded on the balance sheet precisely when it became difficult or expensive to raise such funds externally. Some boards had not put in place mechanisms to monitor the implementation of strategic decisions such as balance sheet growth*" (KIRKPATRICK, op. cit., p. 8).

[100] Como apontado pelo "European Commission Staff Working Document": "[b]*oards did not play there* [sic] *role in ensuring that remuneration policies promoted the long-term performance of financial institutions and were consistent with sound and effective risk management*" (op. cit., p. 9).

[101] KIRKPATRICK, op. cit., p. 5.

grandes atores internos responsáveis pelo funcionamento adequado do sistema de governança corporativa de uma organização empresarial[102].

2.2.4 Conduta de acionistas e a crítica ao fundamento da vertente *shareholder-oriented* como falha da governança corporativa evidenciada pela crise de 2008

Por fim, uma falha apontada com frequência nos relatórios referidos volta-se para a conduta de acionistas, notadamente os investidores institucionais[103]. Essa assertiva é estendida quanto a outras organizações que não só as financeiras, especialmente (mas não exclusivamente) quanto as que adotam a forma de companhias de capital aberto. Nesse sentido, aponta-se que os acionistas não as monitoraram ativamente e não usaram seus direitos para assegurar sua viabilidade de longo prazo, sua governança corporativa e melhorar sua estratégia. Os acionistas teriam sido meramente reativos, em muitos casos votando de maneira mecânica, confiando em assessorias de *proxy voting* (voto por procuração) e não questionando os conselhos de administração de maneira efetiva[104]. Nesse sentido, teriam falhado na identificação de fraquezas nos conselhos bem como não teriam sido capazes de frear estratégias de crescimento muito agressivas ou prevenir a adoção de políticas remuneratórias que incluíam incentivos para a assunção de risco excessiva em prol da lucratividade de curto prazo.

Ao revés, assevera-se que os acionistas, na verdade, contribuíram para os excessos pressionando pelo lucro rápido[105]. Com efeito, em muitas situações, os acionistas estavam igualmente preocupados com o curto prazo junto dos administradores[106], negligenciando o efeito de

---

[102] Ibid., p. 3.
[103] Os investidores institucionais, no presente texto, referem-se aos investidores (fundos e outras entidades) que atuam profissionalmente investindo por conta e benefício de outros investidores, incluindo, mas não se limitando a, fundos de pensão e *hedge funds*.
[104] OCDE, op. cit., 2010, p. 24.
[105] **European Commission Staff Working Document**, op. cit., p. 24.
[106] É oportuno relembrar que acionistas não são um grupo homogêneo, como destacamos no primeiro capítulo. Ao contrário, sob a denominação de "acionistas" há uma gama de subgrupos com interesses diferentes, dentre os quais cabe aqui classificar os interessados mais no curto prazo e os interessados mais no longo prazo. Mesmo dentre esses grupos, há divergências, por exemplo quanto ao exercício efetivo de direitos ou monitoramento da organização. Não obstante, o destaque advindo da crise decorreu do que se associou aos acionistas

políticas de tomada excessiva de risco. Nessa direção, os interesses dos acionistas e da alta administração foram "alinhados" de forma associada a comportamentos de curto prazo e insustentáveis no longo[107].

O *Commission Staff Working Document* enumera algumas razões por detrás dessa realidade: o modelo de negócio[108] dos investidores institucionais que se pautam em uma grande diversificação de portfólios, bem como na comparação (*benchmark index*) do desempenho de curto prazo apresentado (mesmo no caso de fundos de pensão em geral associados a responsabilidades de longo prazo); o custo do engajamento acionário, que é alto enquanto o resultado pode não ser bem-sucedido ou restar beneficiando outros investidores (*free riders*); conflitos de interesse no exercício dos direitos, por exemplo em situações nas quais uma empresa do grupo do investidor presta serviços para a companhia investida; falta de informação apropriada sobre o risco (muito longas e complicadas para serem analisadas ou entendidas); quadros legais que criam obstáculos ao exercício de direito ou insegurança quanto a atuações concertadas (cooperação) entre acionistas[109].

A constatação de que os acionistas e a estrutura de governança corporativa voltada para eles não apenas não colaboraram para a prevenção da crise financeira, como na verdade encorajaram e permitiram a criação e

---

voltados ao curto prazo (embora passível de extensão aos voltados ao longo prazo, mas que não sejam ativos). No mais, deve-se destacar também que, em regra, os acionistas, nos países epicentros da crise, não estavam sujeitos a perdas maiores do que o valor de suas ações (devido às estruturas legais que, por exemplo, limitavam suas responsabilidades), ao passo que poderiam beneficiar-se integralmente com os ganhos dos comportamentos arriscados dos bancos, reforçando o cenário de incentivo ao foco no lucro rápido na dimensão preponderante do curto prazo.

[107] KIRKPATRICK, op. cit., p. 24.

[108] Descrevendo sob a perspectiva da realidade no Reino Unido, Sir David Walker destaca que elementos como relatórios completos trimestrais incentivaram conselhos e alta administração a apresentarem desempenho de curto prazo, e a comparação (*benchmark*) entre as empresas pressionaram os acionistas (notadamente fundos de investimento que por sua vez respondem a seus investidores) a procurarem os resultados de curto prazo. Esse cenário, recrudescido pela confiança excessiva nesses relatórios trimestrais, acarretou um aumento na atenção a resultados de curto prazo em termos de receita, participação de mercado e margem levando, em muitos casos, tanto ao encorajamento quanto à larga aceitação do aumento da alavancagem. Tudo isso foi relevante internamente para o pagamento de bônus aos executivos e externamente para o pagamento de dividendos e compras de ações, potencial ou efetivamente em detrimento da atenção adequada ao longo prazo (op. cit., p. 27).

[109] **European Commission Staff Working Document**, op. cit., p. 24-26.

assunção de riscos financeiros e empresariais excessivos em prol da maximização de lucros no curto prazo fez com que – para além dos relatórios analisados – autores como William Sun, Jim Stewart e David Pollard sustentassem que os problemas da governança corporativa não poderiam ser vistos apenas como uma questão técnica ou de implementação; na verdade, o problema seria sistêmico e de fundamento, envolvendo o modelo, paradigma, teses subjacentes e abordagens associados ao modelo anglo-americano[110].

Esse argumento ganha força mais especificamente no setor bancário, haja vista as consequências que impactam os demais *stakeholders*, como apontamos desde o primeiro capítulo. Na realidade, a crise demonstrou que mesmo os acionistas foram prejudicados pelo comportamento advindo do referido modelo de governança corporativa praticado nos bancos com a perda de seus investimentos, assim como com o arrefecimento da economia global. O modelo contava severamente com a disciplina exercida pelos acionistas, aliada à ênfase em parâmetros voltados supostamente para a maximização do valor das organizações empresariais (o que beneficiaria obviamente os acionistas). No entanto, em

---

[110] SUN; STEWART; POLLARD, Op. cit., p. 5-7. No contexto norte-americano, Lynn Stout é uma autora ativista contra o "mito do *shareholder value*" (mesmo desde antes da crise de 2008), tendo publicado um livro referência desse assunto: STOUT, L. **The Shareholder Value Myth**: How Putting Shareholders First Harms Investors, Corporations, and the Public. Oakland: Berrett-Koehler, 2012 (é interessante destacar que referida autora sustenta que há uma interpretação equivocada e difundida sobre a legislação norte-americana quanto ao dever dos administradores de necessariamente maximizarem a riqueza dos acionistas). No mesmo contexto, mas voltada para a crise de 2008, Sheila Bair, ex-presidente do norte-americano Federal Deposit Insurance Corporation (FDIC), também chama a atenção para como o foco excessivo no curto prazo contribuiu para a condução à crise. Nesse sentido, ainda que a autora mencione como somos naturalmente voltados ao curto prazo por questões psicológico-comportamentais, biológicas e até políticas, ela destaca: "*Short-termism also grows out of the institutional rules that govern our behavior. When executive compensation varies according to current-year earnings or stock prices, it creates incentives to maximize short-term results even at the expense of longer-term considerations. Short-term incentives tend to feed on each other through the chain of accountability. If an investment fund earns fees based on volume, and if volume varies – as it often does – with current performance, then the path of least resistance is to compensate fund managers based on current results. But ask yourself: If this investment fund is part of your 401(k), wouldn't you prefer that your fund manager be compensated at least in part based on long-term performance?*". BAIR, S. **Lessons of the Financial Crisis**: The Dangers of Short-Termism. 4 jul. 2011. Disponível em: <https://corpgov.law.harvard.edu/2011/07/04/lessons-of-the-financial-crisis-the-dangers-of-short-termism/>. Acesso em: 24 set. 2016.

razão das medidas de curto prazo, ele se mostrou, pela crise de 2008, e especialmente quando praticado por bancos, prejudicial a todos, considerando tanto a estabilidade financeira como os interesses de todos os *stakeholders* (inclusive dos acionistas).

Escrevendo no contexto britânico, Andreas Kokkinis chama a atenção para essa falha, destacando como o modelo de governança corporativa de vertente *shareholder-oriented* tende a conduzir à assunção de riscos substanciais que, no âmbito bancário, pode minar a estabilidade financeira e ser excessiva sob a perspectiva da sociedade[111]. Essa constatação, aliada à dificuldade de monitoramento dos riscos assumidos pelos bancos por parte tanto dos acionistas como dos credores – em sintonia com o que expusemos no primeiro capítulo –, faz com que o remédio convencional de governança corporativa consubstanciado no fortalecimento do poder dos acionistas seja capaz de acarretar, na verdade, consequências negativas para a resiliência do sistema financeiro[112]. Com efeito, o seguinte excerto ilustra a argumentação do referido autor:

[111] "*[...] the private ordering model of bank corporate governance is prone to lead to high negative externalities by undermining financial stability. Profit maximisation necessarily entails taking substantial risks that, even if desirable from the point of view of bank shareholders, may still be excessive from the society's perspective, due to the systemic consequences of crises in any major bank. This problem is not unique to the banking sector, but is far more severe in banks than in other large companies due to the crucial economic functions performed by banks and the special risks banks face, most notably, systemic risk [...]*" (KOKKINIS, op. cit., p. 2-3).

[112] "*The main finding is that running banks with a view to profit maximisation under the current private ordering corporate governance paradigm creates negative externalities in the form of undermining financial stability. In parallel, the opacity of banks limits the ability of bank shareholders and bondholders to monitor risk taking by banks and thus exacerbates the above problem and follows that shareholder empowerment, which is a conventional remedy to corporate governance problems, can actually have negative consequences on the resilience of the financial system*" (ibid., p. 36). Entretanto, como apontado pelo autor: [...] *the vital importance of bank corporate governance reforms has become widely accepted in policy-making and regulatory circles in recent years and a number of reform initiatives in the UK and EU have already radically changed the landscape of bank corporate governance [...]. Still, these reforms fall short of fundamentally changing the existing shareholder-centric and facilitative nature of bank corporate governance and therefore further reform is necessary./ [...] Despite these reforms, the shareholder-centric character of bank corporate governance persists through the substantial remaining components of variable remuneration, the pressures from the market for corporate control and institutional shareholders, and the application of directors' duties on banks in the same manner as in generic companies. In the same vein, most scholars still perceive bank corporate governance as synonymous to an exercise of aligning the interests of senior managers to the interests of dispersed shareholders, thus obfus-*

[...] *A shareholder-oriented corporate governance system is thus likely to lead to constant pressures on banks' senior management to take on excessive risks. This is not merely a theoretical assertion. Evidence given by major UK banks in Parliament demonstrates that in the years up to the 2007 crisis most active bank shareholders enthusiastically supported further increases in leverage and balance sheet restructurings with a view to increase short-term profits. In addition, performance-based remuneration incentivized bank managers to take very high risks and may thus have contributed to the making of catastrophic strategic decisions that led to the recent financial crisis*[113].

Ainda ilustrando a possível inadequação dessa vertente para o caso específico das instituições financeiras (incluindo, portanto, as bancárias), valemo-nos de Mehran Hamid e Lindsay Mollineaux, os quais, escrevendo a partir do contexto norte-americano, observam que:

In the United States, the legal status of many financial institutions as publicly listed companies means that corporate law treats them much like nonfinancial institutions. Perhaps accordingly, much of the research on the corporate governance of financial institutions has used governance and performance measurements based on value maximization. While we think this is a reasonable approach, we believe that the financial crisis was a powerful reminder that financial institutions are unique, and as such they demand both a different paradigm for evaluation and different metrics for measuring their governance and subsequent performance[114 e 115].

cating the potential complementarity between a regulatory approach to corporate governance and other aspects of prudential regulation" (ibid., p. 32-35).

[113] Ibid., p. 17.

[114] MEHRAN, H.; MOLLINEAUX, L. Corporate Governance of Financial Institutions. **Federal Reserve Bank of New York Staff Report n. 539**, Jan. 2012, p. 7. Disponível em: <https://www.newyorkfed.org/medialibrary/media/research/staff_reports/sr539.pdf>. Acesso em: 27 set. 2016. Na mesma linha de que deve haver uma métrica distinta quanto a governança corporativa dos bancos: **Better Markets**. 9 jan. 2015, p. 13-14. Disponível em: <https://www.bettermarkets.com/sites/default/files/documents/BIS-%20BCBS-%20CL-%20Corporate%20Governance%20Principles%20for%20Banks%201-9-15.pdf>. Acesso em: 24 set. 2016.

[115] No mesmo contexto, Brian Cheffins destaca: "[t]*he shareholder angle merits further consideration, however, particularly because various prominent figures in the corporate governance field said shareholders helped to cause the financial crisis. While shareholders in a bank likely to be rescued will be particularly susceptible to a 'gung ho' managerial style, all bank shareholders will have a bias in favor of high-risk/high return strategies because they will have a capped downside due to limited liability and will capture the full upside if all goes well. There is empirical evidence implying that boards of at least some banks counterproductively deferred to risk-preferring shareholder preferences*

Com efeito, o tratamento *shareholder-oriented* clássico para a governança corporativa específica dos bancos, seja pelas características apontadas no primeiro capítulo da presente dissertação, seja pelo quanto anteriormente elucidado no tocante às falhas identificadas em função da crise de 2008, parece-nos ser incompleta para o atendimento e sopesamento adequado de todos os interesses neles implicados.

2.3 A divergência quanto à real extensão da contribuição da governança corporativa das instituições financeiras (e bancárias) para a crise

Apresentadas as falhas da governança corporativa (sobretudo de instituições bancárias) conforme identificadas por estudos e observações realizadas em função da crise de 2008, cumpre-nos apontar brevemente

as the financial crisis approached. According to a 'management insulation index' developed by Daniel Ferreira, David Kershaw, Tom Kirchmaier, and Edmund Schuster to measure how readily a majority coalition of shareholders could capture control of bank boards, U.S. banks that were susceptible to shareholder pressure prior to the financial crisis were prone to engage in potentially risky non-traditional banking activities such as investment banking and the trading of complex securities and were appreciably more likely to be bailed out when the financial crisis hit" (op. cit., p. 40). Ainda nesse contexto, deve-se observar que muitas intervenções legislativas pós-crise de 2008 fortaleceram o poder dos acionistas e são alvos de críticas, como destaca o mesmo autor: "[i]*ronically, corporate governance reforms of the sort Dodd-Frank introduced potentially run counter to the shift toward 'boring' banks regulators appear to be promoting. To the extent that the Dodd-Frank Act reforms empower shareholders of banks, this enhances their ability to pressure bank executives to pursue high-risk strategies that regulators seem to oppose, particularly because banks' primary creditors – the depositors – have little incentive to impose a check on shareholder-backed risk-taking due to deposit insurance the Federal Deposit Insurance Corporation provides*" (op. cit., p. 50). O índice de isolamento da administração desenvolvido por Daniel Ferreira, David Kershaw, Tom Kirchmaier e Edmund Schuster é abordado em um artigo dos referidos autores: **Shareholder Empowerment and Bank Bailouts** (Nov. 2012. Disponível em: <http://www.lse.ac.uk/fmg/workingPapers/discussionPapers/fmgdps/dp714_AXAll.pdf>. Acesso em: 23 nov. 2016). No mencionado trabalho, os autores investigam a hipótese de que o fortalecimento dos acionistas poderia ter levado a mais resgates de bancos durante a crise financeira de 2008 e, para testá-la, desenvolverem o referido índice. Ao aplicarem-no a uma amostra de bancos comerciais norte-americanos, os autores identificaram que bancos com administração completamente isolada dos acionistas tinham uma menor possibilidade (aproximadamente de 19 a 26 pontos percentuais a menor) de se encontrarem em situação de resgate (*bailed out*). Na mesma direção, os autores identificaram que bancos em que o índice de isolamento sofreu redução entre 2003 e 2006 estavam mais propensos a precisarem ser resgatados. Segundo os autores, a linha de evidência mais consistente caminha na direção da hipótese de que bancos com acionistas fortalecidos apresentaram desempenho pior durante a crise.

a existência de uma controvérsia na literatura sobre se a governança corporativa de instituições bancárias foi efetivamente (co)responsável pela crise[116].

Nesse sentido, é de se observar, por um lado, a existência de assertivas de que as possíveis falhas na governança corporativa de bancos são de pequena relevância ou até mesmo irrelevantes para a crise. Isso porque, além de a governança corporativa ter evoluído muito desde 1970, a comparação de práticas de governança corporativa e de performance de algumas empresas não permitiria concluir pela relevância daquelas. Nessa linha, Renee Adams, por exemplo, após realizar um estudo empírico de dados de empresas financeiras e não financeiras de 1996 a 2007, concluiu que a governança corporativa de empresas financeiras, na média, não era pior do que as não financeiras. Inclusive, os conselhos de administração de bancos que receberam ajuda financeira eram considerados mais independentes do que os de outros bancos, bem como os diretores de bancos receberam menos remuneração do que diretores de não financeiras. No âmago da análise dessa linha, contudo – cabe-nos criticar –, há uma comparação que a própria crise contribuiu para demonstrar ser indevida: a análise da governança corporativa de instituições financeiras tal qual a governança corporativa de instituições não financeiras. Com efeito, do quanto já exposto na presente dissertação, evidencia-se que a crise contribuiu para a percepção de que a governança corporativa de bancos tem particularidades, as quais devem refletir inclusive nas métricas utilizadas para sua avaliação. Dessa forma, boa parte da crítica de que a governança corporativa foi irrelevante para a crise, enquanto pautada nos mesmos critérios até então utilizados para avaliar a governança corporativa de empresas em geral, deve ser vista com ponderação.

Por outro lado, há uma segunda linha de acordo com a qual a crise financeira estava intimamente relacionada às práticas inadequadas de governança corporativa. Nesse âmbito, por exemplo, situa-se a posição

---

[116] William Sun, Jim Stewart e David Pollard separam as considerações a esse respeito em três correntes de pensamento: a primeira, de que as falhas na governança corporativa são de pouca relevância para a crise; a segunda, de que as falhas de implementação dos códigos e princípios de governança corporativa estão intimamente relacionadas à crise; e a terceira, de que a crise foi ao menos em parte causada por uma falha sistêmica de fundamento da governança corporativa no modelo anglo-americano (op. cit, p. 3-7).

da OCDE, para quem *"the financial crisis can be to an important extent attributed to failures and weaknesses in corporate governance arrangements"*[117]. O *Financial Crisis Inquiry Commission Report* também caminhou nesse sentido, como ilustra seu seguinte excerto: *"[w]e conclude dramatic failures of corporate governance and risk management at many systemically important financial institutions were a key cause of this crisis"*[118]. Outros também consideraram a participação da governança corporativa relevante para a crise de 2008, muito embora com a ressalva de não ser a única ou mais importante causa, como o relatório de Sir David Walker:

> *serious deficiencies in prudential oversight and financial regulation in the period before the crisis were accompanied by major governance failures within banks. These contributed materially to excessive risk taking and to the breadth and depth of the crisis*[119 e 120].

Ainda no âmbito dessa segunda linha, vale mencionar mais uma divergência segundo a qual as práticas inadequadas de governança corporativa evidenciadas pela crise ou decorrem de uma implementação insuficiente dos códigos e princípios de governança corporativa existentes, ou de uma inadequação e insuficiência daquilo que era prescrito e recomendado até então no que toca aos bancos[121]. Para a primeira posição, os preceitos amplos da governança corporativa não estariam errados, mas sua implementação teria sido insuficiente. Grant Kirkpatrick, por exemplo,

---

[117] KIRKPATRICK, op. cit., p. 3.
[118] **Financial Crisis Inquiry Commission Report**, op. cit, p. xviii.
[119] WALKER, op. cit., p. 9. Nessa direção, mencionem-se também os relatórios referidos na nota de rodapé 44 do presente capítulo. Uma ilustração convincente da contribuição da governança corporativa no contexto da crise, ainda que não houvesse a pretensão de análise detalhada sobre suas causas, pode ser encontrada no seguinte trecho do relatório de David Walker: *"[i]t is not the purpose of this Review to assess the relative significance of the many different elements in the build-up to the recent crisis phase. But the fact that different banks operating in the same financial and market environment and under the same regulatory arrangements generated such massively different outcomes can only be fully explained in terms of differences in the way they were run. Within the regulatory framework that is set, how banks are run is a matter for their boards, that is, of corporate governance"* (op. cit., p. 6).
[120] O "Commission Staff Working Document", em leitura a *contrario sensu*, também se alinha a essa corrente ao dispor: *"[c]orporate governance weaknesses in financial institutions were not per se the main causes of the financial crisis. However, timely and effective checks and balances in governance systems might have helped mitigate the worst aspects of the crisis"* (op. cit., p. 3).
[121] Nesse sentido, ver KOKKINIS, op. cit.

destacou em seu relatório que *"major failures among policy makers and corporations appear to be due to lack of implementation"* dos princípios da OCDE[122]. Vale relembrar que, na base dessa posição, os bancos em si não demandariam uma governança corporativa diferenciada, bem como os princípios da OCDE não deveriam ser revistos, mas suplementados. Para o outro sentido, mesmo as recomendações e prescrições existentes (e não só o praticado) eram insuficientes para atender adequadamente ao que foi observado nos bancos em função da crise de 2008. Caminham nessa direção, por exemplo, as colocações, já enfatizadas na presente dissertação, de Andreas Kokkinis, bem como a própria atitude do Comitê da Basileia de rever e expandir seus princípios dedicados à governança corporativa dos bancos, como abordaremos no item 2.4[123].

Em nosso entendimento, a adoção contundente de qualquer uma das linhas de pensamento expostas anteriormente pressupõe um estudo empírico da governança corporativa aplicada e demais causas da crise de 2008, o que foge ao propósito do presente trabalho[124]. Ademais, para

---

[122] OECD. **The Corporate Governance Lessons from the Financial Crisis**. 2009. Disponível em <http://www.oecd.org/daf/ca/corporategovernanceprinciples/42229620.pdf>. Acesso em: 11 jul. 2015.

[123] Ainda, vale observar que no terceiro documento publicado pela OCDE abordando as lições da crise de 2008 há a assertiva de que: "[w]*ith few exceptions, risk management is typically not covered, or is insufficiently covered, by existing corporate governance standards or codes. Corporate governance standard setters should be encouraged to include or improve references to risk management in order to raise awareness and improve implementation*" (op. cit., 2010, p. 13).

[124] No Brasil, um estudo empírico procurando verificar a influência da qualidade da governança corporativa no desempenho das empresas brasileiras listadas na BM&FBovespa no contexto da crise econômica global de 2008 – ainda que não se relacione diretamente com o que pontuamos no texto, e não faça uma análise destacada de instituições do setor financeiro – pode ser encontrado em: MARANHO, F. S.; FONSECA, M. W. DA; FREGA, J. R. Governança corporativa e desempenho das empresas diante da crise econômica global de 2008: uma análise de dados em painel. **Rev. Adm. UFSM**, Santa Maria, v. 9, n. 2, p. 293-311, abr.-jun. 2016. Disponível em: <https://periodicos.ufsm.br/reaufsm/article/view/13414>. Acesso em: 22 nov. 2016. Os autores, considerando dados de janeiro de 2004 a dezembro de 2012, concluíram pela relação estatisticamente significativa e positiva entre a qualidade da governança corporativa no período pré-crise e o desempenho das companhias medido pelo *return on assets* (ROA). No mais, os autores fazem uma revisão bibliográfica, indicando estudos empíricos estrangeiros relacionando a governança corporativa e a crise financeira especificamente em instituições financeiras (op. cit., p. 299). Nessa direção, mencionamos os estudos de: GROVE, H. et. al. Corporate governance and performance in the wake of the financial crisis: evidence from US commercial banks. **Corporate Governance**: An Interna-

tional Review, v. 19, n. 5, p. 418-436, 2011. Disponível em: <http://onlinelibrary.wiley.com/doi/10.1111/j.1467-8683.2011.00882.x/abstract>. Acesso em: 22 nov. 2016 (os autores avaliam aspectos de governança corporativa em 236 bancos comerciais de capital aberto, como a função dupla do CEO como presidente do conselho, incentivos remuneratórios, tamanho do conselho e idade média dos conselheiros, e concluem que esses pontos podem explicar melhor o desempenho financeiro dos bancos do que a qualidade dos empréstimos); PENI, E.; VÄHÄMAA, S. Did good corporate governance improve bank performance during the financial crisis? **Journal of Financial Services Research**, v. 41, n. 1, p. 19-35, 2012. Disponível em: <http://link.springer.com/article/10.1007/s10693-011-0108-9>. Acesso em: 22 nov. 2016 (os autores avaliam os efeitos da governança corporativa no desempenho de 62 bancos comerciais norte-americanos durante a crise financeira de 2008, mas seus achados empíricos vão em mais de uma direção, sugerindo que bancos com governança corporativa mais forte estavam associados com lucratividade maior em 2008, ao mesmo tempo em que se sugere que uma governança corporativa forte teria provocado efeitos negativos na avaliação de mercado das ações dos bancos no meio da crise, e, ainda, que bancos com práticas de governança corporativa fortes teriam retornos substancialmente mais altos após o derretimento do mercado, indicando que uma boa governança pode ter mitigado o efeito adverso da crise na credibilidade do banco. Esclarece-se que a força da governança corporativa utilizada pelos autores vale-se do "Gov-Score index", que, segundo a explicação constante do artigo: "[t]*he Gov-Score index is based on 51 different firm-specific governance attributes, which present both internal and external governance of the firm. The different governance sectors considered in the Gov-Score are auditing, board of directors, charter/bylaws, director education, executive and director compensation, ownership, progressive practices, and state of incorporation*". Para maior detalhamento, recomenda-se a leitura do artigo em referência, bem como suas indicações bibliográficas); PENI, E.; SMITH, S. D.; VÄHÄMAA, S. Bank Corporate Governance and Real Estate Lending During The Financial Crisis. **Journal of Real Estate Research**, v. 35, n. 3, p. 313-343, 2012. Disponível em: <http://pages.jh.edu/jrer/papers/pdf/forth/accepted/Bank%20Corporate%20Governance%20and%20Real%20Estate%20Lending%20During%20the%20Financial%20Crisis.pdf>. Acesso em: 22 nov. 2016 (os autores analisam os efeitos da governança corporativa de bancos nos empréstimos no mercado de *real estate* e em suas perdas (*loan losses*) durante a crise financeira. Os resultados caminham novamente para várias direções (*mixed*) e dependem da definição do período da crise, mas indicam que bancos com mecanismos fortes de governança corporativa tiveram mais lucratividade durante o período de 2006 a 2009, e, no tocante a empréstimos no mercado de *real estate*, os resultados apontam que bancos com práticas mais fortes de governança tiveram perdas (*loan losses*) menores durante o período de 2006 a 2008, mas maiores perdas em 2009. Por fim, os autores documentam que bancos com governança corporativa mais fraca diminuíram sua alta exposição ao mercado de *real estate* depois de seu derretimento); ROSS, A.; CROSSAN, K. A review of the influence of corporate governance on the banking crises in the United Kingdom and Germany. **Corporate Governance**: The International journal of business in society, v. 12, n. 2, 2010, p. 215-225 (os autores avaliam dados macroeconômicos e de desempenho de um pequeno número de bancos grandes tanto no Reino Unido quanto na Alemanha, bem como empreendem a uma análise panorâmica dos códigos de governança corporativa em ambas as jurisdições mencionadas. Os achados dos autores sugerem que a governança corporativa em bancos pode ter sido um fator significativo na crise, baseados nos dados de performance, mas que não é possível afirmar que a abordagem baseada no capitalismo *shareholder* ou no capitalismo *stakeholder* seja a mais culpada. Entretanto, os autores apontam ter ficado evidente que as estruturas de governança corporativa tanto no Reino Unido quanto na Alemanha não estavam adequadas para prevenir a crise e apenas o tempo indicará se as ações corretivas foram suficientes. Importante destacar que os autores apontam que não foram feitas análises complexas para sustentar os achados); BELTRATTI, A.; STULZ, R. M. Why Did Some Banks Perform Better During the Credit Crisis? A Cross-Country Study of the Impact of Governance and Regulation. **NBER Working Paper n. 15180,** July 2009. Disponível em: <http://www.nber.org/papers/w15180.pdf>. Acesso em: 22 nov. 2016 (nesse artigo frequentemente referenciado, os autores utilizam o retorno das ações de bancos grandes em diferentes jurisdições durante o período de julho de 2007 a dezembro de 2008 para avaliar a importância de fatores discutidos como de contribuição para o desempenho fraco de bancos durante a crise. No tocante à governança corporativa, os autores sugerem que bancos com conselhos *shareholder-friendly* apresentaram desempenhos piores durante a crise, embora melhores antes da crise); ERKENS, D. H.; HUNG, M.; MATOS, P. Corporate governance in the 2007-2008 financial crisis: Evidence from financial institutions worldwide. **Journal of Corporate Finance 18,** 2012, p. 389-411. Disponível em: <http://www.darden.virginia.edu/uploadedFiles/Darden_Web/Content/Faculty_Research/Directory/Corp-gov-07-08-fin-crisis.pdf>. Acesso em: 22 nov. 2016 (procurando investigar a influência da governança corporativa no desempenho de instituições financeiras durante a crise de 2007-2008, os autores estudam 296 instituições de trinta países, e concluem que instituições com conselhos mais independentes e maiores participações acionárias de investidores institucionais experimentaram retornos piores durante o período da crise. Maior exploração do assunto sugere que isso se deu em função de que: i) instituições com maior participação acionária de investidores institucionais assumiram mais riscos antes da crise, resultando em maiores perdas no período da crise; e ii) instituições com conselhos mais independentes levantaram mais fundos por meio de *equity* durante a crise, o que teria levado à transferência de riqueza dos acionistas existentes para os credores); FAHLENBRACH, R.; STULZ, R. M. **Bank CEO Incentives and the Credit Crisis,** March 2010. Disponível em: <https://www8.gsb.columbia.edu/leadership/sites/leadership/files/Bank%20CEO%20Incentives%20and%20the%20Credit%20Crisis%2020100508%20RMS.pdf>. Acesso em: 22 nov. 2016 (os autores investigam se o desempenho de bancos durante a crise financeira apresenta relação com os incentivos dados ao CEO antes da crise. Nesse sentido, os autores apontam que há evidências somente no sentido de que bancos cujos CEOs tinham incentivos melhor alinhados com os interesses dos acionistas (maior participação acionária) apresentaram desempenho pior. Além disso, os autores pontuam que bancos com pacotes remuneratórios com mais opções (*option*) e maiores frações de pagamento de bônus em dinheiro não apresentaram desempenho pior durante a crise. Ademais, os autores asseveram que os CEOs de bancos não reduziram suas respectivas participações acionárias em antecipação à crise ou durante a crise e, consequentemente, sofreram perdas elevadas de riqueza como resultado); AEBI, V.; SABATO, G.; SCHMID, M. Risk management, corporate governance, and bank performance in the financial crisis. **Journal of Banking & Finance,**

a continuidade de nossas análises, basta a constatação de que existiram falhas na governança corporativa dos bancos, como evidenciadas pela crise de 2008.

Com efeito, ainda nesse ponto, cumpre-nos observar que, como deflui das observações de John C. Coates, seria possível questionar a relevância dessas análises na medida em que as falhas de governança corporativa de bancos ocorreram em uma pequena quantidade de grandes instituições financeiras, de maneira que sua eventual reforma teria uma eficácia limitada, havendo outros pontos de maior relevância para serem estudados e implementados[125]. Porém, entendemos que esse questionamento é indevido na medida em que, diante das falhas evidenciadas, elas precisam ser corrigidas, ainda que pareçam ser apenas uma peça de todo o quebra-cabeça da crise[126]. Nessa direção, inclusive, como salienta Klaus Hopt, mesmo a discussão em si sobre a dimensão da relevância das falhas na governança corporativa para a crise financeira poderia ser considerada fútil[127], sobretudo no âmbito da presente dissertação, que

---

n. 36, 2012, p. 3213-3226. Disponível em: <http://ac.els-cdn.com/S0378426611003104/1-s2.0-S0378426611003104-main.pdf?_tid=a3111ec4-b101-11e6-9c1e-00000aab0f27&acdnat=1479853307_36b3580a0b6caf0da50f8672855a29ce>. Acesso em: 22 nov. 2016 (os autores destacam como a crise financeira levantou diversas questões quanto à governança corporativa de instituições financeiras e investigam se mecanismos de governança corporativa relacionados a gestão de risco estão associados a desempenhos melhores de bancos durante a crise de 2007-2008. Os autores apontam que bancos em que o *chief risk officer* se reporta diretamente ao conselho de administração e não ao CEO (ou outros) exibiram retornos menos negativos durante a crise. Em contraste, outras variáveis mais padronizadas de governança corporativa, como participação acionária do CEO, tamanho e independência do conselho, são insignificantes ou até negativamente relacionadas ao desempenho dos bancos durante a crise).

[125] COATES IV, J. C. **Corporate Governance and the Financial Crisis**. Disponível em: <http://www.law.columbia.edu/center_program/law_economics/conferences/financialcrisis>. Acesso em: 12 jul. 2015.

[126] HOPT, K. Better Governance of Financial Institutions. **ECGI Law Working Paper n. 207**, 2013, p. 11. Disponível em: <http://papers.ssrn.com/sol3/papers.cfm?abstract_id=2334874>. Acesso em: 27 set. 2016.

[127] No original: "[b]*ut in view of the obvious failures in the corporate governance of banks as evidenced in the financial crisis, this is a rather futile discussion. The failures must be corrected, though they seem to have been just one piece in the puzzle. Many other more important causes for the crisis are evident. This is the reason why the regulatory and supervisory reforms, which have already been enacted or are under way on the national, European, and international levels, rightly extend far beyond corporate governance to capital, liquidity, systemic risk, more competences for the banking supervisory agencies,*

se volta aos estímulos para a governança corporativa das instituições bancárias que evidentemente decorreram da crise, em especial sob sua perspectiva interna. Assim, sejam as mencionadas falhas uma causa relevante para a crise financeira de 2008 ou não, ocorridas em poucas instituições grandes ou em várias, seu estudo proporciona sim uma oportunidade para melhorias que devem ser perseguidas.

Por fim, parece-nos prudente destacar que a adoção dessa postura não significa considerar automaticamente que a governança corporativa é uma panaceia. Com efeito, mesmo que práticas excelentes de governança corporativa estivessem sido efetivamente observadas nos bancos, ainda assim poderia acontecer uma crise [128]. Vale lembrar que risco é da própria natureza da atividade bancária, e que uma boa governança corporativa contribui para que a administração do banco se dê de maneira eficiente com relação aos seus objetivos e em consideração a todos os interesses implicados por meio de um monitoramento efetivo de uma específica instituição, mas isso não quer dizer, de modo algum, que haja a eliminação de todo e qualquer risco, sobretudo quando recordamos

---

restrictions on certain transactions and products, and last but not least rescue and insolvency, among others" (Hopt, op. cit., 2013, p. 14-15).

[128] Por exemplo, Peter O. Mülbert destaca que: "[m]*oreover, even if all banks had followed exemplary corporate governance practices because of the incentives created by states (e.g., prudential regulation), central banks (e.g., very low interest rates), and supervisors in all probability, the crisis would have erupted anyway within a few years"* (op. cit., 2010, p. 28). Em direção similar, Brian R. Cheffins: Did Corporate Governance 'Fail' During the 2008 Stock Market Meltdown? The Case of the S&P 500. **ECGI Law Working Paper** n. 124/2009, July 2009. Disponível em: <https://papers.ssrn.com/sol3/papers.cfm?abstract_id=1396126&rec=1&srcabs=959443>. Acesso em: 27 out. 2016). Vale também observar as seguintes assertivas de Sir David Walker: "[f]*or its part, better corporate governance of banks cannot guarantee that there will be no repetition of the recent highly negative experience for the economy and society as a whole. But it will make a rerun of these events materially less likely. The challenge will be to find the right balance with, on the one hand, materially enhanced supervision and regulation to ensure safety and soundness but without, on the other hand, so cramping enterprise in major financial institutions that they fail adequately to meet the needs of the wider economy. The desirable balance is more likely to be found the greater the confidence of government and regulators that corporate governance in these institutions is set to become dependably more robust"* (op. cit., p. 10). No mais, merece reprodução o seguinte trecho de Klaus Hopt: "[t]*he hope to avoid bank crises is futile, as the ever-recurring bank failures and scandals throughout history have amply shown. But good bank governance may contribute to reducing the danger of bank crises. Unfortunately, it is not only uncertain how strong the inverse correlation of good corporate governance for banks and bank crises is; there is also no single safe way to ensure good corporate governance of banks"* (op. cit., 2013, p. 33).

que mesmo um banco saudável pode ser vítima de um risco sistêmico, uma crise de confiança no sistema, e experimentar uma bancarrota[129]. Na verdade, é de se notar que nem mesmo a regulação pode garantir a inexistência de uma crise[130], principalmente nos parâmetros vigentes em 2008 no epicentro da do *subprime*. Reforce-se que risco é da natureza da atividade aqui comentada.

[129] Nesse sentido, é de se destacar que a governança corporativa se situa mais no âmbito "microprudencial", ou seja, no âmbito da higidez de uma instituição individual específica, do que "macroprudencial", ou seja, sob uma perspectiva do sistema como um todo. Inclusive sobre a evolução da regulação financeira nesse embate micro e macroprudencial em função da crise de 2008, ver PINETTI, C. G. O risco sistêmico no foco da regulação financeira pós--crise. **Revista da Faculdade de Direito da Universidade de São Paulo**, v.110, jan.-dez. 2015, p. 819-847.

[130] "*Notwithstanding the necessity of an appropriate regulatory framework, it is important to recognize that regulation cannot preclude, nor should it attempt to preclude, every improper or ill-advised banking practice. Nor can regulation and supervision prevent all bank failures. However, good regulation and supervision can serve to minimize the adverse impact of moral hazard and relative price shocks upon the financial system*" (POLIZATTO, Vincent P. Prudential regulation and banking supervision: building an institutional framework for Banks. Policy, **Planning and Research Department Working Papers**. The World Bank, n. 340, 1990. Disponível em: <http://documents.worldbank.org/curated/en/389501468764981235/pdf/multi-page.pdf>. Acesso em: 22 nov. 2016). Deve-se destacar também que não se está colocando a regulação como condição suficiente no tocante ao desempenho dos bancos. Como apontado por David Walker: "*Better financial regulation has much to accomplish, but cannot alone satisfactorily assure performance of the major banks at the heart of the free market economy. These entities must also be better governed*" (op. cit., p. 9). No mais, como observam Peter O. Mülbert e Ryan D. Citlan: "[a]*side from problems of 'moral hazard', regulatory solutions to systemic risk have much less to do with incentives and much more to do with managing a potential systemic event at various stages, with the explicit aim to prevent catastrophic losses to the financial system*" (MÜLBERT, P. O.; CITLAN, R. D. The Uncertain Role of Bank's Corporate Governance in systemic Risk Regulation. **ECGI Law Working Paper** n. 179/2011, July 2011, p. 5. Disponível em: <https://papers.ssrn.com/sol3/papers.cfm?abstract_id=1885866>. Acesso em: 22 nov. 2016. Jairo Saddi também esclarece: "[a] noção da regulação bancária baseia-se sobretudo na tentativa de evitar crises sistêmicas – ou a quebra generalizada de bancos – e garantir o funcionamento normal e eficiente das instituições. Contudo, é equivocado dizer que a regulação bancária somente visa a impedir a quebra de bancos. Seria o mesmo que afirmar que bancos estão proibidos de falir – o que, ao menos no sistema capitalista, é um completo disparate. É mais adequado afirmar que a regulação bancária tem como meta reduzir a possibilidade de quebra e o risco de que essa quebra contamine os demais bancos" (op. cit., 2001, p. 44), e: "[...] nenhum tipo de regulamento estatal será eficaz se um banco não possuir controles internos suficientemente estruturados para garantir que procedimentos básicos sejam respeitados. [...] Se os bancos não possuírem mecanismos de controle para obstar ações humanas desastradas (ou mal intencionadas) como as já mencionadas, não serão os regulamentos que o farão" (op. cit., 2001, p.95-96).

A GOVERNANÇA CORPORATIVA DE INSTITUIÇÕES BANCÁRIAS

Feitas essas considerações, voltamo-nos agora à análise da evolução dos princípios e recomendações do Comitê da Basileia específicos para os bancos *vis-à-vis* a crise de 2008, evidenciando-se assim os estímulos provocados sob a perspectiva de um órgão que se ocupa do referido tema desde 1999, bem como congrega a visão de entes de variados países, ainda que se ressalve seu viés de supervisão bancária notadamente voltada à estabilidade financeira que, no mais, foi a vertente de especial destaque no contexto da crise.

2.4 Princípios e recomendações a eles correlatas do Comitê da Basileia em matéria de governança corporativa em instituições bancárias após a crise de 2008

2.4.1 O Comitê da Basileia e a governança corporativa de bancos

O Bank for International Settlements (BIS – Banco de Compensações Internacionais) é uma organização internacional estabelecida em 17 de maio de 1930 que hoje reúne sessenta bancos centrais como membros[131], representando diversos países[132] que juntos são responsáveis por 95% do PIB mundial[133]. Sua missão é contribuir na busca pelas estabilidades financeira e monetária, promovendo a cooperação internacional nessas áreas e servindo como um banco para os bancos centrais. Dentre os instrumentos utilizados para a concretização de sua missão, o BIS organiza-se em comitês permanentes para discussão de assuntos pertinentes ao seu objetivo, provendo análises e recomendações de políticas.

---

[131] A adesão do Brasil ao BIS concluiu-se com a publicação do Decreto Legislativo n. 15, de 19 de março de 1997, o qual ratificou e promulgou o Convênio Constitutivo do organismo, conforme informações do Banco Central do Brasil constante em <http://www.bcb.gov.br/pec/boletim/banual97/banualc6.asp?idpai=BOLETIM1997>. Acesso em: 24 set. 2016. Já especificamente quanto ao Comitê da Basileia comentado mais à frente, o Banco Central do Brasil ingressou como membro efetivo em 2009 (Banco Central do Brasil. **Brasil é convidado a participar de importantes fóruns internacionais**. 13 mar. 2009. Disponível em: <http://noticias.i3gov.planejamento.gov.br/noticias/pesquisa.xhtml?b=convite%20Comit%EA%20da%20Basileia+fontes:()+perfis_facebook:()+perfis_twitter:()+canais:()&q=0&o=0&e=0>. Acesso em: 24 set. 2016).

[132] A indicação dos países cujas autoridades monetárias e bancos centrais integram o BIS é apresentada em: <http://www.bis.org/about/member_cb.htm>. Acesso em: 24 set. 2016.

[133] Conforme informações constantes em seu website: <www.bis.org>.

Um de seus comitês nesse sentido – e o de real pertinência para o escopo do presente trabalho – é o Basel Committee on Banking Supervision (BCBS – Comitê da Basileia para a Supervisão Bancária ou, simplesmente, Comitê da Basileia), estabelecido em 1975.

O Comitê da Basileia[134] tem como propósito a elaboração de padrões de supervisão, bem como recomendações e princípios para as melhores práticas no mercado financeiro, na expectativa de que as autoridades de cada país adotem medidas para implementá-las, sem que o Comitê tenha, entretanto, uma autoridade formal de supervisão internacional[135]. Nesse sentido, suas conclusões não têm, nem pretendem ter, automaticamente força de *hard law*[136].

Para atingir seus objetivos, o Comitê tem divulgado uma longa série de documentos desde seu estabelecimento. Dentre os diversos tópicos por ele tratados nesse âmbito situa-se a governança corporativa. De fato, como já observado anteriormente, o Comitê da Basileia voltou-se a esse tema muito antes da crise de 2008. Ainda que seja possível identificar diversas recomendações e estudos que dizem respeito à matéria da governança corporativa em muitos dos documentos produzidos

---

[134] Vale observar que o Comitê da Basileia conta com a participação de representantes de instituições financeiras e outras autoridades nacionais que não são necessariamente bancos centrais, motivo pelo qual suas manifestações cobrem vasto campo para além da atuação específica dos bancos centrais. Nesse mesmo sentido, ver FORTUNA, E. L. P. **A governança corporativa no sistema bancário**: uma visão orientada aos depositantes, credores e à sociedade. 2007. Tese (Doutorado) – Instituto COPPEAD de Administração, Universidade Federal do Rio de Janeiro, Rio de Janeiro, 2007, p. 69.

[135] Ibid., p. 69.

[136] Como observam Bruno Meyerhof Salama e Viviane Muller Prado: "[a]s recomendações do Comitê da Basileia são aquilo que, em direito internacional público, convencionou-se chamar de *soft law*. Isto é, são normas estabelecidas em instrumentos sem força jurídica obrigatória, que, no entanto, podem produzir efeitos jurídicos indiretos. O principal efeito dessas recomendações tem sido o de dar um sentido de coordenação às reformas regulatórias postas em prática pelos bancos centrais de diversos países. As inúmeras reformas feitas no sistema bancário brasileiro nas últimas duas décadas são geralmente reflexo dessa agenda comum estabelecida pelo Comitê da Basileia" (Operações de crédito dentro de grupos financeiros: governança corporativa como complemento à regulação bancária. In: ARAUJO, D. B. dos S. G. de; WARDE JR., W. J. [Org.]. **Os grupos de sociedades: organização e exercício da empresa**. São Paulo: Saraiva, 2012, p. 242).

A GOVERNANÇA CORPORATIVA DE INSTITUIÇÕES BANCÁRIAS

pelo referido Comitê[137 e 138], foi em 1999 que o primeiro documento especificamente voltado a tratar de forma sistematizada de tópicos para os

[137] Como exemplificam, antes mesmo do primeiro documento de 1999 adiante comentado no texto: **Principles for the management of interest rate risk** (Sep. 1997. Disponível em: <http://www.bis.org/publ/bcbs29a.htm>. Acesso em: 21 nov. 2016. Hoje já atualizado para a versão de 2004. Disponível em: <http://www.bis.org/publ/bcbs108.htm>. Acesso em: 21 nov. 2016), **Framework for internal control systems in banking organisations** (Sep. 1998. Disponível em: <http://www.bis.org/publ/bcbs40.htm>. Acesso em: 21 nov. 2016), **Enhancing bank transparency** (Sep. 1998. Disponível em: <http://www.bis.org/publ/bcbs41.pdf>. Acesso em: 21 nov. 2016), e **Principles for the management of credit risk**: consultative document (July 1999. Disponível em: <http://www.bis.org/publ/bcbs54.htm>. Acesso em: 21 nov. 2016).

[138] É de se destacar que aspectos de governança corporativa foram e permanecem sendo tratados em outras proposições do Comitê mesmo fora dos documentos especificamente intitulados com a expressão "governança corporativa". Nesse sentido, vale exemplificar com as proposições do Novo Acordo da Basileia (Acordo da Basileia II), divulgado em 2004, especificamente nos pilares dois – com questões atinentes a monitoramento interno e externo da governança, das práticas de gestão de risco, da possibilidade de impor requisitos de capital adicionais para estruturas de incentivos que encorajem comportamentos arriscados – e três – com questões atinentes a transparência e com as proposições de divulgação de políticas de remuneração, principalmente constantes das revisões do Acordo da Basileia II que ficaram conhecidas por Acordo da Basileia III (consubstanciado nos documentos **Basel III: A global regulatory framework for more resilient banks and banking systems**. Disponível em: <http://www.bis.org/publ/bcbs189.htm>. Acesso em: 21 nov. 2016; **Basel III: International framework for liquidity risk measurement, standards and monitoring**. Disponível em: <http://www.bis.org/publ/bcbs188.pdf>. Acesso em: 21 nov. 2016, ambos divulgados em dezembro de 2010, e atualmente alvos de atualizações mencionadas nos links referidos; e **Guidance for national authorities operating the countercyclical capital buffer**. Disponível em: <http://www.bis.org/publ/bcbs187.htm>. Acesso em: 21 nov. 2016, também divulgado em dezembro de 2010). Para maior aprofundamento quanto aos Acordos de Basileia, ver, em doutrina jurídica nacional atualizada: PINTO, G. M. A. **Regulação sistêmica e prudencial no setor bancário brasileiro**. São Paulo: Almedina, 2015, p. 195-204. Para uma análise do Acordo da Basileia e do Acordo da Basileia II no contexto brasileiro, bem como um pequeno histórico do BIS e do próprio Comitê em questão, ver SADDI, J. O Novo Acordo da Basiléia. **Revista de Direito Bancário e do Mercado de Capitais**, n. 20. São Paulo: Editora Revista dos Tribunais, abr.-jun. 2003, p. 47-60.

bancos[139], sob a nomenclatura de "governança corporativa", foi produzido e oficialmente publicado[140].

Como declarado expressamente no conteúdo de tal documento, por meio dele o Comitê da Basileia buscou reforçar a importância para os bancos dos princípios de governança corporativa da OCDE – que também haviam sido publicados naquele ano[141] –, chamar a atenção para tópicos dessa matéria já tratados em trabalhos anteriores do comitê, bem como apresentar alguns tópicos à época novos relacionados a governança corporativa para serem considerados pelos bancos e por suas autoridades de supervisão[142]. O enfoque dado, naturalmente, era (e se mantém desde então) sob a perspectiva da supervisão bancária, destacando-se a necessidade de se ter níveis apropriados de responsabilidade e pesos e contrapesos dentro de cada banco[143], e consignando-se expressamente que a supervisão bancária não pode funcionar bem sem uma

---

[139] Vale observar que o Comitê da Basileia não trouxe uma definição de "banco" em seu primeiro documento de 1999, mas o fez a partir do documento de 2006, no qual consta: "[t]*he terms 'bank' and 'banking organisation' as used in this document generally refer to banks, bank holding companies or other companies considered by banking supervisors to be the parent of a banking group under applicable national law as determined to be appropriate by the entity's national supervisor. This paper makes no distinction in application to banks or banking organisations, unless explicity noted or otherwise indicated by the context*" (BCBS, op. cit., 2006, p. 6, n. 5). Com efeito, o documento de 2010 manteve substancialmente a mesma definição em sua nota de rodapé 9 (op. cit., 2010) e o de 2015 expõe de início um glossário no âmbito do qual a definição é apresentada: "[*a*] *bank, bank holding company or other company considered by banking supervisors to be the parent of a banking group under applicable national law as determined to be appropriate by the entity's national supervisor*" (op. cit., 2015, p.1). Nessa direção, destacamos que o sentido do termo é mais amplo do que o adotado para esta dissertação, o que implica que nosso objeto está abarcado pelos princípios do Comitê ao mesmo tempo em que os princípios também podem se aplicar a mais entidades.

[140] Como apontado por Klaus Hopt, o Comitê da Basileia foi uma das primeiras instituições a codificar requerimentos mínimos para a governança corporativa de bancos sob o título "governança corporativa" (HOPT, op. cit., 2013, p. 5).

[141] Meeting of the OECD Council at Ministerial Level. **OECD Principles of Corporate Governance**. 21 jun. 1999. Disponível em: <http://www.oecd.org/officialdocuments/publicdisplaydocumentpdf/?cote=C/MIN(99)6&docLanguage=En>. Acesso em: 27 set. 2016. Segundo o próprio documento, os princípios da OCDE de 1999 representam a primeira iniciativa de uma organização intergovernamental de desenvolver os elementos centrais de um bom regime de governança corporativa (op. cit., 1999, p. 7).

[142] Conforme item 3 (BCBS, op. cit., 1999, p. 1).

[143] Conforme item 3 (Ibid., p. 1).

governança corporativa saudável presente, a qual torna o trabalho das autoridades de supervisão infinitamente mais fácil[144].

Considerando uma estrutura composta por Conselho de Administração e Alta Gestão/Diretoria Executiva – como também seguida pelas versões posteriores[145] –, o documento de 1999 contava com a enumeração de sete tópicos de boas práticas de governança corporativa, detalhados em quinze itens com recomendações[146]. Em comparação com os mencionados princípios da OCDE, o documento de 1999 do Comitê da Basileia se destacava por duas diferenças pertinentes em nossa análise. A primeira referia-se ao fato de que era expressamente dito que a governança corporativa sob a perspectiva do setor bancário envolveria a maneira pela qual a atividade e os negócios das instituições individualizadas são governados por seus conselhos de administração e alta gestão, afetando como os bancos protegem os interesses dos deposi-

---

[144] No original: "3. *Banking supervision cannot function as well if sound corporate governance is not in place and, consequently, banking supervisors have a strong interest in ensuring that there is effective corporate governance at every banking organisation. Supervisory experience underscores the necessity of having the appropriate levels of accountability and checks and balances within each bank. Put plainly, sound corporate governance makes the work of supervisors infinitely easier. Sound corporate governance can contribute to a collaborative working relationship between bank management and bank supervisors*".

[145] O Comitê destaca que há diferenças entre as jurisdições, com casos em que há um conselho de supervisão sem funções executivas. A intenção em referir-se a uma estrutura composta por conselho de administração e alta gestão volta-se para apontar duas funções de tomada de decisão (e não estruturas formalmente consideradas). A versão de 2010, por exemplo, enfatiza que: "[o]*wing to these differences, this document does not advocate a specific board structure. The terms board and senior management are only used as a way to refer to the oversight function and the management function in general and should be interpreted throughout the document in accordance with the applicable law within each jurisdiction*" (item 14).

[146] Eram os tópicos de práticas: i) "*establishing strategic objectives and a set of corporate values that are communicated throughout the banking organization*", ii) "*setting and enforcing clear lines of responsibility and accountability throughout the organization*"; iii) "*ensuring that board members are qualified for their positions, have a clear understanding of their role in corporate governance and are not subject to undue influence from management or outside concerns*"; iv) "*ensuring that there is appropriate oversight by senior management*"; v) "*effectively utilising the work conducted by internal and external auditors, in recognition of the important control function they provide*"; vi) "*ensuring that compensation approaches are consistent with the bank's ethical values, objectives, strategy and control environment*", e vii) "*conducting corporate governance in a transparent manner*". No mais, ver comparação desses tópicos com os princípios de 2006 no quadro a seguir apresentado.

tantes[147]. Com efeito, enquanto a OCDE, em seu princípio III, *"The role of stakeholders in corporate governance"*, dispunha (na versão de 1999) que a estrutura de governança corporativa deveria reconhecer os direitos dos *stakeholders* como estabelecidos em lei[148], o item 31 do documento do Comitê da Basileia já destacava que:

> [s]*ound corporate governance considers the interests of all stakeholders, including depositors, whose interests may not always be recognised. Therefore, it is necessary for supervisors to determine that individual banks are conducting their business in such a way as not to harm depositors*[149].

A segunda diferença referia-se ao fato de que já era demonstrada expressamente a preocupação de que as políticas remuneratórias poderiam encorajar os administradores a conduzir os negócios baseados em volume e/ou lucratividade de curto prazo com pouca atenção às consequências dos riscos de curto ou longo prazos[150 e 151]. Nessa questão, os princípios da OCDE apenas pontuavam a divulgação da remuneração dos membros do conselho de administração e dos executivos-chave,

---

[147] Dentre outros aspectos que se aproximam das colocações mais gerais da OCDE. Conforme item 9. OCDE, op. cit., 1999, p. 3.

[148] No original: *"The corporate governance framework should recognise the rights of stakeholders as established by law and encourage active co-operation between corporations and stakeholders in creating wealth, jobs, and the sustainability of financially sound enterprises"* (Meeting of the OECD Council at Ministerial Level. **OECD Principles of Corporate Governance**. 21 jun. 1999, p. 19. Disponível em: <http://www.oecd.org/officialdocuments/publicdisplaydocumentpdf/?cote =C/MIN(99)6&docLanguage=En>. Acesso em: 27 set. 2016.). Vale observar que a perspectiva não é a do longo prazo como critério para sopesar os *tradeoffs* existentes entre os interesses dos *stakeholders*, incluindo os acionistas, mas o contrário, os *stakeholders* como agentes importantes para a manutenção da empresa no longo prazo, conforme decorre dos comentários constantes no documento da OCDE: *"Corporations should recognise that the contributions of stakeholders constitute a valuable resource for building competitive and profitable companies. It is, therefore, in the long-term interest of corporations to foster wealth-creating co-operation among stakeholders. The governance framework should recognise that the interests of the corporation are served by recognising the interests of stakeholders and their contribution to the long-term success of the corporation"* (op. cit., item 3, p. 33).

[149] Item 31 (BCBS, op. cit. 1999, p. 11).

[150] Item 23 (Ibid., p. 8).

[151] Nesse ponto, inclusive, recomendava-se que escalas de salários deveriam ser estabelecidas, dentro do escopo da política geral do negócio, de maneira a não depender demasiadamente do desempenho de curto prazo, como ganhos de atividade de *trading*, incentivando tomadas excessivas de risco, conforme item 25 (Ibid., p. 8).

esclarecendo, nos comentários divulgados em conjunto com os princípios, que a remuneração dos conselheiros e executivos era ponto de preocupação de acionistas e que era esperada a divulgação de informações suficientes para que os investidores pudessem avaliar os custos e benefícios dos planos de remuneração e a contribuição de esquemas de incentivos, como de opção de ações, para o desempenho[152]. Nesse sentido, o documento do Comitê da Basileia expressava cuidado com o incentivo da remuneração para a assunção de riscos, ao passo que o da OCDE se voltava apenas à contribuição para o desempenho sob a perspectiva dos acionistas.

No mais, é de se observar que o documento de 1999 do Comitê da Basileia já destacava, no âmbito do conselho de administração, que seus membros fortaleciam a governança corporativa quando entendiam seu papel de supervisão e seu dever de lealdade para com o banco e seus acionistas[153], mencionando brevemente as vantagens da qualificação de conselheiros externos[154], bem como do estabelecimento de alguns comitês especializados, dentre os quais o comitê de gestão de risco, o comitê de auditoria, o comitê de remuneração e o comitê de nomeação[155].

Devido às discussões fomentadas em função dos escândalos corporativos ocorridos no início dos anos 2000[156], a OCDE revisou seus princípios publicando um novo documento em 2004[157]. Reconhecendo

---

[152] No original: *"Board and executive remuneration are also of concern to shareholders. Companies are generally expected to disclose sufficient information on the remuneration of board members and key executives (either individually or in the aggregate) for investors to properly assess the costs and benefits of remuneration plans and the contribution of incentive schemes, such as stock option schemes, to performance"* (OCDE, op. cit., p. 37).

[153] Item 17 (BCBS, op. cit., 1999, p. 6).

[154] Item 16 (Ibid., p. 6).

[155] Item 8 (Ibid., p. 6-7).

[156] Por exemplo, o famoso caso Enron. Para mais a respeito, ver Silveira, op. cit., 2015, p. 41-45. O autor, inclusive, nomeia referido caso como "o caso mais emblemático da história da governança".

[157] As alterações no documento da OCDE foram substanciais, valendo destaque aqui para as alterações na amplitude dos *stakeholders* (com inserções expressas quanto aos trabalhadores) e um maior cuidado com a remuneração voltado ao longo prazo. Uma análise interessante do processo de 2004 de revisão dos princípios da OCDE, e especificamente com relação à inserção dos trabalhadores no capítulo dedicado aos *stakeholders*, é oferecida pela Trade Union Advisory Commiittee to the Organisation for Economic Cooperation and Development. **The OECD Principles of Corporate Governance**: An Evaluation

que um guia revisado poderia também ajudar as organizações bancárias e suas autoridades de supervisão na implementação e aplicação de uma governança corporativa saudável, e com o objetivo de oferecer uma orientação prática relevante para as características únicas das organizações bancárias, o Comitê da Basileia também procedeu à revisão de seu documento[158]. Assim, realizou-se uma consulta pública em julho de 2005, e a publicação da nova versão ocorreu em fevereiro de 2006.

Mantendo em linhas gerais a estrutura do documento de 1999, o de 2006 adotou oito princípios (propriamente nomeados como princípios) considerados pelo comitê fundamentais para uma governança corporativa saudável de bancos. Sete dos princípios eram relacionados ao conselho de administração (dois dos quais também abrangiam a atuação da alta gestão) e um relacionado ao banco (que deveria ser governado de uma maneira transparente)[159]. Além disso, foram especificadas seis recomendações quanto ao papel da autoridade de supervisão bancária na promoção de uma governança corporativa forte.

O Comitê reconhecia que alguns países adotavam estruturas ainda mais prescritivas e extensivas[160] e que os princípios deveriam ser adotados de maneira proporcional ao tamanho, complexidade, estrutura, importância econômica e perfil de risco do banco e de seu grupo, se existente[161] – como também observado pelas versões posteriormente publicadas[162].

Nessa toada, o documento não teve a intenção de estabelecer novos elementos, nem mesmo adicionar novos requerimentos ao Acordo da Basileia II[163] que estava então vigente, como aliás também não objetivam

---

of the 2004 Review by the TUAC Secretariat. Oct. 2004. Disponível em: <www.tuac.org/e-docs/00/00/01/0B/telecharger.phtml?cle_doc_attach=568>. Acesso em: 28 set. 2016.

[158] Conforme item 2 (BCBS. **Enhancing corporate governance for banking organisations**, Feb. 2006, p. 1. Disponível em: <http://www.bis.org/publ/bcbs122.htm>. Acesso em: 23 nov. 2016).

[159] HOPT, op. cit., p. 5-6.

[160] Item 5 (BCBS, op. cit., 2006, p. 2).

[161] Item 3 (Ibid., p. 2).

[162] Ver item 8 do documento de 2010 (BCBS, op. cit., 2010), e item 16 do documento de 2015 (BCBS, op. cit., 2015, p. 6), complementando *"size, complexity, structure, economic significance, risk profile and business model of the bank and the group (if any)"*.

[163] Não é foco do presente trabalho tratar sobre os Acordos de Basileia amiúde. Para tanto, ver, dentre outros: PINTO, G. M. A.. **Regulação sistêmica e prudencial no setor bancário brasileiro**. São Paulo: Almedina, 2015, p. 195-204.

as demais versões subsequentes. Com efeito, o propósito dessas publicações é auxiliar as organizações bancárias no aperfeiçoamento de suas estruturas de governança corporativa e as autoridades de supervisão bancária na avaliação da qualidade das estruturas adotadas[164].

Sob uma visão geral, as orientações de 2006 tinham como alvo pontos-chave da governança corporativa, dentre os quais: o conselho de administração deveria estar apropriadamente envolvido na aprovação da estratégia do banco; linhas de responsabilidade claras deveriam ser estabelecidas e praticadas por toda a organização[165]; políticas de remuneração deveriam ser consistentes com os objetivos de longo prazo do banco[166]; e os riscos gerados por operações não transparentes deveriam ser adequadamente administrados[167]. Ainda sob essa perspectiva ampla, é de se notar que o documento trouxe destaque – condizentemente com as experiências negativas da governança corporativa à época – ao comitê de auditoria[168], à transparência e ao dever de conhecimento da estrutura do banco. Nesse sentido, como apontado por Better Markets, o documento de 2006 reescreveu as práticas recomendadas de 1999 e introduziu um novo princípio relacionado ao conhecimento pelo conselho e alta administração da estrutura do banco[169].

---

[164] Nesse sentido, ver itens 3 do documento de 2006 (BCBS, op. cit., 2006, p. 1-2) e 7 do documento de 2010 (BCBS. **Principles for enhancing corporate governance**, Oct. 2010. Disponível em: <http://www.bis.org/publ/bcbs176.htm>. Acesso em: 23 nov. 2016).

[165] Com efeito, ao comparar os enunciados dos princípios da OCDE no tocante às responsabilidades do conselho de administração com os enunciados dos princípios do Comitê da Basileia de 2006, Grant Kirkpatrick assinala que o guia do Comitê da Basileia observa mais como essas responsabilidades são implementadas, citando nesse sentido o princípio 3: *"the board of directors should set and enforce clear lines of reponsibility and accountability throughout the organization"*. É de se observar, entretanto, que as anotações do documento da OCDE também avançam nesse sentido (anotações ao princípio VI.D.7) (op. cit., p. 17).

[166] Grant Kirkpatrick pontua que o princípio 6 do Comitê da Basileia era mais amplo que o equivalente da OCDE (VI.D.4) na medida em que abarcava os gestores sêniores, e não apenas os conselheiros e executivos-chave (op. cit., p. 13).

[167] Conforme apresentado no item 5 do documento de 2010 (BCBS, op. cit., 2010).

[168] O que se alinhava justamente com os escândalos corporativos do início dos anos 2000. Como observado por Grant Kirkpatrick: "[t]*he Enron/Worldcom failures pointed to issues with respect to auditor and audit committee independence and to deficiencies in accouting standards [...]*" (op. cit., p. 3).

[169] Better Markets. 9 jan. 2015. Disponível em: <https://www.bettermarkets.com/sites/default/files/documents/BIS-%20BCBS-%20CL-%20Corporate%20Governance%20Principles%20for%20Banks%201-9-15.pdf>. Acesso em: 24 set. 2016. p. 4. Better Markets é uma

O quadro a seguir ilustra a evolução ocorrida dentre os enunciados das práticas de 1999 e dos princípios de 2006:

Quadro 1: Comparação entre os enunciados de práticas de governança corporativa de organizações bancárias do documento de 1999 do Comitê da Basileia e os enunciados dos princípios constantes do documento de 2006 de mesma entidade.

	1999 Sound corporate governance practices	2006 Sound corporate governance principles	
1	Establishing strategic objectives and a set of corporate values that are communicated throughout the banking organisation	The board of directors should approve and oversee the bank's strategic objectives and corporate values that are communicated throughout the banking organisation	2
2	Setting and enforcing clear lines of responsibility and accountability throughout the organisation	The board of directors should set and enforce clear lines of reponsibility and accountability throughout the organisation	3
3	Ensuring that board members are qualified for their positions, have a clear understanding of their role in corporate governance and are not subject to undue influence from management or outside concerns	Board members should be qualified for their positions, have a clear understanding of their role in corporate governance and be able to exercise sound judgment about the affairs of the bank	1
4	Ensuring that there is appropriate oversight by senior management	The board should ensure that there is appropriate oversight by senior management consistent with board policy	4
5	Effectively utilising the work conducted by internal and external auditors, in recognition of the important control function they provide	The board and senior management should effectively utilize the work conducted by the internal audit function, external auditors, and internal control functions	5
6	Ensuring that compensation approaches are consistent with the bank's ethical values, objectives, strategy and control environment	The board should ensure that compensation policies and practices are consistent with the bank's corproate culture, long-term objectives and strategy, and control environment	6
7	Conducting corporate governance in a transparent manner	The bank should be governed in a transparent manner	7
8	–	The board and senior management should understand the bank's operational structure, including where the bank operates in jurisdictions, or through structures, that impede transparency (i.e. "know-your-structure")	8

Fonte: elaborado pela autora com as informações constantes em BCBS (1999) e BCBS (2006).

organização sem fins lucrativos voltada à promoção do interesse público nos mercados de capitais e *commodities* e, nesse propósito, participou do período de consulta pública que culminou na última versão dos princípios do Comitê da Basileia publicado em 2015.

Em função de considerações afetas à crise de 2008, o Comitê da Basileia submeteu a consulta pública novo documento em março de 2010, e publicou sua versão final em outubro de 2010, mesmo a OCDE apenas suplementando seus princípios.

Em outubro de 2014, mais um processo de consulta quanto ao tema foi instaurado e, em julho de 2015, publicou-se a versão final de novo documento. Como o documento de 2010 encontra-se no centro do objeto desta dissertação, a ele nos voltaremos mais profundamente no próximo item. No mesmo sentido, como o documento de 2015 apresenta atualizações aos princípios considerados pelo Comitê da Basileia e são os atualmente vigentes, teceremos comentários no item 2.4.3, dando especial ênfase aos pontos que destacaremos quanto ao documento de 2010.

2.4.2 Princípios indicados pelo Comitê da Basileia em 2010

Como destacamos, após a publicação das orientações de 2006, falhas e lapsos de governança corporativa foram observados, muitos dos quais ganharam evidência durante a crise de 2008[170], motivo pelo qual o Comitê decidiu proceder a uma revisão daquelas orientações, culminando na publicação do documento *Principles for enhancing corporate governance* de outubro de 2010.

Assim como o documento anterior, esse de 2010 é constituído por cinco seções, a saber: introdução, visão geral da governança corporativa de bancos, princípios de governança corporativa saudável, papel das autoridades de supervisão bancária e, por fim, uma seção dedicada à promoção de um ambiente de suporte à governança corporativa saudável. Já na introdução, o documento aponta que, como resultado da revisão realizada, o Comitê entendeu que as áreas-chave a serem enfocadas seriam: 1) práticas do conselho; 2) alta gestão (*senior management*[171]);

---

[170] No original: *"Subsequent to the publication of the Committee's 2006 guidance, there have been a number of corporate governance failures and lapses, many of which came to light during the financial crisis that began in mid-2007"* (item 6. BCBS, op. cit., 2010), como, no mais, já mencionado no item 2.1 da presente dissertação.

[171] Vale retomar que a intenção do Comitê da Basileia ao adotar a expressão *"senior management"*, em contraste com *"board of directors"*, é referir-se à função de supervisão do último e de administração do primeiro (ver nota de rodapé 145 do presente capítulo), motivo pelo qual adotamos a tradução de "alta gestão" para mitigar possíveis confusões com o que a "alta

3) gestão de risco e controles internos; 4) remuneração; 5) estruturas corporativas complexas ou opacas; e 6) divulgação de informações e transparência[172]. É ressalvado que direitos dos acionistas não são o foco primário de análise do guia em questão, sendo abordados nos princípios da OCDE[173].

No âmbito da visão geral da governança corporativa, é reforçada a importância de práticas efetivas de governança corporativa na medida em que uma governança corporativa fraca pode ensejar falhas nos bancos com consequências para a economia, como observado durante a crise de 2008[174], bem como é destacado que os princípios apresentados a seguir são aplicáveis a bancos controlados ou resgatados pelo Estado, ainda que possam ter desafios próprios, e a bancos com outros tipos de estruturas acionárias, como aqueles controlados por famílias, ou organizações bancárias cooperativas[175].

A terceira seção do documento volta-se mais propriamente aos princípios enunciados e às práticas associadas a eles. Ao todo, são apresentados catorze princípios básicos que podem ajudar a mitigar problemas, cada qual acompanhado por recomendações de práticas (no total, cento e onze parágrafos com diversas práticas em cada um deles) que podem ser utilizadas para implementá-los[176]. A esses princípios nos voltaremos mais à frente.

Na quarta seção, são apresentadas cinco recomendações a respeito do papel dos supervisores quanto à governança corporativa dos bancos. Em comparação às seis que eram enunciadas no documento de 2006, as do documento de 2010 reforçam o papel das autoridades de supervisão bancária de regularmente avaliarem de maneira abrangente as políticas e práticas de governança corporativa dos bancos, bem como requerem ações remediadoras efetivas e tempestivas para os bancos corrigirem deficiências materiais em sua governança corporativa, além da recomen-

---

administração" poderia trazer no contexto brasileiro (em que se costuma, com essa última expressão, abarcar tanto conselho de administração quanto diretoria).
[172] Item 6 (BCBS, op. cit., 2010).
[173] Item 10 (Ibid.).
[174] Item 13 (Ibid.).
[175] Item 19 (Ibid.).
[176] Item 20 (Ibid.).

dação de estabelecimento de cooperação com autoridades de supervisão bancária de outras jurisdições[177].

Por fim, a última seção do documento de 2010 volta-se ao ambiente de suporte a uma governança corporativa saudável dos bancos, tema que já vinha mais rudimentarmente sendo apresentado desde o documento de 1999. O texto de 2010 é substancialmente próximo ao de 2006. Nesse sentido, destaca-se que, apesar de a reponsabilidade primária pela governança corporativa situar-se nos conselhos de administração (auxiliados pelas funções de controle) e na alta gestão do banco, bem como a autoridade de supervisão bancária ter um importante papel, outros atores também podem promovê-la, tais como: acionistas, depositantes e outros clientes, auditores externos, associações do setor bancário, consultorias profissionais de risco, governos, agências de *rating*, reguladores e autorreguladores do mercado de capitais, e empregados. Também é apontado que a governança corporativa pode ser melhorada pela abordagem a uma série de assuntos jurídicos, tais como: a proteção e promoção de direitos de acionistas, depositantes e outros *stakeholders* relevantes; o esclarecimento do papel dos órgãos das empresas na governança; a segurança de que as empresas funcionem em um ambiente livre de corrupção; e a promoção do alinhamento dos interesses de administradores, empregados, depositantes e acionistas por meio de leis, regulações e outras medidas apropriadas[178]. Nesse ponto, vale observar que o texto de 2010 divergiu do de 2006 por destacar nesse item (ainda que abordasse em outros itens de outras seções) a proteção dos depositantes e outros *stakeholders*, bem como por incluir os interesses dos depositantes no alinhamento de interesses a ser promovido.

---

[177] São as recomendações: "1) *Supervisors should provide guidance to banks on expectations for sound corporate governance;* 2) *Supervisors should regularly perform a comprehensive evaluation of a bank's overall corporate governance policies and practices and evaluate the bank's implementation of the principles;* 3) *Supervisors should supplement their regular evaluation of a bank's corporate governance policies and practices by monitoring a combination of internal reports and prudential reports, including, as appropriate, reports from third parties such as external auditors;* 4) *Supervisors should require effective and timely remedial action by a bank to address material deficiencies in its corporate governance policies and practices, and should have the appropriate tools for this;* 5) *Supervisors should cooperate with other relevant supervisors in other jurisdictions regarding the supervision of corporate governance policies and practices. The tools for cooperation can include memorandum of understanding, supervisory colleges and periodic meetings among supervisors*". (Ibid.).

[178] Item 146 (Ibid.).

A seguir, apresentaremos os princípios enunciados pelo documento de 2010, selecionando práticas (já que ultrapassam a centena[179]) que, em nossa leitura e dentro de nosso propósito, destacam-se para os bancos quando comparados a outras espécies de empresas[180 e 181], observadas as especificidades ressaltadas no primeiro capítulo[182], bem como que foram estimuladas de acordo com as falhas que apresentamos nos itens anteriores do presente capítulo desta dissertação.

2.4.2.1 Práticas do conselho

Quanto à primeira área, ou seja, práticas do conselho de administração, são elucidados quatro princípios. De maneira sintética, os apontamentos

---

[179] O detalhamento do documento de 2010, inclusive, foi alvo de crítica no período de consulta pelo banco internacional BNP Paribas (*"The financial crisis has shown how relevant sound governance could be for the banks' resilience. We therefore welcome the updating and strengthening of the Basel Committee's guidance published in 1999. [...] These 'Principles for Enhancing Corporate Governance' will hopefully promote converging regulation and increasing involvement from both the senior management and the board but we also believe they should remain high level and flexible principles so that they can accommodate different national laws and cultures as well as different kinds of financial institutions [...] the principles make a lot of sense but appear sometimes quite detailed. Their implementation may be possible for medium sized banks but also very burdensome if not out of reach for large international banks with multiple subsidiaries. It is true that the Consultative Paper refers to a proportionality principle but here again the temptation for the field supervisor to forget it is high"*, p. 1-3. Disponível em: <http://www.bis.org/publ/bcbs168/bnp.pdf>. Acesso em: 21 nov. 2016). O documento de 2015 abordado no item 2.4.3 permaneceu detalhado, mas ficou mais sistemático e amplo em sua redação.

[180] Nesse sentido, menciona-se que há críticas de que os princípios do Comitê da Basileia distanciam-se pouco dos princípios gerais da OCDE, a não ser no tocante aos requerimentos ao comitê de risco do conselho, pelo *Chief Risk Officer*, e pelo escrutínio a novos produtos e fusões (*"Indeed, apart from their emphasis on risk management evinced in the requirements for a board risk committee, a Chief Risk Officer and the scrutiny of new products and mergers, the Basel Principles do not differentiate bank corporate governance from the governance of ordinary non-financial companies"*) (KOKKINIS, op. cit., p. 33). Em nossa leitura, no entanto, há mais diferenças, como a própria postura expressa de proteção dos depositantes. No mais, nossa visão estará refletida no texto.

[181] Com efeito, observamos que os enunciados de práticas constantes do documento em análise englobam, muitas vezes, sugestões geralmente aplicadas a quaisquer espécies de organizações (até porque é apresentada uma visão global da governança corporativa dos bancos, e não apenas de especificidades), motivo pelo qual faremos este corte em nossos comentários.

[182] Sobretudo a complexidade da atividade bancária (notadamente, expertise, dificuldade de monitoramento e o cuidado com o risco – que ganhou evidência com a crise de 2008) e a multiplicidade de *stakeholders*, especificamente a magnitude dos depositantes.

afetos a essa área procuram esclarecer que o conselho de administração deve desempenhar ativamente sua responsabilidade geral pelo banco, incluindo por seus negócios, estratégia de risco, organização, saúde financeira e governança, além de prover efetiva supervisão sobre a alta gestão. No desempenho dessa responsabilidade, o conselho deve exercer um julgamento objetivo são, ter e manter qualificações e competências apropriadas (individual e coletivamente), seguir boas práticas de governança corporativa para seu próprio trabalho como conselho, e ser assistido por funções independentes e robustas de risco e de controle sobre as quais o conselho deve prover efetiva supervisão.

Nesse sentido, o primeiro princípio tem o seguinte enunciado:

The board has overall responsibility for the bank, including approving and overseeing the implementation of the bank's strategic objectives, risk strategy, corporate governance and corporate values. The board is also responsible for providing oversight of senior management.

Esse princípio é acompanhado de treze enunciados de práticas sugeridas divididos nos seguintes tópicos: responsabilidades do conselho, valores corporativos e código de conduta, bem como supervisão da alta gestão.

Como um todo, é destacado como o conselho tem a responsabilidade definitiva pelo negócio do banco, a estratégia de risco, sua saúde financeira, e por como o banco se organiza e governa a si mesmo. Com efeito, é de se notar o apontamento de que o conselho deve aprovar e monitorar a estratégia geral do banco, levando em consideração seus interesses financeiros de longo prazo, sua exposição ao risco, bem como sua capacidade de efetivamente administrar o risco[183]. Ainda, é exposto como prática sugerida que, no cumprimento de suas responsabilidades, o conselho deva levar em consideração os interesses legítimos dos acionistas, depositantes e outros *stakeholders* relevantes, assim como assegurar que o banco mantenha um relacionamento efetivo com a autoridade de supervisão bancária[184].

No que tange aos valores corporativos e código de conduta, aponta-se que o conselho de administração deve liderar uma postura *"tone at*

---

[183] Itens 21 e 22 (BCBS, op. cit., 2010).
[184] Item 23 (Ibid.).

the top" e o estabelecimento de padrões profissionais e valores corporativos que promovam a integridade para si, alta gestão e outros empregados[185].

No tocante à supervisão da alta gestão, destacamos o apontamento de que o conselho deve monitorar se as ações desta estão consistentes com a estratégia e as políticas aprovadas, incluindo no que diz respeito à tolerância e apetite de risco, bem como estabelecer padrões de desempenho para a alta gestão que sejam consistentes com os objetivos de longo prazo, estratégia e saúde financeira do banco[186].

O segundo princípio tem como enunciado:

> *Board members should be and remain qualified, including through training, for their positions. They should have a clear understanding of their role in corporate governance and be able to exercise sound and objective judgement about the affairs of the bank.*

Tal princípio conta com seis enunciados de práticas sugeridas, as quais versam sobre qualificações, treinamento e composição.

Com efeito, é asseverado que esse princípio se aplica aos membros do conselho em sua capacidade tanto como membro do conselho quanto como membro de qualquer comitê do conselho[187], e, dentro de nosso objetivo, selecionamos o apontamento de prática recomendada de que o conselho deve ter (membros e coletivamente) experiência, competências e qualidades pessoais apropriadas, incluindo profissionalismo e integridade pessoal[188]. Especialmente nessa direção, é dado destaque de que o conselho, de forma coletiva, deve ter conhecimento e experiência adequados no tocante às atividades financeiras que o banco pretenda desempenhar, de maneira a permitir governança e supervisão efetivas (por exemplo, em finanças, operações bancárias, sistemas de pagamento, regulação bancária, dentre outros)[189].

O terceiro princípio é assim apresentado: "*The board should define appropriate governance practices for its own work and have in place the means*

---

[185] Item 26 (Ibid.).
[186] Item 31 (Ibid.).
[187] Item 34 (Ibid.).
[188] Item 35 (Ibid.).
[189] Item 36 (Ibid.).

to ensure that such practices are followed and periodically reviewed for ongoing improvement". Relacionadas a ele estão vinte e uma práticas sugeridas, agrupadas em organização e funcionamento do conselho[190], papel da presidência do conselho[191], comitês do conselho, conflitos de interesse[192] e acionistas controladores[193].

Novamente em linha com nosso propósito, destacaremos as práticas atinentes aos comitês especializados do conselho. De fato, nesse tópico, é apresentado um dos principais destaques distintivos desse documento de 2010: o comitê de risco[194]. Embora ele já viesse listado desde os princípios de 1999[195], foi apenas no de 2010 que um enunciado de recomendação apartada foi dedicado a referido comitê.

Com efeito, o item 52 expressa que é apropriado para muitos bancos, sobretudo os grandes e os internacionalmente ativos, ter um comitê de risco, ou equivalente, no nível do conselho de administração, responsável por assistir o conselho de administração quanto à tolerância, ao apetite e à estratégia de risco presente e futuro do banco, bem como por monitorar a implementação dessa estratégia pela alta gestão. É destacado que devem ser incluídas nessas análises as estratégias de capital e gestão da liquidez, assim como os riscos de crédito, mercado, operacional, compliance, de reputação e outros riscos do banco. Além disso, aponta-se que, para fortalecer a efetividade do comitê de risco, este deve estabelecer comunicação formal e informal com a função de gestão de risco do banco e com o *Chief Risk Officer* (detalhado mais à frente no princípio 6), e deve, quando apropriado, ter acesso a aconselhamentos externos especializados, particularmente em relação a operações estratégicas propostas, como fusões e aquisições.

Outro comitê que conta com recomendações próprias é o comitê de auditoria, que desde os princípios de 2006 recebe destaque, em consonância com a evolução da governança corporativa mundial após os

---

[190] Ver itens 41 a 43 (Ibid.), os quais exemplificam nossa assertiva anterior de que há recomendações que, em geral, não apresentam especificidades aos bancos.
[191] Ver itens 44 a 46 (Ibid.).
[192] Ver itens 55 a 59 (Ibid.).
[193] Ver item 60 (Ibid.).
[194] Conforme, por exemplo, KOKKINIS, op. cit., p. 33.
[195] Item 18 (BCBS, op. cit., 1999, p. 6), embora com a nomenclatura de *risk management committee*.

escândalos corporativos do início dos anos 2000. Uma observação curiosa é a de que a recomendação pela existência de um comitê de auditoria é dirigida para os bancos grandes e os internacionalmente ativos[196], ao passo que o mencionado comitê de risco seria *"appropriate for many banks, especially large banks and internationally active banks"*. No mais, vale mencionar a recomendação de que, no mínimo, o comitê de auditoria como um todo deve contar com experiência relevante e recente, bem como com um balanço de habilidades e conhecimento especializado em relatórios financeiros, contabilidade e auditoria proporcionais à complexidade da organização bancária e dos deveres a serem cumpridos[197].

Mais comitês são mencionados, a saber: o de remuneração (com a referência à existência dos princípios 10 e 11 elucidados a seguir), o de nomeação ou recursos humanos ou governança, e o de ética ou compliance[198]. Como um todo, os conselhos de administração devem nomear membros para os comitês especializados em sintonia com o objetivo de atingir um mix ótimo de habilidades e experiências que, em conjunto, permitam aos comitês entender completamente, avaliar objetivamente e trazer pensamentos novos aos assuntos relevantes. No mais, é observado que as considerações do conselho no tocante a assuntos relacionados a risco podem ser melhor elucidadas por membros que atuem em mais de um comitê (sujeitos a restrições de tempo, entretanto). Nesse ponto, o exemplo dado é o do membro que atua no comitê de remuneração e no de risco ou de auditoria e que, assim, poderá ter uma melhor apreciação das considerações de risco nessas áreas[199].

Por fim, o quarto princípio (e último relacionado às práticas do conselho) destaca:

> *In a group structure, the board of the parent company has the overall responsibility for adequate corporate governance across the group and ensuring that there are governance policies and mechanisms appropriate to the structure, business and risks of the group and its entities.*

---

[196] Item 50 (BCBS, op. cit., 2010).
[197] Item 51 (Ibid.).
[198] Item 53 (Ibid.).
[199] Item 54 (Ibid.).

A GOVERNANÇA CORPORATIVA DE INSTITUIÇÕES BANCÁRIAS

Com efeito, são apresentadas quatro recomendações de práticas voltadas aos conselhos de administração em estruturas de grupo bancário, sendo duas dedicadas ao conselho da entidade controladora (*parent company*) e duas ao conselho das entidades controladas (*regulated subsidiary*). Em apertada síntese, tais práticas caminham no sentido de que o conselho de administração da entidade controladora deve estar ciente dos riscos materiais e das demais questões que podem afetar tanto o banco como um todo como suas subsidiárias, bem como que os conselhos de administração das entidades controladas devem aderir aos valores e princípios das entidades controladoras, mas levando em consideração a natureza e os requerimentos normativos e prudenciais das subsidiárias[200].

2.4.2.2 Alta gestão (*senior management*)

Avançando para o foco dado à alta gestão, o documento de 2010 dedica a ela seu quinto princípio, a saber: "[u]*nder the direction of the board, senior management should ensure that the bank's activities are consistent with the business strategy, risk tolerance/appetite and policies approved by the board*". Nesse ponto, são apresentados quatro enunciados de práticas recomendadas, iniciando-se pela assertiva de que a alta gestão é o grupo central de indivíduos responsáveis por supervisionar a administração do dia a dia do banco e, como tal, devem ter a experiência, competências e integridade necessárias para administrar as atividades sob suas supervisões, assim como ter controles apropriados sobre os indivíduos-chave dessas áreas[201].

É apontado que a alta gestão contribui substancialmente para a governança corporativa saudável do banco por meio de sua conduta pessoal (ajudando o *tone at the top*), provendo supervisão adequada daquelas pessoas que gere e assegurando que as atividades do banco estejam consistentes com sua estratégia de negócio, tolerância e apetite de risco e políticas aprovadas pelo conselho[202].

Além disso, é asseverado que a alta gestão é responsável por delegar deveres para o *staff* e deve estabelecer uma estrutura de gestão que promova responsabilidade e transparência, sem, contudo, deixar de perma-

---

[200] Ver itens 61 a 64 (Ibid.).
[201] Item 65 (Ibid.).
[202] Item 66 (Ibid.).

necer ciente de sua obrigação de supervisionar o exercício dos referidos deveres delegados e de sua responsabilidade última para com o conselho de administração no tocante ao desempenho do banco[203].

Destaque deve ser dado para o apontamento de que a alta gestão deve implementar, de maneira consistente com as direções dadas pelo conselho, sistemas apropriados para administrar os riscos – tanto financeiros quanto não financeiros – aos quais o banco esteja exposto, o que inclui uma função abrangente e independente de gestão de risco combinada a um sistema efetivo de controles internos, como são mais aprofundados nos princípios 6 e 7[204] elucidados a seguir.

2.4.2.3 Gestão de risco e controles internos

À gestão de risco e controles internos, o documento de 2010 dedica seus princípios 6, 7, 8 e 9, ênfase essa que não existia no documento de 2006, em que o termo "gestão de risco" não aparecia no texto de nenhum de seus oito princípios[205], e as funções de controle interno eram mencionadas apenas no enunciado do princípio 5 e em conjunto com a função de auditoria interna e com os auditores externos[206].

Pelo princípio 6, tem-se que: "[b]*anks should have an effective internal controls system and a risk management function (including a chief risk officer or equivalent) with sufficient authority, stature, independence, resources and access to the board*". Ao referido princípio são dedicados onze enunciados de recomendações divididos em: demarcações de gestão de risco e de controles internos (*risk management vs. internal controls*), *chief risk officer* ou equivalente, escopo das responsabilidades, estatura e independência da função de gestão de risco, recursos e qualificações.

O primeiro tópico está compreendido pelos itens 69 e 70, o primeiro dedicado à gestão de risco e o segundo aos controles internos, muito embora o Comitê da Basileia pontue em nota de rodapé que, apesar de abordados separadamente, algumas autoridades de supervisão bancária

---

[203] Conforme item 67 (Ibid.).
[204] Item 68 (Ibid.).
[205] É de se esclarecer que a gestão de risco era mencionada em algumas práticas recomendadas, o que não invalida o destaque feito em nosso texto no sentido de que esse termo em si não estava no enunciado de nenhum princípio.
[206] Princípio 5: "*The board and senior management should effectively utilise the work conducted by the internal audit function, external auditors, and internal control functions*" (BCBS. op cit., 2006, p. 13).

e alguns bancos podem usar a expressão "controles internos" como um termo guarda-chuva para abarcar gestão de risco, auditoria interna, compliance etc[207]. Nesse sentido, o comitê reconhece que os dois termos são de fato intimamente relacionados, bem como que, muito mais importante do que identificar onde a fronteira entre controles internos e gestão de risco fica, é alcançar, na prática, os objetivos de cada um.

Nesse contexto, o item 69 esclarece que a gestão de risco geralmente engloba: a identificação dos riscos-chave do banco; a avaliação desses riscos e a mensuração da exposição do banco a eles; o monitoramento das exposições aos riscos e a determinação da correspondente necessidade de capital (isto é, planejamento de capital[208]) em uma base contínua; o monitoramento e análise de decisões sobre aceitar riscos particulares, de medidas de mitigação de riscos e se as decisões sobre riscos estão em sintonia com a tolerância e o apetite de risco aprovado pelo conselho de administração e com a política de risco; e, o reporte para a alta administração, e ao conselho de administração quando apropriado, sobre todos os assuntos anteriormente mencionados no presente parágrafo.

O item 70, por sua vez, aponta que os controles internos são desenhados para, dentre outras funções, assegurar que cada risco-chave tenha uma política, um processo ou outra medida, assim como um controle para assegurar que essa política, processo ou outra medida esteja sendo aplicado e funcione como pretendido. Assim, os controles internos devem ajudar a assegurar a integridade, compliance e efetividade de processos, bem como devem ajudar a proporcionar o conforto de que as informações financeiras e gerenciais são confiáveis, tempestivas e completas, e que o banco está em conformidade com suas diversas obrigações, incluindo o que diz respeito às normas legais e regulatórias. Também, é referido que os controles internos, objetivando evitar ações

---

[207] Os Princípios de 2015 apresentaram um glossário destacando que *"control function"* refere-se a *"[t]hose functions that have a responsibilty independent from management to provide objetctive assessment, reporting and/or assurance. This includes the risk management function, the compliance function and the internal audit function"* (BCBS, op. cit., 2015, p. 1).

[208] Vale apontar que o Comitê destaca em nota de rodapé que o desenho e execução do processo de planejamento de capital de um banco pode ser primariamente responsabilidade do *Chief Financial Officer* (CFO) (ou diretor financeiro), da função da tesouraria, ou de outras entidades dentro do banco, mas que a gestão de risco deve ser capaz de explicar com clareza e monitorar em uma base contínua o capital, a posição de liquidez e a estratégia do banco.

que ultrapassam a autoridade (ou esfera de competência) de um indivíduo ou até mesmo que sejam fraude, estabelecem verificações razoáveis da discricionariedade da gestão e dos empregados. Nesse ponto, é destacado como mesmo em bancos de pequeno porte, por exemplo, as decisões-chave de administração devem ser tomadas por mais de uma pessoa (princípio dos quatro olhos ou *"four eyes principles"*). No mais, as revisões de controle interno devem também determinar a extensão da conformidade da instituição com suas políticas e procedimentos, assim como com as políticas legais e regulatórias.

Quanto ao *chief risk officer* ou equivalente são destacadas quatro recomendações. Antes de abordá-las, entretanto, enfatizamos que esse agente é uma novidade do documento de 2010 quando se observa a evolução dos documentos do Comitê da Basileia especificamente voltados para os princípios de governança corporativa, bem como que há colocações confusas nas práticas recomendadas, como destacado no próximo parágrafo.

Nesse contexto, o item 71 pontua que bancos grandes, bancos internacionalmente ativos ou outros bancos, dependendo de seu perfil de risco e requerimentos locais de governança, devem ter um executivo sênior independente com reponsabilidade distinta para a função de gestão de risco e para a estrutura de gestão de risco da instituição por toda a organização[209]. Na sequência, é destacado em referido item que, embora a nomenclatura possa variar, ao menos em bancos grandes o papel do CRO deve ser distinto de outras funções executivas e linhas de responsabilidades, assim como não deve haver um chapéu duplo, ou seja, um *Chief Operating Officer*, CFO, *Chief Auditor* ou outro executivo sênior não devem também atuar como CRO. Nesse ponto, observa-se que, em primeiro lugar, a recomendação é dirigida a bancos grandes, internacionalmente ativos e outros bancos a depender do perfil de risco os quais

---

[209] No original: *"Large banks and internationally active banks, and others depending on their risk profile and local governance requirements, should have an independent senior executive with distinct responsibility for the risk management function and the institution's comprehensive risk management framework across the entire organisation. This executive is commonly referred to as the CRO. Since some banks may have an officer who fulfils the function of a CRO but has a different title, reference in this guidance to the CRO is intended to incorporate equivalent positions. Whatever the title, at least in large banks, the role of the CRO should be distinct from other executive functions and business line responsibilities, and there generally should be no 'dual hatting' (ie the chief operating officer, CFO, chief auditor or other senior management should not also serve as the CRO)"* (BCBS, op. cit., 2010).

deveriam ter um executivo independente com responsabilidade distinta pela função de gestão de risco. Na sequência, entretanto, aponta-se que isso deve ocorrer ao menos nos bancos grandes.

Continuando, o item 72 observa que linhas formais de reporte podem variar entre bancos, mas que, a despeito dessas variações, a independência do CRO é primordial. Enquanto o CRO possa se reportar ao CEO ou outro membro da alta gestão, o CRO também deveria se reportar e ter acesso direto ao conselho de administração e ao seu comitê de risco sem impedimento. O CRO também não deve ter qualquer responsabilidade de gestão ou financeira com relação a quaisquer linhas operacionais do banco ou funções de geração de receita. A interação entre o CRO e o conselho de administração deve ocorrer de forma regular e ser documentada de maneira adequada. Membros não executivos do conselho devem ter o direito de encontrar regularmente o CRO sem a presença da alta gestão.

O CRO deve ter respeitabilidade, autoridade e senioridade suficientes dentro da organização, o que será tipicamente refletido na habilidade do CRO de influenciar decisões que afetem a exposição do banco a risco. Além do reporte periódico, o CRO deve ter a habilidade de engajar com o conselho de administração e outros membros da alta gestão em assuntos-chave de risco e acessar informações que o CRO entenda necessárias para formar seu julgamento. Essas interações não devem comprometer a independência do CRO.

Por fim, é recomendado que, para que o CRO seja removido de sua posição por qualquer motivo, o conselho dê sua aprovação prévia e a remoção seja divulgada publicamente. O banco deve também discutir as razões dessa remoção com a autoridade de supervisão bancária.

No que se refere ao escopo das responsabilidades, posição hierárquica e independência da função de gestão de risco, há três recomendações. Pelo item 75, aponta-se que a função de gestão de risco é responsável por identificar, medir, monitorar, controlar ou mitigar, e reportar as exposições a risco, o que deve englobar todos os riscos corridos pelo banco, estejam dentro ou fora do balanço contábil, na dimensão do grupo, no nível de portfólio ou na linha de produção/de negócio, e deve levar em consideração a extensão pela qual os riscos se sobrepõem (por exemplo, linhas entre risco de mercado e de crédito e entre risco de crédito e operacional estão cada vez mais turvas). Nesse ponto, é anotado que deve estar incluída nessa função a reconciliação do nível agregado de risco corrido pelo banco com a tolerância ou apetite de risco estabelecido pelo conselho de administração[210].

No item 76, é destacado que a função de gestão de risco sob a direção do CRO deve ter tamanha importância no banco a ponto de os assuntos levantados pelos gestores envolvidos nessa função receberem a necessária atenção do conselho, da alta gestão e das unidades de negócio[211]. Posicionando e apoiando adequadamente sua função de gestão de risco, um banco auxilia a assegurar que as visões dos gestores de riscos sejam uma parte importante das muitas considerações que ensejam as decisões de um negócio.

Por fim, o item 77 reforça que a função de gestão de risco deve ser suficientemente independente das unidades de negócio cujas atividades e exposições são por ela revistas, mesmo que não seja incomum que os gestores de risco trabalhem próximo dessas unidades. Ainda nesse sentido, embora a independência seja enfatizada, também é importante que os gestores de risco não fiquem tão isolados das linhas de negócio (geograficamente ou de qualquer outro modo) a ponto de não entender a atividade ou não acessar informações necessárias. Ademais, a função de gestão de risco deve ter acesso a todas as linhas de negócio que tenham o potencial de gerar risco material para o banco. Independentemente de qualquer responsabilidade que a função de gestão de risco possa ter com as linhas de negócio e a alta gestão, sua responsabilidade última deve ser com o conselho de administração.

Em relação aos recursos, o documento de 2010 destaca, no item 75, que o banco deve assegurar que a função de gestão de risco tenha recursos adequados (tanto em número como em qualidade) para avaliar riscos, incluindo pessoal, acesso a sistemas de tecnologia da informação, recursos

---

[210] No original: *"The risk management function is responsible for identifying, measuring, monitoring, controlling or mitigating, and reporting on risk exposures. This should encompass all risks to the bank, on- and off-balance sheet and at a group-wide, portfolio and business-line level, and should take into account the extent to which risks overlap (eg lines between market and credit risk and between credit and operational risk are increasingly blurred). This should include a reconciliation of the aggregate level of risk in the bank to the board-established risk tolerance/appetite"* (BCBS, op. cit., 2010).

[211] No original: *"The risk management function – both firm-wide and within subsidiaries and business lines – under the direction of the CRO, should have sufficient stature within the bank such that issues raised by risk managers receive the necessary attention from the board, senior management and business lines"* (parte do item 76. BCBS, op. cit., 2010).

de desenvolvimento de sistemas, e apoio e acesso a informação interna. Esses processos devem também se dirigir expressamente e prover recursos suficientes para as funções de auditoria interna e compliance. Remuneração e outros incentivos do CRO e dos profissionais de gestão de risco devem ser suficientes para atrair e reter pessoal qualificado.

Finalizando as práticas associadas ao princípio 6 ora comentado, o item 79 destaca as qualificações dos profissionais de gestão de risco, os quais devem ter experiência e conhecimento necessários, incluindo no tocante a conhecimento de mercado e de produto, assim como domínio de disciplinas de risco. O *staff* da gestão de risco deve ter habilidade e vontade de questionar linhas de negócio referentes a todos os aspectos de risco que podem advir das atividades do banco.

O próximo princípio é o de número 7, que dispõe:

> *Risks should be identified and monitored on an ongoing firm-wide and individual entity basis, and the sophistication of the bank's risk management and internal control infrastructures should keep pace with any changes to the bank's risk profile (including its growth), and to the external risk landscape.*

A esse princípio são associados doze itens de recomendações, todos versando sobre atividades e metodologias de risco.

Nesse sentido, o primeiro item inicia-se por destacar que a análise de risco deve incluir tanto elementos quantitativos quanto qualitativos. No mais, há um alerta: ainda que a medição de risco seja um componente central de sua gestão, o foco excessivo nesse componente ou na modelagem de riscos à custa de outras atividades de gestão de risco pode resultar tanto em uma confiança excessiva nas estimativas de risco que não refletem com precisão as exposições reais quanto em uma adoção insuficiente de ações para abordar e mitigar os riscos. Ainda nesse contexto, e conforme o item em comento, a função de gestão de risco deve assegurar que as medições de riscos internas do banco cubram uma gama de cenários, que não se baseiem em suposições excessivamente otimistas com relação a dependências e correlações, e que incluam visões qualitativas de toda a instituição no tocante a riscos relativos ao retorno e ao ambiente de operação externo ao banco[212]. No mais,

---

[212] No original: "[t]*he risk management function should ensure that the bank's internal risk measurements cover a range of scenarios, are not based on overly optimistic assumptions regarding*

os cenários utilizados na análise de risco do banco devem ser revistos e aprovados pela alta administração, e, quando aplicável, pelo conselho de administração, bem como devem ser construídos cientes dos pressupostos e das potenciais deficiências incorporadas nos modelos de risco do banco[213].

O item seguinte traz uma importante recomendação associada à função de supervisão pelo conselho de administração. Nesse sentido, o item 81 assevera que, como os bancos usam certas informações internas e externas para identificar e avaliar riscos, tomar decisões estratégicas e operacionais, e determinar a adequação do capital, o conselho de administração deve dar especial atenção à qualidade, completude e precisão das informações nas quais se pauta para tomar decisões envolvendo risco.

O item 82, por sua vez, enfatiza que, como parte da análise quantitativa e qualitativa do banco, este deve também utilizar testes prospectivos de estresse e análises de cenário para melhor compreender as exposições potenciais a risco sob uma variedade de circunstâncias adversas. Nesse ponto, vale destacar que o Comitê da Basileia publicou princípios para práticas e supervisão de testes de estresse saudáveis em maio de 2009 e que devem ser consultados[214]. No mais, é destacado que os testes prospectivos de estresse e análises de cenário devem ser elementos-chave do processo de gestão de risco de um banco, e os resultados devem ser comunicados para – e receber consideração apropriada de – as linhas de negócio e indivíduos relevantes dentro do banco. Uma abordagem prospectiva da gestão de risco deve incluir monitoramento contínuo dos riscos existentes, assim como identificar riscos novos ou emergentes.

Em adição a esses instrumentos prospectivos, o item 83 destaca que os bancos devem também revisar regularmente seu desempenho real depois da ocorrência do fato relativo às estimativas de risco (ou seja, *backtesting*) para auxiliar a medir a precisão e efetividade do processo de gestão de riscos e proceder aos ajustes necessários.

O item 84, na sequência, volta-se para a importância da análise de risco interna do banco. Nesse sentido, é destacado que a função de

---

dependencies and correlations, and include qualitative firm-wide views of risk relative to return and to the bank's external operating environment" (parte do item 80. BCBS, op.cit., 2010).
[213] Item 80 (Ibid.).
[214] BCBS. **Principles for Sound Stress Testing Practices and Supervision**, May 2009. Disponível em: <http://www.bis.org/publ/bcbs155.pdf>. Acesso em: 21 nov. 2016.

gestão de risco deve promover a importância da alta gestão e de os gestores de linhas de negócio identificarem e avaliarem criticamente os riscos, ao invés de apenas confiarem de maneira excessiva nas análises de risco externas. Dessa forma, é pontuado que análises externas, como *ratings* de crédito externos ou modelos de risco adquiridos externamente ao banco, podem ser úteis como informação (*input*) para uma avaliação mais abrangente de risco, mas mesmo assim a responsabilidade última pela análise do risco permanece unicamente com o banco. Nesse sentido, é dado como exemplo a compra de um modelo de risco de crédito ou de mercado, em que mesmo assim o banco deve tomar medidas necessárias para validar o modelo e calibrá-lo para suas circunstâncias individuais a fim de assegurar captura e análise de riscos precisas e abrangentes. Em qualquer caso, é destacado que os bancos devem evitar confiar excessivamente em qualquer metodologia ou modelo de risco específicos.

O item 85, por seu turno, ocupa-se em salientar que uma abordagem similar à destacada acima é necessária quanto a subsidiárias dos bancos. Com efeito, observados requerimentos e isenções regulatórios, devem o conselho de administração e a alta gestão da subsidiária, em apertada síntese, desempenharem suas funções de avaliar apropriadamente riscos e questões locais, em acordo com o fato de que estes permanecem responsáveis pelos processos de gestão de risco efetivos na subsidiária. No mais, os testes de estresse nos portfólios das subsidiárias devem ocorrer não apenas baseados nos ambientes econômicos e de operação daquelas, mas também considerando as ramificações de estresse potenciais na entidade controladora (por exemplo, em sua liquidez, crédito, reputação etc.).

Na sequência, o item 86 volta-se para um destaque importante: além de identificar e medir as exposições de risco, a função de gestão de risco deve avaliar os possíveis caminhos para administrar referidas exposições. Em alguns casos, a função de gestão de risco pode direcionar que o risco seja reduzido ou protegido (*hedged*) para limitar a exposição. Em outros casos, a função de gestão de risco pode simplesmente reportar posições de risco e monitorar essas posições para assegurar que elas permaneçam dentro da estrutura de limites e controles do banco. Ambas as abordagens podem ser apropriadas, considerando-se que a independência da função de gestão de risco não esteja comprometida.

Outro ponto observado, ora pelo item 87, é que a sofisticação das infraestruturas da gestão de risco do banco e de seu controle interno (incluindo, em particular, infraestrutura robusta de tecnologia da informação) deve acompanhar desenvolvimentos, como os do balanço contábil, do crescimento do faturamento, do aumento da complexidade das atividades do banco ou de sua estrutura de operação, da expansão geográfica, das fusões e aquisições, ou da introdução de novos produtos ou linhas de negócio. O planejamento estratégico e sua revisão periódica devem levar em consideração a extensão pela qual tais desenvolvimentos ocorreram e a probabilidade de assim continuarem.

No tocante a novos produtos, o item 88 destaca que os bancos devem ter procedimentos de aprovação, os quais devem incluir análises dos riscos dos novos produtos, alterações significativas aos produtos existentes, a introdução de novas linhas de negócio e a entrada em novos mercados. A função de gestão de risco deve prover informações a respeito de riscos como parte desses procedimentos, o que deve incluir uma avaliação completa e franca dos riscos sob uma variedade de cenários, assim como uma avaliação de potenciais falhas na habilidade da gestão de risco do banco e seus controles internos de efetivamente administrar os riscos associados. Nesse particular, o processo de aprovação de novos produtos do banco deve levar em consideração a extensão pela qual as funções de gestão de risco, de compliance legal e regulatório, de tecnologia da informação, da linha de negócio e dos controles internos detêm instrumentos adequados e expertise necessária para administrar os riscos relacionados. Se os processos de gestão de risco apropriados ainda não estiverem em funcionamento, a oferta de um novo produto deve ser postergada até o momento em que tais processos estiverem aptos a acomodar as atividades a isso relevantes. É recomendado também que haja um processo para analisar o risco e o desempenho relativos a projeções iniciais e para adaptar o tratamento da gestão de risco em conformidade com a evolução da maturidade do negócio.

Um outro tópico abordado são fusões e aquisições. Nesse ponto, o item 89 ressalta como essas operações podem trazer desafios especiais à gestão de risco do banco. Em particular, é destacado que riscos podem advir da condução insuficiente de auditoria (*due diligence*) que falhe na identificação de riscos que aparecem posteriormente à fusão ou de atividades que conflitam com os objetivos estratégicos do banco ou com sua tolerância/apetite ao risco. Dessa forma, a função de gestão de risco deve estar ativamente envolvida na análise de riscos que podem advir de fusões e aquisições, e deve reportar seus achados diretamente para o conselho de administração e/ou seu comitê especializado relevante.

Por fim, ainda no tocante a recomendações sob o princípio 7, os itens 90 e 91 destacam a participação de demais áreas na gestão de risco, além da própria função de gestão de risco. Nesse sentido, o item 90 pontua que, apesar da função de gestão de risco desempenhar um papel vital na identificação, mensuração, monitoramento e reporte das exposições de risco, outras unidades no banco também desempenham um importante papel para administrar o risco. Nessa direção, além das linhas de negócio, as quais devem ser responsáveis pela administração dos riscos que advém de suas atividades, a tesouraria do banco e as funções de finanças devem promover uma gestão de risco efetiva em toda a instituição não apenas por meio do suporte a controles financeiros, mas também por meio da aplicação de apreçamentos internos robustos de risco, sobretudo em bancos grandes e internacionalmente ativos. Os custos de financiamento interno de uma linha de negócio devem refletir os riscos materiais que essas atividades trazem ao banco. A falha em se proceder assim pode resultar em investimentos maiores em atividades de alto risco do que seria o caso se o apreçamento interno estivesse ajustado ao risco.

No mais, o item 91 ressalta que, apesar de a função de gestão de risco ter um papel de liderança central e coordenação no que tange a riscos, a responsabilidade operacional pela tomada de decisões operacionais envolvendo riscos e por administrá-los permanece com a administração e é estendida aos empregados do banco. Nesse sentido, a estrutura de gestão de risco do banco deve ser clara e transparente quanto ao *staff* e às reponsabilidades organizacionais pelo risco.

O princípio 8 dispõe: *"Effective risk management requires robust internal communication within the bank about risk, both across the organization and through reporting to the board and senior management"*. Atrelados a referido princípio estão sete enunciados contendo recomendações.

O primeiro (item 92) destaca a cultura relacionada ao risco e o *tone at the top* a ser conduzido pelo conselho e pela alta gestão. Nessa direção, é ressaltado como a governança corporativa saudável é evidenciada, dentre outras formas, por uma cultura em que da alta gestão e do *staff* se espera e se encoraja que procedam à identificação de questões de risco ao invés de confiar nas funções de auditoria interna e gestão de risco para identificá-las, atitude essa reforçada não apenas pelas políticas e procedimentos do banco, mas também pelo mencionado *tone at the top*.

Nessa direção, o item 93 destaca que as exposições e estratégias de risco do banco devem ser comunicados pelo banco com frequência suficiente. Com efeito, a efetiva comunicação, tanto horizontal como verticalmente na cadeia da administração, facilita que decisões que efetivamente promovam uma atividade bancária segura e saudável sejam tomadas e ajuda a prevenir decisões que possam amplificar as exposições a risco.

A comunicação ao conselho de administração e à alta gestão é tratada nos itens 94 e 95. O primeiro afirma que a informação deve ser comunicada ao conselho e à alta gestão de uma maneira tempestiva, completa, inteligível e precisa de modo a equipá-los para efetuarem tomadas de decisões de maneira informada. O enunciado destaca que esse ponto é particularmente importante quando um banco está enfrentando dificuldades financeiras ou de outras espécies e precisa prontamente tomar decisões críticas. Se o conselho e a alta gestão detêm informações incompletas ou imprecisas, suas decisões podem amplificar riscos ao invés de mitigá-los.

No mais, considerações sérias devem ser dadas pelo conselho na instituição de revisões periódicas quanto ao montante e à qualidade da informação que o conselho recebe ou deveria receber. Ainda nesse contexto, o item 95 ressalta que, com o propósito de assegurar que o conselho e a alta gestão são suficientemente informados, a administração e aqueles responsáveis pelas funções de controle devem estabelecer um equilíbrio entre comunicar informações que são precisas e não filtradas (ou seja, que não escondam potenciais notícias ruins) e não comunicar muitas informações alheias de modo que o grande volume de informação se torne contraproducente.

Os relatórios de risco são abordados pelos itens 96 e 97. O item 96 observa que o reporte de risco para o conselho requer desenho cuidadoso de modo a assegurar que a carteira de todo o banco e os portfólios individuais e outros riscos sejam transmitidos de forma concisa e significativa. Os relatórios devem comunicar de maneira acurada a exposição de riscos e os resultados de testes de estresse ou análises de cenário, e devem provocar uma discussão robusta a respeito, por exemplo, da exposição atual e prospectiva do banco (particularmente sob cenários de estresse), dos relacionamentos entre risco e retorno, da tolerância e do apetite do banco, dentre outros. Em adição à mensuração interna e a análise dos riscos do banco, os relatórios devem incluir informação sobre o ambiente externo ao banco para identificar condições de mercado e tendências que podem ter um impacto no perfil de risco atual ou futuro do banco.

O item 97, por sua vez, complementa que os sistemas de reporte de risco devem ser dinâmicos, abrangentes e precisos, e devem recorrer a uma série de suposições subjacentes. Nesse sentido, o monitoramento e reporte de riscos devem ocorrer não apenas no nível desagregado (incluindo o risco existente em subsidiárias que podem ser considerados significativos), mas também devem ser agregados para cima, a fim de permitir uma visão de toda organização ou visão consolidada no que tange a exposições de risco[215]. Os sistemas de reporte de riscos devem ser claros sobre quaisquer deficiências ou limitações nas estimativas de risco, assim como sobre qualquer suposição significativa nelas incorporadas (por exemplo, no que tange a dependências e correlações de risco). Esses sistemas devem não apenas agregar informação para prover uma visão integrada de risco da organização inteira (geograficamente ou por tipo de risco), mas também enfatizar riscos emergentes que têm o potencial de se tornarem significativos e merecerem uma análise mais aprofundada.

Por fim, o último item a tratar do princípio 8 destaca que silos organizacionais podem impedir a troca efetiva de informação pelo banco e resultar em decisões que são tomadas de maneira isolada do resto do banco. Ultrapassar obstáculos à troca de informações impostos por estruturas em silos pode requerer que o conselho e a alta gestão revejam ou repensem práticas estabelecidas, de modo a encorajar uma melhor comunicação. Nesse ponto, é elucidado que algumas organizações consideraram útil a criação de comitês de gestão de risco – distintos do comitê de risco do conselho –, que atraem membros de toda a organização

---

[215] No original: "[r]isk monitoring and reporting should occur not only at the disaggregated level (including risk residing in subsidiaries that could be considered significant), but should also be aggregated upward to allow for a firm-wide or consolidated picture of risk exposures" (parte do item 97. BCBS, op. cit., 2010).

(por exemplo, de linhas de negócio e da função de gestão de risco) para discutir assuntos relacionados aos riscos da organização como um todo.

Por fim, o último princípio relacionado pelo documento de 2010 com a gestão de risco e controles internos é o de número 9, cujo enunciado estabelece: "[t]*he board and senior management should effectively utilise the work conducted by internal audit functions, external auditors and internal control functions*". Esse princípio corresponde *ipsis litteris* ao princípio de número 5 do documento de 2006 que, por sua vez, encontra paralelo (embora seja mais desenvolvido ao destacar os controles internos) com a quinta prática sugerida constante do documento de 1999[216]. Com efeito, o documento de 2010 traz seis itens com recomendações relacionadas a esses princípios, os quais divergem pouco do que existia no documento de 2006.

Como um todo, permanece apontado que o conselho deve reconhecer e admitir que auditores internos e externos independentes, competentes e qualificados, assim como outras funções de controle interno (como as funções de compliance) são vitais para que o processo de governança corporativa atinja objetivos importantes. Ainda nesse sentido, é ressaltado que a alta gestão deve também reconhecer a importância e efetividade dessas funções para a saúde de longo prazo do banco[217].

Dentro de nosso escopo, ainda merecem destaque os apontamentos novos de que o conselho e a alta gestão podem melhorar a capacidade da função interna de auditoria de identificar problemas na governança, gestão de risco e sistemas de controles internos do banco por meio do encorajamento de que os auditores internos adiram a padrões profissionais internacionais e nacionais, como os estabelecidos pelo Institute of Internal Auditors, bem como por requerer que seu *staff* de auditoria tenha habilidades adequadas às atividades e aos riscos do banco[218], o que entendemos condizente com o cuidado da expertise bancária.

Outras formas nessa direção permanecem (como em linhas gerais também eram apontados em 2006) no sentido do reconhecimento da importância dos processos de auditoria e controles internos, e da promoção da independência do auditor interno por meio, por exemplo, do

---

[216] Princípio este que dispunha: "[e]*ffectively utilising the work conducted by internal and external auditors, in recognition of the important control function they provide*" (BCBS, op cit., 1999, p. 7).
[217] Item 99 (BCBS, op. cit., 2010).
[218] Conforme item 100 (Ibid.).

acesso direto ao conselho de administração ou a seu comitê de auditoria. Diferenças notáveis ainda nesse contexto situam-se no fato de se prever que o requerimento de correção tempestiva e efetiva de pontos apontados pela auditoria interna seja efetuada pela alta gestão (e não meramente "administração", como constava em 2006), bem como na previsão de que o conselho e a alta gestão engajem os auditores internos no julgamento da efetividade das funções de gestão de risco, de compliance e de outras funções de controle, incluindo a qualidade do reporte de risco ao conselho e à alta gestão[219] – alteração condizente com a atenção dada pelo documento de 2010 à função de gestão de risco.

No mais, o item 101 ressalta que o conselho e a alta gestão são responsáveis pela preparação e apresentação justa das demonstrações financeiras, a não ser que estabelecido de maneira diversa em lei, em acordo com os padrões de contabilidade aplicáveis em cada jurisdição, assim como pelo estabelecimento de controles internos efetivos relacionados aos relatórios financeiros – responsabilidade essa que não era destacada no âmbito da análise do presente princípio no documento de 2006.

Por fim, menciona-se o enunciado 104, que também representa uma novidade no âmbito do princípio em tela em comparação ao documento de 2006. Aponta-se ali que a alta gestão deve promover fortes controles internos e evitar atividades e práticas que minam sua efetividade. Os exemplos dados de atividades ou práticas problemáticas incluem a falha em assegurar que haja efetiva segregação de responsabilidades em pontos em que conflitos podem emergir; não exercício de efetivo controle sobre empregados que se situam em posições-chave (mesmo com relação a empregados estrelas); falha em questionar empregados que geram receitas ou retornos fora das expectativas razoáveis (por exemplo, quando supostas atividades de baixo risco e baixa margem gerem retornos inesperadamente altos) por medo de perder seja a receita ou o(s) empregado(s).

2.4.2.4 *Remuneração*

Como apontado pelo item 105 do documento de 2010 em comento, sistemas de remuneração contribuem para a performance e a assunção de

---

[219] Ver item 100 (Ibid.).

riscos pelo banco, e, dessa forma, devem ser componentes centrais da governança e da gestão de risco de um banco. Na realidade, entretanto, o risco não foi sempre levado em consideração na determinação das práticas remuneratórias e, como consequência, alguns riscos de longo prazo podem ter sido exacerbados por incentivos de remuneração, como aqueles para impulsionar lucros de curto prazo[220] e que foram largamente identificados durante a crise de 2008.

Reconhecendo esse fato, o Comitê da Basileia destaca que o Financial Stability Board (FSB) divulgou dois documentos em 2009 com princípios e padrões[221] para auxiliar na implementação de sistemas de remuneração, e que o próprio Comitê publicou em janeiro de 2010 seu *Compensation Principles and Standards Assessment Methodology*. Após ressaltar que os bancos devem implementar integralmente os princípios e os padrões do FSB, ou as prescrições nacionais a eles consistentes, o Comitê apresenta os princípios 10 e 11 elucidados a seguir, os quais refletem elementos centrais da remuneração relacionados à governança corporativa, ainda que não afastem a aplicação completa dos princípios e padrões do FSB mencionados[222].

Antes de apresentarmos os enunciados de referidos princípios, no entanto, e inclusive para melhor ilustrar as singularidades neles presentes, devemos mencionar que o Comitê da Basileia já tratava importantes aspectos da remuneração em seus documentos especificamente voltados para a governança corporativa de bancos de 1999 e 2006. Com efeito, cada qual continha um princípio a isso dedicado. No documento de 1999, o enfoque dado era no sentido de que a abordagem da remuneração fosse consistente com os valores éticos, objetivos, estratégia e ambiente de controle do banco[223]. Em duas das três práticas associadas a esse princípio já se destacava como os incentivos remuneratórios

---

[220] Item 105 (Ibid.).

[221] Para mais referência com relação aos dois documentos mencionados, ver item 3.6 da presente dissertação.

[222] Item 106. No mais, em referido item pontua-se que os *"FSB Principles and Standards are intended to apply to significant financial institutions, but national jurisdictions may also apply them in a proportionate manner to smaller, less-complex institutions"*, muito embora não seja esclarecido o conceito de *"significant financial institutions"* no documento do Comitê da Basileia em análise.

[223] Sexta prática sugerida apresentada no documento de 1999: *"Ensuring that compensation approaches are consistent with the bank's ethical values, objectives, strategy and control environment"*. (BCBS, op. cit., 1999, p. 8).

poderiam encorajar o foco na lucratividade de curto prazo com pouca atenção às consequências tanto de curto como de longo prazo[224], bem como que as escalas salariais deveriam ser estabelecidas de forma a não depender excessivamente do desempenho de longo prazo para evitar a assunção de risco excessiva[225].

No documento de 2006, por sua vez, o princípio 6 estabelecia que o conselho de administração deveria assegurar que as políticas e práticas de remuneração estivessem consistentes com a cultura corporativa, com os objetivos e estratégia de longo prazo, e com o ambiente de controle do banco[226]. Dessa forma, o longo prazo foi inserido já no próprio enunciado do princípio. As quatro recomendações de práticas que se seguiam expressavam a preocupação do alinhamento com o longo prazo, ou ao menos com a necessidade de se evitar um incentivo remuneratório indevidamente relacionado ao desempenho de curto prazo[227].

O documento de 2010, entretanto, vai além ao estabelecer dois princípios ao invés de um e ao trazer ênfases peculiares no próprio texto dos princípios, em especial no tocante ao risco no texto do princípio 11.

Nessa toada, observemos primeiro o enunciado do princípio 10: "[t]*he board should actively oversee the compensation system's design and operation, and should monitor and review the compensation system to ensure that it operates as intended*". Referido princípio vem acompanhado de três enunciados de recomendações, os quais reforçam o texto retrorreproduzido.

Assim, o item 107 dedica-se a destacar a responsabilidade do conselho de administração pela concepção e operação global do sistema de remuneração para todo o banco. Para tanto, é enfatizado que os membros do conselho que estejam mais ativamente envolvidos na concepção e operação do sistema de remuneração (por exemplo, os membros do comitê de remuneração) sejam independentes, membros não executivos, com conhecimento substancial sobre arranjos de remuneração e os incentivos e riscos que podem deles advir. No mais, como a remuneração deve ser alinhada com o risco (como detalhado no próximo

---

[224] Item 23 (Ibid., p. 8).
[225] Item 25 (Ibid., p. 8).
[226] "*The board should ensure that compensation policies and practices are consistent with the bank's corporate culture, long-term objectives and strategy, and control environment*". (BCBS, op. cit., 2006, p. 14).
[227] Ver itens 44, 45, 46 e 47 (Ibid., p. 14-15).

princípio), um entendimento da mensuração e administração de risco da instituição e de como as diferentes práticas de remuneração podem impactar o perfil de risco da instituição também é importante. Os comitês de remuneração dos conselhos também devem atender aos padrões do FSB[228], incluindo o trabalho próximo do comitê de risco para avaliar incentivos advindos de remuneração e assegurar que uma revisão anual da remuneração seja realizada.

Adicionalmente ao estabelecimento do sistema de remuneração, o conselho de administração, conforme apontado pelo item 108, deve monitorar e revisar os resultados do sistema para assegurar que este está operando como pretendido.

Por fim, o item 109 especifica que a remuneração da função de controle (como o CRO e o *staff* de gestão de risco) deve ser estruturada de tal forma que seja atrelada principalmente no atingimento de seus objetivos e não comprometa sua independência (por exemplo, a remuneração não deve ser substancialmente atrelada ao faturamento de linhas de negócio).

Na sequência, o enunciado do princípio 11 destaca:

> *An employee's compensation should be effectively aligned with prudent risk taking: compensation should be adjusted for all types of risk; compensation outcomes should be symmetric with risk outcomes; compensation payout schedules should be sensitive to the time horizon of risks; and the mix of cash, equity and other forms of compensation should be consistent with risk alignment.*

O próprio enunciado do princípio, como já adiantado, detalha aspectos envolvendo risco, consequência das observações e apontamento advindos do que ocorreu na crise de 2008. Não obstante, quatro enunciados de recomendações são apresentados junto ao referido princípio.

O de número 110 destaca que, como os empregados podem gerar receitas de curto prazo equivalentes, apesar de pautados em riscos vastamente diferentes no longo prazo, um banco deve assegurar que a remuneração variável seja ajustada para levar em consideração os riscos assumidos pelo empregado. Tal ajuste deve ponderar todos os tipos de risco dentro de um horizonte temporal suficiente para que os resultados de risco sejam revelados. É recomendado que tanto medidas quantita-

---

[228] Para mais referências com relação aos padrões do FSB, ver item 3.6 da presente dissertação.

tivas de risco quanto julgamentos humanos sejam utilizados para determinar os ajustes de risco. Quando as instituições fizerem esses ajustes, todos os riscos materiais devem ser levados em consideração, incluindo os difíceis de mensurar (como o risco de reputação) e resultados de risco potencialmente severos.

Adicionalmente aos ajustes *ex-ante*, o item 111 acrescenta que os bancos devem tomar medidas para melhor alinharem a remuneração com a assunção prudente de risco. Uma característica de resultados de remuneração efetivos é que eles são simétricos com os resultados de risco, particularmente no nível da linha de negócio. O tamanho da remuneração variável total de um banco deve variar em resposta ao desempenho tanto positivo quanto negativo. A remuneração variável deveria ser reduzida ou eliminada quando um banco ou linha de negócio incorre em perdas substanciais.

Ademais, a remuneração deve ser sensível aos resultados de risco considerados em um horizonte plurianual, conforme prevê o item 112. Isso é tipicamente alcançado por meio de arranjos que diferem a remuneração até o momento em que os resultados de risco são observáveis, e podem incluir as conhecidas provisões *"malus"* ou *"clawback"* em que a remuneração é reduzida ou revertida se os empregados geram exposições que causam ao banco um desempenho pobre em anos subsequentes ou se o empregado falha em estar em conformidade com políticas internas ou requisitos legais. Arranjos conhecidos por *"golden parachute"*, pelos quais executivos ou *staff* finalizando suas carreiras recebem grandes pagamentos independentemente do desempenho, geralmente não são consistentes com práticas saudáveis de remuneração.

Por fim, é destacado que o mix de formas de remuneração, como em espécie, ações, opções, dentre outras, deve ser consistente com o alinhamento de risco e provavelmente deverá variar entre empregados, dependendo de suas posições e papéis no banco.

2.4.2.5 *Estruturas corporativas complexas ou opacas*

No tocante a estruturas corporativas complexas ou opacas, o documento de 2010 reservou dois princípios, a saber: o de número 12 e o de número 13. Nesse ponto, vale observar que o documento de 2006 já tratava da matéria em seu princípio 8, em um enunciado que congregava os enunciados dos dois princípios referidos. Com efeito, os princípios de 2010 operam a separação em dois do princípio de 2006, com a inserção expressa de mais detalhes, notadamente no tocante ao risco.

Nesse sentido, o princípio 8 do documento de 2006 dispunha: "[t]*he board and senior management should understand the bank's operational structure, including where the bank operates in jurisdictions, or through structures, that impede transparency (i.e. 'know-your-structure')*". Vale observar que o documento de 2006, ao revisar o de 1999, declarava que a falta de transparência de estruturas era foco de suas considerações[229].

Por sua vez, o princípio 12 do documento de 2010 destaca: "[t]*he board and senior management should know and understand the bank's operational structure and the risks that it poses (ie 'know-your-structure')*"; e o princípio 13 dispõe:

> *Where a bank operates through special-purpose or related structures or in jurisdictions that impede transparency or do not meet international banking standards, its board and senior management should understand the purpose, structure and unique risks of these operations. They should also seek to mitigate the risks identified (ie 'understand-your-structure').*

Tanto ao princípio 12 quanto ao 13 são associados seis enunciados com recomendações. Como um todo, procura-se recomendar que o conselho e a alta gestão saibam, entendam e guiem a estrutura de governança global do banco, bem como sua evolução, assegurando que aquela (assim como as entidades que a formam) sejam justificadas e não envolvam complexidade indevida e inapropriada. Aponta-se também que a alta gestão, e o conselho de administração quando apropriado, devem entender o propósito de cada estrutura que impeça transparência, estarem cientes de riscos especiais que referidas estruturas possam impor, bem como procurarem mitigar os riscos identificados.

Em comparação ao documento de 2006, há mais detalhes nas recomendações, mas os propósitos permanecem substancialmente os mesmos. No mais, as recomendações referentes aos princípios em tela

---

[229] "*This paper, which broadly retains the structure of the 1999 paper, takes into account comments received during the consultative period. This paper also presents some considerations for corporate governance related to the activities of banking organisations that are conducted through structures that may lack transparency, or in jurisdictions that pose impediments to information flows*" (BCBS, op. cit., 2006, p.1).

alinham-se ao quanto já observado em outras áreas do documento, como a gestão de risco e as práticas do conselho associadas ao princípio 4.

2.4.2.6 Divulgação e transparência

Por fim, o último princípio de governança corporativa do documento de 2010 é dedicado à divulgação de informações ao mercado e transparência. É o enunciado do princípio de número 14: "[t]*he governance of the bank should be adequately transparent to its shareholders, depositors, other relevant stakeholders and market participants*". Novamente, são apresentados seis enunciados de recomendações atrelados a referido princípio.

Ainda que o texto do princípio em si divirja de seu correspondente no documento de 2006 (qual seja: "[t]*he bank should be governed in a transparent manner*"), as recomendações práticas são substancialmente similares, contando com algumas atualizações, como o destaque, ainda que tímido, à divulgação da remuneração de acordo com o *FSB Principles and Standards*[230], e a divulgação de pontos centrais no tocante ao apetite e à tolerância de risco[231]. De maneira global, permanece o propósito de que a transparência é um instrumento para ajudar a enfatizar os princípios principais para uma boa governança corporativa, bem como permanece a procura pela simplificação das estruturas muito complexas de bancos.

2.4.2.7 Destaques da evolução dos princípios de 2006 para 2010

Decorre da análise comparativa dos documentos de 2006 e 2010 que algumas áreas foram especialmente estimuladas pela crise de 2008. Observadas ainda as falhas da governança corporativa como apresentadas anteriormente, e as especificidades dos bancos, merecem destaque os seguintes tópicos: qualificação do conselho de administração e dos conselheiros (para além da independência necessária); maior ênfase à existência e ao funcionamento do comitê de risco; a função de gestão de risco encabeçada pelo CRO; e a política de remuneração equilibrada à assunção de risco desejada. As demais áreas, ainda que atualizadas pela inserção mais contundente do cuidado com o risco em seus textos, permanecem substancialmente, e em seu propósito, as mesmas que eram recomendadas.

---

[230] Item 129 (BCBS, op. cit., 2010).
[231] Item 130 (Ibid.).

Com efeito, é notório que o documento de 2010 enfatizou o cuidado com o risco e sua gestão, inclusive com sua menção expressa textual em oito dos catorze princípios enunciados. O seguinte quadro contribui para melhor ilustrar a evolução ocorrida do quanto era apresentado em 2006 para o que foi apresentado em 2010:

Quadro 2: Comparação entre os princípios constantes do documento de 2006 do Comitê da Basileia e os constantes do documento de 2010 de mesma entidade.

\#	2006 Sound corporate governance principles	2010 Sound corporate governance principles	\#	Key areas
2	The board of directors should approve and oversee the bank's strategic objectives and corporate values that are communicated throughout the banking organisation	The board has overall responsibility for the bank, including approving and overseeing the implementation of the bank's strategic objectives, risk strategy, corporate governance and corporate values. The board is also responsible for providing oversight of senior management	1	Board Practices
3	The board of directors should set and enforce clear lines of reponsibility and accountability throughout the organisation			
4	The board should ensure that there is appropriate oversight by senior management consistent with board policy			
1	Board members should be qualified for their positions, have a clear understanding of their role in corporate governance and be able to exercise sound judgment about the affairs of the bank	Board members should be and remain qualified, including through training, for their positions. They should have a clear understanding of their role in corporate governance and be able to exercise sound and objective judgment about the affairs of the bank	2	
—	—	The board should define appropriate governance practices for its own work and have in place the means to ensure that such practices are followed and periodically reviewed for ongoing improvement	3	
—	—	In a group structure, the board of the parent company has the overall responsibility for adequate corporate governance across the group and ensuring that there are governance policies and mechanisms appropriate to the structure, business and risks of the group and its entities	4	
—	—	Under the direction of the board, senior management should ensure that the bank's activities are consistent with the business strategy, risk tolerance/appetite and policies approved by the board	5	Senior management
—	—	Banks should have an effective internal controls system and a risk management function (including a chief risk officer or equivalent) with sufficient authority, stature, independence, resources and access to the board	6	Risk Management and internal control
—	—	Risks should be identified and monitored on na ongoing firm-wide and individual entity basis, and the sophistication of the bank's risk management and internal control infrastructures should keep pace with any changes to the bank's risk profile (including its growth), and to the external risk landscape	7	

		Effective risk management requires robust internal communication within the bank about risk, both across the organisation and through reporting to the board and senior management	8	
5	The board and senior management should effectively utilise the work conducted by the internal audit function, external auditors, and internal control functions	The board and senior management should effectively utilise the work conducted by internal audit fuctions, external auditors and internal control functions	9	
6	The board should ensure that compensation policies and practices are consistent with the bank's corporate culture, long-term objectives and strategy, and control environment	The board should actively oversee the compensation system's design and operation, and should monitor and review the compensation system to ensure that it operates as intended	10	Compensation
		An employee's compensation should be effectively aligned with prudent risk taking: compensation should be adjusted for all types of risk; compensation outcomes should be symmetric with risk outcomes; compensation payout schedules should be sensitive to the time horizon of risks; and the mix of cash, equity and other forms of compensation should be consistent with risk alignment	11	
8	The board and senior management should understand the bank's operational structure, including where the bank operates in jurisdictions, or through structures, that impede transparency (i.e. "know-your-structure")	The board and senior management should know and understand the bank's operational structure and the risks that it poses (ie "know-your-structure")	12	Complex or opaque corporate structures
		Where a bank operates through special-purpose or related structures or in jurisdictions that impede transparency or do not meet international banking standards, its board and senior management should understand the purpose, structure and unique risks of these operations. They should also seek to mitigate the risk identified (ie "understand-your-structure").	13	
7	The bank should be governed in a transparent manner	The governance of the bank should be adequately transparent to its shareholders, depositors, other relevant stakeholders and market participants	14	Disclosure and transparency

Fonte: elaborado pela autora com as informações constantes em BCBS (2006) e BCBS (2010).

Não obstante a evolução identificada, há uma crítica encontrada em doutrina que merece análise. Marco Becht, Patrick Bolton e Ailsa Röell destacam que, muito embora os princípios do Comitê da Basileia reconheçam que os conselhos de administração e a alta gestão têm responsabilidade para com credores, e não apenas acionistas, não há uma alteração fundamental de estrutura de poder nos bancos. Nesse sentido, os acionistas permanecem tendo o poder exclusivo de, por exemplo, nomear e remover conselheiros[232]:

---

[232] Vale observar que as práticas relacionadas aos princípios de 2015, comentados mais à frente, preveem que o próprio conselho deve tomar medidas permitidas pelo Direito para casos em que um membro deixe de ser qualificado ou falhe em cumprir com suas responsabilidades: "[i]*f a board member ceases to be qualified or is failing to fulfil his or her responsibilities, the board should take appropriate actions as permitted by law, which may include notifying their banking supervisor*" (item 53. BCBS, op. cit., 2015, p. 14).

> *The board is strengthened through the appointment of more competent directors and by reinforcing the risk-management function, including an upgrade of the CRO. The Principles are consistent with the theory and the empirical evidence, but they do not break with pre-crisis tradition: 'the primary responsibility for good corporate governance rests with boards (supported by control functions) and with senior management of banks' (p. 33). Shareholders continue to appoint and remove the management or supervisory boards. Will these boards really serve the interests of non-shareholder constituencies?*[233]

De fato, o Comitê da Basileia reforça a importância da proteção aos depositantes e outros *stakeholders* sem, contudo, apresentar uma estrutura concreta que aborde especificamente esse aspecto. Não obstante, temos observações de duas ordens quanto à crítica acima referida. Em primeiro lugar, não se pode desconsiderar que o Comitê da Basileia, como descrito, conta com a participação e colaboração de autoridades e instituições financeiras de diversos países. Com isso, naturalmente, na base dos estudos e das considerações formuladas estão sistemas de governança corporativa com diferentes modelos, paradigmas e propósitos, inclusive o modelo anglo-americano de vertente *shareholder-oriented*, de onde, aliás, se originou boa parte do arcabouço teórico da governança corporativa. Portanto, é quase inviável esperar, logo após a crise, que um fórum como esse elabore, em sede de princípios, estruturas que ultrapassem esse seu viés pluralista com a prescrição de estruturas que atendam de maneira inconteste às críticas apresentadas.

Em segundo lugar, é de se notar que os documentos do Comitê da Basileia analisados apontam a importância da proteção dos depositantes desde 1999, e destacam o papel das autoridades de supervisão bancária nesse tocante. Com efeito, a presença da supervisão bancária é uma estrutura externa que, em sua busca pela estabilidade financeira, acaba por trazer os interesses de *stakeholders* – notadamente depositantes – para o contexto da governança corporativa bancária. Ainda nessa direção, e em consonância com o que expusemos no primeiro capítulo, vale destacar que em muitos pontos os princípios e recomendações do Comitê da Basileia, especialmente de 2010, caminham em prol do cuidado com o banco em si, ou seja, com seu desempenho sustentável no

---

[233] Op. cit., p. 458.

longo prazo, com sua boa gestão. Assim, entendemos que os mecanismos especialmente recomendados em 2010, como o reforço na competência dos conselheiros e a atenção nas estruturas de gestão de risco, enquanto caminhem nessa direção, atendem aos interesses legítimos envolvidos, da forma como salientamos quando da menção à vertente *enlightened-shareholder*. Ou seja, nessa perspectiva, as estruturas recomendadas são capazes de serem consideradas para além do poder dos acionistas.

Feitas essas considerações, cumpre apontar que a última versão de 2015 dos princípios enunciados pelo Comitê da Basileia também enfatizou alguns desses pontos, de forma que nos voltaremos agora para sua análise.

2.4.3 Princípios indicados pelo Comitê da Basileia em 2015

Após um processo de consulta pública, ocorrido de outubro de 2014 a janeiro de 2015, o Comitê da Basileia publicou, em 8 de julho de 2015, um novo documento versando sobre os princípios de governança corporativa dos bancos[234]. Esse novo documento, ainda inspirado nos princípios da OCDE[235], reitera a importância de uma governança corporativa

---

[234] BCBS, op. cit., 2015.

[235] Não obstante, deve ser observado que uma versão revisada dos princípios da OCDE, endossada pelo G20, foi publicada posteriormente, em 5 de setembro de 2015 (a versão em português pode ser acessada no link <http://www.oecd.org/publications/principios-de-governo-das-sociedades-do-g20-ocde-9789264259195-pt.htm>. Acesso em: 24 set. 2016). Além dessa contínua inspiração, a revisão do Comitê da Basileia considerou os diversos trabalhos desenvolvidos no âmbito do FSB no tocante à governança corporativa, notadamente à governança de risco (*risk governance*) (ver item 9, op. cit., p. 4). De fato, como será elucidado ao longo do texto, essa nova versão teve como um dos principais propósitos enfatizar aspectos da estrutura de governança de risco, a qual também recebeu definição expressa no glossário que acompanha os princípios de 2015: a estrutura de governança de risco deve ser entendida como uma parte da estrutura da governança corporativa geral, parte essa pela qual o conselho de administração e a administração como um todo estabelecem e tomam decisões sobre a estratégia e abordagem de risco do banco; articulam e monitoram a aderência ao apetite de risco e aos limites de risco *vis-à-vis* a estratégia do banco; e identificam, medem, administram e controlam os riscos. No original: *"risk governance framework: As part of the overall corporate governance framework, the framework through which the board and management establish and make decisions about the bank's strategy and risk approach; articulate and monitor adherence to risk appetite and risk limits vis-à-vis the bank's strategy; and identify, measure, manage and control risks"* (op. cit., p. 2).

efetiva para o funcionamento do setor bancário e da economia como um todo e – especialmente relacionado com o objeto da presente dissertação – assevera que houve evolução no desenvolvimento da governança corporativa dos bancos ocorrido desde a crise.

Com efeito, após destacar que o documento de 2010 procurou refletir as principais lições advindas da crise financeira global, bem como melhorar como os bancos governam a si mesmos e como as autoridades de supervisão bancária supervisionam essa área crítica, o Comitê assevera ter testemunhado o fortalecimento de práticas gerais de governança corporativa adotadas pelos bancos, bem como dos processos de supervisão pelas autoridades de supervisão bancária. Nesse sentido, no que tange ao fortalecimento por parte dos bancos, é apontado que, em geral, estes exibiram um maior entendimento de importantes elementos da governança corporativa como efetiva supervisão pelo conselho, gestão de risco rigorosa, fortes controles internos, compliance e áreas relacionadas, assim como muitos bancos progrediram na avaliação coletiva das habilidades e qualificações presentes no conselho, na instituição de comitês de risco, no estabelecimento e elevação do papel do *chief risk officer* e na integração de discussões entre os comitês de auditoria e de risco. Já no que tange às autoridades nacionais, é relatado que estas tomaram medidas para melhorar a supervisão regulatória (regulação e supervisão) da governança corporativa e de risco nos bancos, incluindo o desenvolvimento ou fortalecimento da regulação ou orientação existentes, o aumento das expectativas da autoridade de supervisão bancária quanto à função de gestão de risco, o envolvimento mais frequente com o conselho e a administração, e a avaliação da precisão e utilidade da informação fornecida ao conselho de administração[236].

Considerando essa evolução e as manifestações desde o documento de 2010, especialmente os trabalhos do FSB[237], o Comitê da Basileia

---

[236] Itens 7 e 8 (BCBS, op. cit., 2015, p. 3-4).
[237] Por exemplo, o **Thematic review on risk governance** de fevereiro de 2013 (disponível em: <http://www.fsb.org/2013/02/r_130212/>. Acesso em: 23 nov. 2016), o *Principles for an effective risk appetite framework* de novembro de 2013 (disponível em: <http://www.fsb.org/wp-content/uploads/r_130717.pdf?page_moved=1>. Acesso em: 23 nov. 2016), o **Guidance on supervisory interaction with financial institutions on risk culture**: a framework for assessing risk culture, de abril de 2014 (disponível em: <http://www.fsb.org/2014/04/140407/>. Acesso em: 23 nov. 2016).

procedeu à revisão daquele declarando como objetivos importantes do documento de 2015: i) explicitamente reforçar as responsabilidades do conselho pela supervisão coletiva e pela gestão de risco; ii) enfatizar componentes centrais da governança de risco como a cultura – palavra de destaque[238] – e o apetite de risco[239] e o relacionamento destes com a capacidade de risco do banco; iii) delinear os papéis específicos do conselho, dos comitês de risco, da alta gestão[240] e das funções de controle, incluindo o CRO e a auditoria interna; iv) e enfatizar o fortalecimento dos pesos e contrapesos gerais dos bancos[241].

Na apresentação de seu conteúdo, o documento de 2015 não adota mais a estrutura dos documentos anteriores, e especialmente não faz mais uso da organização por áreas como as que foram utilizadas pelo documento de 2010 com base na análise da crise de 2008 (ou seja, práticas do conselho de administração; alta gestão; gestão de riscos e controles internos; remuneração; estruturas complexas e opacas; e transparência

---

[238] Com efeito, a cultura de risco ganhou realce no documento de 2015, sendo referida frequentemente. Nesse sentido, vale ilustrar com o fato de que o documento de 2010 mencionava a cultura em suas recomendações apenas por três vezes, ao passo que o documento de 2015 o faz por trinta e três vezes, excluindo as definições e referências de nota de rodapé. A expressão, inclusive, é definida no glossário apresentado: "[a] *bank's norms, attitudes and behaviours related to risk awareness, risk-taking and risk management, and controls that shape decisions on risks. Risk culture influences the decisions of management and employees during the day-to-day activities and has an impact on the risks they assume*" (BCBS, op. cit. 2015, p. 2).

[239] O documento de 2015 optou por utilizar "apetite de risco" ao invés de "tolerância/apetite" como fazia o de 2010, o qual chegou a destacar na nota de rodapé 7 que poderiam haver diferenças entre "tolerância de risco" e "apetite de risco", mas que, como não havia um consenso, ambas seriam utilizadas ao longo do texto. No mais, o documento de 2015 trouxe a seguinte definição de apetite de risco em seu glossário, baseada no **Thematic review on risk governance** do FSB: "[t]*he aggregate level and types of risk a bank is willing to assume, decided in advance and within its risk capacity, to achieve its strategic objectives and business plan*" (FSB. **Thematic review on risk governance**. Feb. 2013, p. ii. Disponível em: <http://www.fsb.org/2013/02/r_130212/>. Acesso em: 23 nov. 2016). (BCBS, op. cit., 2015, p. 1).

[240] Com efeito, houve mais detalhamento do papel da alta gestão, com destaque para informações que esta deve regular e adequadamente encaminhar ao conselho (item 94), bem como foram inseridos apontamentos expressos nas sugestões atreladas ao princípio dedicado à alta gestão no tocante ao recrutamento de pessoas qualificadas para a posição (item 90), bem como ao acesso a treinamento regular para manter e aperfeiçoar suas competências assim como atualizá-los quanto a desenvolvimentos relevantes em suas áreas de responsabilidade (item 89) (Ibid., p. 20).

[241] Itens 9 e 10 (Ibid., p. 4).

e divulgação de informações). Diferentemente, apresenta-se no início um glossário, passando-se na sequência à seção já afeta aos princípios de governança corporativa de bancos dividida em i) introdução; ii) diferenças jurisdicionais; iii) aplicabilidade, proporcionalidade e diferenças nas abordagens de governança[242]; e iv) a listagem dos princípios dispostos em: 1) *Board's overall responsibilities*; 2) *Board qualifications and composition*; 3) *Board's own structure and practices*; 4) *Senior management*; 5) *Governance of group structures*; 6) *Risk management function*; 7) *Risk identification, monitoring and controlling*; 8) *Risk communication*; 9) *Compliance*; 10) *Internal audit*; 11) *Compensation*; 12) *Disclosure and transparency*; e 13) *The role of supervisors*.

Ainda quanto à disposição do conteúdo, de maneira geral, percebe-se que o documento de 2015, no sentido de atender aos seus objetivos como acima delineados, reorganizou o que era apresentado em 2010, separando práticas que eram expostas conjuntamente em um mesmo item, aprimorando sua redação[243] e rearranjando[244] alguns temas de forma relacionada à adoção, pelo documento, do modelo de três linhas de defesa, como explicitado a seguir[245]. Nessa direção, há alterações

---

[242] Do que é exposto na introdução, nas diferenças jurisdicionais e na aplicabilidade, proporcionalidade, e diferenças de abordagens de governança, poucas são as diferenças de conteúdo substancial em comparação com o que já existia no documento de 2010. As alterações significativas estão comentadas ao longo do texto.

[243] Como ilustra a comparação entre os trechos do item 80 do documento de 2010 e do item 120 de 2015. Pelo primeiro: "[s]*enior management and, as applicable, the board should review and approve scenarios that are used in the bank's risk analysis and should be made aware of assumptions and potential shortcomings embedded in the bank's risk models*" (BCBS, op. cit., 2010). Pelo segundo: "[s]*enior management should define and approve and, as applicable, the board should review and provide effective challenge to the scenarios that are used in the bank's risk analyses*" (BCBS, op. cit., 2015, p. 28).

[244] O rearranjamento de temas está intimamente relacionado com a adoção do modelo de três defesas comentado mais à frente.

[245] Um exemplo de rearranjamento é o caso dos controles internos que antes eram também abordados em enunciado específico no âmbito do princípio 6 junto da função independente de gestão de risco e, em 2015, essas disposições específicas foram transferidas para o âmbito do princípio 7 (identificação de risco, monitoramento e controle). É de se esclarecer que, com isso, não se quer dizer que os controles internos estão apenas abordados em referido princípio, mas que as recomendações específicas sobre controles internos, que antes estavam abordadas no princípio 6, agora estão no princípio 7. Nesse sentido, vale comparar o item 70 do documento de 2010 (BCBS, op. cit., 2010) com o item 115 do documento de 2015 (BCBS, op. cit., 2015, p. 27).

significativas no âmbito dos princípios, como a inserção do de número 9, que trata especificamente da função de compliance de risco (segunda linha de defesa).

Além disso, mais propriamente quanto à substância do conteúdo dos princípios e sobretudo das práticas sugeridas, foram inseridas algumas novidades, dentre as quais destacamos algumas, a título de atualização, constantes nos tópicos que entendemos que guardam pertinência com o que é discorrido na presente dissertação[246 e 247]. São estes: o objetivo da governança corporativa de bancos, alterações na estrutura e prática do conselho, em estruturas da "governança de risco"[248] e na remuneração[249].

Com efeito, o primeiro destaque importante a ser dado é a novidade quanto à assertiva afeta ao objetivo primário da governança corporativa dos bancos:

> *The primary objective of corporate governance should be safeguarding stakeholders' interest in conformity with public interest on a sustainable basis. Among stakeholders, particularly with respect to retail banks, shareholders' interest would be secondary to depositor's interest*[250].

---

[246] Algumas novidades do documento de 2015 refletem em larga medida preocupações em temas que ganharam mais atenção após a crise de 2008 sem a ela diretamente se relacionar. O aprofundamento desses tópicos se distancia de nosso corte, motivo pelo qual apontamos aqui para mera referência. Nesse sentido, observamos o cuidado tomado pelo novo documento com desvios de conduta, com a menção expressa à manipulação de mercados financeiros ocorrida no caso da manipulação do LIBOR e de taxas de câmbio, com alguns reforços no tocante à auditoria interna, bem como com a menção a práticas relacionadas ao instituto do *whistleblowing*.

[247] Para um aprofundamento no detalhe das alterações promovidas pela revisão de 2015, conferir o documento elaborado por Geert Raaijmakers, Larissa Silverentand, Maarten ten Kate e Jos Beckers reproduzindo os textos de 2010 e 2015 com marcas de alteração em <http://www.e-nautadutilh.com/40/1825/uploads/en-compare-bis-2010-2015.pdf?sid=f4be40f0-9808-4ad6-a4e9-dcfd01c69de7>. Acesso em: 23 nov. 2016. No mais, para a comparação com a mesma metodologia dos documentos de consulta *versus* os textos finais, dos mesmos autores, ver: <http://www.e-nautadutilh.com/40/1825/uploads/en-schema-versie-16-09-2015.pdf?sid=f4be40f0-9808-4ad6-a4e9-dcfd01c69de7>. Acesso em: 23 nov. 2016.

[248] No documento de 2015 é utilizada a expressão *risk governance framework*.

[249] Aprofundaremos alguns aspectos desses tópicos no terceiro capítulo, quando da comparação das recomendações do Comitê da Basileia *vis-à-vis* as fontes de governança corporativa brasileiras selecionadas.

[250] Item 2 (BCBS, op. cit., 2015, p. 3).

É de se notar que essa manifestação do Comitê da Basileia sobre o objetivo primário da governança corporativa dos bancos, a nosso ver, parece em um primeiro momento se aproximar da vertente do *enlightened shareholder* (tal como apresentada em nosso primeiro capítulo) na medida em que se procura salvaguardar o interesse dos *stakeholders* mas em conformidade com uma base de sustentabilidade (interesse público), e não apenas a proteção genérica de referido interesse[251]. Entretanto, há uma diferença na assertiva expressa na sequência de que, em especial no caso dos bancos de varejo (que, portanto, lidam com grande quantidade de consumidores individuais), o interesse dos acionistas deve ser secundário ao interesse do depositante. A subordinação do interesse de um grupo de *stakeholder* – que é o grupo de acionistas – ao de outros nos parece, nesse ponto, ultrapassar a proposição da referida vertente, aproximando-se da vertente *stakeholder-oriented*. No mais, alinha-se com a perspectiva do Comitê da Basileia, já ressaltada, que se volta à estabilidade do sistema financeiro, destacando-se a importância da confiança dos depositantes para o atingimento desse objetivo[252], muito embora – reforce-se – a fórmula pela qual esta perspectiva está expressa é nova, já que vai além do enfoque da mera proteção dos depositantes que já vinha sendo destacada desde 1999.

No tocante à estrutura e práticas do conselho, o documento de 2015 aponta que um conselho de administração deve ser constituído por um número suficiente de membros independentes[253], assim como ser com-

---

[251] As seguintes assertivas são outras colocações do documento de 2015 que nos parecem também caminhar nesse sentido: "[t]*he Committee also recognises the importance of exercise of shareholder rights, particularly when certain shareholders have the right to have a representative on the board. In such cases, the suitability of the appointed board member is as critical as their awareness of the responsibility to look after the interests of the banks as a whole, not just of the shareholders*" (BCBS, op. cit., 2015, p. 6-7).

[252] Como apontamos no Capítulo 1 ao analisar as diferenças da governança corporativa do setor bancário.

[253] Item 47 (BCBS, op. cit., 2015, p. 13). O documento de 2010 asseverava tão somente que a independência poderia ser reforçada por meio da inclusão de um número suficiente de membros não executivos (item 38. BCBS, op. cit., 2010). Vale observar que a definição de conselheiro independente no documento de 2015 encontra-se em seu glossário: "[f]*or the purposes of this paper, a non-executive member of the board who does not have any management responsibilities within the bank and is not under any other undue influence, internal or external, political or ownership, that would impede the board member's exercise of objective judgment*" (BCBS, op. cit., 2015, p. 1). O documento de 2010, por sua vez, pontuava que: "[d]*efinitions of what constitutes*

posto de forma a promover a diversidade de visões[254]. Com efeito, a composição do conselho é abordada em mais detalhes, com ênfase nas qualificações e habilidades requeridas para os conselheiros, assim como na necessidade de uma abordagem efetiva na seleção, recrutamento e treinamento de novos membros. Há uma maior expectativa nas avaliações da performance do conselho, comitês e membros[255], refletindo o foco mais amplo da regulação em âmbito global no que diz respeito à efetividade dos conselhos[256]. Ainda quanto à estrutura do conselho, vale mencionar a recomendação de que a presidência do conselho seja ocupada por um membro independente ou não executivo[257].

No tocante às responsabilidades, mais foco é dedicado ao papel do conselho no que tange à fiscalização do risco, incluindo a necessidade de estabelecer e monitorar sua aderência à declaração de apetite de risco do banco (*risk appetite statement* – RAS – documento não referido nesses termos em versões anteriores dos princípios[258]); na aprovação e

---

'independence' for board members vary across different legal systems, and are often reflected in exchange listing requirements and supervisory standards. The key characteristic of independence is the ability to exercise objective, independent judgment after fair consideration of all relevant information and views without undue influence from executives or from inappropriate external parties or interests" (BCBS, op. cit., 2010, n. 18).

[254] Item 49 (BCBS, op. cit., 2015, p. 13). O documento de 2010 não enfatizava a diversidade como faz o de 2015.

[255] Nesse sentido, do conselho de administração é esperado que seja feito um esforço para avaliar estrutura, tamanho e composição do conselho e dos vários comitês, bem como a adequação dos membros em si, e da efetividade da governança como um todo. No mais, o conselho deve fazer qualquer ajuste necessário nesses pontos. Ver itens 57 a 60 (BCBS, op. cit., 2015, p. 15).

[256] Nesse sentido, ver EY. Global Regulatory Network. **An international regulatory push for enhanced risk governance**, 31 jul. 2015, p. 2. Disponível em: <http://www.ey.com.br/Publication/vwLUAssets/EY-an-international-regulatory-push-for-enhanced-risk-governance/$FILE/EY-an-international-regulatory-push-for-enhanced-risk-governance.pdf>. Acesso em: 23 nov. 2016.

[257] Item 62 (BCBS, op. cit., 2015, p. 15).

[258] Conforme definição apresentada no glossário do documento de 2015, *risk appetite statement (RAS)* consiste no: "*written articulation of the aggregate level and types of risk that a bank will accept, or avoid, in order to achieve its business objectives. It includes quantitative measures expressed relative to earnings, capital, risk measures, liquidity and other relevant measures as appropriate. It should also include qualitative statements to address reputation and conduct risks as well as money laundering and unethical practices*" (Ibid., p. 2). No mais, o item 36 também enumera o que deve constar no RAS, em sintonia com a definição retroreproduzida (Ibid., p. 10).

fiscalização da implementação do processo de análise da adequação de capital do banco, assim como de planos de capital e liquidez; na seleção e avaliação da performance do CEO, membros-chave da alta gestão e chefes de funções de controles; no monitoramento de condutas de risco, da cultura de risco e do compliance[259].

Ainda no âmbito do conselho, é reforçado o papel central desempenhado pelos comitês, com expansão das recomendações de suas funções, responsabilidades e composição, especialmente dos comitês de auditoria e risco. De fato, nota-se que o documento de 2015 traz mais referências aos comitês ao mencioná-los, ao longo das recomendações, com mais frequência em conjunto da responsabilidade do conselho[260]. Em sintonia com a importância destacada, prevê-se que deve haver a divulgação ao menos anual da informação de se o banco estabeleceu comitês e o número de vezes que comitês centrais se reuniram[261]. Há destaque também para o fato de que os comitês devem ser criados e mandatados por todo o conselho (*by the full board*)[262], aprimorando assim um conceito que não estava devidamente expresso em 2010. Também é recomendado que seja previsto como os comitês devem se reportar para todo o conselho, o que é esperado dos membros do comitê e qualquer limite de mandato para nele atuar. No mais, é elaborado que o conselho também deve considerar a rotação ocasional de membros e da presidência dos comitês na medida em que isso pode ajudar a evitar concentração de poder indevida e a promover novas perspectivas[263]. Como um

---

[259] Nesse sentido, ver EY. Global Regulatory Network. **An international regulatory push for enhanced risk governance**, 31 jul. 2015, p. 2. Disponível em: <http://www.ey.com.br/Publication/vwLUAssets/EY-an-international-regulatory-push-for-enhanced-risk-governance/$FILE/EY-an-international-regulatory-push-for-enhanced-risk-governance.pdf>. Acesso em: 23 nov. 2016.

[260] Por exemplo, parte final do item 143: "[t]*he board (**or, by delegation, its compensation committee**) is responsible for the overall oversight of management's implementation of the remuneration system for the entire bank. In addition, the board **or its committee** should regularly monitor and review outcomes to assess whether the bank-wide remuneration system is creating the desired incentives for managing risk, capital and liquidity. The board **or subcommittee** should review the remuneration plans, processes and outcomes at least annually*" (grifos nossos) (BCBS, op. cit., 2015, p. 34).

[261] Item 153 (Ibid., p. 36).

[262] Item 63 (Ibid., p. 16).

[263] Item 64 (Ibid., p. 16).

todo, é recomendado que a presidência dos comitês seja ocupada por membros do conselho não executivos e independentes[264].

No mais, permanece a distinção quanto à pertinência dos comitês relacionado ao tamanho do banco, ainda que haja a utilização de nova categoria quando comparada às constantes nos princípios de 2010. Com efeito, no documento de 2010 falava-se em bancos grandes ou internacionalmente ativos quando da recomendação de constituição de comitês, ao passo que o de 2015 trata de bancos sistemicamente importantes[265], entretanto sem apresentar de forma manifesta a definição adotada[266]. Assim, "bancos sistemicamente importantes" devem constituir comitês de auditoria, de risco e de remuneração. Para outros bancos, os comitês de auditoria e risco são fortemente recomendados, a depender do tamanho, perfil de risco e complexidade da instituição. Vale comentar que há contradição nas recomendações envolvendo o comitê de remuneração: muito embora o item 76 requeira comitê de remuneração para bancos "sistemicamente importantes", o item 144 apenas o recomenda (*"should have"*).

Algumas novidades quanto a recomendações específicas ao tópico dedicado ao comitê de risco merecem destaque: o comitê de risco deve ser distinto do de auditoria, mas pode ter outras tarefas relacionadas, como finanças; deve ter uma presidência ocupada por um conselheiro

---

[264] A definição de conselheiro independente no documento de 2015 encontra-se em seu glossário: "[f]*or the purposes of this paper, a non-executive member of the board who does not have any management responsibilities within the bank and is not under any other undue influence, internal or external, political or ownership, that would impede the board member's exercise of objective judgment*" (Ibid., p. 1). O documento de 2010, por sua vez, pontuava que: "[d]*efinitions of what constitutes 'independence' for board members vary across different legal systems, and are often reflected in exchange listing requirements and supervisory standards. The key characteristic of independence is the ability to exercise objective, independent judgment after fair consideration of all relevant information and views without undue influence from executives or from inappropriate external parties or interests*" (BCBS, op. cit., 2010, n. 18).

[265] O documento de 2015 usa diversas categorias de bancos: complexos, internacionalmente ativos, importantes, sistemicamente importantes. Nas recomendações específicas para constituição de comitês, entretanto, menciona-se apenas bancos sistemicamente importantes.

[266] Apesar de não haver a definição expressa do que é considerado no âmbito do documento de 2015 "instituições financeiras sistemicamente importantes", a referência constante aos documentos do FSB, e sua ampla divulgação no âmbito internacional, nos leva a observar a definição neles encontrada e aprofundada na nota de rodapé 92 do terceiro capítulo deste trabalho.

independente e que não seja o presidente do conselho ou de qualquer outro comitê; deve compor a maioria de seus membros com membros independentes (como já era prescrito para comitês em geral em 2010[267]); deve incluir membros experientes em matérias e práticas de gestão de risco; deve discutir todas as estratégias de risco tanto em uma base agregada como por tipo de risco, fazer recomendações nesse sentido para o conselho e discutir o apetite de risco; é solicitado a rever as políticas de risco do banco ao menos anualmente; e deve supervisionar se a administração tem processos em funcionamento para promover a aderência do banco às políticas de risco aprovadas[268]. Dentre suas responsabilidades, vale destacar a novidade de supervisionar a alta gestão na implementação do RAS, bem como de reportar quanto ao estado da cultura de risco no banco[269]. Ainda observando novos aspectos apontados no âmbito do comitê de risco, é expressamente recomendado que haja comunicação e coordenação efetivas entre o comitê de auditoria e o de risco para facilitar a troca de informação e cobertura efetiva de todos os riscos, incluindo os emergentes, e quaisquer ajustes necessários na estrutura de governança de risco no banco[270]. No mais, o comitê de risco passou a ser expressamente mencionado em práticas ao longo do documento de 2015, sobretudo no tocante à função de gestão de risco e sua interação com o conselho[271].

Ainda em relação aos comitês, é de se destacar que o comitê de remuneração recebeu um item (76) de recomendações próprias. Foram substancialmente mantidos, entretanto, os apontamentos que existiam no documento de 2010, acrescentando-se que o comitê deve ser constituído de forma a permitir o exercício competente e independente de seu julgamento das políticas e práticas de remuneração e os incentivos por estas criados. No mais, é apontado que o comitê de remuneração deve trabalhar de maneira próxima ao comitê de risco na avaliação dos incentivos criados pelo sistema de remuneração e, nesse sentido, o comitê de risco deve, sem prejuízo das tarefas do comitê de remuneração, examinar se os incentivos providos pelo sistema de remuneração levam

---

[267] Item 54 (BCBS, op. cit., 2015, p. 14).
[268] Item 71 (Ibid., p. 17).
[269] Item 72 (Ibid., p. 17).
[270] Item 75 (Ibid., p. 17).
[271] Por exemplo, itens 110 e 111 (Ibid., p. 26).

em consideração o risco, o capital, a liquidez e a probabilidade e tempo do faturamento.

Já no tocante ao tópico da governança de risco[272] dos bancos, é referido um papel central desempenhado pelo modelo de três linhas de defesa (*"three lines of defence"*), não mencionado nos documentos anteriores, mas que já vem sendo o modelo aplicado pelos supervisores conforme o documento publicado pelo Comitê, *"Principles of the Sound Management of Operational Risk"*, em 2011[273]. Referido modelo, segundo a explicação constante do item 13 do documento de 2015, é composto pela primeira linha de defesa representada pela linha de negócio/produção (*business line*), que toma os riscos e é responsável por geri-los de maneira contínua; pela segunda linha de defesa desempenhada pelas funções de gestão de risco e compliance, que devem funcionar independentemente da primeira linha; e pela terceira linha de responsabilidade da função, também independente, de auditoria interna, que deve promover auditorias e revisões que assegurem ao conselho que a estrutura geral de governança corporativa é efetiva e que as políticas e processos estão consistentemente sendo aplicados[274]. Deve-se destacar que a gestão de risco, compliance e auditoria interna já eram abordadas ou referidas no documento de 2010, mas o uso do modelo de três linhas de defesa reforça a importância de cada uma, ao mesmo tempo em que enfatiza que elas fazem parte de um modelo mais amplo e integrado de controle. Ainda nessa direção, em consonância com a adoção do modelo,

---

[272] Os Princípios de 2015, valendo-se da definição formulada pelo Financial Stability Board (FSB), considera estrutura de governança de risco (*"risk governance framework"*): *"the framework through which the board and management establish and make decisions about the bank's strategy and risk approach; articulate and monitor adherence to risk appetite and risk limits vis-à-vis the bank's strategy; and identify, measure, manage and control risks"* (Ibid., p. 2).

[273] BCBS. **Principles of the sound management of operational risk**. July 2011. Disponível em: <http://www.bis.org/publ/bcbs195.htm>. Acesso em: 23 nov. 2016.

[274] No original: *"[t]he business line – the first line of defence – has 'ownership' of risk, whereby it acknowledges and manages the risk that it incurs in conducting its activities. The risk management function is responsible for further identifying, measuring, monitoring and reporting risk on an enterprise-wide basis as part of the second line of defence, independently from the first line of defence. The compliance function is also deemed part of the second line of defence. The internal audit function is charged with the third line of defence, conducting risk-based and general audits and reviews to provide assurance to the board that the overall governance framework, including the risk governance framework, is effective and that policies and processes are in place and consistently applied"*. Os itens 38 a 44 do documento detalham mais cada função do modelo (BCBS, op. cit., 2015, p. 11-12).

o documento de 2015 detalhou mais a função de compliance (que era abordada sem muita profundidade no documento de 2010), inserindo, inclusive, como já referido, um princípio a ela próprio, expandindo a descrição de sua função e reforçando sua independência.

Continuando no âmbito da segunda linha de defesa (na gestão de risco), vale destacar que houve expansão na descrição de suas atividades centrais, que passou a abarcar o desenvolvimento e implementação de uma estrutura de governança de risco em todo o banco, o que deve incluir a cultura, o apetite e os limites de risco; o estabelecimento de sistema de avisos precoces ou gatilhos relacionados a violações dos limites ou apetite de risco do banco; influenciar e, quando necessário, questionar decisões que podem elevar o risco material; e propor ações de mitigação de risco apropriadas[275]. Vale ainda mencionar a novidade da previsão de nomeação de um *chief risk officer* (CRO) do grupo, a depender, dentre outros fatores, do perfil de risco relevante do banco (*bank's risk profile*), conforme elaboram as orientações associadas ao princípio em questão (de número 6). É também de se destacar a responsabilidade do CRO de assistir o conselho no desenvolvimento do RAS e de traduzir o apetite de risco em uma estrutura de limites de risco.

Com relação à terceira linha de defesa, ou seja, a função de auditoria interna, vale observar que a responsabilidade do conselho se expandiu com relação ao respeito e manutenção da independência de referida função e com o fortalecimento de sua efetividade. Ainda na terceira linha de defesa, como novidade, destaca-se que é apontado que, se o diretor chefe da auditoria for removido de seu cargo, tal fato deve ser divulgado publicamente e o banco deve discutir os motivos para essa remoção com o supervisor bancário.

Em relação ao último tópico específico que aqui julgamos pertinente comentar, ou seja, a remuneração, deve-se destacar que o documento de 2015 reduziu os dois princípios de 2010 a apenas um, com redação ampla. No mais, as recomendações foram reescritas, mas a substância foi mantida. Diferenças dignas de nota são a de que os bancos "relevantes" estão sujeitos a recomendações de divulgação da política de remune-

---

[275] Item 105 (Ibid., p. 25).

ração e incentivos mais elevadas[276] e a recomendação de revisão da política de remuneração foi expandida para incluir os planos, processos e resultados da remuneração. No mais, a recomendação da periodicidade dessa revisão ficou mais destacada: o conselho ou o comitê deve rever os planos, processos e resultados de remuneração ao menos anualmente[277].

Por fim, salienta-se que um novo princípio foi inteiramente dedicado ao papel das autoridades de supervisão bancária, congregando abaixo daquele as práticas nessa temática que já eram enunciadas no documento de 2010, ainda que a redação tenha sido aprimorada e atualizada em algumas recomendações. Nesse sentido, vale mencionar a avaliação da efetividade do conselho e da alta gestão na governança, especialmente com relação à cultura de risco do banco[278], e a interação regular a ser estabelecida entre as autoridades de supervisão bancária e os conselhos, conselheiros, executivos seniores e os responsáveis pelas funções de gestão de risco, compliance e auditoria interna[279]. Como destacam Geert Raaijmakers, Larissa Silverentand, Maarten ten Kate e Jos Beckers, o Comitê da Basileia realmente parece não ver mais papel dos acionistas no desempenho da avaliação da efetividade da governança[280].

A seguir, apresentamos um quadro que ilustra a evolução dos princípios de 2010 a 2015:

---

[276] "*In particular, an annual report on compensation should be disclosed to the public. It should include: the decision-making process used to determine the bank-wide compensation policy; the most important design characteristics of the compensation system, including the criteria used for performance measurement and risk adjustment; and aggregate quantitative information on remuneration*" (item 154. Ibid., p. 36).
[277] Item 143 (Ibid., p. 34).
[278] Item 162 (Ibid., p. 39).
[279] Item 164 (Ibid., p. 39).
[280] Raaijmakers, G. et. al. **New Corporate Governance Principles for banks**. Disponível em: <http://www.lexology.com/library/detail.aspx?g=aae3067d-dc27-4303-ba20-1d8bcfc1f50b>. Acesso em: 28 set. 2016.

Quadro 3: Comparação entre os princípios de governança corporativa para bancos constantes do documento de 2010 do Comitê da Basileia e os constantes do documento de 2015 de mesma entidade.

#	2010 — Sound corporate governance principles	2015 — Corporate governance principles for banks	#
1	The board has overall responsibility for the bank, including approving and overseeing the implementation of the bank's strategic objectives, risk strategy, corporate governance and corporate values. The board is also responsible for providing oversight of senior management.	The board has overall responsibility for the bank, including approving and overseeing management's implementation of the bank's strategic objectives, governance framework and corporate culture.	1
2	Board members should be and remain qualified, including through training, for their positions. They should have a clear understanding of their role in corporate governance and be able to exercise sound and objective judgment about the affairs of the bank.	Board members should be and remain qualified, individually and collectively, for their positions. They should understand their oversight and corporate governance role and be able to exercise sound, objective judgment about the affairs of the bank.	2
3	The board should define appropriate governance practices for its own work and have in place the means to ensure that such practices are followed and periodically reviewed for ongoing improvement.	The board should define appropriate governance structures and practices for its own work, and put in place the means for such practices to be followed and periodically reviewed for ongoing effectiveness.	3
5	Under the direction of the board, senior management should ensure that the bank's activities are consistent with the business strategy, risk tolerance/appetite and policies approved by the board.	Under the direction and oversight of the board, senior management should carry out and manage the bank's activities in a manner consistent with the business strategy, risk appetite, remuneration and other policies approved by the board.	4
4	In a group structure, the board of the parent company has the overall responsibility for adequate corporate governance across the group and ensuring that there are governance policies and mechanisms appropriate to the structure, business and risks of the group and its entities.	In a group structure, the board of the parent company has the overall responsibility for the group and for ensuring the establishment and operation of a clear governance framework appropriate to the structure, business and risks of the group and its entities. The board and senior management should know and understand the bank group's organisational structure and the risks that it poses.	5
12	The board and senior management should know and understand the bank's operational structure and the risks that it poses (ie "know-your-structure")		
6	Banks should have an effective internal controls system and a risk management function (including a chief risk officer or equivalent) with sufficient authority, stature, independence, resources and access to the board.	Banks should have an effective independent risk management function, under the direction of a chief risk officer (CRO), with sufficient stature, independence, resources and access to the board.	6
7	Risks should be identified and monitored on an ongoing firm-wide and individual entity basis, and the sophistication of the bank's risk management and internal control infrastructures should keep pace with any changes to the bank's risk profile (including its growth), and to the external risk landscape.	Risks should be identified, monitored and controlled on an ongoing bank-wide and individual entity basis. The sophistication of the bank's risk management and internal control infrastructure should keep pace with changes to the bank's risk profile, to the external risk landscape and in industry practice.	7

8	Effective risk management requires robust internal communication within the bank about risk, both across the organisation and through reporting to the board and senior management.	An effective risk governance framework requires robust communication within the bank about risk, both across the organisation and through reporting to the board and senior management.	8
—	—	The bank's board of directors is responsible for overseeing the management of the bank's compliance risk. The board should establish a compliance fuction and approve the bank's policies and processes for identifying, assessing, monitoring and reporting and advising on compliance risk	9
9	The board and senior management should effectively utilise the work conducted by internal audit fuctions, external auditors and internal control functions.	The internal audit function should provide independent assurance to the board and should support board and senior management in promoting an effective governance process and the long-term soundness of the bank	10
10	The board should actively oversee the compensation system's design and operation, and should monitor and review the compensation system to ensure that it operates as intended	The bank's remuneration structure should support sound corporate governance and risk management	11
11	An employee's compensation should be effectively aligned with prudent risk taking: compensation should be adjusted for all types of risk; compensation outcomes should be symmetric with risk outcomes; compensation payout schedules should be sensitive to the time horizon of risks; and the mix of cash, equity and other forms of compensation should be consistent with risk alignment		
13	Where a bank operates through special-purpose or related structures or in jurisdictions that impede transparency or do not meet international banking standards, its board and senior management should understand the purpose, structure and unique risks of these operations. They should also seek to mitigate the risk identified (ie "understand-your-structure").	—	—
14	The governance of the bank should be adequately transparent to its shareholders, depositors, other relevant stakeholders and market participants	The governance of the bank should be adequately transparent to its shareholders, depositors, other relevant stakeholders and market participants.	12
—	—	Supervisors should provide guidance for and supervise corporate governance at banks, including through comprehensive evaluations and regular interaction with boards and senior management, should require improvement and remedial action as necessary, and should share information on corporate governance with other supervisors	13

Fonte: elaborado pela autora com as informações constantes em BCBS (2010) e BCBS (2015).

2.4.4 Observações da evolução dos princípios e recomendações de práticas de tópicos selecionados em função da crise de 2008

A análise da evolução dos documentos publicados pelo Comitê da Basileia *vis-à-vis* os apontamentos de falhas e de especificidades na governança corporativa de bancos conforme desenvolvidos nos itens anteriores permite-nos tecer observações que entendemos pertinentes quanto a alguns tópicos selecionados em função da crise.

O primeiro refere-se ao papel da governança corporativa (e, por decorrência, dos conselheiros) dos bancos na proteção do interesse de *stakeholders* (especialmente depositantes). Nesse ponto, observamos que o Comitê da Basileia, desde 1999, voltava-se a destacar que uma governança corporativa saudável considera os interesses de todos os *stakeholders*, incluindo os depositantes[281]. A evolução dos princípios ao longo dos anos enfatizou a importância da consideração dos interesses dos depositantes e culminou na assertiva contundente constante do documento de 2015 de que, dentre os *stakeholders*, o interesse dos acionistas deve ser secundário ao dos depositantes, particularmente no caso dos bancos de varejo, como já explicitamos no item 2.4.3. Ainda em referido documento, destacou-se expressamente que, muito embora os acionistas possam ter o direito de nomear representantes no conselho de administração, a adequação do membro indicado é tão crítica quanto sua ciência da responsabilidade de cuidar dos interesses do banco como um todo, e não apenas dos relacionados aos acionistas[282].

Outro ponto também abordado desde 1999 refere-se à qualificação dos membros do conselho de administração dos bancos. Com efeito, a qualificação constava da enunciação da prática *"ensuring that board members are qualified for their positions"*, ainda que as recomendações que se seguiam estivessem mais voltadas a se referirem a membros externos do que a enfatizar detalhes da qualificação dos conselheiros em geral. O documento de 2006, por sua vez, separou um parágrafo específico de recomendação quanto à qualificação, destacando que o conselho *"should*

---

[281] Item 31 (BCBS, op. cit., 1999, p. 11).
[282] Item 20 (BCBS, op. cit., 2015, p. 6-7). No original: *"The Committee also recognizes the importance of exercise of shareholder rights, particularly when certain shareholders have the right to have a representative on the board. In such cases, the suitability of the appointed board member is as critical as their awareness of the responsibility to look after the interests of the bank as a whole, not just of the shareholders"*.

have adequate collective knowledge of each of the types of material financial activities the bank intends to pursue [...] the board should have sufficient knowledge and expertise to enable effective governance and oversight"[283], sendo que, na ausência de conhecimento das áreas de atividade bancária, finanças, gestão de risco, conformidade regulatória, tecnologia da informação e comunicação por parte de indivíduos qualificados, recomendava-se a implementação de programas de educação contínua para os conselheiros ou de outras medidas que assegurassem a disponibilidade desses conhecimentos no conselho. As práticas associadas aos princípios de 2010 mantiveram, em substância, essas colocações, mas aprimoraram a redação ao dispor, por exemplo, que o conselho *"should possess,* **both as individual board members and collectively**, *appropriate experience, competencies and personal qualities* [grifo nosso] (...)"[284]. Ainda nessa linha, foram apresentados exemplos não exaustivos de áreas em que o conselho deveria ter (ou deveria ter acesso a) experiência ou expertise apropriadas: finanças, contabilidade, empréstimos, operações bancárias, sistemas de pagamento, planejamento estratégico, comunicações, governança, gestão de risco, controles internos, regulação bancária, auditoria e compliance. Ademais, destacou-se que o conselho coletivamente deveria ter um entendimento razoável das forças de mercado e econômicas locais, regionais e, se apropriado, globais, assim como do ambiente legal e regulatório. Os princípios de 2015 trouxeram esse aprimoramento no destaque da qualificação individual e coletiva para o próprio texto do princípio de número 2 (*"[b]oard members should be and remain qualified, individually and collectively, for their positions* [...]")[285]. É de se notar, portanto, que o Comitê da Basileia há muito já ressaltava a importância da qualificação dos membros do conselho de administração de bancos, mas os acontecimentos envolvendo falhas na governança corporativa nos últimos anos estimularam a atenção e o aprimoramento desse tópico.

---

[283] Item 19 (BCBS, op. cit., 2006, p. 7).
[284] Item 35 (BCBS, op. cit., 2015, p. 10).
[285] No mais, sistematizaram melhor a redação e deram destaque à diversidade de visões (ver itens 48 e 49) e ao processo de seleção dos conselheiros (ver itens 50, 52, 52, 53 e 54). A enumeração de áreas de competência relevante foi ampliada: *"capital markets, financial analysis, financial stability issues, financial reporting, information technology, strategic planning, risk management, compensation, regulation, corporate governance and management skills"* (BCBS, op. cit., 2015, p. 13-14).

Outro assunto claramente estimulado refere-se à governança da gestão de risco. De fato, o termo risco, em si, foi inserido no texto de oito dos catorze princípios de 2010, ao passo que não constava em nenhum dos enunciados de 2006 e de 1999. Além disso, ainda que diversas recomendações e comentários ao longo do texto de 2006 já se voltassem ao tema gestão de risco[286], o documento de 2010 foi notoriamente mais enfático, inserindo inclusive recomendação quanto à presença de um CRO, agente esse que nunca havia sido explicitamente abordado nos documentos anteriores. Destacou-se, ainda, o comitê de risco, que, muito embora mencionado desde 1999, recebeu um parágrafo próprio de recomendações[287]. Esses pontos foram reforçados e ampliados no documento de 2015, com a inserção, por exemplo, de previsão expressa de um CRO para o grupo do banco, além dos CRO de cada subsidiária, e de mais detalhamento nas atribuições e configurações do comitê de risco. Ademais, na sequência da constante evolução observada, o documento de 2015 inseriu a previsão de documento de declaração de apetite de risco (*risk appetite statement* – RAS), e de referência recorrente à "cultura de risco" da instituição. Como um todo, o que se pode asseverar da análise feita é que práticas de governança corporativa afetas à gestão de risco foram evidentemente estimuladas pelos estudos advindos das falhas observadas na crise de 2008, com destaque às estruturas consubstanciadas tanto pelo referido CRO (no âmbito de uma função de gestão de risco com importância, independência, recursos e acesso ao conselho) quanto pelo comitê de risco.

Também relacionado ao tópico anterior, outro assunto de evidente estímulo refere-se à política de remuneração. Mais uma vez, o Comitê da Basileia já a abordava desde 1999, ao pontuar como boa prática: "[e]*nsuring that compensation approaches are consistent with the bank's ethical values, objectives, strategy and control environment*". Os comentários à referida prática já destacavam o risco de, com o arranjo de remuneração,

---

[286] Por exemplo, é destacado no item 4 de sua introdução: "[s]*ound practice papers issued by the Basel Committee in recent years highlight the principles described in this paper by describing the roles of the board of directors and senior management in managing risk and underscoring the need for banks to set strategies for their operations and establish accountability for executing these strategies. These sound practice papers have highlighted strategies and techniques for managing risk and include a number of common elements that are basic to sound corporate governance*" (BCBS, op. cit., 2006, p. 2).

[287] Item 52 (BCBS, op. cit., 2010).

encorajar comportamentos voltados à lucratividade de curto prazo em detrimento das consequências de longo[288]. O documento de 2006, por sua vez, enfatizou a perspectiva de longo prazo que deve estar presente no desenho das políticas de remuneração ao inserir uma menção a ela expressa no próprio texto do princípio a esse ponto dedicado (de número 6): "[t]*he board should ensure that compensation policies and practices are consistent with the bank's corporate culture,* **long-term objectives** *and strategy, and control environment*" [grifo nosso]. Não obstante essas colocações já existentes, o documento de 2010 enfatizou a dimensão de risco presente nos sistemas de remuneração, inclusive com a apresentação de um princípio dedicado inteiramente a isso:

> *An employee's compensation should be effectively aligned with prudent risk taking: compensation should be adjusted for all types of risk; compensation outcomes should be symmetric with risk outcomes; compensation payout schedules should be sensitive to the time horizon of risks; and the mix of cash, equity and other forms of compensation should be consistent with risk alignment.*

Dessa forma, ilustra-se bem o estímulo proporcionado pela crise de 2008 nesse tocante. Curioso notar, entretanto, que o documento de 2015 simplificou o texto e o reduziu a um único princípio dedicado à política de remuneração (retornando a uma colocação mais abstrata): "[t]*he bank's remuneration structure should support sound corporate governance and risk management*". A relação específica entre a gestão do risco e a remuneração, contudo, permaneceu explícita no enunciado. No mais, as práticas foram reescritas, mantendo-se a substância, merecendo, ainda, destaque a recomendação mais evidenciada de que o conselho ou o comitê de remuneração devem rever os planos, processos e resultados da remuneração pelo menos anualmente.

Ainda quanto à política de remuneração (sistema de incentivos), observa-se que, desde 1999, asseverava-se que sua divulgação pública era desejável[289], colocação essa que foi mantida no documento de 2006[290]. Em 2010, entretanto, essa questão também foi enfatizada quando da menção expressa à recomendação de que os *FSB Principles and Standards*

---

[288] Ver itens 23 a 25 (BCBS, op. cit., 1999, p. 8).
[289] Item 27 (Ibid., p. 9).
[290] Item 50 (BCBS, op. cit., 2006, p. 16).

related to compensation sejam observados, consignando-se: "[t]*he bank should appropriately disclose its incentive and compensation policy*"[291]. O documento de 2015, por sua vez, é mais enfático quanto ao assunto, destacando que um relatório anual sobre remuneração deve ser divulgado ao público pelos bancos "relevantes"[292].

Por fim, já em conclusão do presente item, destacamos que, como decorre do quanto exposto, a crise de 2008 trouxe estímulos à melhoria da governança corporativa dos bancos por meio, dentre outros, da profusão e aprimoramento de recomendações internacionais. A análise feita quanto ao Comitê da Basileia, que se volta ao tema desde 1999, permite evidenciar, em paralelo com as falhas apontadas por relatórios especializados, que, dentro de nosso escopo de investigação sobre o estímulo da crise de 2008 para a governança corporativa interna das instituições bancárias, merecem seleção para a continuidade de nossa análise: a direção da governança corporativa e qualificação dos conselheiros, o estabelecimento do comitê de risco, a adoção de um CRO, bem como o desenho da política de remuneração – tópicos esses para os quais nos voltaremos no próximo capítulo com o propósito de analisá-los considerando fontes de governança corporativa no Brasil.

---

[291] Item 129 (BCBS, op. cit., 2010).

[292] "*Relevant banks should appropriately disclose their incentive and compensation policy following the FSB principles related to compensation. In particular, an annual report on compensation should be disclosed to the public. It should include: the decision-making process used to determine the bank-wide compensation policy; the most important design characteristics of the compensation system, including the criteria used for performance measurement and risk adjustment; and aggregate quantitative information on remuneration. Measures that reflect the longer-term performance of the bank should also be presented*" (item 154. BCBS, op. cit., 2015, p. 36).

3. Pontos de Mecanismos Internos de Governança Corporativa de Instituições Bancárias Estimulados pela Crise de 2008 e Considerações sobre Fontes no Brasil

3.1 Introdução ao capítulo

A presente dissertação até este ponto apresentou aspectos gerais de governança corporativa, assim como as características pelas quais a governança corporativa no tocante às instituições bancárias deve ser especial, conforme identificado em doutrina específica. Na sequência, discorreu-se sobre estímulos provocados pela crise de 2008 a aspectos dessa governança corporativa diferenciada, notadamente em sua vertente interna, sobretudo valendo-se da evolução observada nos princípios e recomendações de práticas específicos apontados pelo Comitê da Basileia, que desde 1999 versa sobre o assunto sob uma perspectiva internacional, ressalvado seu viés de supervisão bancária, ou seja, especialmente preocupada com a estabilidade financeira.

No presente capítulo, elucidaremos considerações quanto à governança corporativa interna de instituições bancárias no Brasil por meio da análise de suas fontes gerais e/ou abstratas vigentes quanto aos tópicos selecionados no item 2.4.4, comparando-as às recomendações do Comitê da Basileia, inclusive com a redação adotada na última atualização daquelas, ocorrida em 2015. Nesse sentido, temos quatro esclarecimentos a destacar.

Em primeiro lugar, assim como ocorreu no restante da dissertação, não faremos análise empírica, focando-nos, diferentemente, e como já mencionado, em aspectos abstratos, notadamente advindos de fontes gerais, como abordadas no item 1.4 da presente dissertação. Dessa feita, fontes de normas individualizadas (e concretas), como estatutos e códigos internos de instituições específicas, encontram-se fora do corte realizado.

Em segundo lugar, destacaremos a existência de normas do Sistema Financeiro Nacional, especialmente as infralegais advindas de suas autoridades (especificamente Conselho Monetário Nacional e Banco Central do Brasil)[1], até porque esse é um marco diferenciador da governança corporativa de bancos, mas sem – ressalte-se – pretensão de análise de aspectos regulatórios[2], sejam sistêmicos e/ou prudenciais, e/ou da supervisão bancária (tanto prudencial quanto de condutas)[3],

---

[1] Normas emanadas pela Comissão de Valores Mobiliários (CVM) não serão foco de análise, a uma porque a atenção especial do presente trabalho volta-se às instituições bancárias (enquanto intermediadores financeiras que pratiquem atividade bancária), especialmente tratadas pelo CMN e Bacen, embora normas da CVM sejam aplicáveis às instituições bancárias que emitam valores mobiliários ou explorem atividades sob sua esfera de competência; e a duas porque os tópicos especificamente selecionados para análise guardam real pertinência com as fontes que serão expressamente mencionadas no texto.

[2] Mencione-se nesse tocante que, se por um lado o regulador é uma força externa a influir na governança corporativa de instituições bancárias, como mencionado no texto, por outro as "práticas internas de governança corporativa podem ser úteis na fiscalização por parte do agente regulador bancário" (SALAMA, B. M.; PRADO, V. M. Operações de crédito dentro de grupos financeiros: governança corporativa como complemento à regulação bancária. In: ARAUJO, D. B. dos S. G. de; WARDE JR., W. J. [Orgs.]. **Os grupos de sociedades**: organização e exercício da empresa. São Paulo: Saraiva, 2012, p. 247). Destaque-se, entretanto, que não abordaremos como a governança corporativa pode contribuir para a fiscalização bancária, tópico que indicamos para trabalhos futuros.

[3] Com efeito, não serão aprofundados temas nesse sentido, dos quais são exemplos os requisitos de capital, e os correlatos Patrimônio de Referência, Nível I e Capital Principal. Para estudo dos aspectos regulatórios, apontamos para leitura, dentre outros já indicados ao longo do presente trabalho: PINTO, G. M. A. **Regulação sistêmica e prudencial no setor bancário brasileiro**. São Paulo: Almedina, 2015; SADDI, J. O Novo Acordo da Basiléia. **Revista de Direito Bancário e do Mercado de Capitais**, n. 20. São Paulo: Editora Revista dos Tribunais, abr.-jun. 2003, p. 47-60 (texto de alto teor didático, ainda que haja atualizações de normas citadas a serem consideradas); e MARQUES, N. F. da S. Quatro décadas de atuação do Banco Central do Brasil na fiscalização e supervisão bancária. **Revista de Direito Bancário e do Mercado de Capitais**, n. 30. São Paulo: Editora Revista dos Tribunais, out.--dez. 2005, p. 242-282. Vale consignar que a leitura de qualquer obra do direito dos mercados

[4] e [5]. Nesse sentido, serão elucidadas normas jurídicas enquanto fontes abstratas de governança corporativa a influir na modelagem dos aspectos selecionados de mecanismos internos. Quanto a esse ponto, ademais, é salutar reforçar que a governança corporativa de um banco não se limita – nem deve se limitar – ao quanto exposto em normas estatais legais e emanadas pelos órgãos regulatórios. De fato, estas, como um todo, são os parâmetros mínimos e basilares a serem considerados, os quais, em regra, possuem força vinculativa típica de *hard law*, mas que devem ser complementados por configurações que se atentem ao tamanho, complexidade, estrutura, perfil de risco, modelo de negócio e outras particularidades da instituição específica, observadas as demais fontes de governança corporativa aplicáveis.

Em terceiro lugar, deve-se destacar o fato de que há evidente escassez de material bibliográfico nos tópicos específicos de nossa dissertação para bancos no Brasil[6], motivo pelo qual se escolheu tecer considerações

financeiro e de capitais deve vir diligentemente acompanhada da checagem da vigência das normas eventualmente citadas haja vista o seu característico dinamismo.

[4] Divisão aplicável ao Brasil, tendo sido reforçada a partir da criação do Departamento de Supervisão de Conduta (Decon), no âmbito da Diretoria de Fiscalização do Banco Central do Brasil, em dezembro de 2012 (ver VARGAS, A. **Departamento de supervisão de conduta – Decon**. Abr. 2014. Disponível em: <http://www.abbc.org.br/images/content/Apresentacao_Decon_ABBC%2001042014.pdf>. Acesso em: 8 nov. 2016). Para uma revisão de classificações de formas específicas de regulação bancária em doutrina nacional (a exemplo da regulação sistêmica, prudencial e de condutas), ver SAMPAIO, G. J. M. DE C. **Fundamentos da regulação bancária e aplicação do princípio da subsidiariedade**. São Paulo: Almedina, 2015, p. 79-82; e YAZBEK, O. **Regulação do mercado financeiro e de capitais**. 2. ed. ampl. Rio de Janeiro: Elsevier, 2009, p. 217-246.

[5] Vale consignar que o Banco Central do Brasil pode interferir, como agente externo, na governança corporativa das instituições por ele supervisionadas nos casos concretos em que entender, por exemplo, que há controles inadequados estabelecidos. Destacamos, entretanto, que tal interferência não se encontra em nosso espectro de análise detalhada. Para a previsão de referida interferência, ver por exemplo o artigo 19 e incisos, e o artigo 66 da Resolução n. 4.557/2017.

[6] Como observado por Lindenberg Araújo Aragão, Vera Maria Rodrigues Ponte e Marcelle Colares Oliveira: "Embora no Brasil o setor bancário apresente reconhecida solidez e tenha demonstrado vigor e força em meio à crise que abalou os mercados financeiros do mundo, em 2008-2009, [...] pouco se sabe sobre as atribuições e efetiva atuação dos conselhos de administração do setor bancário do país. Essa situação se acentua na medida em que as pesquisas científicas sobre governança corporativa geralmente excluem de suas amostras os bancos e instituições financeiras em geral" (Governança corporativa no setor bancário brasileiro: um estudo sobre as práticas dos conselhos de administração. **XXXIV Encontro da**

pautadas nas fontes consubstanciadas nas normas estatais, bem como em códigos e cartilhas identificados como pertinentes na pesquisa – ou seja, que expressamente se dediquem à governança corporativa –, a saber: i) a única[7] cartilha especificamente voltada à governança corporativa[8] de instituições financeiras (especialmente bancos[9]) que identifica-

ANPAD. Rio de Janeiro, RJ, 25 a 29 set. 2010, p. 2). Mais pesquisas referentes ao setor vêm sendo realizadas nos últimos anos, como em: ZANOTELLI, S. **A influência do conselho de administração nos retornos dos bancos brasileiros de capital aberto**. 2014. Dissertação (Mestrado) – Escola de Administração, Universidade Federal do Rio Grande do Sul, Porto Alegre (RS), 2014; CASTILHO, Z. H. R. de. Relação entre a remuneração de executivos e o desempenho financeiro dos bancos brasileiros de capital aberto. **XV Congresso USP de Controladoria e Contabilidade**. São Paulo, SP, 29 a 31 jul. 2015; e PAIVA, J. F. M. **Governança corporativa e a distribuição de dividendos no setor bancário brasileiro**. 2016. Dissertação (Mestrado) – Faculdade de Gestão e Negócios, Universidade Federal de Uberlândia, Uberlândia (MG), 2016. Além de se recomendar que mais pesquisas sejam feitas nesse sentido, vale reforçar o cuidado na adoção dos critérios utilizados para aferir a boa prática de governança corporativa *vis-à-vis* o desempenho dos bancos na medida do que expusemos quanto às falhas no modelo anglo-americano no capítulo 2, especialmente item 2.2.4.

[7] Não estamos considerando o documento de diretrizes do Banco Central do Brasil para cooperativas de crédito pelo fato de que referidas diretrizes tratam das especificidades das cooperativas de crédito que, com efeito, trazem desafios muito próprios, decorrentes das características do cooperativismo, e que se encontram fora do escopo delimitado do presente trabalho.

[8] Sem prejuízo da existência de normas de autorregulação voluntária, como as mencionadas no primeiro capítulo, item 1.4, a exemplo do Código Anbima de Regulação e Melhores Práticas para a Atividade de Private Banking no Mercado Doméstico (disponível em: <http://portal.anbima.com.br/distribuicao/regulacao/codigo-de-private-banking/Documents/codigo_private-banking.pdf>. Acesso em: 14 nov. 2016), que não trata especificamente de governança corporativa, embora possa abranger pontos que a ela, em sentido amplo, estejam afetos (como o estabelecimento de Código de Ética, de programas de treinamento, apontamento de diretor responsável pelas políticas internas, sem se referir expressamente a governança corporativa, além de outros). Consigne-se que as normas de autorregulação mencionadas no item 1.4 do primeiro capítulo foram examinadas para a seleção das fontes que fossem efetivamente pertinentes para o transcorrer dos tópicos apontados no texto do presente capítulo. No mais, deve-se destacar que os códigos selecionados para a redação do texto do presente capítulo se voltam especialmente à governança corporativa, sendo a ela especializados.

[9] Referida cartilha define bancos como: "[c]onsidera-se banco para efeito deste Manual, instituição financeira de grande, médio e pequeno porte que tenha como atividade, principal ou acessória, a concessão de crédito, captação, intermediação ou aplicação de recursos financeiros próprios ou de terceiros e, inclusive, podendo ser estendido este conceito às cooperativas de crédito" (ABBC. **Cartilha de governança corporativa**, p. 7. Disponível

mos no Brasil, produzida pela Associação Brasileira de Bancos (ABBC) e Centro de Estudos de Governança da Fundação Instituto de Pesquisas Contábeis, Atuariais e Financeiras (Fipecafi), ainda que datada de 2009, com recomendações de governança direcionadas de acordo com o nível de complexidade das instituições financeiras[10]; ii) o Código das Melhores Práticas apresentado pelo Instituto Brasileiro de Governança Corporativa (IBGC), em sua quinta edição, o qual, apesar de não voltado especialmente ao setor bancário, é a grande referência no tema governança corporativa no Brasil[11]; iii) o Código de Autorregulação e Boas Práticas das Companhias Abertas da Associação Brasileira das Companhias Abertas (Abrasca[12]) – o qual, embora também não seja específico aos bancos, oferece recomendações para consideração; e iv) o Código Brasileiro de Governança Corporativa – Companhias Abertas que, também não específico aos bancos, é o mais recente código de governança corporativa constante no cenário nacional e será obrigatório, com abordagem

em: <http://www.abbc.org.br/ADM/publicacoesconfig/uploads/30333550179494052001_ABBC_Cartilha_Governanca_Corporativa.pdf>. Acesso em: 9 nov. 2016), abarcando, portanto, nosso objeto de estudo.

[10] Referida cartilha consubstancia fonte de recomendações de governança corporativa, sem qualquer intenção de força vinculativa. A classificação de acordo com o nível de complexidade das instituições financeiras, segundo a ABBC (ibid., p. 56), é baseada na Matriz de Progressão de Governança Corporativa desenvolvida pelo IFC, adaptada para levar em conta as especificidades das associadas da ABBC com a inserção do nível 1, tendo em vista o capital fechado e controle familiar de parte representativa daquelas. Assim, são utilizados os seguintes níveis: 1 – Instituição financeira familiar, de pequeno porte, com capital fechado; 2 – Instituição financeira em transição – de capital fechado para capital aberto, pequeno/médio porte; 3 – Instituição financeira de capital aberto, porte médio ou grande; 4 – Instituição financeira de capital aberto, grande porte; 5 – Instituição financeira de capital aberto, grande porte, larga base acionária, *cross-listed* e de atuação internacional.

[11] Disponível em: <http://www.ibgc.org.br/userfiles/2014/files/CMPGPT.pdf>. Acesso em: 9 nov. 2016. Destaque-se que referido código também se consubstancia em fonte com recomendações, sem força vinculativa direta.

[12] Disponível em: <http://www.abrasca.org.br/Uploads/autoregulacao/codigo_Abrasca_de_Autorregulacao_e_Boas_Praticas_das_Companhias_Abertas.pdf>. Acesso em: 9 nov. 2016. Vale recordar, conforme abordado na nota de rodapé 219 do primeiro capítulo da presente dissertação, que referido código situa-se no âmbito da autorregulação voluntária e é vinculativo às companhias abertas associadas à Abrasca que a ele tenham aderido, observando-se o modelo "pratique ou explique" para a maior parte de suas recomendações; ou seja, nesses casos a empresa aderente ao código deve praticar referidas recomendações ou explicar o porquê de assim não proceder no Formulário de Referência (sobre esse documento, ver nota de rodapé 219 do primeiro capítulo).

de "pratique ou explique", para companhias abertas, consubstanciando, assim, fonte atualizada[13 e 14].

Por fim, na escolha dos tópicos tratados a seguir, que decorrem do apresentado no segundo capítulo, é importante destacar que não se abordará o mecanismo interno constante da composição acionária (estrutura de propriedade) na medida em que esse aspecto não é tratado pelos documentos do Comitê da Basileia utilizados como referência no capítulo anterior para estudar o estímulo da crise de 2008 ao nosso tema[15]. Com efeito, os tópicos tratados versam sobre, no âmbito do

---

[13] GT Interagentes. **Código Brasileiro de Governança Corporativa – Companhias Abertas**. São Paulo: IBGC, 2016. Disponível em: <https://www.editoraroncarati.com.br/v2/phocadownload/codigo_brasileiro_de_governanca_corporativa_companhias_abertas.pdf>. Acesso em: 19 nov. 2016. Mais considerações a seu respeito foram tecidas no item 1.4 do primeiro capítulo da presente dissertação.

[14] Ainda com relação a companhias abertas, vale mencionar a existência de normas autorreguladoras por delegação legal que abordam aspectos de governança corporativa (portanto, para além de normas advindas dos reguladores estatais), com características já elucidadas no primeiro capítulo, como ocorrem com as normas com níveis diferenciados de governança corporativa dos Segmentos Especiais da BM&FBovespa extensamente estudadas em obras de governança corporativa, como em ROSSETTI, J. P.; ANDRADE, A. **Governança corporativa**: fundamentos, desenvolvimento e tendências. 7. ed. atual. e ampl. São Paulo: Atlas, 2014, p. 447-459; e BETTARELLO, F. C. **Governança corporativa**: fundamentos jurídicos e regulação. Quartier Latin: São Paulo, 2008, p. 117-119. Quanto a esse ponto, destaque-se que bancos de capital aberto que tenham valores mobiliários negociados em referidos segmentos também devem observar essas disposições, as quais, no entanto, não estão abarcadas no âmbito do foco dos tópicos selecionados para o desenvolvimento do presente trabalho. Ainda, comenta-se que atualmente essas normas autorregulatórias da BM&FBovespa estão sob análise para possíveis alterações quanto a determinados pontos referentes aos segmentos "Novo Mercado" e "Nível 2". As alterações somente poderão ser implementadas se não houver manifestação contrária de mais de um terço das companhias listadas em cada um dos referidos Segmentos Especiais. Mais detalhes da evolução desse processo podem ser obtidos no site: <http://www.bmfbovespa.com.br/pt_br/noticias/segmentos-especiais.htm>. Acesso em: 8 nov. 2016. Por fim, observa-se que, com a fusão da BM&FBovespa SA – Bolsa de Valores, Mercadorias e Futuros com a Cetip SA – Mercados Organizados ocorrida em março de 2017, as atividades dessas passaram a ser desenvolvidas sob a denominação B3 (conforme explicações constantes em <http://ri.bmfbovespa.com.br/static/ptb/perfil-historico.asp?idioma=ptb>. Acesso: 21 abr. 2017).

[15] Com efeito, como observado no capítulo anterior, o Comitê da Basileia não trata de aspectos afetos a acionistas, condizentemente com seu foco de supervisão bancária, remetendo-se às recomendações da OCDE nesse tocante. No mais, o principal aspecto estimulado nesse ponto foi a necessidade de participação mais presente e com perspectiva de longo prazo de investidores institucionais, que não é especificidade de bancos, culminando, por exem-

PONTOS DE MECANISMOS INTERNOS DE GOVERNANÇA CORPORATIVA

conselho de administração, o propósito a ser perseguido pelos conselheiros em sua atuação; a qualificação técnica destes; a instauração de um comitê de risco e a existência de um *Chief Risk Officer*, ambos elementos-chave no âmbito da governança de risco; e, no tocante à política de remuneração, sua necessária relação com o risco e a constituição de um comitê de remuneração.

Apesar desses cortes necessários ao estudo, é importante reforçar expressamente que a governança corporativa, como qualquer sistema, depende de todos os seus elementos para seu correto funcionamento, sejam eles internos, para além dos estudados a seguir, sejam externos.

3.2 Propósito a ser perseguido pelos conselheiros no direcionamento da governança corporativa de bancos

O Conselho de Administração é o principal órgão responsável pela governança corporativa de uma organização empresarial[16]. Com efeito,

---

plo, no "UK Stewardship Code", de setembro de 2012, no contexto britânico (Disponível em: <https://www.frc.org.uk/Our-Work/Codes-Standards/Corporate-governance/UK-Stewardship-Code.aspx>. Acesso em: 26 out. 2016). A atuação dos investidores institucionais, ademais, pode ser classificada como mecanismo de força externa, como consideram José Paschoal Rosssetti e Adriana Andrade (op. cit., p. 215) e Pablo Rogers e Kárem Cristina de Sousa Ribeiro (Mecanismos de governança corporativa no Brasil: evidências do controle pelo mercado de capitais. **Contextus Revista Contemporânea de Economia e Gestão**, v. 4, n. 2, jul.-dez. 2006, p. 19. Disponível em: <http://www.contextus.ufc.br/2014/index.php/contextus/article/view/74>. Acesso em: 15 nov. 2016).

[16] Essa é uma assertiva expressada há tempos no âmbito da governança corporativa, como podemos observar na própria história do importante Instituto Brasileiro de Governança Corporativa, cuja primeira denominação, à época de sua fundação em 1995, era Instituto Brasileiro de Conselheiros de Administração (IBCA) (conforme <http://www.ibgc.org.br/index.php/ibgc/o-ibgc/historico>. Acesso em: 11 out. 2016). Ainda nessa linha, vale reproduzir um trecho da quinta edição do Código das Melhores Práticas de Governança Corporativa elaborado por referido instituto: "[o] conselho de administração [...] exerce o papel de guardião dos princípios, valores, objeto social e sistema de governança da organização, sendo seu principal componente" (IBGC, op. cit., p. 39). O Código Brasileiro de Governança Corporativa – Companhias Abertas igualmente destaca que: "[o] conselho de administração é o órgão central do sistema de governança corporativa [...]" (GT Interagentes, op. cit., p. 29). No mais, como analisado por José Paschoal Rossetti e Adriana Andrade: "[a] importância dos Conselhos de Administração como força interna de controle é de tal ordem que não é possível dissociar as expressões *governança corporativa* e *Conselho de Administração*" (destaques no original) (op. cit., p. 238). Vale observar que, não obstante a importância de referido órgão para a governança corporativa, ele só é obrigatório no direito brasileiro para

advém dessa constatação a assertiva de que as falhas de governança corporativa evidenciadas pela crise de 2008 estão, em última instância, relacionadas a falhas na atuação dos conselheiros[17] os quais, por diversas razões como as apontadas no item 2.2.3 dessa dissertação, não foram efetivos no direcionamento estratégico e, destacadamente, no monitoramento das instituições bancárias.

Intimamente relacionado a tal fato está o estímulo proporcionado pela aludida crise ao debate mais antigo e fundamental sobre governança corporativa: afinal, em que direção, ou com qual propósito, devem os conselheiros exercerem sua função[18]? Devem primordialmente buscar a maximização da riqueza dos acionistas sob o critério do valor das ações da companhia? Ou devem satisfazer os interesses também de outras partes interessadas? Ainda que referido estímulo de questão tão basilar à governança corporativa tenha ocorrido para a governança corporativa em geral, o debate foi especialmente sensível aos bancos, seja porque

companhias abertas, de capital autorizado (§2º do art. 138 da Lei das S.A.) e de economia mista (art. 239 do mesmo diploma) (com a previsão de atos de sua competência no artigo 142). É despiciendo dizer que, para além da lei, ele é um órgão de constituição altamente recomendada em um sistema de governança corporativa, e, para o plano abstrato com o qual estamos trabalhando, especialmente direcionado pelo estudo dos princípios do Comitê da Basileia, ele é um dado relevante considerado. Ademais, observando a cartilha da ABBC (de 2009), em suas indicações de melhores práticas de governança corporativa em função do nível de complexidade da instituição financeira, tem-se, pelo tópico específico de "B. Estrutura e funcionamento do Conselho de Administração", a indicação de estrutura de conselho de administração em todos os níveis adotados por referida cartilha, conforme indicado na nota de rodapé 10 do presente capítulo (ou seja, 1 – Instituição financeira familiar, de pequeno porte, com capital fechado; 2 – Instituição financeira em transição – de capital fechado para capital aberto, pequeno/médio porte; 3 – Instituição financeira de capital aberto, porte médio ou grande; 4 – Instituição financeira de capital aberto, grande porte; 5 – Instituição financeira de capital aberto, grande porte, larga base acionária, *cross-listed* e de atuação internacional).

[17] KIRKPATRICK, G. **Corporate Governance Lessons from the Financial Crisis**, Feb. 2009, p. 3. Disponível em: <http://www.oecd.org/finance/financial-markets/42229620.pdf>. Acesso em: 25 nov. 2016.

[18] "O propósito a ser perseguido pelos administradores das companhias abertas é o debate mais antigo e fundamental sobre governança corporativa" (SILVEIRA, A. di M. da. **Governança corporativa no Brasil e no mundo:** teoria e prática. 2. ed. Rio de Janeiro: Elsevier, 2015, p. 49). Em nosso texto, em função dos cortes realizados, focamos na atuação dos conselheiros de administração que, no final, são os principais responsáveis pela governança corporativa de uma organização que conta com conselho de administração, na toada do observado na nota de rodapé 16 do presente capítulo.

estiveram no epicentro da crise, seja pela percepção da especificidade dessas instituições haja vista a multiplicidade dos *stakeholders* envolvidos e as consequências nefastas experimentadas para a estabilidade financeira e economia mundial em função de sua administração voltada à assunção excessiva de riscos.

Quanto a esse tópico, identificamos que o Comitê da Basileia – condizentemente com sua perspectiva de supervisão bancária – já pontua há muito tempo que se deve dar importância à proteção dos depositantes na prática da governança corporativa de bancos, salientando, inclusive, que mesmo que um conselheiro seja indicado por um acionista do banco, deve atuar com responsabilidade para com os interesses do banco como um todo[19]. Ainda que "interesse do banco"[20] possa ser uma

---

[19] Nesse sentido, itens 24 e 60 ambos do documento de 2010 (BCBS, **Principles for enhancing corporate governance**, Oct. 2010. Disponível em: <http://www.bis.org/publ/bcbs176.htm>. Acesso em: 23 nov. 2016); e itens 20, 25, 28 e 56 do de 2015 (BCBS, **Guidelines – Corporate governance principles for banks**. 2015. Disponível em: <http://www.bis.org/bcbs/publ/d328.htm>. Acesso em: 31 ago. 2016, p. 7-9, 14). No âmbito do ordenamento jurídico do Brasil, vale destacar, quanto a esse ponto, o §1º do artigo 154 da LSA – aplicável, assim, a todas as companhias e não somente aos bancos – pelo que "[o] administrador eleito por grupo ou classe de acionistas tem, para com a companhia, os mesmos deveres que os demais, não podendo, ainda que para defesa do interesse dos que o elegeram, faltar a esses deveres".

[20] Em uma perspectiva mais ampla, é vasta a discussão que a interpretação de "interesse da companhia" pode gerar. No Brasil, por exemplo, cuja legislação societária vale-se desse conceito, como já observamos ao longo da presente dissertação, vale conferir as referências indicadas em nossa nota de rodapé 49 do primeiro capítulo. No âmbito da legislação alemã, a discussão também existe, como observado por Klaus Hopt (In: Comparative Corporate Governance: The State of the Art and International Regulation. **ECGI Law Working Paper n. 170/2011**, p. 21. Disponível em: <http://papers.ssrn.com/sol3/papers.cfm?abstract_id=1713750>. Acesso em: 11 jul. 2015) e, no Brasil, por Sheila Cristina Neder Cerezetti ("[d]efinir o interesse social, como adiantado acima, é, reconhecidamente, uma tarefa hercúlea [...] A doutrina alemã há muito tempo se debruça sobre o tema". In: **A recuperação judicial de sociedade por ações**: o princípio da preservação da empresa na Lei de Recuperação e Falência. São Paulo: Malheiros, 2012, p. 167). A autora apresenta vasta bibliografia em língua alemã e pontua, inclusive, a distinção entre "interesse da empresa" (*Unternehmensinteresse*) de "interesse da sociedade", que é entendido como o interesse dos participantes do capital social (*Gesellschaftsinteresse*), registrando que há respeitados comercialistas alemães que aproximam o interesse social deste último conceito, ou seja, à obtenção de lucros. No contexto da legislação britânica, o estudo realizado no âmbito da Association of Chartered Certified Accountants (ACCA) oferece uma revisão bibliográfica que aborda o assunto, bem como uma pesquisa empírica que evidencia o pensamento prático dominante naquela

medida não imediatamente clara e fácil de se estabelecer, estando sujeita a margem de interpretação, a crise de 2008 enfatizou, ao menos, como a assunção excessiva de riscos definitivamente não é o caminho adequado, ainda que possa, por exemplo, valorizar ações da instituição no curto prazo. Com efeito, especialmente no âmbito da governança corporativa dos bancos, a crise de 2008 ensinou que essa última métrica deve ser afastada como único ou principal norte a pautar a condução da administração de um banco[21].

Ainda nesse contexto, o Comitê da Basileia, na última versão (2015) dos princípios indicados por esse órgão para a governança corporativa de bancos, foi enfático ao sinalizar que o objetivo da governança corporativa – e estendemos ao objetivo da atuação dos conselheiros – deve ser salvaguardar os interesses das partes interessadas em conformidade com o interesse público em uma base sustentável. Isso, em nossa leitura, significa pautar-se na sustentabilidade da instituição no longo prazo e, assim, conduzi-la para a assunção de risco que a isso seja adequada. Particularmente no caso dos bancos de varejo, como já ponderamos no capítulo anterior, o Comitê foi além, indicando que, para a solução de eventuais *tradeoffs*, o interesse dos acionistas deve ser secundário ao interesse dos depositantes, em posição que se afasta diametralmente da vertente clássica *shareholder-oriented*, como elucidada no primeiro capítulo da presente dissertação, e reforça a perspectiva voltada ao *stakeholder*, ainda que notoriamente quanto ao grupo dos depositantes[22].

---

jurisdição: ACCA. Shareholder Primacy in UK Corporate Law: An Exploration of the Rationale and Evidence. **Research Report 125**, 2011. Disponível em: <http://www.accaglobal.com/content/dam/acca/global/PDF-technical/business-law/rr-125-001.pdf>. Acesso em: 9 out. 2016. Não obstante, reforçamos que "banco" tem especialidades que devem ser consideradas para a interpretação do "interesse do banco", até por todas as colocações já feitas na presente dissertação.

[21] Observando o ambiente norte-americano, Mehran Hamid e Lindsay Mollineaux destacam: "[t]*he strongest force acting upon directors may be the legal precedent that explicitly makes directors representatives of shareholders. While these laws continue to exist, they may preclude directors from using the stability and innovation of a firm as a yardstick for success. Insofar as directors continue to use stock prices and value maximization as a benchmark against which management is judged, financial institutions may continue to engage in systemically risky activities*" (MEHRAN, H.; MOLLINEAUX, L. Corporate Governance of Financial Institutions. **Federal Reserve Bank of New York Staff Report n. 539**, Jan. 2012. Disponível em: <https://www.newyorkfed.org/medialibrary/media/research/staff_reports/sr539.pdf>. Acesso em: 27 set. 2016, p. 15).

[22] Ver itens 1.1.3 e 2.4.3 da presente dissertação.

De fato, ainda que possam existir críticas à elevação dos interesses dos *stakeholders* como critério a ser ponderado pelos conselheiros de administração dos bancos[23], a crise de 2008 foi uma experiência com di-

[23] Sir David Walker, por exemplo – ainda que não analisando o texto do Comitê da Basileia de 2015, nem o de 2010, até porque escreve em momento anterior –, inserido no contexto britânico, destaca preocupação com o acréscimo de responsabilidade dos conselheiros com relação aos interesses dos *stakeholders* que poderia contribuir para impedir a sua atuação ao invés de ajudar, distraindo e diluindo a habilidade dos conselheiros de se concentrar nos assuntos estratégicos mais importantes (WALKER, D. **A review of corporate governance in UK banks and other financial industry entities** – Final recommendations, Nov. 2009, p. 34, 137. Disponível em: <http://webarchive.nationalarchives.gov.uk/+/http:/www.hm-treasury.gov.uk/d/walker_review_261109.pdf>. Acesso em: 15 set. 2016). Jean Dermine, em crítica às proposições de governança corporativa do Comitê da Basileia de 2010, e adentrando também aspectos de governança da supervisão bancária, pontua que a crise incentivou a discussão sobre governança corporativa de bancos no sentido *shareholder* ou *stakeholder-oriented*, e opina: "[w]*e favor a dual governance system based on clear objectives and accountability: the governance of banking supervision should insist upon a clear objective (stability of the banking system) and accountability of supervisors, and the governance of banks should concern itself with the maximization of the welfare of shareholders. Devolving the responsibilities of regulators to the board of banks, as the proposals of the Basel Committee and European Union imply, could hurt economic efficiency, innovation and development, and further extend the lack of accountability of banking supervisors and ministers of finance. Understandably, the global crisis has generated a vast amount of emotion. What is needed is an efficient regulatory/bankruptcy system to promote stability and an efficient corporate governance system to promote economic development and risk taking*" (DERMINE, J. Bank Corporate Governance, Beyond the Global Banking Crisis. **INSEAD Faculty & Research Working Paper 2011/33/FIC**, p. 11. Disponível em: <http://sites.insead.edu/facultyresearch/research/doc.cfm?did=47338>. Acesso em: 9 nov. 2016). O autor, apesar de entender que a governança corporativa dos bancos sob o cuidado dos conselheiros deva focar na riqueza dos acionistas, deixando a estabilidade do sistema bancário para a governança da supervisão bancária, salienta: "*since biases for short-term profit maximization are numerous in banking, boards are advised to focus on long-term value creation*" (op. cit., p. 18) e "[c]*onceptually, a long-term value-based approach should provide guidance on how much risk is acceptable*" (op. cit., p. 16). Ainda, Klaus Hopt observa que, na Alemanha, o fato de a lei determinar que o conselho de administração aja no "interesse da companhia", incluindo o interesse de credores, não foi capaz de fazer a diferença na assunção de riscos dos bancos no período pré-crise ao deixar à discricionariedade do conselho como sopesar os interesses (op. cit., p. 21). Referido autor chega a asseverar que cínicos observam que cláusulas que deixam à discricionariedade do conselho ponderar os interesses serve somente para que os interesses das partes interessadas sejam apenas levados em consideração quando forem, e se forem, coincidentes com os interesses da administração. Quanto a esse comentário especificamente voltado ao modelo alemão, deve-se alertar que qualquer assertiva mais contundente de causalidade entre a consideração dos interesses dos *stakeholders* a critério do conselho de administração e a assunção desmedida de riscos na crise de 2008 deve ponderar empiricamente outros dados, tais como

mensões suficientes para estimular que seja esperado dos conselheiros de instituições bancárias uma atuação como a sinalizada pelo Comitê da Basileia, inclusive quanto ao critério para o sopesamento dos interesses, ainda que esse último ponto evidentemente dependa da jurisdição em que determinado caso concreto esteja inserido.

Em relação ao caso específico do Brasil, vale retomarmos nossas colocações constantes do item 1.1.3 da presente dissertação, pelo que entendemos que a governança corporativa em nosso país se volta para a vertente *stakeholder-oriented*, podendo a interpretação tanto do direito posto como das recomendações do principal fomentador da governança corporativa brasileira – o IBGC – caminhar no sentido que expusemos da vertente *enlightened shareholder*[24].

---

a própria exposição internacional dos bancos alemães que se encontraram em dificuldade, o fator da presença estatal nos bancos alemães, a responsabilidade civil dos conselheiros menos abrangente do que aquela, por exemplo, praticada no contexto bancário brasileiro, dentre outros cuja análise está fora do foco do presente capítulo de comparação de recomendações do Comitê da Basileia com o observado em fontes de governança corporativa no Brasil. Não obstante, esse alerta é importante para não induzir o raciocínio alheio a erro com o apontamento realizado.

[24] O Código da Abrasca, ainda que peque, em nossa visão, por não mencionar no trecho seguinte as demais partes interessadas, pontua como princípio básico que: "[o] papel do conselho de administração é definir a missão, as políticas e os objetivos gerais e estratégicos da Companhia, supervisionar a gestão, e atuar diligentemente em prol dos interesses da Companhia e de todos os acionistas, visando à criação de valor no longo prazo" (p. 6. Disponível em: <http://www.abrasca.org.br/Uploads/autoregulacao/codigo_Abrasca_de_Autorregulacao_e_Boas_Praticas_das_Companhias_Abertas.pdf. Acesso em: 12 out. 2016). No mais, como princípio complementar: "[o] conselho de administração deve também zelar pelos valores e propósitos da Companhia, devendo prevenir e administrar situações de conflitos de interesses e tomar decisões no melhor interesse da Companhia independentemente dos interesses individuais dos acionistas que os indicaram" (op. cit, p. 6). Vale observar que referidos princípios estão localizados em capítulo para o qual é aplicada a lógica do *"comply or explain"*, ou seja, a companhia aderente pode decidir não aplicar as regras ali contidas (salvo se exigidas por lei ou regulamentação aplicáveis), mas, nessa hipótese de não aplicação, devem ser dadas explicações aos acionistas e investidores no Formulário de Referência instituído pela Instrução CVM n. 480, de 7 de dezembro de 2009. Nesse ponto, destacamos que a legislação societária, conforme a leitura que fizemos na presente dissertação, obriga (com normas em conteúdo substancialmente similar) a observância dessas regras que mencionamos na presente nota. O Código Brasileiro de Governança Corporativa – Companhias Abertas também caminha para essa mesma direção ao expressar, como já referido na nota de rodapé 51 do primeiro capítulo, como princípio, que: "[o] conselho de administração deve exercer suas atribuições considerando os interesses de longo prazo da companhia, os

No mais, reforçamos que os membros do conselho de administração, assim como a diretoria, têm deveres para com a companhia, conforme dispostos em nossa Lei das S.A.[25], não podendo faltar a estes deveres, ainda que para defesa do interesse de quem os elegeu[26]. Tal quadro, no âmbito da governança corporativa – que, por si, abarca mais do que apenas os aspectos legais –, é composto pela percepção dos altos executivos de companhias demonstrada por uma pesquisa empírica mencionada por Alexandre di Miceli da Silveira. Referida pesquisa foi realizada em 2014 com 93 altos executivos brasileiros (todos participantes dos cursos para conselheiros de administração do IBGC) e identificou que os administradores entrevistados aparentemente possuem uma visão mais ampla de seu papel e do propósito das companhias em que atuam, distanciando-se da visão preconizada pela abordagem da maximização da riqueza para os acionistas[27].

No contexto mais peculiar dos bancos, o quadro geral anteriormente mencionado é reforçado pela norma constitucional insculpida

---

impactos decorrentes de suas atividades na sociedade e no meio ambiente e os deveres fiduciários de seus membros, atuando como guardião dos princípios, valores, objeto social e sistema de governança da companhia"; como fundamento: "[o] conselho de administração é o órgão central do sistema de governança corporativa, sendo responsável por exercer o papel de guardião dos princípios, dos valores, do objeto social e do sistema de governança da companhia, prevenir e administrar conflitos de interesses e buscar que cada parte interessada receba benefício apropriado e proporcional ao vínculo que possui com a companhia e ao risco a que está exposta"; e como prática recomendada que o conselho de administração deve: "(i) definir estratégias de negócios, considerando os impactos das atividades da companhia na sociedade e no meio ambiente, visando a perenidade da companhia e a criação de valor no longo prazo" (GT Interagentes, op. cit., p. 29).

[25] No mais, como salientam TOLEDO, P. F. C. S. de. **O Conselho de Administração na Sociedade Anônima**: estrutura, funções e poderes, responsabilidade dos administradores. 2 ed. São Paulo: Atlas, 1999, p. 57; ADAMEK, M. V. von. **Responsabilidade civil dos administradores de S/A** (e as ações correlatas), São Paulo, Saraiva, 2009, p. 154; e CEREZETTI, op. cit., p. 200.

[26] Conforme §1º do art. 154 da LSA.

[27] SILVEIRA, A. di M. **Governança corporativa no Brasil e no mundo**: teoria e prática. 2. ed. Rio de Janeiro: Elsevier, 2015, p. 59-61. Na presente dissertação não se pretende realizar estudos empíricos. Nesse sentido, entretanto, indicamos para trabalhos futuros que seja realizada semelhante pesquisa com conselheiros especificamente de bancos brasileiros para avaliar como estes compreendem seu papel e o propósito das instituições bancárias, para além do direito posto. Recomenda-se, ainda, o confronto das respostas eventualmente ofertadas com a prática efetivamente observada.

no artigo 192 que, ao descrever o Sistema Financeiro Nacional como um sistema "estruturado de forma a promover o desenvolvimento equilibrado do país e a servir aos interesses da coletividade, em todas as partes que o compõem", indica, na mais elevada hierarquia normativa do ordenamento, o atendimento aos interesses da coletividade pelas instituições bancárias, que são, por sua vez, entidades que compõem o mencionado sistema[28]. Na mesma linha, a Cartilha da ABBC já mencionada assevera que "[o]s bancos possuem duties of care [sic] não apenas em relação aos seus shareholders [sic], mas também em relação aos seus stakeholders [sic], em especial depositantes e clientes, considerando ainda as exigências e posições do órgão regulador do setor"[29].

Ainda nesse sentido, um fator distintivo que merece menção é o mecanismo externo de governança consubstanciado na responsabilidade civil, penal e administrativa dos administradores de bancos (incluindo, assim, os conselheiros), mas mais especificamente para o quanto aqui discorremos, a indisponibilidade imediata de bens e a responsabilidade, ainda que sujeita a divergências jurídicas, caso o banco seja submetido a técnicas de saneamento pelo Banco Central, como constante da Lei n. 6.024/1974. Esse mecanismo externo colabora para amoldar os incentivos e comportamentos dos administradores de instituições bancárias em prol da assunção de riscos alinhada à sustentabilidade no longo prazo da instituição, como enunciamos no primeiro capítulo[30], ainda que não tenhamos a pretensão de aprofundar referida força externa na medida em que nosso foco são aspectos de mecanismos internos.

Extraímos do quanto exposto o estímulo provocado pela crise de 2008 para a consideração mais efetiva dos interesses dos *stakeholders* pelos conselheiros de administração de bancos – componentes do principal mecanismo interno de governança corporativa – no desempenho de suas funções, como decorre das manifestações destacadas do Comitê da Basileia. Ademais, observamos que, nesse ponto específico, a governança corporativa do Brasil possui em suas fontes elementos que, em abstrato, aproximam-na da recomendação analisada.

---

[28] Como decorre do art. 1º da Lei n. 4.595/1964: "O Sistema Financeiro Nacional, estruturado e regulado pela presente Lei, será constituído: [...] v) das demais instituições financeiras públicas e privadas".

[29] ABBC, op. cit., p. 17.

[30] Ver itens 1.2.2.1 e 1.2.2.2 e referências apontadas para aprofundamento.

3.3 Qualificação dos conselheiros: conhecimento e/ou experiência bancária necessária ao conselho

Ainda observada a importância particular do conselho de administração como mecanismo interno para a governança corporativa, outro ponto estimulado pela crise de 2008 situa-se na qualificação[31] técnica de seus membros necessária para possibilitar-lhes um exercício efetivo de suas funções de direcionamento estratégico e monitoramento, como decorre do já exposto na presente dissertação. Essa questão deve ser iluminada, inclusive, pelo quanto discorremos no primeiro capítulo a respeito da complexidade da atividade bancária, notadamente recrudescida pelo emaranhado regulatório a ela incidente.

Nesse sentido, como vimos, o Comitê da Basileia, embora já destacasse a importância da qualificação desde antes da crise de 2008, reforçou, na linha das discussões advindas do que se observou praticado em bancos envolvidos em problemas, a recomendação (*"should be"*) de que os conselheiros sejam e se mantenham qualificados para suas posições – o que, em 2015, foi enfatizado no plano individual e coletivo na própria redação do princípio[32]. Com efeito, eles precisam ser capazes de exercer um julgamento saudável e objetivo sobre os negócios dos bancos. A recomendação prática em sua substância é que o conselho conte com conhecimento e experiência relevante[33] para o particular caso bancário,

---

[31] Vale observar que o termo "qualificação" é aqui empregado em seu sentido de "conjunto de atributos que habilitam alguém ao exercício de uma função" (conforme consta do dicionário HOUAISS, Disponível em: <https://houaiss.uol.com.br/pub/apps/www/v2-3/html/index.htm#1>. Acesso em: 12 out. 2016), e não na acepção também comum em direito de "fornecimento de dados concernentes à própria identidade, profissão, residência, ao estado civil e domicílio" (também do mesmo dicionário), como é empregado, por exemplo, no §1º do art. 146 da Lei das S.A. No mais, o foco dado é quanto ao conhecimento técnico dentre os atributos possíveis.

[32] Ver princípios de número 2 em ambos os documentos e a tabela comparativa constante do item 2.4.3 da presente dissertação.

[33] Jonathan Macey e Maureen O'Hara, ainda que em um ambiente já pós-crise de 2008, e enfrentando o escândalo ocorrido em 2012 no mercado financeiro londrino (conhecido por *"London Whale"*), além de considerarem o contexto norte-americano, fazem uma distinção interessante, do ponto de vista abstrato, entre *"banking experts"* para quem integra comitê de gestão de risco do banco, e *"banking literate"* para os conselheiros. O primeiro precisa ter adquirido, seja por experiência, seja por educação, a habilidade necessária para avaliar e monitorar os sistemas de controle de riscos de um banco. O segundo precisa demonstrar conhecimento das funções básicas da atividade bancária, da natureza do risco em organi-

especialmente no tocante às atividades desempenhadas pela instituição específica[34]. De fato, evidenciou-se a percepção de que conselhos que não tenham membros com esse conhecimento mínimo e atualizado podem ficar reféns no exercício de sua função[35].

Voltando-nos no âmbito dessa discussão para o Brasil, a primeira observação a ser feita é que a qualificação adequada dos conselheiros[36] é

---

zações financeiras complexas, e da complexa estrutura regulatória que molda a atividade bancária (No original: "[w]*e suggest a two-part structure involving differential standards for both bank risk committee members and bank directors.* [...] *We believe that risk management committees should be composed only of individuals who can demonstrate expertise in evaluating and monitoring the risk control systems of a bank* [...] *Such individuals, whom we will call 'banking experts', would have acquired, either through experience or education, the skills needed to monitor the risk management functions of the bank* [...] *For smaller financial institutions, this expertise may be more limited, reflecting that risk management at such institutions generally involves less complex methodologies (such as gap analysis, liquidity monitoring, and the like). For large, complex financial institutions, the needed skill set will be larger, requiring familiarity with risk modeling, valuation of complex derivatives, synthetic asset replication, hedging strategies, etc.* [...] *Second, we also propose higher professional standards for bank directors. As we have argued in this paper, bank corporate governance issues pose an on-going threat to the financial system. While heightened oversight of banks is surely called for, such oversight will be successful only to the extent that the directors of financial institutions have both the incentives and the experience and skill required to be successful in carrying out their oversight responsibilities. At a minimum, we believe bank directors should be 'banking literate' where such literacy is defined by an understanding of the basic functions of banking, the nature of risk in complex financial organizations, and the complex regulatory structure defining banking. Such literacy, which would be a pre-requisite for becoming a director, could have been acquired through experience or through education*". (MACEY, J.; O'HARA, M. Bank Corporate Governance: A Proposal for the Post-Crisis World. **FRBNY Economic Policy Review**. Aug. 2016, p. 39-40. Disponível em: <https://www.newyorkfed.org/medialibrary/media/research/epr/2016/epr_2016_post-crisis-world_macey.pdf?la=en>. Acesso em: 29 ago. 2016).

[34] Ver item 36 do documento de 2010 (BCBS, op. cit., 2010) e itens 48, 49 e 51 do documento de 2015. Em especial, o item 48: "*The board should be comprised of individuals with a balance of skills, diversity and expertise, who collectively possess the necessary qualifications commensurate with the size, complexity and risk profile of the bank*" (BCBS, op. cit., 2015, p. 13).

[35] Nesse sentido, vale reproduzir, mais uma vez, a colocação existente no **European Commission Staff Working Document,** pelo que "[p]*articipants in the seminar organised by the European Commission on 12 October 2009 and several of the interviewed board members shared the view that lack of expertise of non-executive board members prevented them from carrying out checks on the plausibility of information presented to them and explained in part the over reliance on ratings. In addition, nomination process of non-executives often did not sufficiently assess their capacity to carry out non-executive functions, including the ability to challenge the management*" (op. cit., p. 7).

[36] Para além da qualificação técnica, os requisitos legais para investidura em cargo de administração de companhia (não apenas instituições bancárias) constam do artigo 147 da Lei

uma ênfase da governança corporativa geral. Assim, o IBGC prevê um item (2.2.2)[37] no tocante a esse tópico em seu Código das Melhores Práticas de Governança Corporativa[38]. Nos limites do foco das presentes

das S.A. No caso das instituições financeiras, há também requisitos regulatórios conforme decorre das normas a seguir comentadas.

[37] "2.2.2 Qualificação do conselheiro de administração
Práticas
a) Entre as características e competências requeridas dos conselheiros estão:
i. alinhamento e comprometimento com os princípios, valores e código de conduta da organização;
ii. visão estratégica;
iii. disposição para defender seu ponto de vista a partir de julgamento próprio;
iv. capacidade de comunicação;
v. disponibilidade de tempo (vide 2.7);
vi. capacidade de trabalhar em equipe;
vii. conhecimento das melhores práticas de governança corporativa;
viii. capacidade de interpretar relatórios gerenciais, contábeis e financeiros e não financeiros;
ix. conhecimento sobre a legislação societária e a regulação;
x. conhecimentos sobre gerenciamento de riscos.
b) O conselheiro deve estar isento de conflito de interesse fundamental (não administrável, não pontual ou situacional, que seja, ou espera-se que seja, permanente) e constantemente atento aos assuntos da organização. Deve dispor de capacidade de atuar proativamente, visando a tomar decisões informadas e conscientes, além de entender que seus deveres e responsabilidades são abrangentes e não restritos às reuniões do conselho.
c) Preenchidos esses requisitos, a idade torna-se um fator de peso relativo. A efetiva contribuição do conselheiro para o conselho, a organização e os sócios é o que deve prevalecer" (IBGC. Código das melhores práticas de governança corporativa. 5. ed., 2009. Disponível em: <http://www.ibgc.org.br/userfiles/2014/files/Codigo_Final_4a_Edicao.pdf>. Acesso em: 9 nov. 2016).
38 Na quarta edição do código do IBGC (2009), a qualificação estava no item 2.5 com a seguinte redação:
"2.5 Qualificação do conselheiro de administração
O conselheiro deve, no mínimo, possuir:
Alinhamento com os valores da organização e seu código de conduta;
Capacidade de defender seu ponto de vista a partir de julgamento próprio;
Disponibilidade de tempo (vide 2.8);
Motivação.
Adicionalmente, é recomendável que possua:
Visão estratégica;
Conhecimento das melhores práticas de governança corporativa;
Capacidade de trabalho em equipe;
Capacidade de ler e entender relatórios gerenciais, contábeis e financeiros;
Noções de legislação societária;

considerações, ressaltam-se os apontamentos quanto ao conhecimento das melhores práticas de governança corporativa, capacidade de interpretar relatórios gerenciais, contábeis e financeiros e não financeiros (ou extrafinanceiros), conhecimento sobre a legislação societária e a regulação, e conhecimentos sobre gerenciamento de riscos.

No mesmo sentido, a Abrasca dedica atenção quanto à qualificação técnica de conselheiros em seu Código Abrasca de Autorregulação e Boas Práticas das Companhias Abertas, no item 2.3[39], muito embora este esteja inserido em um capítulo para o qual referido Código vale-se da abordagem do "pratique ou explique", ou seja, as companhias abertas a ele aderentes podem decidir aplicar ou não as regras previstas, salvo se exigidas por lei ou regulamentação aplicável, com a condição de que expliquem ao público os motivos dessa decisão no Formulário de Referência. No âmbito do foco das presentes considerações, é apresentado como regra que:

> 2.3.4. O conselho, como órgão colegiado, deve buscar reunir em seus membros, entre outras competências, conhecimento do negócio da Companhia e de finanças, mercado de capitais, contabilidade, legislação societária, normas legais e regras definidas por órgãos reguladores e autorreguladores aplicáveis às companhias abertas.

Percepção do perfil de risco da organização.
O conselheiro deve ainda estar isento de conflito de interesse fundamental (não administrável, não pontual ou situacional, que seja ou se espere que seja permanente) e permanentemente atento aos assuntos da organização, além de entender que seus deveres e responsabilidades são abrangentes e não restritos às reuniões do Conselho".
A edição anterior (terceira, de 2004) não era tão explícita quanto a esse ponto.

[39] Referido item apresenta como princípio básico e princípio complementar, respectivamente:
"Princípio básico
O conselho de administração deve ser formado por membros que reúnam as qualificações e as competências necessárias para aprimorar o processo decisório, resolver situações de conflitos de interesses e permitir ao órgão exercer seu papel de supervisão da gestão da companhia".
"Princípio complementar
O conselho de administração deve ser composto por um número de membros que possibilite um equilíbrio entre habilidades e experiências distintas na orientação dos negócios. Mudanças na composição do conselho de administração não devem acarretar interrupções de suas atividades ou atrasos no processo decisório das matérias de sua alçada".

Já adentrando mais especificamente no caso bancário[40], novamente a força externa do regulador se faz presente, amoldando o requisito da qualificação técnica necessária para os conselheiros dos bancos, bem como também de demais cargos em órgãos estatutários ou contratuais[41]. Atualmente, versa sobre a matéria a Resolução 4.122/2012[42]. Seu fundamento legal encontra-se no art. 10, inciso XI, combinado com o art. 33, ambos da Lei n. 4.595/1964[43]. No âmbito do direito vigente

---

[40] A Cartilha de Governança Corporativa da ABBC também aborda a qualificação de conselheiros de administração, entretanto esse cuidado é apenas sinalizado para instituições financeiras a partir do nível de complexidade 3 ("Instituição Financeira de capital aberto, porte médio ou grande"): "[a] composição do conselho (competências/habilidades) é adequada às suas funções de supervisão, definição estratégica e avaliação de desempenho" (op. cit., p. 60). Nesse sentido, vale observar que os conselheiros de administração – caso haja conselho instaurado – estão sujeitos à força externa do regulador para qualquer instituição autorizada a funcionar pelo Banco Central do Brasil, assim como a instauração de um conselho é recomendação basilar de boa prática de governança corporativa, mesmo em observação do que decorre de referida cartilha.

[41] Vale observar que o Comitê da Basileia também divulga princípios e recomendações para efeitos de análise e teste de *fit and proper* (competência e idoneidade) de administradores e acionistas (por exemplo, BCBS. **Fit and Proper Principles Paper**. Disponível em: <https://www.bis.org/publ/bcbs47c4.pdf>. Acesso em: 26 out. 2016). A análise detalhada dessas recomendações ultrapassa o propósito do presente tópico na medida em que este é voltado à governança corporativa interna, mencionando-se a interferência regulatória no limite de força externa nessa dimensão. Para aprofundamento nesse tema, ver: BCBS. **Core Principles for Effective Banking Supervision**. Sep. 2012 Disponível em: <http://www.bis.org/publ/bcbs230.pdf>. Acesso em: 15 out. 2016; BCBS. **Core Principles Methodology**. Oct. 2006. Disponível em: <http://www.bis.org/publ/bcbs130.pdf>. Acesso em: 15 out. 2016.

[42] Referida resolução revogou as Resoluções 3.041/2002 e 3.141/2003 que, em seu bojo, abarcavam a matéria quanto à qualificação dos membros do conselho de administração. É importante observar que a verificação da qualidade técnica dos ocupantes dos cargos de órgãos estatutários de instituições financeiras no Brasil é uma tônica antiga das normas de nosso sistema. Vale nesse sentido mencionar, historicamente, e restringindo-nos à inserção de normas ao ordenamento jurídico após a Constituição de 1988, a Resolução n. 1.763/1990, que já previa em seu artigo 1º: "São condições básicas para o exercício de cargos de órgãos estatutários nas instituições financeiras e demais instituições autorizadas a funcionar pelo Banco Central do Brasil, além de outras previstas na legislação em vigor: [...] II – possuir capacitação técnica compatível com o exercício do cargo".

[43] "Art. 10. Compete privativamente ao Banco Central do Brasil:/ [...] XI – Estabelecer condições para a posse e para o exercício de quaisquer cargos de administração de instituições financeiras privadas, assim como para o exercício de quaisquer funções em órgãos consultivos, fiscais e semelhantes, segundo normas que forem expedidas pelo Conselho Monetário Nacional"./ "Art. 33. As instituições financeiras privadas deverão comunicar ao Banco

sob os auspícios de referidas normas, a posse e o exercício de cargos em órgãos estatutários ou contratuais – e, portanto, membros do conselho de administração –, de instituições autorizadas a funcionar pelo Banco Central do Brasil – e, assim, das instituições bancárias[44] – são privativos de pessoas cuja eleição ou nomeação tenha sido aceita pelo Banco

Central da República do Brasil os atos relativos à eleição de diretores e membros de órgão consultivos, fiscais e semelhantes, no prazo de 15 dias de sua ocorrência, de acordo com o estabelecido no art. 10, inciso X, desta lei./ § 1º O Banco Central da República do Brasil, no prazo máximo de 60 (sessenta) dias, decidirá aceitar ou recusar o nome do eleito, que não atender às condições a que se refere o artigo 10, inciso X, desta lei./ § 2º A posse do eleito dependerá da aceitação a que se refere o parágrafo anterior./ § 3º Oferecida integralmente a documentação prevista nas normas referidas no art. 10, inciso X, desta lei, e decorrido, sem manifestação do Banco Central da República do Brasil, o prazo mencionado no § 1º deste artigo, entender-se-á não ter havido recusa a posse". Vale observar que o fundamento constitucional da Lei n. 4.595/1964 situa-se atualmente no art. 192 da Constituição Federal de 1988, tendo aquela norma sido recepcionada como lei complementar pelo vigente ordenamento, conforme salienta Sidnei Turczyn (**O Sistema Financeiro Nacional e a regulação bancária**. São Paulo: RT, 2005, p. 125), citando, inclusive, a manifestação do ministro Francisco Rezek, do Supremo Tribunal Federal, o qual, ao proferir seu voto na Ação Direta de Inconstitucionalidade 1398-0, incidentalmente afirmou: "[é] certo que a Lei 4.595/1964 – que dispõe sobre o sistema financeiro nacional – foi recebida com força e eficácia de lei complementar pela vigente Constituição, consoante registra José Afonso da Silva (Curso de direito constitucional positivo, 10. ed., São Paulo, Malheiros, 1995) e acentua Celso Ribeiro Bastos (Comentários à Constituição do Brasil, Saraiva, 1990, v. 7/360, p. 127). Ainda, cumpre informar a existência de Projeto de Lei Complementar do Senado n. 102, de 2007, de autoria do senador Arthur Virgílio (PSDB, não mais em exercício), hoje sob relatoria do senador Armando Monteiro (PTB), que objetiva dispor sobre o Sistema Financeiro Nacional, substituindo a Lei n. 4.595/1964. No tópico aqui relevante, destaca-se a previsão de que, para a concessão de autorização para funcionamento de instituição financeira, seja observada, dentre outros, a capacidade técnica compatível com o exercício de cargo e a reputação ilibada dos administradores, aí compreendidos os membros de conselho de administração, diretoria, ou equivalentes, aos quais sejam atribuídos quaisquer poderes de gestão dos negócios sociais (artigo 24, inciso II, do projeto com emenda após análise da Comissão de Assuntos Econômicos), bem como que compete ao Conselho Monetário Nacional dispor sobre os critérios de investidura e exercício em cargos de direção e fiscalização de instituições financeiras (art. 5º, inciso IV do projeto com emenda após análise da Comissão de Assuntos Econômicos). Para acompanhamento do trâmite de referido projeto: <https://www25.senado.leg.br/web/atividade/materias/-/materia/80169>. Acesso em: 9 nov. 2016.

[44] Estão ressalvadas, entretanto, as instituições financeiras públicas federais cujos membros de órgãos estatutários são investidos nos respectivos cargos na forma da legislação em vigor, sem prejuízo da comunicação dos respectivos atos de eleição ou nomeação ao Banco Central do Brasil, nos termos do §2º do art. 1º do Regulamento Anexo II à Resolução n. 4.122, de 2 de agosto de 2012.

Central, a quem compete, como descrito na norma, analisar os respectivos processos e tomar as decisões que considerar convenientes ao interesse público[45].

Dentre as condições previstas para o exercício do cargo de membro do conselho de administração (assim como de diretor ou de sócio administrador), consta especificamente "possuir capacitação técnica compatível com as atribuições do cargo para o qual foi eleito ou nomeado"[46]. Essa capacitação técnica deve ser comprovada com base na formação acadêmica, experiência profissional ou em outros quesitos julgados relevantes[47], por intermédio de documentos submetidos à avaliação do Banco Central do Brasil, a saber: a) informações constantes de declaração justificada e firmada pela instituição de que o eleito possui capacitação técnica compatível com o cargo[48]; b) informações constantes no currículo do eleito[49]; e c) entrevista com o eleito, realizada quando o Banco Central do Brasil considerar conveniente[50].

De acordo com o Manual de Organização do Sistema Financeiro – Sisorf, a análise da capacitação técnica do eleito implica verificar as funções por ele exercidas, o porte e a natureza das empresas nas quais tenha atuado, o montante e a característica dos recursos por ele administrados ou sob sua responsabilidade, buscando a compatibilidade

---

[45] Art. 1º do Regulamento Anexo II da Resolução 4.122/2012.
[46] Art. 5º do Regulamento Anexo II da Resolução 4.122/2012. Exemplos de outras condições previstas são: ter reputação ilibada; não estar impedido por lei especial nem condenado por crime falimentar, de sonegação fiscal, de prevaricação, de corrupção ativa ou passiva, de concussão, de peculato, contra a economia popular, a fé pública, a propriedade ou o Sistema Financeiro Nacional, ou condenado a pena criminal que vede, ainda que temporariamente, o acesso a cargos públicos; não estar declarado inabilitado ou suspenso para o exercício de cargos de conselheiro fiscal, de conselheiro de administração, de diretor ou de sócio administrador nas instituições referidas no art. 1º ou em entidades de previdência complementar, sociedades seguradoras, sociedades de capitalização, companhias abertas ou entidades sujeitas à supervisão da Comissão de Valores Mobiliários. Para mais condições, ver principalmente o art. 2º do referido regulamento.
[47] §1º do artigo 5º do Regulamento Anexo II da Resolução 4.122/2012.
[48] §1º do art. 5º do Regulamento Anexo II da Resolução CMN 4.122/2012. Conforme o §2º do mesmo dispositivo, a referida declaração é dispensada nos casos de eleição de conselheiro de administração, de diretor e de sócio administrador com mandato em vigor na própria instituição ou em outra integrante do respectivo conglomerado financeiro.
[49] §1º do art. 5º do Regulamento Anexo II da Resolução CMN 4.122/2012 c.c art. 1º, X da Circular Bacen 3.611, de 31 de outubro de 2012.
[50] Art. 3º, inciso II, da Resolução CMN 4.122/2012.

entre a experiência profissional acumulada e as funções específicas que serão atribuídas a ele[51]. Com relação ao currículo do eleito, por exemplo, é examinado se as informações são compatíveis com a experiência profissional justificada na declaração de capacitação técnica firmada pela instituição. Ainda segundo referido manual, é considerado dever do Banco Central do Brasil analisar de forma criteriosa o cumprimento das condições estabelecidas pela regulamentação vigente, para poder autorizar pessoas a exercerem cargos de administração em instituições autorizadas a funcionar por referida autarquia. Nesse sentido, a declaração apresentada não pode ser mera formalidade, ao mesmo tempo em que não impede que o Banco Central do Brasil, ao avaliar as informações, julgue não preenchido o requisito de capacitação técnica exigido pela norma vigente[52].

Tem-se, portanto, que a qualificação técnica de membros do conselho – que já é um apontamento geral nas recomendações de governança corporativa no Brasil – é requisito imposto por norma regulatória no caso das instituições bancárias (juntamente com seus diretores), estando baseado na formação acadêmica, experiência profissional ou outros quesitos julgados relevantes. Com efeito, apenas após a aceitação do Banco Central do Brasil do nome do indicado é que pode se dar a posse e exercício do cargo, e a análise da compatibilidade da experiência profissional acumulada com as funções a que lhe serão atribuídas estatui patamar mínimo de governança corporativa para o ponto aqui tratado.

Nesse sentido, deve-se reforçar que as normas referidas inserem requisitos mínimos, mas deve decorrer da governança corporativa interna do banco a busca pela qualificação técnica adequada, inclusive levando em consideração as características próprias do banco e do conjunto[53] do conselho de administração em questão. Por exemplo, a chancela

[51] Conforme atualização Sisorf n. 106, de 30 de agosto de 2016. Disponível em: <http://www3.bcb.gov.br/sisorf_externo/manual/04-14-050-010.htm>. Acesso em: 15 out. 2016.
[52] Ibid.
[53] Especial destaque deve ser dado à consideração da diversidade nessa análise do "conjunto do conselho de administração". Esse aspecto é enfatizado pelo Código Brasileiro de Governança Corporativa – Companhia Abertas que salienta, como princípio: "[o] conselho de administração deve ter membros de perfil diversificado, número adequado de conselheiros independentes, e tamanho que permita a criação de comitês, o debate efetivo de ideias e a tomada de decisões técnicas, isentas e fundamentadas"; e como fundamento: "[a] diversidade de perfis no conselho de administração permite que a companhia se beneficie da

do regulador não deve ser vista como um mecanismo que autoriza um comportamento passivo (ou até de *free rider*) quanto à busca pela qualificação adequada, inclusive coletivamente considerada, muito menos os requisitos regulatórios devem ser vistos como um mero *box-ticking*. O cuidado com a existência de expertise bancária adequada no conselho de administração das instituições concretamente consideradas deve se fazer presente sob o ponto de vista de um quadro de governança corporativa adequado.

Ademais, vale destacar que além da análise da qualificação técnica e das demais condições previstas, há, no bojo do processo para análise do eleito por parte do Banco Central, a publicação da declaração de propósito daquele em duas datas em caderno de economia ou equivalente de jornal de grande circulação, além da divulgação do seu inteiro teor no BC Correio (sistema de correio eletrônico do Banco Central do Brasil) e na página do Banco Central do Brasil na internet[54], permitindo a ocorrência de objeções por parte do público a serem analisadas pelo Banco Central após comunicação ao eleito para apresentação de contestação ou justificativa. Esse procedimento público é muito interessante por possibilitar, em nossa visão, a oportunidade de participação de *stakeholders* na averiguação dos quesitos previstos para a aprovação do nome do eleito, permitindo provocar a análise do regulador, cuja decisão deve pautar-se, de acordo com o próprio texto da norma, na conveniência ao interesse público[55]. Evidentemente, a efetivação dessa oportunidade

---

pluralidade de argumentos e de um processo de tomada de decisão com maior qualidade e segurança" (GT Interagentes, op. cit., p. 30-31).

[54] Art. 2º e parágrafos da Circular Bacen n. 3.611, de 31 de outubro de 2012.

[55] Como decorre inclusive da leitura sistêmica dos seguintes dispositivos da Resolução CMN 4.122/2012: art. 4º ("O Banco Central do Brasil, na análise dos processos de que trata esta Resolução, considerando as circunstâncias de cada caso concreto e o contexto dos fatos, poderá dispensar, excepcionalmente e diante de interesse público devidamente justificado, o cumprimento das condições estabelecidas [...] para o exercício dos cargos previstos no art. 1º, inciso II [cargos em órgãos estatutários ou contratuais das instituições financeiras e demais instituições autorizadas a funcionar pelo Banco Central do Brasil])"; art. 8º, *caput*, inciso III e §3º ("Verificada, a qualquer tempo, falsidade nas declarações ou nos documentos apresentados na instrução dos processos previstos nesta Resolução e considerando a relevância dos fatos omitidos ou distorcidos, tendo por base as circunstâncias de cada caso e o interesse público, o Banco Central do Brasil poderá: [...] III – no caso de eleição ou nomeação para o exercício de cargo em órgão estatutário ou contratual da instituição, rever a decisão que aprovou a eleição ou nomeação./ [...] §3º As medidas previstas neste artigo

depende de uma análise cuidadosa por parte da autoridade bancária e de adequada transparência no processo[56], até mesmo para o correto entendimento do que está sendo e como está sendo considerado o "interesse público"[57].

poderão também ser adotadas caso sejam constatadas, a qualquer tempo, circunstâncias pre-existentes ou posteriores à eleição ou à nomeação que possam afetar a reputação dos eleitos ou nomeados para os cargos estatutários ou contratuais"); e dos seguintes dispositivos do Regulamento Anexo II de referida resolução: Art. 1º ("A posse e o exercício de cargos em órgãos estatutários ou contratuais de instituições financeiras e demais instituições autorizadas a funcionar pelo Banco Central do Brasil são privativos de pessoas cuja eleição ou nomeação tenha sido aceita pela Autarquia, a quem compete analisar os respectivos processos e tomar as decisões que considerar convenientes ao interesse público"); e parágrafo único do art. 3º ("Na análise quanto aos parâmetros estipulados neste artigo [para avaliar o cumprimento do requisito da reputação ilibada], o Banco Central do Brasil considerará as circunstâncias de cada caso, bem como o contexto em que ocorrer a eleição dos pretendentes, com vistas a avaliar a possibilidade de aceitar ou recusar seus nomes, tendo em vista o interesse público").

[56] Em sua Cartilha de Governança Corporativa, a ABBC pontuava, sob a vigência da norma regulatória anterior à comentada em nosso texto, que "[h]á críticas em relação a uma maior transparência no acompanhamento da escolha dos membros do conselho de administração e conselho fiscal" (op. cit., p. 51).

[57] Outro ponto de interessante discussão, embora não decorra da análise das recomendações do Comitê da Basileia como é nosso corte, relaciona-se à percepção de alguns relatórios – como os já mencionados de Sir David Walker e o de autoria de Grant Kirkpatrick para a OCDE (op. cit., 2009, p. 23) – de que alguns bancos que apresentaram problemas relacionados à crise de 2008 tinham conselhos cuja composição estava exacerbadamente apegada à independência de seus membros à custa da qualificação técnica (conhecimento e experiência atualizados). Nesse ponto, é importante destacar que não há necessariamente um *tradeoff* entre conhecimento e independência – e isso precisa ser enfatizado. Entretanto, em função da crise financeira, surgiram colocações que reforçam a qualificação dos conselhos de bancos em face da independência, como observam Klaus Hopt: "[...] *after the financial crisis and the bad experiences with bank boards, the pendulum has swung toward more qualification.* [...] *it may well be that there are cases in which qualification may be more important than independence, since independent directors lack information*" (HOPT, op. cit., 2013, p. 30); e Sir David Walker: "[t]*he most critical need is for an environment in which effective challenge of the executive is expected and achieved in the boardroom before decisions are taken on major risk and strategic issues. For this to be achieved will require close attention to board composition to ensure the right mix of both financial industry capability and critical perspective from high-level experience in other major business. It will also require a materially increased time commitment from the NED group on the board overall for which a combination of financial industry experience and independence of mind will be much more relevant then a combination of lesser experience and formal independence*" (WALKER, op. cit., p. 12). Mais uma vez, é importante reforçar que qualificação e independência não necessariamente se anulam, e isso é especialmente relevante de se asseverar no contexto da realidade brasileira caracterizada pela alta concentração acionária em que a independência de membros do conselho de administração

3.4 Estruturas de governança de risco: instauração de comitê de risco e estabelecimento de um *Chief Risk Officer* (CRO)

Outros dois pontos de especial estímulo de governança corporativa interna de instituições bancárias decorrente da crise de 2008 foram as recomendações atinentes à instauração de comitê de risco no âmbito do conselho de administração[58] e o estabelecimento (ou fortalecimento)

---

revela-se um importante mecanismo interno de governança corporativa que contribui para garantir a observância dos deveres fiduciários dos administradores para com a companhia ("[...] tanto a experiência nacional quanto a estrangeira recorrem à eleição de profissionais sem vínculos com os diferentes blocos de interessados como mecanismo para garantir a observância de deveres fiduciários" – Cerezetti, op. cit., p. 198-199) e que os controladores tomem decisões no melhor interesse da companhia (Silveira, op. cit., p. 13), mitigando a possibilidade de ocorrência de extração de benefícios privados por aqueles. Dessa feita, a qualificação técnica para o caso específico dos bancos precisa ser muito bem cuidada, haja vista a complexidade da atividade em questão, mas, ao mesmo tempo, não se pode deixar de lado o mecanismo da independência de conselheiros valendo-se da referida discussão no plano internacional pós-crise de 2008. Não obstante a ênfase dada no sentido de não se descurar da independência no caso bancário brasileiro, vale mencionar pesquisa realizada por Lindenberg Araújo, Vera Maria Rodrigues Ponte, Marcelle Colares Oliveira com quinze bancos listados no Novo Mercado (NM) e nos Níveis Diferenciados de Governança Corporativa (NDGC) da BM&FBovespa, que concluiu no sentido de que, dentre outras questões, a independência do conselho de administração dos bancos analisados já estava acima dos padrões exigidos pela BM&FBovespa, mesmo dos mais elevados padrões do Nível 2 e do Novo Mercado (de 20% de conselheiros independentes). O conceito de independência adotado foi o expresso pelo IBGC (edição de 2009, p. 37) e a data-base da pesquisa refere-se a 10 de setembro de 2009 (Aragão, L. A.; Ponte, V. M. R.; Oliveira, M. C. Governança corporativa no setor bancário brasileiro: um estudo sobre as práticas dos conselhos de administração. **XXXIV Encontro da ANPAD**. Rio de Janeiro, RJ, 25 a 29 set. 2010).

[58] Ilustram essa assertiva – além das próprias recomendações do Comitê da Basileia em análise – as diversas recomendações e normas quanto à instauração do comitê de risco tanto no plano internacional quanto nos nacionais, em boa parte capturadas pelas seguintes observações de Walter Gontarek: *"The imposition of formal risk governance arrangements has been a significant regulatory intervention on bank boards, representing real change from the pre-crisis period. [...] Walker, the G30 and the EBA [European Banking Authority] advocate board-level risk committees as a risk governance arrangement. The Dodd-Frank Act highlights the need for risk committees in financial institutions. [...] In 2014 the Office of Comptroller of the Currency (OCC) issued guidelines requiring risk oversight by boards for certain banks in the USA. [...] The European Commission published its CRD IV Directive including the need to establish a risk committee comprised of NEDs in order to promote independence from day-to-day management"* (Gontarek, W. Risk governance of financial institutions: The growing importance of risk appetite and culture. **Journal of Risk Management in Financial Institutions**, v. 9, 2, 2016, p. 121). Com efeito: *"[t]he role of risk committees at the board level is today widely practised by leading banks, unlike the pre-crisis period*

when risk committees were less common" (MONGIARDINO, A.; PLATH, C. Risk governance at large banks: have any lessons been learned? **Journal of Risk Management in Financial Institutions**, v. 3, n. 2, 2010, p. 116-123). Em análise do que se observou antes da crise, Grant Kirkpatrick aponta que: "[i]*t should be noted that only 44 per cent of their sample* [David Ladipo et al. **Board profile, structure and practice in large European banks**, Nestor Advisors, London] *of banks had stand-alone risk committees, many of which had been only established in the last five years"* (OCDE, op. cit., n. 17), bem como que "[i]*n the US, a number of financial institutions do not have a separate risk committee but rather have made it a matter for the audit committee. One Survey reports that audit committees feel that their effectiveness may be hampered – or negatively impacted – by overloaded agendas and compliance activities* (KPMG, 2008)" (OCDE, op. cit, p. 21). Após a crise, entretanto, como acentua Walter Gontarek, acompanhando os achados do IMF (IMF. **Risk taking by banks: the role of governance and executive pay**. 2014. Disponível em: <https://www.imf.org/external/pubs/ft/gfsr/2014/02/pdf/c3.pdf>. Acesso em: 27 out. 2016): "[r]*isk committees (and certain other risk governance mechanisms) have been found to be consistent with reduced risk taking by commercial banks"* (GONTAREK, op. cit., p. 122), assim como: "[n]*ow, according to one survey* [MCCORMICK, E. **The 2015 risk practices survey summary report**: cyberanxiety for bank boards, 23 mar. 2015. Disponível em: <http://www.bankdirector.com/index.php/issues/risk/2015-risk-practices-survey-cyberanxiety-for-bank-boards/>. Acesso em: 27 out. 2016], *over 90 per cent of US bank holding companies with assets greater than US$10bn rely on a separate risk committee to provide oversight"* (GONTAREK, op. cit., p. 121). No tocante às disposições da legislação norte-americana (Dodd-Frank Act) que versam sobre a instauração de comitês de risco para grandes instituições, ver § 165h, § 165hB2, §265hC3, 12 U.S.C. § 5365 (2010). No mais, a importância do estabelecimento de um comitê de risco em instituições bancárias (e financeiras) como boa prática de governança corporativa continua sendo enfatizada, como decorre do seguinte excerto da nona edição de pesquisa global sobre gestão de risco no setor financeiro realizada pela Deloitte, publicada em 2015: *"There has been a continuing trend toward the board of directors placing oversight responsibility in a board risk committee. This structure is a regulatory expectation and has come to be seen as a leading practice. The EPS [Enhanced Prudential Standards] issued by the Federal Reserve in March 2014 requires that US publicly traded banks with consolidated assets of $10 billion or more have a risk committee of the board of directors that is chaired by an independent director. The risk committee is expected to review and approve the risk management policies of the bank's global operations. For US banks with consolidated assets of $50 billion or more, the risk committee must be an independent committee of the board and have exclusive oversight of the bank's risk management policies and risk management framework for its global operations. The Federal Reserve's EPS for foreign banks requires foreign banking organizations that have total global assets of $50 billion or more and also have $50 billion or more in US non-branch assets to establish a US risk committee overseeing all US operations. This committee may either be placed at the intermediate holding company for its US operations, or else at the board of directors of the parent. In either case, this committee is required to have at least one independent director"* (Deloitte University Press. **Global risk management survey, ninth edition**: Operating in the new normal: Increased regulation and heightened expectations, 2015, p. 19. Disponível em: <https://www2.deloitte.com/content/dam/Deloitte/ru/Documents/financial-services/ru-global-risk-management-survey-9th-edition.pdf>. Acesso em: 29 out. 2016).

de um *Chief Risk Officer* (CRO)[59 e 60]. Tanto o comitê de risco quanto o CRO situam-se como elementos-chave da "governança de risco"[61] de

---

[59] A atenção crescente dedicada ao CRO é ilustrada pela nona edição da pesquisa global de gestão de risco do setor financeiro realizada pela Deloitte, publicada em 2015: *"The existence of a CRO or an equivalent position that has management oversight for the risk management program across the organization is a leading practice and a regulatory expectation. Over the more than 10 years of Deloitte's global risk management survey series, the CRO position has become almost universal. In 2014, 92 percent of respondents said their institution has a CRO or equivalent position, up slightly from 89 percent in 2012 and up sharply from 65 percent in 2002 [...]. The existence of a CRO is closely related to the size of the institution. All the respondents at large institutions and 97 percent of those at mid-size institutions reported having a CRO, compared to 69 percent at small institutions"* (Deloitte. **Global risk management survey, eighth edition – Setting a higher bar**. 2013, p. 20. Disponível em: <https://www2.deloitte.com/content/dam/Deloitte/global/Documents/Financial-Services/dttl-fsi-us-fsi-aers-global-risk-management-survey-8thed-072913.pdf>. Acesso em: 29 out. 2016). Também elucida a importância do CRO o autor Geoffrey Miller ao relatar a "nova governança corporativa nos bancos" (*the new corporate governance in banks*), a qual, já em um contexto que ultrapassa o estímulo da crise de 2008, apresenta como principais características o fortalecimento do poder de novos atores como participantes-chave do processo de governança (dentre os quais o CRO) e seu caráter de *"risk-based"* no sentido de ter como premissa a avaliação do risco imposto por uma atividade ou função particular, que: *"CROs today are given staff and substantive powers sufficient to ensure that the bank's activities remain within the risk appetite set by the board of directors. The CRO may report to a relevant board committee (typically the board risk committee), or at least enjoys the right to communicate privately with board members* (MILLER, G. P. **The New Corporate Governance in Banks**, Remarks at the Conference: Challenges of Financial Regulation in the 21st Century. São Paulo, 8 dez. 2015, p. 8. Disponível em: <http://www.law.nyu.edu/sites/default/files/upload_documents/Corporate%20Governance%20in%20Banks%2021C%20December%206%202105.pdf>. Acesso em: 29 out. 2016).

[60] Reforça-se que o emprego de "CRO" neste trabalho refere-se exclusivamente ao *Chief Risk Officer*, muito embora seja possível também identificar o emprego de referida sigla para a função de *Chief Restructuring Officer*.

[61] Como visto no capítulo anterior, o documento de 2015 do Comitê da Basileia apresentou recomendações melhor sistematizadas sob o "quadro de uma governança de risco" (*risk governance framework*). Os elementos-chave estimulados pela crise de 2008, conforme evidenciado pelo documento de 2010, estão destacados em nosso texto. Além desses, que permanecem de importância relevante no documento de 2015, ganharam também destaque o RAS (*risk appetite statement*) e a cultura de risco propriamente dita. Para aprofundamento desses dois novos tópicos de atenção de governança corporativa de instituições bancárias já num contexto de desenvolvimento pós-crise, ver GONTAREK, W. Risk governance of financial institutions: The growing importance of risk appetite and culture. **Journal of Risk Management in Financial Institutions**, v. 9, 2, 2016, p. 120-129. Vale destacar o seguinte trecho da mencionada referência: "[f]*ollowing the financial crisis, however, policy makers adjusted their expectations of directors and risk oversight, and regulatory authorities introduced regulations*

instituições bancárias, sendo que, enquanto o comitê de risco está na esfera das funções do conselho de administração, o CRO situa-se no âmbito das funções executivas.

No bojo das normas regulatórias brasileiras do Sistema Financeiro Nacional, essas duas estruturas internas não eram expressamente tratadas até a publicação (ocorrida no Diário Oficial da União em 1º de março de 2017) da Resolução CMN n. 4.557, de 23 de fevereiro de 2017. Com efeito, como veremos, referida norma dispõe sobre as estruturas de gerenciamento de riscos e de gerenciamento de capital, rearranjando e atualizando disposições anteriores que estavam esparsas em diversas normas, e trazendo destaque necessário ao importante tratamento integrado e contínuo desses temas no âmbito das instituições autorizadas a funcionar pelo Banco Central do Brasil, e que era descurado pelo fragmentado quadro regulatório anterior, como abordaremos adiante.

Por sua importância ao nosso tema, bem como por sua atualidade, teceremos agora breves comentários gerais a seu respeito para, na sequência, adentrarmos nos pontos específicos das duas estruturas que compõem o nosso foco na presente seção.

3.4.1 Breve apresentação panorâmica da Resolução n. 4.557/2017 e da Resolução n. 4.553/2017

Com esse intuito, iniciamos por destacar a sintonia da Resolução CMN n. 4.557, de 23 de fevereiro de 2017 com a Resolução n. CMN n. 4.553, de 30 de janeiro de 2017, publicada no Diário Oficial da União em 31 de janeiro de 2017, portanto pouco tempo antes daquela. Após processo de consulta pública realizado de 17 de novembro de 2016 a 16 de dezembro de 2016[62], a publicação dessa primeira norma inseriu, no ordenamento jurídico brasileiro, a segmentação das instituições autorizadas a funcio-

---

requiring enhanced risk governance [...] An important aspect of this intervention is the heightened expectations that banks now implement a risk governance framework. This framework includes a board-level risk committee, an empowered chief risk officer (CRO), the articulation of board-approved risk appetite statements (RAS), and the board's role in developing a robust risk culture./ Increasingly, the latter two elements, risk appetite and also culture and conduct, are gaining in importance as observers point out that regulatory attention has shifted from metrics such as capital and liquidity initiatives to governance and conduct arrangements" (Ibid., p. 120-121).

[62] BCB. **Edital de consulta pública 49/2016**. 17 nov. 2016. Disponível em: <https://www3.bcb.gov.br/audpub/DetalharAudienciaPage?4>. Acesso em: 18 dez. 2016.

nar pelo Banco Central do Brasil para fins de aplicação proporcional da regulação prudencial.

Para o atendimento a esse propósito, foram criados os Segmentos 1 (S1), 2 (S2), 3 (S3), 4 (S4) e 5 (S5). O enquadramento das instituições nestes segmentos de classificação dá-se em função de seu porte e/ou relevância de sua atividade internacional, considerado ainda o perfil de risco da instituição. Nesse ponto, vale esclarecer que o porte de uma instituição é aferido pelo cálculo da razão da Exposição Total das instituições e o valor do Produto Interno Bruto, sendo i) a Exposição Total calculada conforme metodologia definida pelo Banco Central do Brasil[63], e substituída pelo valor do Ativo Total apurado de acordo com os critérios estabelecidos no Cosif para as instituições não sujeitas à apuração da Exposição Total; e ii) o PIB identificado conforme valores correntes divulgados pelo Instituto Brasileiro de Geografia e Estatística (IBGE), acumulado para o período de quatro trimestres consecutivos com término nas datas-bases de 30 de junho e 31 de dezembro de cada ano[64]. Já a relevância da atividade internacional é caracterizada quando o total consolidado de ativos no exterior da instituição, calculado de acordo com os critérios estabelecidos no Cosif, seja igual ou superior a US$ 10.000.000.000,00 (dez bilhões de dólares dos Estados Unidos da América) conforme conversão em referida moeda com base na taxa de câmbio de venda informada pelo Banco Central do Brasil para efeito de balancete ou balanço patrimonial.

Seguindo referidos critérios, tem-se que, conforme dispõe o art. 2º, e seus parágrafos, da resolução em questão:

a) o segmento S1 é composto pelos bancos múltiplos, bancos comerciais, bancos de investimento, bancos de câmbio e caixas econômicas que tenham porte igual ou superior a 10% do PIB ou exerçam atividade internacional relevante, independentemente do seu porte;

b) o segmento S2 é composto pelos bancos múltiplos, bancos comerciais, bancos de investimento, bancos de câmbio e caixas econô-

---

[63] Ressalvado o alerta quanto à necessidade de sempre se checar a vigência de normas infralegais no âmbito do mercado financeiro e de capitais, dado o dinamismo típico desse ambiente, v. Circular BC n. 3.748, de 27 de fevereiro de 2015.

[64] Leitura sistêmica combinando os artigos 3º, 4º e 5º da Resolução n. 4.553/2017.

micas, de porte inferior a 10% e igual ou superior a 1% do PIB, e pelas demais instituições de porte igual ou superior a 1% do PIB;
c) o segmento S3 é composto pelas instituições de porte inferior a 1% e igual ou superior a 0,1% do PIB;
d) o segmento S4 é composto pelas instituições de porte inferior a 0,1% do PIB; e
e) o segmento S5 é composto pelas instituições de porte inferior a 0,1% do PIB que utilizem metodologia facultativa simplificada para apuração dos requerimentos mínimos de Patrimônio de Referência (PR), de Nível I e de Capital Principal[65], exceto bancos múltiplos, bancos comerciais, bancos de investimento, bancos de câmbio e caixas econômicas, abarcando-se ainda instituições não sujeitas a apuração de PR.

Para melhor visualização do quanto exposto, apresentamos o seguinte quadro:

QUADRO 4: Segmentação de instituições autorizadas a funcionar pelo Banco Central do Brasil inserida pela Resolução n. 4.553/2017.

	BANCOS MÚLTIPLOS, BANCOS COMERCIAIS, BANCOS DE INVESTIMENTO, BANCOS DE CÂMBIO E CAIXAS ECONÔMICAS							
Segmento	S1		S2		S3		S4	S5
Porte	igual ou superior a 10% do PIB	10% PIB	inferior a 10% do PIB e igual ou superior a 1%	1% PIB	inferior a 1% e igual ou superior a 0,1% do PIB	0,1% PIB	inferior a 0,1% do PIB	NÃO APLICÁVEL
Critério Independente de Porte	OU atividade internacional relevante		—		—		—	NÃO APLICÁVEL
	OUTRAS INSTITUIÇÕES							
Segmento	S1		S2		S3		S4	S5
Porte	NÃO APLICÁVEL		igual ou superior a 1% do PIB	1% PIB	inferior a 1% e igual ou superior a 0,1% do PIB	0,1% PIB	inferior a 0,1% do PIB	inferior a 0,1% do PIB que utilizem metodologia facultativa simplificada para apuração dos requerimentos mínimos de PR, de Nível I e de Capital Principal
Critério Independente de Porte	NÃO APLICÁVEL		—		—		—	Instituições não sujeitas a apuração de PR

Fonte: elaborado pela autora com as informações constantes da Resolução n. 4.553/2017.

É de se observar, no âmbito do presente trabalho, que o segmento S1 é composto apenas pela espécie instituições bancárias (depositárias), mas nem toda instituição bancária (depositária) está neste segmento. O segmento S5, por sua vez, só é passível de ser composto por instituições depositárias se estas estiverem na forma de entidade do coopera-

---

[65] Ver Resolução n. 4.193, de 1º de março de 2013, e Resolução n. 4.192, de 1º de março de 2013.

tivismo de crédito (cujas especificidades encontram-se fora de nosso corte de estudo) e atenderem aos requisitos mencionados[66].

Por fim, observa-se que o enquadramento em cada um desses segmentos pode ser alterado de acordo com a evolução da instituição no tempo, bem como com a análise discricionária do Banco Central do Brasil, conforme disciplinado no Capítulo IV da resolução em tela. Dentre os critérios para tanto, situa-se, por exemplo, para a transição dentre os segmentos S2, S3, S4 e S5, a análise com fundamento em ações de supervisão bancária que evidenciem a melhor adequação entre as atividades desenvolvidas pela instituição e a regulação prudencial do segmento de destino[67].

Pois bem, em sintonia com essa segmentação, a Resolução n. 4.557//2017 destaca que as estruturas de gerenciamento de riscos e de capital em instituições enquadradas nos segmentos S1, S2, S3 e S4[68 e 69] devem

---

[66] Deve-se mencionar que o Banco Central do Brasil publicou o enquadramento inicial das instituições sujeitas à resolução em questão no link: http://www.bcb.gov.br/nor/basileia/enquadramento.asp (Acesso em: 30 mar. 2017), valendo destacar as seguintes instituições no S1 (todas com base em seus conglomerados prudenciais, conforme definido na Resolução CMN n. 4.280, de 31 de outubro de 2013): Banco do Brasil, Bradesco, BTG Pactual, Caixa Econômica Federal, Itaú e Santander; e no S2 (também todas com base em seus conglomerados prudenciais): Banrisul, Banco do Nordeste do Brasil, BNDES, Citibank, Credit Suisse, Safra e Votorantim.

[67] Inciso II do art. 7º da Resolução 4.553/2017.

[68] O segmento S5 está sujeito a uma estrutura simplificada de gerenciamento contínuo de riscos (Art. 3º da Resolução n. 4.557/2017) que deve ser compatível com o modelo de negócio, com a natureza das operações e com a complexidade dos produtos, serviços, atividades e processos da instituição; proporcional à dimensão e à relevância da exposição aos riscos, segundo critérios definidos pela instituição; e adequada ao perfil de riscos da instituição. Assim como nos demais segmentos, a estrutura de gerenciamento contínuo de riscos deve ser unificada para as instituições integrantes de um mesmo conglomerado prudencial. No mais, a estrutura de gerenciamento de riscos das instituições enquadradas no S5 é disciplinada nos artigos 61 a 64 da Resolução n. 4.557/2017. Vale observar que o foco de nosso trabalho, conforme delimitado em nossa introdução (com a leitura conjunta de sua nota de rodapé 4), não abarca especificidades de instituições passíveis de enquadramento em referido segmento.

[69] Apesar do fato de que as especificidades das cooperativas de crédito e dos sistemas cooperativos não fazerem parte do objeto da presente obra, vale observar que é facultado a sistema cooperativa de crédito, independentemente do enquadramento das instituições a si integrantes, a implementação de estrutura centralizada para o gerenciamento de riscos e de estrutura centralizada para o gerenciamento de capital, nos termos do art. 4º, e seus parágrafos, da Resolução n. 4.557/2017. No caso do exercício dessa faculdade, a documentação dos níveis de apetite por riscos no RAS – documento mencionado adiante – deverá se dar

ser compatíveis com o modelo de negócio, com a natureza das operações e com a complexidade dos produtos, dos serviços, das atividades e dos processos da instituição; proporcionais à dimensão e à relevância da exposição aos riscos, segundo critérios definidos pela instituição; adequadas ao perfil de riscos e à importância sistêmica da instituição; capazes de avaliar os riscos decorrentes das condições macroeconômicas e do mercado em que a instituição atuar[70]; e unificadas para as instituições integrantes de um mesmo conglomerado prudencial[71]. Ademais, ainda

considerando cada instituição integrante do sistema que esteja enquadrada nos segmentos S2, S3 ou S4 (§2º do art. 5º).

[70] Incisos I a IV do §1º do art. 2º da Resolução n. 4.557/2017.

[71] §2º do art. 2º da Resolução n. 4.557/2017. Há regramento específico para o gerenciamento de riscos e do gerenciamento de capital de conglomerado prudencial nos artigos 53 a 55 de mencionada resolução. Ademais, cumpre observar, como já referido, que o conceito de "conglomerado prudencial" encontra-se na Resolução n. 4.280/2013. Esse conceito foi adotado no Brasil justamente em sintonia com a inserção de Basileia III em nosso ordenamento. Com efeito, no Brasil, sob a égide do Acordo da Basileia II, as normas regulatórias trabalhavam com os conceitos de conglomerado financeiro ("conjunto de entidades financeiras vinculadas diretamente ou não, por participação acionária ou por controle operacional efetivo, caracterizado pela administração ou gerência comum, ou pela atuação no mercado sob a mesma marca ou nome comercial", conforme glossário disponível no site do Banco Central do Brasil: <https://www.bcb.gov.br/glossario.asp?Definicao=1406&idioma=P&idpai=GLOSSARIO>. Acesso em: 30 out. 2016) e conglomerado ou consolidado econômico-financeiro ("instituições financeiras autorizadas a funcionar pelo Banco Central devem elaborar suas demonstrações financeiras de forma consolidada, incluindo as participações em empresas localizadas no país e no exterior em que detenham, direta ou indiretamente, isoladamente ou em conjunto com outros sócios, inclusive em função da existência de acordos de votos, direitos de sócio que lhes assegurem, isolada ou cumulativamente (Res. 2.723/2000, art. 3º, I/IV; Res. 2.743/2000, art. 1º): a) preponderância nas deliberações sociais; b) poder de eleger ou destituir a maioria dos administradores; c) controle operacional efetivo, caracterizado pela administração ou gerência comum; e d) controle societário representado pelo somatório das participações detidas pela instituição, independentemente do percentual, com as de titularidade de seus administradores, controladores e empresas ligadas, bem como aquelas adquiridas, direta ou indiretamente, por intermédio de fundos de investimento", conforme o mesmo glossário). Com a inserção de Basileia III em nosso ordenamento, referidos conceitos foram substituídos pelo de conglomerado prudencial, inicialmente tratado pela Resolução CMN n. 4.195, de 1º de março de 2013, revogada pela vigente Resolução CMN n. 4.280, de 31 de outubro de 2013. De maneira mais ampla, incluem-se no âmbito do conglomerado prudencial as entidades discriminadas pela referida resolução (instituições financeiras; demais instituições autorizadas a funcionar pelo Banco Central do Brasil; administradoras de consórcio; instituições de pagamento; sociedades que realizem aquisição de operações de crédito, inclusive imobiliário, ou de direitos creditórios, a exemplo de sociedades de fomento

de acordo com referida sintonia, a Resolução n. 4.557/2017 – como restará evidente desta pequena exposição panorâmica de seu conteúdo – trata de diversos instrumentos de gerenciamento de riscos e de capital e, nos seus artigos 58 a 60, estabelece sua aplicação proporcional por meio de diversas dispensas previstas aos segmentos S2, S3 e S4, além de prever uma estrutura simplificada para o S5 (artigos 61 a 64). De fato, o segmento S1 (de especial importância para a presente dissertação) resta abarcado de maneira completa pela resolução em questão, sem dispensas[72].

Adentrando mais especificamente quanto ao seu conteúdo, a norma trata de maneira inédita da "Declaração de Apetite por Riscos" – o RAS mencionado pelo documento de 2015 do Comitê da Basileia –, por meio da qual busca-se a documentação dos níveis de apetite por riscos das instituições, considerados: os tipos de riscos e os respectivos níveis que a instituição está disposta a assumir; a capacidade de a instituição gerenciar riscos de forma efetiva e prudente; os objetivos estratégicos da instituição; e as condições de competitividade e o ambiente regulatório em que a instituição atua[73]. Com efeito, é disposto expressamente que compete ao conselho de administração (ou a diretoria, caso esse seja inexistente[74]) fixar os níveis de apetite por riscos da instituição na RAS e

mercantil, sociedades securitizadoras e sociedades de objeto exclusivo; e outras pessoas jurídicas sediadas no país que tenham por objeto social exclusivo a participação societária nas entidades anteriormente mencionadas) sobre as quais a instituição financeira detenha controle direto ou indireto (caracterizado por I – participações em empresas localizadas no país ou no exterior em que a instituição detenha, direta ou indiretamente, isoladamente ou em conjunto com outros sócios, inclusive em função da existência de acordos de votos, direitos de sócio que lhe assegurem preponderância nas deliberações sociais ou poder de eleger ou destituir a maioria dos administradores; ou II – controle operacional efetivo, caracterizado pela administração ou gerência comum ou pela atuação no mercado sob a mesma marca ou nome comercial), bem como fundos de investimento nos quais as entidades integrantes do conglomerado prudencial, sob qualquer forma (não apenas por controle), assumam ou retenham substancialmente riscos e benefícios. Para maiores informações a respeito, além da própria resolução mencionada, consultar o informe de legislação da Anbima, **Basileia III no Brasil**, atualizado em 30 de março de 2016 e disponível em: <http://www.anbima.com.br/informe_legislacao/2013_015.asp>. Acesso em: 30 out. 2016.

[72] De maneira adequada a tal proporcionalidade, também são previstos prazos de implementação das estruturas de gerenciamento de riscos e de capital diversos para os diferentes segmentos, conforme artigo 67, incisos e parágrafos, da Resolução n. 4.557/2017.
[73] Art. 5 da Resolução n. 4.557/2017.
[74] Art. 49 da Resolução n. 4.557/2017.

revisá-los[75]. No mais, vale destacar que esse apetite por riscos documentado na RAS e sua conexão com as atividades e as decisões rotineiras de assunção de riscos, bem como os procedimentos para reporte de ocorrências relacionadas à não observância dos níveis de apetite por riscos fixados na RAS, devem ser disseminados ao pessoal da instituição, em seus diversos níveis, inclusive aos prestadores de serviços terceirizados relevantes, com linguagem e grau de informação compatíveis com sua área de atuação[76].

No tocante ao gerenciamento de riscos, são previstos requisitos à sua estrutura, contemplando certos instrumentos, tais como:

i) políticas e estratégias para o gerenciamento de riscos, claramente documentadas, que estabeleçam limites e procedimentos destinados a manter a exposição aos riscos em conformidade com os níveis fixados na RAS; bem como que disponham sobre autorizações necessárias e ações apropriadas e tempestivas da diretoria da instituição e, quando cabível, do conselho de administração, em caso de exceções às políticas, aos procedimentos, aos limites e aos termos da RAS; e disponham sobre instrumentos, serviços financeiros e estratégias de proteção (hedge) com uso previsto pela instituição, em conformidade com os termos da RAS[77];

ii) processos efetivos de rastreamento e reporte tempestivo de exceções às políticas de gerenciamento de riscos, aos limites e aos níveis de apetite por riscos fixados na RAS;

iii) sistemas, rotinas e procedimentos para o gerenciamento de riscos, com avaliação periódica;

iv) políticas, processos e controles adequados para assegurar a identificação prévia dos riscos inerentes a novos produtos e serviços, modificações relevantes em produtos ou serviços existen-

---

[75] Ainda que com o auxílio do comitê de riscos, da diretoria e do CRO. Cf. art. 48, inciso I, da Resolução n. 4.557/2017.

[76] Essa disseminação deve ocorrer por meio de processo estruturado de comunicação de acordo com o art. 8, *caput* e incisos I e II e parágrafo único, da Resolução n. 4.557/2017. O art. 60, inciso II, entretanto, dispensa essa exigência para as instituições enquadradas no S4.

[77] Leitura do art. 7º, inciso I, §1º e seus incisos, da Resolução n. 4.557/2017.

tes, mudanças significativas em processos, sistemas, operações e modelo de negócio da instituição;

v) estratégias de proteção (hedge) e iniciativas de assunção de riscos, reorganizações societárias significativas, e alteração nas perspectivas macroeconômicas;

vi) papéis e reponsabilidades para fins do gerenciamento de riscos, claramente documentados, que estabeleçam atribuições ao pessoal da instituição em seus diversos níveis, incluindo os prestadores de serviços terceirizados;

vii) programas de teste de estresse;

viii) avaliação contínua da efetividade das estratégias de mitigação de riscos utilizadas, considerando, entre outros aspectos, os resultados dos testes de estresse;

ix) políticas e estratégias, claramente documentadas, para a gestão de continuidade de negócios;

x) relatórios gerenciais tempestivos para a diretoria da instituição, o comitê de riscos, e o conselho de administração, quando existente[78].

Destaque deve ser dado à previsão de que a instituição deve manter quantidades suficientes de profissionais tecnicamente qualificados nas áreas sujeitas à assunção de riscos[79]. Ademais, são disciplinados aspectos relativos a programas de testes de estresse[80], aos testes de estresse propriamente ditos[81], à elaboração de cenários quando utilizada a metodologia de análise de cenários[82], a políticas para gestão de continuidade de negócios, seus testes e revisões[83], bem como disposições específicas quanto ao gerenciamento do risco de crédito[84], gerenciamento do risco

---

[78] Ver art. 7º, e seus incisos e parágrafos, da Resolução 4.557/2017.
[79] Art. 10 da Resolução n. 4.557/2017.
[80] Artigos 11 a 13, e 16 a 19 da Resolução n. 4.557/2017.
[81] Artigos 14 e 19, inciso II, da Resolução n. 4.557/2017.
[82] Artigos 15 e 18 da Resolução n. 4.557/2017.
[83] Art. 20, incisos e parágrafos, da Resolução n. 4.557/2017.
[84] Artigos 21 a 24 da Resolução n. 4.557/2017.

de mercado e do IRRBB[85], gerenciamento do risco operacional[86] e gerenciamento do risco de liquidez[87].

No que diz respeito ao gerenciamento de capital – definido como processo contínuo de monitoramento e controle do capital mantido pela instituição; de avaliação da necessidade de capital para fazer face aos riscos a que a instituição está exposta; e de planejamento de metas e de necessidade de capital, considerando os objetivos estratégicos da instituição – a Resolução n. 4.557/2017 dispõe sobre instrumentos que devem ser previstos e praticados, disciplinando-os em diversos pontos, tais como:

i) políticas e estratégias para o gerenciamento de capital, que sejam claramente documentadas, que estabeleçam procedimentos destinados a manter o PR, o Nível I e o Capital Principal, de que trata a Resolução nº 4.192, de 1º de março de 2013, em níveis compatíveis com os riscos incorridos;
ii) sistemas, rotinas e procedimentos para o gerenciamento de capital;
iii) avaliação dos impactos no capital dos resultados do programa de testes de estresse;
iv) plano de capital;
v) plano de contingência de capital;
vi) avaliação da adequação do capital; e
vii) relatórios gerenciais tempestivos para a diretoria da instituição, o comitê de riscos e o conselho de administração, quando existentes, versando sobre: a) eventuais deficiências da estrutura de gerenciamento de capital e ações para corrigi-las; e b) adequação dos níveis do PR, do Nível I e do Capital Principal aos riscos incorridos[88].

Por fim, no tocante mais especificamente ao objeto do presente trabalho, o Capítulo V da norma em comento trata da "Governança do Gerenciamento de Riscos e do Gerenciamento de Capital", capítulo no

---

[85] Artigos 25 a 31 da Resolução n. 4.557/2017.
[86] Artigos 32 a 36 da Resolução n. 4.557/2017.
[87] Artigos 37 a 38 da Resolução n. 4.557/2017.
[88] V. artigos 39 a 42 da Resolução n. 4.557/2017.

qual a resolução versa sobre a governança relacionada ao gerenciamento e riscos, ao de capital, e as atribuições do conselho de administração e da diretoria, bem como sobre as atribuições conjuntas, abordando aspectos do comitê de riscos e do CRO nos pontos que interessam à presente exposição e para os quais nos voltaremos agora.

3.4.2 Constituição de comitê de riscos

A importância especial do comitê de riscos no âmbito das instituições bancárias está intimamente relacionada com a confirmação da complexidade da atividade bancária e da extensão dos riscos nela envolvidos. Nessa toada, o conhecimento especializado e a dedicação aprofundada quanto ao tópico do risco nos bancos é de especial relevo, motivo pelo qual se tem que essa questão deve ser tratada no âmbito das funções do conselho de administração com o auxílio – a depender do tamanho, complexidade e perfil de risco da instituição – de um comitê especializado que contribua para o estabelecimento de estratégias e monitoramento da diretoria.

De fato, o estabelecimento de um comitê de riscos[89] no âmbito do conselho de administração pode contribuir para melhorar a efetividade[90] no desempenho das funções do conselho, bem como permitir um aprofundamento nos assuntos envolvendo os riscos corridos (presentes ou futuros) pela instituição. Nessa direção, espera-se que referido comitê tenha como atribuição o assessoramento ao conselho no direcionamento estratégico quanto aos riscos do banco (inclusive quanto a estratégias de gerenciamento de capital e liquidez, assim como de todos os riscos relevantes, como de crédito, mercado, operacional, de reputação), bem como no monitoramento da efetiva implementação daquele pela diretoria[91].

---

[89] Para uma revisão da literatura quanto ao comitê de riscos como estrutura de gerenciamento de risco, tanto geral quanto de instituições financeiras, ver COIMBRA, F. C. **Estrutura de governança corporativa e gestão de riscos**: um estudo de casos no setor financeiro. 2011. Tese (Doutorado em Administração) – Faculdade de Economia, Administração e Contabilidade, Universidade de São Paulo, São Paulo, 2011, p. 95-101. Disponível em: <http://www.teses.usp.br/teses/disponiveis/12/12139/tde-16082011-132703/pt-br.php>. Acesso em: 27 out. 2016.

[90] "[...] os comitês existiriam para ensejar aos conselhos uma atuação eficaz. Nisto se resumiria sua finalidade" (TOLEDO, op. cit., p. 94).

[91] Conforme decorre dos itens 72 e 73 do documento 2015 (BCBS, op. cit., 2015, p. 17).

O documento de 2010 do Comitê da Basileia indicava que a instauração de mencionado comitê era apropriada para muitos bancos, especialmente os grandes e internacionalmente ativos. O de 2015, por sua vez, além de sistematizar mais as atribuições e configurações do comitê de riscos, já estabeleceu que sua instauração deve ser exigida (*be required*) para bancos sistemicamente importantes[92], e fortemente recomendada

[92] A definição de instituições financeiras sistemicamente importantes (SIFIs) é ofertada pelo Financial Stability Board (FSB): *"financial institutions whose distress or disorderly failure, because of their size, complexity and systemic interconnectedness, would cause significant disruption to the wider financial system and economic activity"* (**Policy Measures to Address Systemically Important Financial Institutions**, 4 nov. 2011, p. 1. Disponível em: <http://www.fsb.org/wp-content/uploads/r_111104bb.pdf?page_moved=1>. Acesso em: 17 out. 2016). Não há nenhuma instituição brasileira na lista global de instituições sistemicamente importantes divulgada pelo FSB, apurada segundo critérios internacionais estabelecidos por referido organismo em conjunto com o Comitê da Basileia (a lista de 2016 de instituições abarcadas por essa classificação, por exemplo, publicada em novembro de mencionado ano, encontra-se no link: <http://www.fsb.org/wp-content/uploads/2016-list-of-global-systemically-important-banks-G-SIBs.pdf>. Acesso em: 17 out. 2016. A última atualização dos critérios encontra-se em BCBS. **Global systemically important banks**: updated assessment methodology and the higher loss absorbency requirement. July 2013. Disponível em: <http://www.bis.org/publ/bcbs255.pdf>. Acesso em: 17 out. 2016). Valendo-se de referidos critérios no ambiente doméstico, o Banco Central do Brasil publicou a Circular n. 3.751, de 19 de março de 2015, a qual versa sobre a apuração das informações para avaliação da importância sistêmica global (IAISG) de instituições financeiras e sobre a remessa ao Banco Central do Brasil, bem como a divulgação das referidas informações, dispondo em seu art. 2º que a referida norma aplica-se aos bancos múltiplos, bancos comerciais, bancos de investimento e caixas econômicas que: I – possuam Exposição Total, conforme disposto na Circular n. 3.748, de 27 de fevereiro de 2015, superior a R$ 500.000.000.000,00 (quinhentos bilhões de reais); ou II – sejam integrantes de conglomerado prudencial, nos termos da Resolução n. 4.280, de 31 de outubro de 2013, que possua Exposição Total superior a R$ 500.000.000.000,00 (quinhentos bilhões de reais), excepcionando em seu parágrafo único as instituições sob controle societário de pessoas naturais ou jurídicas residentes ou domiciliadas no exterior, nos termos da Resolução CMN n. 4.122/2012. Ainda, o Conselho Monetário Nacional editou a Resolução n. 4.443, de 29 de outubro de 2015, que inseriu o Adicional de Importância Sistêmica de Capital Principal no cálculo do Adicional de Capital Principal, associando a importância sistêmica ao tamanho da instituição financeira em relação ao Produto Interno Bruto (PIB), identificando-se os bancos sistemicamente importantes no âmbito doméstico (para aprofundamento dessa questão que foge ao escopo do presente trabalho, ver: BC. **Relatório de estabilidade financeira**, abr. 2016. Disponível em: <http://www.bcb.gov.br/htms/estabilidade/2016_04/refReg.pdf>. Acesso em: 17 out. 2016). Ainda quanto ao quadro brasileiro, deve-se destacar a existência recente da Resolução n. 4.553/2017 já comentada em nosso texto que inseriu o conceito de segmentação das instituições do Sistema Financeiro Nacional para fins de aplicação proporcional da regulação prudencial. Conforme o Edital da

(*strongly recommended*) para outros bancos considerando seu tamanho, perfil de risco ou complexidade[93].

3.4.2.1 Cenário das fontes abstratas de governança corporativa no Brasil anterior à publicação da Resolução n. 4.557/2017 no tocante ao comitê de riscos

Voltando ao Brasil, deve ser observado o fato de que não havia norma regulatória vigente que especificamente tratasse do comitê de riscos em bancos[94] até o advento da Resolução CMN n. 4.557, de 23 de feve-

---

audiência pública realizada antes de sua publicação, o objetivo é que a regulação prudencial aplicável ao segmento S1 observe integralmente o conjunto de padrões conhecido como Basileia III e os demais padrões, orientações e boas práticas estabelecidos pelos formuladores de padrões internacionais. Foi ademais expressamente observado que os padrões de Basileia III são definidos para instituições sistemicamente importantes e internacionalmente ativas, mas que a aplicação, total ou proporcional, desses padrões internacionais para as demais instituições no país é decisão discricionária do regulador local (BCB. Edital de consulta pública 49/2016, op. cit., p. 1). Assim, sem que haja necessariamente coincidência ou sobreposição de conceitos entre instituições do segmento S1 e instituições sistemicamente importantes (do ponto de vista internacional ou doméstico), observar referido segmento para efeitos da análise de nosso objeto no contexto brasileiro parece-nos adequado diante das normas vigentes. Comenta-se ainda que o FSB é um organismo internacional integrado por representantes de bancos centrais, autoridades nas áreas de regulação e supervisão, ministros de finanças e instituições financeiras internacionais, entre outros. São representantes brasileiros no FSB: o Banco Central do Brasil, a Comissão de Valores Mobiliários e o Ministério da Fazenda. Para mais informações quanto ao FSB, antigamente denominado Financial Stability Forum (FSF), em doutrina nacional atualizada, ver PINTO, G. M. A. **Regulação sistêmica e prudencial no setor bancário brasileiro**. São Paulo: Almedina, 2015, p. 327-328.

[93] Também em complementação ao quanto elucidado na nota de rodapé anterior, vale mais uma vez destacar a vigente segmentação de instituições autorizadas a funcionar pelo Banco Central do Brasil, conforme já explanado no texto, de modo a servir de norte para a compreensão, em nosso ordenamento, de "tamanho, perfil de risco ou complexidade", ainda que a ressalva da importância de análise própria das instituições bancárias quanto à sua realidade e à sua governança corporativa para além dos requisitos mínimos regulatórios permaneça verdadeira.

[94] Um esboço de menção a um comitê, mas não expressamente o comitê de risco tratado no texto, podia ser encontrado na Circular BACEN n. 3.648, de 4 de março de 2013, que, ao versar sobre o uso de sistemas internos de classificação do risco de crédito (abordagem IRB) para cálculo do valor mensal da parcela relativa às exposições ao risco de crédito sujeitas ao cálculo do requerimento de capital pelas instituições autorizadas a tanto, prevê como estrutura de governança, dentre outros pontos, que "são atribuições do conselho de administração da instituição que utiliza abordagem IRB ou de comitê específico por ele designado: I – aprovar todos os aspectos essenciais e determinantes dos processos de classificação e

reiro de 2017, já delineada. Havia (e ainda há) previsão de constituição de órgão estatutário denominado comitê de auditoria[95] – o uso do termo é restrito ao órgão constituído em conformidade com o disposto na Resolução CMN n. 3.198/2004[96] – obrigatório para determinadas instituições[97], o qual deve se reportar diretamente ao conselho de administração ou, em sua inexistência, à diretoria da instituição[98 e 99], cujas

estimação do risco de crédito; e II – conhecer os aspectos gerais da abordagem IRB adotada e compreender os relatórios de gestão associados aos sistemas utilizados" (art. 29 de referida circular).

[95] Conforme Resolução CMN n. 3.198, de 27 de maio de 2004.

[96] Art. 10, §2º, do Regulamento anexo à Resolução CMN n. 3.198, de 27 de maio de 2004.

[97] Instituições financeiras e demais instituições autorizadas a funcionar pelo Banco Central do Brasil, exceto as sociedades de crédito ao microempreendedor, que tenham apresentado no encerramento dos dois últimos exercícios sociais: I – Patrimônio de Referência (PR) igual ou superior a R$ 1.000.000.000,00 (um bilhão de reais); ou II – administração de recursos de terceiros em montante igual ou superior a R$ 1.000.000.000,00 (um bilhão de reais); ou III – somatório das captações de depósitos e de administração de recursos de terceiros em montante igual ou superior a R$ 5.000.000.000,00 (cinco bilhões de reais); conforme art. 1º, inciso I, alínea "a", c.c art. 10, *caput* e incisos, do Regulamento anexo à Resolução CMN n. 3.198, de 27 de maio de 2004.

[98] Art. 14 do Regulamento anexo à Resolução CMN n. 3.198, de 27 de maio de 2004.

[99] A composição de referido comitê (em suas condições básicas) é regrada primordialmente pelo artigo 13, seus incisos e parágrafos, do Regulamento anexo à Resolução n. 3.198/04. Vale observar que sua composição pode contar com membros que não sejam do conselho, motivo pelo qual cumpre aqui esclarecer brevemente que em nosso texto não estamos restringindo nossa análise à única configuração de que comitês no âmbito do conselho de administração (ou seja, especialmente voltados à assessoria de referido mecanismo interno de governança corporativa, no desempenho de suas funções de direcionamento estratégico e monitoramento) sejam compostos exclusivamente por membros do conselho, até porque esse ponto em específico não é detalhado nas recomendações do Comitê da Basileia utilizadas para tecer as considerações constantes do texto (contando apenas com a indicação de que, em jurisdições em que é permitida a participação de diretores no conselho de administração, o conselho deve assegurar a objetividade necessária em cada comitê – item 79 do documento de 2015). Destaca-se que essa observação é também aplicável ao comitê de remuneração abaixo mencionado e regrado pela Resolução n. 3.921/2010, em cujo artigo 13, incisos e parágrafos, é disposto sobre sua composição (que inclui, ao menos, um membro não administrador). Nesse sentido, vale também observar que o Guia de Orientação para Melhores Práticas de Comitês de Auditoria do IBGC pressupõe a configuração do comitê de auditoria composto por membros do conselho de administração ("dentro do conselho de administração"), ainda que se destaque que outras configurações podem existir, como o próprio exemplo das instituições financeiras (ver IBGC. **Guia de orientação para melhores práticas de comitês de auditoria**. Série de Cadernos de Governança Corporativa, 7.

atribuições previstas[100] voltam-se com mais destaque a questões de

São Paulo, SP. 2009, p. 14. Disponível em: <http://www.ibgc.org.br/userfiles/files/Guia_7_.pdf>. Acesso em: 28 out. 2016).
[100] Arts. 15 e 17 do Regulamento anexo à Resolução CMN n. 3.198, de 27 de maio de 2004: "Art. 15. Constituem atribuições do comitê de auditoria: I – estabelecer as regras operacionais para seu próprio funcionamento, as quais devem ser aprovadas pelo conselho de administração ou, na sua inexistência, pela diretoria da instituição, formalizadas por escrito e colocadas à disposição dos respectivos acionistas ou cotistas; II – recomendar, à administração da instituição, a entidade a ser contratada para prestação dos serviços de auditoria independente, bem como a substituição do prestador desses serviços, caso considere necessário; III – revisar, previamente à publicação, as demonstrações contábeis semestrais, inclusive notas explicativas, relatórios da administração e parecer do auditor independente; IV – avaliar a efetividade das auditorias independente e interna, inclusive quanto à verificação do cumprimento de dispositivos legais e normativos aplicáveis à instituição, além de regulamentos e códigos internos; V – avaliar o cumprimento, pela administração da instituição, das recomendações feitas pelos auditores independentes ou internos; VI – estabelecer e divulgar procedimentos para recepção e tratamento de informações acerca do descumprimento de dispositivos legais e normativos aplicáveis à instituição, além de regulamentos e códigos internos, inclusive com previsão de procedimentos específicos para proteção do prestador e da confidencialidade da informação; VII – recomendar, à diretoria da instituição, correção ou aprimoramento de políticas, práticas e procedimentos identificados no âmbito de suas atribuições; VIII – reunir-se, no mínimo trimestralmente, com a diretoria da instituição, com a auditoria independente e com a auditoria interna para verificar o cumprimento de suas recomendações ou indagações, inclusive no que se refere ao planejamento dos respectivos trabalhos de auditoria, formalizando, em atas, os conteúdos de tais encontros; IX – verificar, por ocasião das reuniões previstas no inciso VIII, o cumprimento de suas recomendações pela diretoria da instituição; X – reunir-se com o conselho fiscal e conselho de administração, por solicitação dos mesmos, para discutir acerca de políticas, práticas e procedimentos identificados no âmbito das suas respectivas competências; XI – outras atribuições determinadas pelo Banco Central do Brasil". "Art. 17. O comitê de auditoria deve elaborar, ao final dos semestres findos em 30 de junho e 31 de dezembro, documento denominado relatório do comitê de auditoria contendo, no mínimo, as seguintes informações: I – atividades exercidas no âmbito de suas atribuições, no período; II – avaliação da efetividade dos sistemas de controle interno da instituição, com ênfase no cumprimento do disposto na Resolução 2.554, de 24 de setembro de 1998, e com evidenciação das deficiências detectadas; III – descrição das recomendações apresentadas à diretoria, com evidenciação daquelas não acatadas e respectivas justificativas; IV – avaliação da efetividade das auditorias independente e interna, inclusive quanto à verificação do cumprimento de dispositivos legais e normativos aplicáveis à instituição, além de regulamentos e códigos internos, com evidenciação das deficiências detectadas; V – avaliação da qualidade das demonstrações contábeis relativas aos respectivos períodos, com ênfase na aplicação das práticas contábeis adotadas no Brasil e no cumprimento de normas editadas pelo Banco Central do Brasil, com evidenciação das deficiências detectadas".

contabilidade, demonstrações e outras informações financeiras, ainda que abranja também a análise de efetividade dos controles internos da instituição e da verificação do cumprimento de dispositivos legais, normativos, regulamentos e códigos internos, abarcando nessa direção em alguma medida o gerenciamento de riscos[101]. Nesse ponto, mesmo desde antes da Resolução n. 4.557/2017, já era salutar o destaque à recomendação do Comitê da Basileia de 2015 – exigência para bancos sistemicamente importantes, e forte recomendações para demais instituições a depender de seu tamanho, perfil de risco e complexidade – de que houvesse separação entre comitê de risco e comitê de auditoria, ainda que o primeiro pudesse ter outras tarefas relacionadas a risco, como finanças, estabelecendo-se comunicação efetiva e de coordenação entre ambos os comitês para facilitar a troca de informação e efetiva cobertura de todos os riscos, incluindo os emergentes, e de qualquer ajuste necessário na governança de risco do banco[102 e 103].

Ainda nesse cenário anterior à previsão expressa do comitê de riscos em norma regulatória brasileira, era cabível buscar os patamares basilares de governança corporativa em suas outras fontes, notadamente as consubstanciadas nas recomendações das entidades que a esse tema se dedicam (além do cuidado com as atribuições do comitê de auditoria expressamente regulado, como mencionado, bem como do comitê de remuneração adiante tratado[104]).

Nesse sentido, era possível observar, por primeiro, as colocações constantes da cartilha da ABBC, específica ao setor financeiro (e bancário), muito embora referido documento seja de 2009 e, assim, anterior à evolução dos documentos do Comitê da Basileia pós-crise de 2008. Em

---

[101] Nesse sentido, ver Coimbra, op. cit., p. 87-95.

[102] Ver itens 71 e 75 (BCBS, op. cit., 2015, p. 17).

[103] A contraposição entre as atribuições envolvendo "risco" contribui para visualizar a diferença e elucidar a separação recomendada. Para o comitê de auditoria, recomenda-se a atribuição de *"reviewing the third-party opinions on the design and effectiveness of the overall risk governance framework and internal control system"* (item 69 do documento de 2015, BCBS, op. cit., 2015, p. 16-17). Para o comitê de risco, por sua vez, *"should discuss all risk strategies on both an aggregated basis and by type of risk and make recommendations to the board thereon, and on the risk appetite"*; *"is required to review the banks' risk policies at least annually"*; *"should oversee that management has in place processes to promote the bank's adherence to the approved risk policies"* (item 71 do documento de 2015, BCBS, op. cit., 2015, p. 17).

[104] Ver item 3.5 adiante e Resolução CMN n. 3.921, de 25 de novembro de 2010.

referida cartilha, a presença de um comitê de gestão de riscos já era prevista como prática para instituições financeiras de capital aberto, grande porte, larga base acionária, *cross-listed* e de atuação internacional (nível de complexidade 5 de 5 para mencionada cartilha), considerando ainda a revisão anual do sistema de gestão de riscos da instituição e, quando apropriada, a contribuição de especialistas externos[105]. Ainda que ressalvada a data de elaboração de referida cartilha, e procedendo-se à atualização haja vista as últimas recomendações do Comitê da Basileia, era possível também estender a recomendação de instauração de comitê de gestão de riscos às instituições financeiras de capital aberto, de grande porte (nível de complexidade 4 de 5 para mencionada cartilha) na medida em que para elas é indicado que, dentre outros, a gestão de risco esteja em conformidade com os mais elevados padrões internacionais[106].

Avaliando recomendações de práticas de governança corporativa em geral (não específicas ao setor bancário) do IBGC em seu Código das Melhores Práticas, percebe-se a indicação da possibilidade da criação do comitê de risco dentre os exemplos de comitês estatutários ou não estatutários[107] que podem assessorar o conselho de administração, sem contudo implicar a delegação de responsabilidade desse último[108]. Não obstante, são identificadas nas recomendações ao longo de referido

---

[105] ABBC, op. cit., p. 59.
[106] ABBC, op. cit., p. 63.
[107] Ainda que as referidas recomendações mencionem genericamente que os comitês podem ser estatutários ou não estatutários, é importante chamar a atenção, do ponto de vista jurídico, para a consequência de os comitês estatutários atraírem a aplicação do artigo 160 da Lei das S.A. ("Art. 160. As normas desta Seção [deveres e responsabilidades da administração da companhia] aplicam-se aos membros de quaisquer órgãos, criados pelo estatuto, com funções técnicas ou destinados a aconselhar os administradores") e, no âmbito bancário, das colocações que foram feitas ao longo da presente dissertação quanto à responsabilidade e exigências no tocante a quem exerce um cargo estatutário.
[108] IBGC, item 2.20 do "Código das melhores práticas", op. cit., p. 57.

documento marcações de que o gerenciamento de risco pode ser atribuição do comitê de auditoria[109 e 110].

[109] IBGC, item 4.1, item c, iii: "supervisão da estrutura e das atividades de gerenciamento de riscos pela gestão da organização, incluindo os riscos operacionais, financeiros, estratégicos e de imagem, em linha com as diretrizes e políticas estabelecidas pelo conselho de administração". 4.5 f: "[o] comitê de auditoria, por meio do plano de trabalho da auditoria interna, deve verificar e confirmar a aderência pela diretoria à política de riscos e conformidade (*compliance*) aprovada pelo conselho". Ademais, em seu Guia de Orientação para Melhores Práticas de Comitês de Auditoria, referido instituto pontua que: "[n]a ausência de um comitê de gestão de riscos do conselho de administração, é recomendável que o comitê de auditoria inclua entre suas preocupações um entendimento dos riscos empresariais, pois estes determinarão os resultados futuros [...] Comitês de auditoria independentes constituem um componente crítico para assegurar ao conselho de administração o controle sobre a qualidade dos demonstrativos financeiros e controles internos que asseguram a sua confiabilidade, bem como para a identificação e gestão de riscos da organização" (IBGC, op. cit.,, p. 13) e "[e]mbora a responsabilidade final continue sendo do conselho de administração, o comitê de auditoria pode ser um instrumento eficaz para a gestão de riscos. Quando o comitê de auditoria tiver também o monitoramento dos riscos empresariais como parte de sua missão, seu papel será o de rever o perfil dos riscos e assegurar que as estratégias para sua gestão estejam sendo observadas, bem como o de acompanhar as respectivas medidas de tolerância. [...] Quando o conselho de administração instituir um comitê adicional, para o gerenciamento de riscos, as responsabilidades de cada comitê precisam ser claramente definidas" (op. cit, p. 26).

[110] Muito embora em demais publicações de referido instituto, o Comitê de Risco ganha mais destaque. Nesse sentido, no "Guia de orientação para gerenciamento de riscos corporativos", um anexo é dedicado a referido mecanismo, pelo que se expõe que: "[q]uando o conselho de administração constitui comitês para melhor desempenhar o seu papel de orientação e supervisão do direcionamento estratégico dos negócios e da ação dos gestores, o 'comitê de riscos' do conselho de administração será parte deste e, como tal, o escopo de sua atuação estará voltado para a identificação dos riscos decorrentes das estratégias alternativas sob decisão do conselho de administração./ Caberá ao comitê a discussão e a clara definição do apetite a riscos da organização e a direção adequada a ser sugerida como orientação emanada da alta administração. A este comitê também caberá sugerir os limites de tolerância aos diferentes riscos identificados como aceitáveis pelo conselho de administração. Os limites constituirão a ferramenta para a área executiva conduzir as políticas da empresa" (IBGC. **Guia de orientação para gerenciamento de riscos corporativos**. Série de Cadernos de Governança Corporativa, 3, São Paulo, SP, 2007, p. 44. Disponível em: <http://www.ibgc.org.br/userfiles/3.pdf>. Acesso em: 28 out. 2016). Percebe-se que a descrição do IBGC nos trechos destacados alinha-se às do Comitê da Basileia, conforme tratadas no texto. Mais recentemente, a minuta do documento "Monitoramento de desempenho empresarial", apresentada para comentários durante consulta pública em outubro de 2016 – e, assim, sujeita a alterações – também menciona o comitê de risco. Referido documento volta-se ao monitoramento de desempenho empresarial que é justamente uma das funções

O Código Abrasca, por sua vez, apesar de não indicar ou nomear especificamente um comitê de risco, pontua de maneira mais genérica em seu item 2.4.7 que:

> [c]aso o Comitê identifique deficiência ou desconformidade relevante nos sistemas de controles internos e gestão de risco da Companhia, o conselho de administração deve imediatamente avaliar a situação e, caso a recomendação do Comitê seja aprovada, exigir da diretoria a correção da referida deficiência ou desconformidade.

Não obstante a observação quanto à colocação mais ampla de que um "comitê" identifique deficiência ou desconformidade relevante nos sistemas de controles internos e gestão de risco, é novamente recomendado ao Comitê de Auditoria, caso formado, atribuições correlatas à gestão de risco, tal como avaliar a efetividade e suficiência dos sistemas de controle e gerenciamento de riscos, abrangendo riscos legais, tributários e trabalhistas[111].

O Código Brasileiro de Governança Corporativa – Companhias Abertas também situa-se em posição similar na medida em que não pontua a existência de um comitê de risco no âmbito do conselho, ainda que destaque como prática recomendada do conselho de administração:

> avaliar periodicamente a exposição da companhia a riscos e a eficácia dos sistemas de gerenciamento de riscos, dos controles internos e do sistema de

essenciais do conselho de administração na medida em que diz respeito à mensuração do desempenho da atividade empresarial na realização de suas estratégias e na obtenção dos resultados planejados. Nessa direção, são apresentados conceitos de monitoramento de desempenho econômico-financeiro que visam a fortalecer os quatro princípios fundamentais da boa governança (transparência, equidade, prestação de contas e responsabilidade corporativa nos atos e fatos organizacionais), em benefício da geração de valor para a organização e para seus *stakeholders*. Ao abordar o papel dos diversos órgãos alinhados à responsabilidade dos conselheiros no monitoramento empresarial, é referido que o comitê de gestão de risco é um "[ó]rgão de assessoramento do CA e com trabalho complementar ao do comitê de auditoria, seu objetivo é analisar, supervisionar e monitorar os assuntos relativos à gestão integrada de riscos corporativos, de forma a assegurar a boa gestão dos recursos, a proteção e valorização do patrimônio e da imagem da organização. Também tem como objetivo monitorar a elaboração da matriz de risco, dos planos para a mitigação e a criação de indicadores e *dashboard* para acompanhamento dos riscos" (Ibid., p. 8).
[111] Conforme recomendação 5.7.1 de mencionado código.

integridade/conformidade (*compliance*) e aprovar uma política de gestão de riscos compatível com as estratégias de negócios[112].

Ademais, ao tratar do comitê de auditoria "estatutário, independente e qualificado" que toda companhia deveria ter[113], o código em questão prevê como fundamento que:

> [o] comitê de auditoria é um órgão relevante de assessoramento ao conselho de administração, para auxiliá-lo no monitoramento e controle da qualidade das demonstrações financeiras, nos controles internos, **no gerenciamento de riscos** e *compliance*, visando à confiabilidade e integridade das informações e à proteção da companhia e de todas as partes interessadas.[114] [grifo nosso].

E, ainda, prevê-se como prática recomendada que o comitê de auditoria estatutário deve: "(i) ter entre suas atribuições a de assessorar o conselho de administração no monitoramento e controle da qualidade das demonstrações financeiras, nos controles internos, no gerenciamento de riscos e *compliance*"[115].

Feitas essas observações, cumpre mencionar que recomendações de governança corporativa geral podem não dar a ênfase ao comitê de riscos na mesma medida como ocorre no plano internacional para o caso bancário em função da crise de 2008. Essa consideração é reforçada pelo que se discorreu tanto no primeiro capítulo, no tocante à complexidade da atividade bancária envolta em combinação e extensão únicas de risco, quanto no segundo capítulo, que ilustrou com a crise a particularidade dos bancos.

Ainda nessa linha, e não obstante a importância de referido mecanismo interno de governança corporativa para bancos nas considerações do Comitê da Basileia, não havia recomendações mais elaboradas e atualizadas a seu respeito no Brasil para o especial caso bancário até finalmente a publicação da Resolução n. 4.557/2017. Com efeito, essa

---

[112] Item 2.1.1 (ii). GT Interagentes, op. cit., p. 29.
[113] Princípio 4.1: "[a] companhia deve ter um comitê de auditoria estatutário, independente e qualificado". Ibid., p. 49.
[114] Ibid., p. 49.
[115] Item 4.1.1 (i). Ibid., p. 49.

norma é uma divisora do cenário que descrevemos acima, especialmente pela necessidade de atenção peculiar que a governança corporativa (especialmente sob a perspectiva das estruturas de governança de risco) demanda no setor bancário e que, assim, não estava suficientemente tratada pelas fontes até então vigentes quando comparadas ao avanço internacional. De fato, antes de sua inserção no ordenamento jurídico brasileiro, a ausência de patamar regulatório, por um lado, permitia o desenho mais flexível da governança corporativa por cada instituição de acordo com seu tamanho, complexidade e perfil de risco, mas, por outro, essa estrutura, que tem se mostrado importante *vis-à-vis* o observado na crise de 2008, poderia acabar descurada nos casos concretos.

3.4.2.2 Cenário das fontes abstratas de governança corporativa no Brasil posterior à publicação da Resolução n. 4.557/2017 no tocante ao comitê de riscos

Como salientado, a publicação da Resolução n. 4.557/2017 alterou o quadro existente de fontes de governança corporativa para instituições autorizadas a funcionar pelo Banco Central do Brasil. Nessa direção, a Resolução n. 4.557/2017 estatuiu em seu artigo 45 que "a instituição deve constituir comitê de riscos". Na sequência, os parágrafos ao referido dispositivo, combinados a demais dispositivos da referida resolução, tratam de diversas configurações do comitê de riscos que organizamos dentre: formalização e organização; atribuições; composição; e obrigatoriedade de constituição de referido comitê.

3.4.2.2.1 Formalização e organização do comitê de riscos

No tocante à formalização e organização do comitê de riscos, as disposições existentes na norma em questão situam-se no §3º e seus incisos do artigo 45, os quais prevêem o dever de o regimento interno, ou equivalente, da instituição dispor, de forma expressa, sobre i) o número máximo de integrantes do comitê de riscos; ii) as regras de seu funcionamento, incluindo atribuições e periodicidade mínima de reuniões; iii) a forma de prestação de contas ao conselho de administração; e iv) o prazo de mandato dos membros quando fixado. Chama a atenção, na leitura estrita da norma, o fato de que não há menção, de maneira expressa, à natureza estatutária do comitê de riscos (como é expresso no caso do comitê de auditoria[116]). Com efeito, sua disciplina pode restringir-se ao regimento interno (ou equivalente) da instituição, e, assim, não se dar no âmbito do estatuto desta. Do ponto de vista jurídico, não se pode deixar de mencionar a salutar constituição de um comitê de riscos no bojo do estatuto social da instituição, seja pela força e estabilidade que disso decorrem, seja pela desejável responsabilidade de seus membros que advém do art. 160 da Lei das S.A. e é reforçada, no âmbito bancário, na toada das colocações que foram feitas ao longo da presente dissertação quanto à responsabilidade e exigências no tocante a quem exerce um cargo estatutário em referidas instituições.

Ainda nesse ponto – e sem anular ou sobrepor o nosso comentário anterior, mas sim complementando-o – observa-se que o artigo 48, inciso IX, dispõe que é competência do conselho de administração estabelecer a organização e as atribuições do comitê de riscos, observado o quanto disposto na Resolução n. 4.557/2017. Na inexistência de conselho de administração, entretanto, a referida competência recai sobre a diretoria da instituição (conforme art. 49 de mesma resolução).

3.4.2.2.2 Atribuições do comitê de riscos

Já no que tange às atribuições do comitê em tela previstas na norma em comento, esclarece-se que podemos dividi-las em dois grupos: atribuições próprias do comitê de riscos e atribuições conjuntas que envolvem o comitê de riscos, mas também o conselho de administração, o CRO e a diretoria da instituição. Com relação ao primeiro grupo, é previsto que as atribuições do comitê de riscos abrangem atividades de proposição, avaliação, supervisão e manutenção de registro. Nesse sentido, cabe ao comitê: i) propor: com periodicidade mínima anual, recomendações ao

---

[116] De acordo com o *caput* do art. 10 do Regulamento à Resolução CMN n. 3.198/2004: "[d]evem constituir órgão estatutário denominado comitê de auditoria [...]", c.c. o §2o de mesmo artigo: "[a] utilização do termo 'comitê de auditoria' é de uso restrito de órgão estatutário constituído na forma deste regulamento". Ainda quanto a esse ponto, vale observar que o comitê de remuneração previsto na Resolução CMN n. 3.921/2010 também não recebe expressa menção a sua natureza estatutária, mas ao contrário do caso do comitê de risco, o §1º do artigo 13 de referida resolução prevê que o número de integrantes, os critérios de nomeação, de destituição e de remuneração, o tempo de mandato e as atribuições do comitê de remuneração devam constar do estatuto (ou do contrato social para instituições não bancárias autorizadas a operar sob a forma de sociedade limitada), ensejando, assim, sua característica jurídica de órgão "estatutário", como mencionaremos adiante no item 3.5.

conselho de administração sobre as políticas, as estratégias e os limites de gerenciamento de riscos que estabeleçam limites e procedimentos destinados a manter a exposição aos riscos em conformidade com os níveis fixados na RAS[117]; ii) avaliar: os níveis de apetite por riscos fixados na RAS e as estratégias para o seu gerenciamento, considerando os riscos individualmente e de forma integrada; e o grau de aderência dos processos da estrutura de gerenciamento de riscos às políticas estabelecidas[118]; iii) supervisionar: a atuação e o desempenho do CRO; e a observância, pela diretoria da instituição, dos termos do RAS[119]; e iv) manter registros de suas deliberações e decisões[120].

Quanto ao segundo grupo de atribuições, o comitê de riscos deve, em conjunto com as demais estruturas de governança já mencionadas: i) compreender, de forma abrangente e integrada, os riscos que podem impactar o capital e a liquidez da instituição[121]; ii) entender tanto as limitações das informações constantes dos relatórios gerenciais recebidos no âmbito do gerenciamento de riscos e do gerenciamento de capital (conforme previstos nos artigos 7º, inciso X[122], e 40, inciso VII[123], da

---

[117] Art. 45, §1º, inciso I, c.c. art. 48, inciso II, alínea a, e art. 7º, inciso I, todos da Resolução n. 4.557/2017.

[118] Incisos II e V do §1º do art. 45 da Resolução n. 4.557/2017.

[119] Incisos III e IV do §1º do art. 45 da Resolução n. 4.557/2017.

[120] Inciso VI do §1º do art. 45 da Resolução n. 4.557/2017.

[121] Inciso I do art. 51 da Resolução n. 4.557/2017.

[122] "Art. 7º. A estrutura de gerenciamento de riscos deve prever: [...] X – relatórios gerenciais tempestivos para a diretoria da instituição, o comitê de riscos, e o conselho de administração, quando existente, versando sobre:/ a) valores agregados de exposição aos riscos de que trata o art. 6º e seus principais determinantes;/ b) aderência do gerenciamento de riscos aos termos da RAS e às políticas e aos limites mencionados no *caput*, inciso I;/ c) avaliação dos sistemas, das rotinas e dos procedimentos, de que trata o *caput*, inciso IV, incluindo eventuais deficiências da estrutura de gerenciamento de riscos e ações para corrigi-las;/ d) ações para mitigação dos riscos e avaliação da sua eficácia;/ e) grau de disseminação da cultura de gerenciamento de riscos no âmbito da instituição; e/ f) premissas e resultados de testes de estresse". Vale destacar que as instituições dos segmentos S3 e S4 estão dispensadas de informar o grau de disseminação da cultura de gerenciamento de riscos nesse relatório (respectivamente, art. 59, inciso I, e art. 60, inciso I, todos da mesma resolução em comento).

[123] "Art. 40. A estrutura de gerenciamento de capital deve prever: [...] VII – relatórios gerenciais tempestivos para a diretoria da instituição, o comitê de riscos e o conselho de administração, quando existentes, versando sobre:/ a) eventuais deficiências da estrutura de gerenciamento de capital e ações para corrigi-las; e b) adequação dos níveis do PR, do Nível I e do Capital Principal aos riscos incorridos" (Resolução n. 4.557/2017).

Resolução n. 4.553/2017) e dos demais reportes relativos a referidos gerenciamentos, quanto as limitações e as incertezas relacionadas à avaliação dos riscos, aos modelos, mesmo quando desenvolvidos por terceiros, e às metodologias utilizadas na estrutura de gerenciamento de riscos[124]; iii) garantir que o conteúdo da RAS seja observado pela instituição[125]; e iv) assegurar o entendimento e o contínuo monitoramento dos riscos pelos diversos níveis da instituição[126].

Vale destacar quanto às atribuições do comitê que a norma, ao tratar das que chamamos aqui de próprias do comitê, usa o verbo "abranger", de modo que o comitê de riscos não está necessariamente adstrito a apenas às citadas acima, podendo cada instituição (especialmente sob competência do conselho de administração, ou da diretoria caso aquele seja inexistente) prever mais atribuições que sejam condizentes com sua realidade, observando cuidadosamente, é claro, as atribuições de outros órgãos (inclusive os obrigatórios[127]), e eventuais conflitos ou excesso de atividades que limitem a efetividade do trabalho deste comitê.

---

[124] Incisos II e IV do art. 51 da Resolução n. 4.557/2017.
[125] Inciso III do art. 51 da Resolução n. 4.557/2017.
[126] Inciso V do art. 51 da Resolução n. 4.557/2017.
[127] Nesse sentido, ressalvamos especialmente que, no tocante ao comitê de auditoria, é previsto que este deve elaborar relatório versando, dentre outros pontos, sobre a avaliação da efetividade dos sistemas de controle interno da instituição, com ênfase no cumprimento do disposto na Resolução 2.554, de 24 de setembro de 1998 (norma que dispõe sobre a implantação e implementação, no âmbito das instituições financeiras e demais instituições autorizadas a funcionar pelo Banco Central do Brasil, de sistema de controles internos voltados para as atividades por elas desenvolvidas, seus sistemas de informações financeiras, operacionais e gerenciais e o cumprimento das normas legais e regulamentares a elas aplicáveis), e com evidenciação das deficiências detectadas (conforme o já referido art. 17 do Regulamento anexo à Resolução CMN n. 3.198, de 27 de maio de 2004. Mencionado relatório do comitê de auditoria deve ficar à disposição do Banco Central do Brasil e do conselho de administração da instituição pelo prazo mínimo de cinco anos, contados de sua elaboração – §1º do referido artigo 17 –, além de seu resumo, com a evidenciação das principais informações contidas no relatório, ser publicado em conjunto com as demonstrações contábeis semestrais (§2º do referido artigo 17). Já no tocante ao comitê de remuneração, merece atenção sua atribuição de zelar para que a política de remuneração de administradores esteja permanentemente compatível com a política de gestão de riscos, com as metas e a situação financeira atual e esperada da instituição e com o disposto na Resolução CMN n. 3.921/2010 (conforme art. 14, inciso VI, da Resolução n. 3.921/2010), bem como de elaborar um relatório que abarque o ajustamento ao risco da política de remuneração dos administradores, a descrição das modificações na política de remuneração realizadas e suas impli-

Esse ponto, ademais, enseja que seja feito um alerta necessário quanto à coordenação da atividade do comitê de riscos com relação às dos demais comitês de forma a possibilitar uma contribuição benéfica para o gerenciamento de riscos e de capital integrado e contínuo na instituição. Nesse sentido, inclusive, o §7º do art. 45 da Resolução 4.557/2017 muito bem enfatiza que "o comitê de riscos deve coordenar suas atividades com o comitê de auditoria, de modo a facilitar a troca de informação, os ajustes necessários à estrutura de governança de riscos e o efetivo tratamento dos riscos a que a instituição está exposta". Embora não expressamente apontado em referida norma, a coordenação e a troca de informações são também salutares entre o comitê de riscos e o comitê de remuneração, quando existente[128].

Por fim, cumpre destacar que as atribuições conferidas ao comitê de riscos dos casos concretos deverão ser evidenciadas no sítio na internet da respectiva instituição, por força do artigo 57 da Resolução 4.557/2017.

3.4.2.2.3 Composição do comitê de riscos

No que diz respeito à composição do comitê de riscos, a norma disciplina quatro aspectos, a saber, número mínimo de membros; requisitos da maioria dos integrantes; condição a ser atendida por todos para o efetivo exercício da função; e, por fim, características de quem pode presidi-lo.

Nesse sentido, por primeiro, esclarece-se que é estabelecido um número mínimo de três integrantes[129] (o número máximo fica a cargo da instituição determinar em seu regimento interno ou equivalente, como já referido). Por segundo, a maioria dos integrantes que compõem referido comitê i) **não** devem: ser ou ter sido empregados da instituição nos últimos seis meses; ser cônjuges, ou parentes em linha reta, em linha colateral ou por afinidade, até o segundo grau, de pessoas que sejam ou tenham sido empregados da instituição nos últimos seis meses; receber da instituição outro tipo de remuneração que não decorra do exercício

---

cações sobre o perfil de risco da instituição e sobre o comportamento dos administradores quanto à assunção de riscos (conforme art. 15, incisos IV e V, Resolução n. 3.921/2010).

[128] O comitê de remuneração será abordado no item 3.5 adiante.

[129] §2º do art. 45 da Resolução n. 4.557/2017.

da função de integrante do comitê de riscos ou do conselho de administração; deter o controle da instituição e participar das decisões em nível executivo[130]; ao passo que ii) devem possuir comprovada experiência em gerenciamento de riscos[131]. Por terceiro, a norma estabelece como condição para o exercício da função de integrante do comitê de riscos (abarcando a todos, e não apenas a maioria) que este não seja e não tenha sido, nos últimos seis meses, CRO da instituição ou membro do comitê de auditoria[132].

Por fim, prevê-se que a presidência do comitê de riscos deve ser exercida por membro que, além de atender aos requisitos retromencionados, não seja e não tenha sido, nos últimos seis meses, presidente do conselho de administração ou de qualquer outro comitê da instituição[133].

Cumpre ainda destacar que, a exemplo das atribuições do comitê de riscos, a sua composição também deve ser evidenciada no sítio da instituição na internet.

3.4.2.2.4 Obrigatoriedade de constituição do comitê de riscos

Por fim, no que diz respeito à obrigatoriedade de constituição do comitê de riscos, decorre da leitura integrada da Resolução n. 4.557/2017, que as instituições constantes dos segmentos S1 e S2 estão sujeitas à constituição do referido comitê com todas as características acima mencionadas[134]. As instituições do S3, por sua vez, também estão sujeitas à obrigatoriedade de constituição do comitê de riscos, mas estão dispensadas de observar duas disposições, a saber: a que prevê a mencionada condição para o exercício da função de integrante do comitê de riscos no sentido de que este não seja e não tenha sido, nos últimos seis meses, CRO da

---

[130] Características de exclusão (para a maioria dos integrantes) previstas nos incisos I, II, III e V do §5º do art. 45 da Resolução n. 4.557/2017.

[131] Requisito (para a maioria dos integrantes) previsto no inciso IV do §5º do art. 45 da Resolução n. 4.557/2017.

[132] §4º do art. 45 da Resolução n. 4.557/2017. Essa condição é dispensada, como veremos adiante no texto, para instituições do S3 (conforme inciso IX do art. 59 da Resolução n. 4.557/2017).

[133] §6º do art. 45 da Resolução n. 4.557/2017. Essa disposição é dispensada, como veremos adiante no texto, para instituições do S3 (conforme inciso IX do art. 59 da Resolução n. 4.557/2017).

[134] Art. 2º, *caput* e incisos, c.c. art. 45, *caput*, e art. 58 da Resolução n. 4.557/2017.

instituição ou membro do comitê de auditoria; e a disposição que determina que o presidente do comitê em questão atenda aos requisitos previstos e retromencionados para a maioria dos integrantes e que não seja ou tenha sido, nos últimos seis meses, presidente do conselho de administração ou de qualquer outro comitê da instituição[135]. Assim, os segmentos S1, S2 e S3 contam com instituições que devem constituir comitês de riscos, ainda que as características obrigatórias possam variar.

Diferentemente, as instituições do Segmento 4 estão integralmente dispensadas da obrigatoriedade de constituição do comitê de riscos como previsto na resolução em questão[136], assim como também ocorre com as do Segmento 5 na medida em que estão sujeitas a estrutura simplificada que não prevê a presença do referido comitê – ainda que ressalvemos que o Segmento 5 ultrapassa nosso foco, tal como delimitado em nossa introdução. Para essas instituições não sujeitas à constituição do comitê de riscos, o §8º do artigo 45 da resolução em tela prevê que a diretoria deve assumir as atribuições que listamos como próprias do comitê, com exceção – até por decorrência lógica – daquela de supervisionar a observância, pela diretoria da instituição, dos termos do RAS.

Nesse sentido, aproveitamos também para esclarecer que, como visto, o comitê de riscos no desenvolvimento internacional está atrelado ao âmbito do conselho de administração. Em outras palavras, atrelado à função de assessoramento e auxílio de supervisão na alta administração. Ocorre que, como já expusemos, não há obrigatoriedade de constituição do conselho de administração no Brasil para instituições bancárias pela mera característica de instituição bancária[137], ainda que a sua constituição seja um primado da governança corporativa e, assim, altamente recomendada. Nesse sentido, mesmo sem a existência em algum caso concreto do conselho de administração, a constituição do comitê de riscos permanece no âmbito do assessoramento e auxílio de supervisão da alta administração, com destaque para a previsão do art. 49 da Resolução n. 4.557/2017 que dispõe: "[n]a inexistência do conselho de

---

[135] Art. 59, inciso IX, da Resolução 4.557/2017.

[136] Art. 60, inciso XIX, da Resolução 4.557/2017.

[137] Com efeito, como já destacado, a obrigatoriedade de constituição de conselho de administração no ordenamento jurídico brasileiro circunscreve-se a três hipóteses: i) companhias abertas; ii) companhias de capital autorizado; e iii) sociedade de economia mista (§2º do art. 138 e art. 239, todos da Lei das S.A.).

administração, aplicam-se à diretoria da instituição as competências a ele atribuídas por esta Resolução".

Caminhando para as palavras finais quanto às disposições concernentes ao comitê de riscos, relembramos que cada estrutura de gerenciamento prevista pela Resolução n. 4.557/2017 deve ser unificada para as instituições integrantes de um mesmo conglomerado prudencial e, nessa direção, é prescrita a constituição de comitê de riscos para o conglomerado, nos moldes acima tratados, sob competência da instituição integrante deste que tenha sido indicada como responsável pelo disposto na referida resolução[138].

No mais, destacamos que a abordagem da obrigatoriedade de constituição do comitê de riscos foi escolhida para o final dessa exposição de maneira proposital. Com efeito, a exposição anterior da importância decorrente de análises internacionais pós-crise de 2008 e das atribuições e demais configurações deste comitê procurou evidenciar o seu papel especial para o tão sensível gerenciamento eficiente e adequado do risco em instituições bancárias. Nessa toada, deve-se reforçar, mais uma vez, que a governança corporativa concreta das instituições bancárias deve ter as exigências regulatórias como patamar mínimo a ser observado, o qual deve ser aprimorado para melhor atender às características próprias da específica instituição no caso concreto. Nesse sentido, mesmo que não haja, por exemplo, a obrigatoriedade típica de *hard law* para uma determinada instituição, esta deve ponderar sobre a adequação em estabelecer um comitê nesse sentido, ainda que de alguma forma mais simplificada e menos custosa, mas que, mesmo assim – e acima de tudo –, seja efetivo no seu propósito de assessorar as demais estruturas de governança corporativa no correto tratamento ao risco a que a instituição esteja ou possa vir a estar exposta. Nessa mesma direção, é prudente destacar, na linha da crítica formulada por Eduardo Salomão Neto, que a obrigatoriedade de criação de certos órgãos para determinadas instituições financeiras, no âmbito da regulamentação do perfil institucional destas, institui um quadro estático, sem que haja necessariamente mecanismo para aquilatar a efetividade da atuação dos órgãos criados[139]. Com efeito, a criação de referidos órgãos não deve ser resumida ao mero

---

[138] Art. 55, inciso III, da Resolução 4.557/2017.
[139] SALOMÃO NETO, E. **Direito bancário**. 2. ed. São Paulo: Atlas, 2014, p. 125.

atendimento da regulamentação[140] (devem ser efetivos), e a estruturação da governança corporativa nos casos concretos deve primordialmente se atentar a este fato.

No mais, o trabalho dessa importante estrutura de governança de risco é potencializado com a interação com a função executiva de gestão do risco encabeçada pelo *Chief Risk Officer* que passaremos a estudar no item seguinte à comparação das disposições da Resolução 4.557/2017 no tocante ao comitê de riscos com as recomendações do Comitê da Basileia (2015).

3.4.2.2.5 *Comparação com as recomendações do Comitê da Basileia em matéria de comitê de riscos*

Seguindo nosso propósito de situar as fontes abstratas em matéria de governança corporativa de instituições bancárias no Brasil *vis-à-vis* o contexto internacional consubstanciado nas recomendações do Comitê da Basileia (2015) nos pontos selecionados em função da crise de 2008, dentre os quais o comitê de risco, procederemos a uma comparação

---

[140] Ainda que, no quadro atual e especialmente no tocante a riscos e seus controles, a supervisão bancária também possa contribuir para que haja a efetividade dos órgãos criados, como força externa a influir na governança corporativa dos bancos, com o especial viés da estabilidade financeira. O aprofundamento de tal tópico ultrapassa os limites do presente trabalho. Para mais detalhes, recomenda-se o estudo do Sistema de Avaliação de Riscos e Controles (referido como SRC ou SARC) levado a efeito junto às instituições financeiras pela supervisão do Banco Central do Brasil, inclusive com atribuições de notas àquelas, muito embora, infelizmente, não haja muitas informações a seu respeito para o público. Como Gustavo Mathias Alves Pinto salienta, o SARC pode ser considerado um híbrido de supervisão indireta e direta, na medida em que se integra ao processo de monitoramento contínuo do Banco Central do Brasil, porém avaliando riscos específicos associados às atividades mais relevantes de uma instituição financeira, compreendendo elementos de análise quantitativa, com foco no desempenho financeiro da instituição, bem como análise qualitativa, com foco na avaliação de riscos e controles adotados. Com base nesses fatores mencionados, a opinião da supervisão sobre a instituição é expressa com uma nota final que varia de 1 (melhor nota) a 4 (pior nota) (op. cit., p. 221). Mais informações também podem ser obtidas em apresentações disponibilizadas pelo Banco Central do Brasil: MEIRELLES, A. de M. **Gestão integrada de riscos**: A visão do supervisor. Out. 2012. Disponível em: <http://www.bcb.gov.br/pec/appron/apres/ApresentacaoGestaoIntegradadeRiscosEProcessoDeSaneamentoAnteroFebrabanOut2012.pdf>. Acesso em: 7 nov. 2016; MEIRELLES, A. de M. **O processo de supervisão no Banco Central do Brasil**. Out. 2012. Disponível em: <http://www.bcb.gov.br/pec/appron/apres/Apresenta%E7%E3o_Anthero_Meirelles_CONBRAI_22-10-2012.pdf>. Acesso em: 7 nov. 2016.

destas com os dispositivos da Resolução 4.557/2017, por ser essa a principal fonte atual na matéria.

Nesse sentido, destacamos de uma maneira geral, a aderência substancial que é observada nessa comparação, com alguns pontos não tratados pela norma brasileira e alguns pontos em que essa, na verdade, foi além do pontuado pelo Comitê da Basileia. Para melhor visualização dessas constatações, apresentamos o seguinte quadro com o qual procedemos à referida comparação e finalizamos a presente seção:

Quadro 5: Comparação no tocante a previsões atinentes ao comitê de riscos constantes do documento de 2015 do Comitê da Basileia e de dispositivos da Resolução n. 4.557/2017.

	Recomendação Comitê de Basileia (redação de 2015)	Resolução n. 4.557/2017	Observações
Constituição do Comitê de Risco	be required for systemically important banks and is strongly recommended for other banks based on a bank's size, risk profile or complexity.	Obrigatório para instituições dos segmentos S1, S2 e S3 (esse com dispensas).	Condizente.
Fundamento	item 71	art. 2°, caput e incisos, c.c. art. 45, caput, art. 58, art. 59, inciso IX, art. 60, inciso XIX.	
Distinção do comitê de auditoria	should be distinct from the audit committee, but may have other related tasks, such as finance.	A norma não é expressa nesse sentido, mas decorre de sua leitura quando, por exemplo, menciona a interação do comitê de risco com o de auditoria, como dois órgãos, portanto, separados. Colabora com tal cenário o fato de termos a Resolução n. 3.198/2004 específica ao comitê de auditoria, com disposições a ele próprias. Por fim, a Resolução n. 4.557/2017 expressamente remete as atribuições do comitê de risco para a diretoria quando aquele é inexistente.	Condizente para instituições enquadradas nos S1, S2 e S3. Especial cuidado com relação aos S4 e S5 que não estão sujeitos à constituição do comitê de risco (e, portanto, as atribuições deste devem ser da diretoria).
Fundamento	item 71	§7° e 8° do art. 45	
Independência da maioria dos integrantes	should include a majority of members who are independent (independent director: a non-executive member of the board who does not have any management responsibilities within the bank and is not under any other undue influence, internal or external, political or ownership, that would impede the board member's exercise of objective judgment).	O comitê de riscos deve ser composto, em sua maioria, por integrantes que: • não sejam e não tenham sido empregados da instituição nos últimos seis meses; • não sejam cônjuges, ou parentes em linha reta, em linha colateral ou por afinidade, até o segundo grau, das pessoas referidas no ponto anterior; • não recebam da instituição outro tipo de remuneração que não decorra do exercício da função de integrante do comitê de riscos ou do conselho de administração; • não detenham o controle da instituição e não participem das decisões em nível executivo. + é condição para todos os membros (exceto S3) que não sejam ou tenham sido, nos últimos 6 meses, CRO ou do comitê de auditoria da instituição.	Similar. Maiores elaborações podem ser feitas no caso concreto valendo-se, por exemplo, da definição do IBGC de conselheiro independente (2015) que abarca mais do que a norma aqui tratada.
Fundamento	item 71 e glossário	Incisos I, II, III, V do §5°, e §4°, todos do artigo 45	
Presidência	should have a chair who is an independent director and not the chair of the board or of any other committee.	O comitê de riscos deve ser presidido por membro que atenda aos requisitos apresentados no item anterior (independência da maioria dos integrantes) e que não seja e não tenha sido, nos últimos seis meses, presidente do conselho de administração ou de qualquer outro comitê da instituição. Exceto para o S3.	Similar. Ver comentários na célula anterior quanto à independência. Cuidado especial com o S3 que não tem essa obrigatoriedade prevista na norma. Ponto positivo da norma que avançou além do previsto no documento da Basileia com a inserção do critério dos seis meses.
Fundamento	item 71	§6° do art. 45	
Experiência em gerenciamento de risco	should include members who have experience in risk management issues and practices.	O comitê de riscos deve ser composto, em sua maioria, por integrantes que possuam comprovada experiência em gerenciamento de riscos.	Condizente.
Fundamento	item 71	Inciso IV do §5° do artigo 45	
Atribuições	• should discuss all risk strategies on both an aggregated basis and by type of risk and make recommendations to the board thereon, and on the risk appetite; • is required to review the bank's risk policies at least annually • should oversee that management has in place processes to promote the bank's adherence to the approved risk policies • is responsible for advising the board on the bank's overall current and future risk appetite • is responsible for overseeing senior management's implementation of the RAS • is responsible for reporting on the state of risk culture in the bank • is responsible for interacting with and overseeing the CRO • work includes oversight of the strategies for capital and liquidity management as well as for all relevant risks of the bank, such as credit, market, operational and reputational risks, to ensure they are consistent with the stated risk appetite • Committees should maintain appropriate records of their deliberations and decisions	As atribuições do comitê de riscos abrangem: • avaliar os níveis de apetite por riscos fixados na RAS e as estratégias para o seu gerenciamento, considerando os riscos individualmente e de forma integrada; • propor, com periodicidade mínima anual, recomendações ao conselho de administração sobre as políticas, as estratégias e os limites de gerenciamento de riscos que estabeleçam limites e procedimentos destinados a manter a exposição aos riscos em conformidade com os níveis fixados na RAS; • avaliar o grau de aderência dos processos da estrutura de gerenciamento de riscos às políticas estabelecidas; • supervisionar a observância, pela diretoria da instituição, dos termos da RAS; • supervisionar a atuação e o desempenho do CRO; • manter registros de suas deliberações e decisões. O conselho de administração, o comitê de riscos, o CRO e a diretoria da instituição devem: • compreender, de forma abrangente e integrada, os riscos que podem impactar o capital e a liquidez da instituição; • entender as limitações das informações constantes dos relatórios gerenciais recebidos no âmbito do gerenciamento de riscos e do gerenciamento de capital (conforme previstos nos artigos 7°, incisos X, e 40, inciso VII, da Resolução n. 4.553/2017), e dos reportes relativos ao gerenciamento de riscos e ao gerenciamento de capital; • garantir que o conteúdo da RAS seja observado pela instituição; • entender as limitações e as incertezas relacionadas à avaliação dos riscos, aos modelos, mesmo quando desenvolvidos por terceiros, e às metodologias utilizadas na estrutura de gerenciamento de riscos; • assegurar o entendimento e o contínuo monitoramento dos riscos pelos diversos níveis da instituição.	Substancialmente similar. Quanto ao relatório do estado da cultura de risco do banco, a norma não prevê obrigação de reportar do comitê de risco, mas sim para a estruturas. O S3 (assim como o S4) está dispensado de, nesse referido relatório, informar o grau de disseminação da cultura de gerenciamento de riscos (artigos 7°, X, 59, I e 60, I).
Fundamento	itens 66, 71, 72 e 73	art. 6° e incisos c.c §1° do art. 45 e art. 51 e incisos.	

Recebimento de relatórios	The committee should receive regular reporting and communication from the CRO and other relevant functions about the bank's current risk profile, current state of the risk culture, utilisation against the established risk appetite, and limits, limit breaches and mitigation plans (see Principle 6).	• a estrutura de gerenciamento de riscos deve prever relatórios gerenciais tempestivos para a diretoria da instituição, o comitê de riscos, e o conselho de administração, quando existente, versando sobre: a) valores agregados de exposição aos riscos e seus principais determinantes; b) aderência do gerenciamento de riscos aos termos da RAS e às políticas e estratégias para o gerenciamento de riscos e aos limites e procedimentos destinados a manter a exposição aos riscos em conformidade com os níveis fixados na RAS; c) avaliação dos sistemas, das rotinas e dos procedimentos para o gerenciamento de riscos, incluindo eventuais deficiências da estrutura de gerenciamento de riscos e ações para corrigi-las; d) ações para mitigação dos riscos e avaliação da sua eficácia; e) grau de disseminação da cultura de gerenciamento de riscos no âmbito da instituição (exceto para S3 e S4); f) premissas e resultados de testes de estresses; g) resultados dos testes e das revisões dos planos de continuidade de negócios com periodicidade adequada; h) aspectos adicionais relativamente ao IRRBB (exceto S4), a saber, os resultados de sua mensuração com base em abordagens de valor econômico e de resultado de intermediação financeira, e premissas utilizadas na modelagem de opcionalidades embutidas, mudanças na estrutura temporal dos fluxos de caixa de depósitos sem vencimento contratual definido, e agregação de moedas; e i) informações referentes às perdas operacionais relevantes. • a estrutura de gerenciamento de capital deve prever relatórios gerenciais tempestivos para a diretoria da instituição, o comitê de riscos ou o conselho de administração, quando existentes, versando sobre: a) eventuais deficiências da estrutura de gerenciamento de capital e ações para corrigi-las; e b) adequação dos níveis do PR, do Nível I e do Capital Principal aos riscos incorridos. • a instituição deve estabelecer condições adequadas para que o CRO exerça suas atribuições de maneira independente e possa se reportar, diretamente e sem a presença dos membros da diretoria, ao comitê de riscos, ao principal executivo da instituição, e ao conselho de administração.	Similar. Vale observar que o S3 (assim como o S4) está dispensado de, no relatório de gerenciamento de risco, informar o grau de disseminação da cultura de gerenciamento de riscos (artigos 7°, X, 59, I e 60, I).
Fundamento	item 74	art. 7, inciso X c.c §2° do art. 20, art. 31, art. 35, art. 40, inciso VII e §4° do art. 44	
Interação com o comitê de auditoria	There should be effective communication and coordination between the audit committee and the risk committee to facilitate the exchange of information and effective coverage of all risks, including emerging risks, and any needed adjustments to the risk governance framework of the bank.	O comitê de riscos deve coordenar suas atividades com o comitê de auditoria, de modo a facilitar a troca de informação, os ajustes necessários à estrutura de governança de riscos e o efetivo tratamento dos riscos a que a instituição está exposta.	Substancialmente similar. O documento de Basileia destaca mais os "riscos emergentes".
Fundamento	item 75	§7° do art. 45	
Interação com comitê de remuneração	The compensation committee works closely with the bank's risk committee in evaluating the incentives created by the remuneration system. The risk committee should, without prejudice to the tasks of the compensation committee, examine whether incentives provided by the remuneration system take into conisderation risk, capital, liquidity and the likelihood and timing of earnings.	Sem correspondência.	Não há correspondência. Importante ponto a ser considerado pelas instituições bancárias independentemente da inexistência de obrigação regulatória nesse sentido.
Fundamento	item 76	Sem correspondência.	
Formalização	Each committee should have a charter or other instrument that sets out its mandate, scope and working procedure. This includes how the committee members will report to the full board, what is expected of committee members and any tenure limits for serving on the committee.	O regimento interno, ou equivalente, da instituição deve dispor, de forma expressa, sobre os seguintes aspectos, relativamente ao comitê de riscos: I - o número máximo de integrantes; II - as regras de funcionamento, incluindo atribuições e periodicidade mínima de reuniões; III - a forma de prestação de contas ao conselho de administração; IV - o prazo de mandato dos membros, quando fixado.	Substancialmente similar.
Fundamento	item 64	§3° do art. 45	
Rotação de membros	The board should consider the occasional rotation of members and of the chair of such committees, as this can help avoid undue concentration of power and promote fresh perspectives.	Sem correspondência.	Não há correspondência. Importante ponto a ser considerado pelas instituições bancárias independentemente da inexistência de obrigação regulatória nesse sentido.
Fundamento	item 64	Sem correspondência.	
Transparência	In the interest of greater transparency and accountability, a board should disclose the committees it has established, their mandates and their composition (including members who are considered to be independent).	A composição e as atribuições do comitê de riscos devem ser evidenciadas no sítio da instituição na internet.	Substancialmente similar.
Fundamento	item 65	art. 57	

Fonte: elaborada pela autora com as informações constantes de BCBS (2015) e a Resolução n. 4.557/2017.

3.4.3 Estabelecimento de um *Chief Risk Officer* (CRO)

No mesmo sentido da atenção dada ao comitê de riscos, como já salientado, outra estrutura interna de governança corporativa especialmente estimulada pela crise de 2008 foi o estabelecimento (ou fortalecimento) de um *Chief Risk Officer* (CRO).

Com efeito, a partir do documento de 2010, o Comitê da Basileia passou a fazer referência expressa à recomendação de que bancos grandes e internacionalmente ativos, bem como outros, dependendo do perfil de risco e regulação local de governança, deveriam ter um executivo sênior independente, com responsabilidade distinta tanto pela função de gestão de risco como pela estrutura abrangente dessa gestão por toda a organização.

Independentemente do título de CRO (podendo-se adotar até outra denominação), a recomendação era de que, ao menos em bancos grandes, o papel deveria ser distinto de quaisquer outras funções executivas e responsabilidades por linhas de negócio, sem adoção de um chapéu duplo (ou seja, por exemplo, o CFO ou Diretor de Operações não deveriam cumular a função de CRO)[141]. Ainda que linhas de reportes variem de banco a banco, destaque era dado à independência do CRO, com, por um lado, acesso e reporte regular direto ao conselho de administração e seu comitê de risco sem impedimento[142] (inclusive com a possibilidade de reunião sem a presença da Diretoria), e sem, por outro lado, atribuição de responsabilidades relacionadas à operação das linhas de negócios ou funções de geração de faturamento[143]. Com efeito, a recomendação era de que o CRO tivesse respeitabilidade, autoridade e senioridade suficientes na organização para refletir na habilidade do CRO de influenciar as decisões que afetassem a exposição de risco do banco, inclusive com acesso a informações que entendesse necessárias para seu julgamento[144].

O documento de 2015 manteve substancialmente as colocações acima, com algumas atualizações e inserções. Nessa direção, a recomendação de que haja um CRO na estrutura de governança de um banco passou a compreender, além dos bancos grandes, internacionalmente ativos, e outros baseados em seu perfil de risco e exigências locais de governança, também "bancos complexos"[145]. Ainda, indicou-se o estabelecimento de um CRO para o grupo (no caso de grupos), para além dos CRO das subsidiárias, e procedeu-se ao posicionamento da função de gestão de risco

---

[141] Item 71 (BCBS, op. cit., 2010). O Comitê apontava em nota de rodapé que em instituições pequenas, com restrições de recursos de modo a precisar de sobreposição de responsabilidades, o "chapéu duplo" poderia ocorrer, mas os papéis deveriam ser compatíveis, por exemplo o CRO poderia liderar também uma área de risco particular, mas sem enfraquecer os pesos e balanços do banco (n. 26). Essa nota foi mantida no documento de 2015 (BCBS, op. cit., 2015, p. 26).

[142] Nesse sentido, o item 74 do documento de 2015 ressalta que o comitê deve receber comunicação e reporte regulares do CRO (que deve encabeçar a função de risco independente), bem como de outras funções relevantes sobre aspectos de risco do banco (como o perfil atual, a cultura de risco, infrações aos limites, planos de mitigação, dentre outros.

[143] Item 72 (BCBS, op. cit., 2010).

[144] Item 73 (BCBS, op. cit., 2010).

[145] Item 108 (BCBS, op. cit., 2015, p. 25-26).

na segunda linha do modelo de três linhas de defesa adotado[146], detalhando-se mais as funções de referido agente.

Nesse sentido, destacou-se que o CRO tem a responsabilidade primária pela fiscalização do desenvolvimento e da implementação da função de gestão de risco do banco, incluindo o contínuo fortalecimento das habilidades do *staff* e melhoramentos nos sistemas, políticas, processos, modelos quantitativos e relatórios de gestão de risco, tudo com vistas a assegurar que as capacidades de gestão de risco do banco estejam suficientemente robustas e efetivas para dar apoio completo aos objetivos estratégicos do banco e às suas atividades tomadoras de risco. Ainda, aponta-se que o CRO é responsável por dar apoio ao conselho de administração[147] no engajamento e fiscalização do desenvolvimento do apetite de risco do banco e de sua declaração (*risk appetite statement* – RAS[148]), além de traduzi-los para uma estrutura de limites de risco, devendo, ainda, engajar-se, junto à administração, ativamente no monitoramento da performance do banco com relação à assunção de risco e a aderência aos seus limites. O CRO, ademais, deve gerir e participar do processo de tomada de decisões centrais, como planejamento estratégico, de capital e liquidez, novos produtos e serviços, desenho de remuneração e operação[149].

Destaque-se ainda que se aponta que tanto a demissão[150] quanto a nomeação e outras alterações na posição do CRO devem ser aprovadas pelo conselho e pelo comitê de risco, sendo que a remoção do CRO deve ser publicamente divulgada, devendo o banco discutir as razões para tanto com o supervisor bancário[151]. Por fim, recomenda-se que o desempenho, remuneração e orçamento do CRO devam ser revistos e aprovados pelo comitê de risco ou conselho.

---

[146] Conforme comentado no item 2.4.3 retro.

[147] Nesse sentido, é inclusive apontado que, além da necessária independência da função do CRO de outras executivas no banco, é recomendado que o CRO tenha habilidade para interpretar e articular o risco de maneira clara e inteligível para efetivamente engajar o conselho e a administração em um diálogo construtivo sobre os assuntos chaves de risco. Item 110 (BCBS, op. cit., 2015, p. 26).

[148] Documento mencionado no item 2.4.3, supra.

[149] Item 109 (BCBS, op. cit., 2015, p. 26).

[150] Colocação que já era presente no item 74 do documento de 2010 (BCBS, op. cit., 2010).

[151] Item 111 (BCBS, op. cit., 2015, p. 26).

Aproximando-nos do Brasil para avaliar referido agente na governança corporativa de bancos, cumpre primeiramente observar que, mais uma vez, a Resolução n. 4.557/2017 representa um divisor de cenários. Com efeito, esta inseriu de maneira inédita a referência (e consequente disciplina) do CRO no contexto regulatório bancário. Para melhor entendimento desta assertiva, vale brevemente expor o quadro de fontes deste tópico de governança corporativa que havia antes de sua publicação.

3.4.3.1 *Cenário das fontes abstratas de governança corporativa no Brasil anterior à publicação da Resolução n. 4.557/2017 no tocante ao CRO*

Antes da Resolução n. 4.577/2017, a identificação do CRO tal como descrito nas recomendações do Comitê da Basileia demandava esforço de tradução e adequação ao nosso ordenamento. Nesse sentido, em razão das características apresentadas (por exemplo, as funções executivas atribuídas, o acesso a informações – ou o poder para tanto –, a responsabilidade, a comunicação direta com o conselho de administração e seu comitê de riscos, a publicação da alteração no cargo[152]), era possível vislumbrar – mesmo sem norma jurídica expressa – que o CRO, no ordenamento jurídico brasileiro, melhor correspondia (como ainda corresponde) ao *status* jurídico de Diretor[153] (a exemplo de Diretor "de Risco"), sendo abarcado, assim, pela qualidade de administrador con-

---

[152] Inclusive observadas as colocações feitas no item 3.3 da presente dissertação, na medida em que a qualificação técnica (e de demais requisitos previstos em norma) e a declaração de propósitos (processo público) mencionadas também são aplicáveis à diretoria.

[153] Como observa Alexandre di Miceli da Silveira: "[o]utro elemento organizacional central é a figura do gestor de risco. Em alguns casos, dependendo do porte da organização e da complexidade de seus riscos, esse profissional adquire *status* de diretor, sendo conhecido no mercado como *chief risk officer* (CRO)./ Trata-se de um profissional dedicado integralmente ao processo de gerenciamento de riscos da empresa. Cabe a ele, entre outras atividades: (i) avaliar de forma contínua e estruturada os riscos mais relevantes da organização e seu impacto no fluxo de caixa; (ii) estimar o efeito de novos investimentos no perfil de risco da empresa; (iii) promover eventos e treinamentos a fim de disseminar a cultura de riscos na organização; (iv) centralizar informações e comunicação sobre o tema; e (v) elaborar relatórios periódicos para o comitê de risco e para o conselho contendo análises qualitativas e quantitativas dos riscos identificados" (op. cit., p. 172). Vale destacar que, em nossa leitura, a tradução do quanto apontado pelo Comitê da Basileia, consideradas ainda as especificidades normativas do setor bancário no Brasil, no tocante ao CRO deve ser no sentido de que tal agente seja mesmo situado no âmbito da diretoria.

soante previsto na legislação societária, com os deveres, responsabilidades, obrigações e prerrogativas daí decorrentes[154]. No específico âmbito bancário, vale destacar quanto a este ponto que a Circular BC n. 3.136/2002 estabelece no *caput* de seu art. 1º que, para as instituições autorizadas a funcionar pelo Banco Central do Brasil:

> o termo diretor, seja adjunto, executivo, técnico, ou assemelhado, deve ser utilizado exclusivamente por pessoas eleitas ou nomeadas, conforme o caso, pelo conselho de administração ou pela assembléia geral ou por instrumento de alteração contratual da respectiva instituição **para o exercício das funções de administração previstas na legislação em vigor** [grifo nosso].

Essa constatação era complementada pelas disposições constantes de cinco resoluções do Conselho Monetário Nacional de destaque na matéria, e cujos términos de vigência foram previstos pela Resolução n. 4.557/2017, a saber: i) a Resolução n. 3.988, de 30 de junho de 2011, que versa sobre implementação de estrutura de gerenciamento de capital[155]; ii) a Resolução n. 3.721, de 30 de abril de 2009, que trata da implementação de estrutura de gerenciamento do risco de crédito[156]; iii) a Resolução n. 3.464, de 26 de junho de 2007, que aborda a implementação da estrutura de gerenciamento do risco de mercado[157]; iv) a Resolução n. 3.380, de 29 de junho de 2006, que versa sobre a implementação

---

[154] Deveres, responsabilidades, obrigações e prerrogativas decorrentes do status de administradores de companhia são temas extensivamente tratados pela doutrina societária. Para referência, citamos, por todos: TOLEDO, op. cit.; ADAMEK, op. cit.

[155] "Art. 2º Para os efeitos desta Resolução, define-se o gerenciamento de capital como o processo contínuo de: I – monitoramento e controle do capital mantido pela instituição; II – avaliação da necessidade de capital para fazer face aos riscos a que a instituição está sujeita; e III – planejamento de metas e de necessidade de capital, considerando os objetivos estratégicos da instituição". Referida definição é substancialmente similar à constante da Resolução n. 4.557/2017, em seu artigo 39, havendo apenas uma alteração no trecho "para fazer face aos riscos a que a instituição está sujeita" para "para fazer face aos riscos a que a instituição está exposta"

[156] A definição de risco de crédito para referida resolução encontra-se em seu artigo 2º. A Resolução n. 4.557/2017 trouxe definição muito similar, mas mais abrangente e atualizada em seu artigo 21.

[157] A definição de risco de mercado é tratada no art. 2º de referida resolução. A Resolução n. 4.557/2017 também trouxe definição, muito similar, mas mais precisa, em seu art. 25.

de estrutura de gerenciamento do risco operacional[158]; e a v) Resolução n. 4.090, de 24 de maio de 2012, que aborda a implementação de estrutura de gerenciamento do risco de liquidez[159 e 160]. Todas estipulam parâmetros mínimos de estrutura de gerenciamento quanto ao tipo de risco tratado, como o estabelecimento de políticas e estratégias, processos,

---

[158] A definição de risco operacional para mencionada resolução encontra-se em seu art. 2º. A Resolução n. 4.557/2017 também apresenta definição de referido risco em seu art. 32 e parágrafos, sendo substancialmente o mesmo conceito da Resolução n. 3.380/2006, com poucas alterações na estrutura da redação. Vale destacar que em ambas o risco legal é abarcado como risco operacional.

[159] Esta resolução define risco de liquidez em seu art. 2º. Vale destacar que a Resolução n. 4.557/2017 define referido risco em seu artigo 37. Ambas definições são idênticas.

[160] Outras duas normas relevantes, mas que não abordam especificamente o ponto ora estudado são: a já referida Resolução CMN n. 2.554, de 24 de setembro de 1998, conforme alterada, e a Resolução CMN n. 4.327, de 25 de abril de 2014. A primeira dispõe sobre a implantação e implementação, no âmbito das instituições financeiras e demais instituições autorizadas a funcionar pelo Banco Central do Brasil, de sistema de controles internos voltados para as atividades por elas desenvolvidas, seus sistemas de informações financeiras, operacionais e gerenciais e o cumprimento das normas legais e regulamentares a elas aplicáveis, sendo a primeira grande base nesse tópico no ordenamento regulatório vigente. A segunda, por sua vez, trata do "risco socioambiental" definido como "a possibilidade de ocorrência de perdas das instituições mencionadas no art. 1º [instituições financeiras e demais instituições autorizadas a funcionar pelo Banco Central do Brasil] decorrentes de danos socioambientais" (art. 4º). Referida norma estabelece diretrizes para o estabelecimento e implementação da Política de Responsabilidade Socioambiental (PRSA) pelas instituições autorizadas a funcionar pelo Banco Central do Brasil, além de, nesse âmbito, dispor sobre o estabelecimento de ações relacionadas ao gerenciamento de referido risco. É inclusive facultada a constituição de um comitê de responsabilidade socioambiental, de natureza consultiva, vinculado ao conselho de administração ou, em sua inexistência, à diretoria executiva, com a atribuição de monitorar e avaliar a PRSA, podendo propor aprimoramentos (§2º do art. 3º) e contar, em sua composição, com participação de partes interessadas (definidas como clientes e usuários dos produtos e serviços oferecidos pela instituição, a comunidade interna à sua organização, e as demais pessoas que sejam impactadas pelas atividades da instituição, segundo avaliação desta última, conforme decorre dos termos de seu §1º do art. 2º) externas à instituição (§3º do art. 3º). No que tange ao aspecto estudado no texto, o art. 7º determina que as ações relacionadas ao gerenciamento do risco socioambiental estejam subordinadas a uma unidade de gerenciamento de risco da instituição, ainda que procedimentos para identificação, classificação, avaliação, monitoramento, mitigação e controle do risco socioambiental possam também ser adotados em outras estruturas de gerenciamento de risco da instituição (*caput* e parágrafo único). Contudo, não há a determinação de indicação de um diretor responsável por referido gerenciamento, como ocorre com as normas tratadas no texto.

avaliações, validações[161], e a obrigatoriedade de descrição da estrutura de gerenciamento tratada na norma em relatório de acesso público[162].

No ponto específico relacionado ao que tratamos no presente item, todas as resoluções citadas versam sobre a obrigatoriedade de indicação de um diretor responsável pelo gerenciamento do risco tratado pela respectiva norma, prescrevendo-se, no mais, que o(s) referido(s) diretor(es) indicado(s) pode(m) desempenhar outras funções que não sejam relativas a determinadas áreas.

Da leitura dos dispositivos dessas resoluções atinentes ao presente tópico e comparação com as recomendações do Comitê da Basileia já em sua versão de 2015, cabem algumas observações. A primeira é de que não há, propriamente, nas mencionadas normas, disposição que aponte para a nomeação de um CRO único que fosse responsável pela estrutura de gerenciamento dos riscos de forma integrada, mas sim prevê-se a indicação de diretor(es) responsável(is) pelo gerenciamento do risco especificamente tratado por cada norma. Nessa toada, a limitação quanto às funções que o diretor indicado não poderia acumular restringia-se à administração de recursos de terceiros para todos os casos, assim como, para o caso específico do gerenciamento do risco de crédito, funções relativas à realização de operações sujeitas ao risco de crédito, e, para o caso específico do gerenciamento do risco de mercado, operações de tesouraria. Cabe observar, no entanto, que nas mencionadas resoluções também não há disposição que proíba uma instituição de se organizar de forma a ter um único diretor responsável pelo gerenciamento global de riscos (CRO), observadas as limitações quanto às funções referidas.

Assim, ainda que no ordenamento jurídico anterior à publicação da Resolução n. 4.557/2017 constassem normas impositivas atinentes à governança corporativa de bancos que exigiam a indicação de diretor(es) responsável(is) pelo gerenciamento de determinados tipos de riscos,

---

[161] Ver art. 4º e incisos da Resolução n. 3.988, de 30 de junho de 2011; art. 4º, incisos e parágrafos da Resolução n. 3.721, de 30 de abril de 2009; art. 3º, incisos e parágrafos da Resolução n. 3.380, de 29 de junho de 2006; art. 3º, incisos e parágrafos da Resolução n. 3.464, de 26 de junho de 2007; art. 5º, incisos e parágrafos da Resolução n. 4.090, de 24 de maio de 2012.

[162] Ver art. 7º e §1º da Resolução n. 3.988, de 30 de junho de 2011; art. 7º e §1º da Resolução n. 3.721, de 30 de abril de 2009; art. 4º e §1º da Resolução n. 3.380, de 29 de junho de 2006; art. 6º e §1º da Resolução n. 3.464, de 26 de junho de 2007; art. 6º e §1º da Resolução n. 4.090, de 24 de maio de 2012.

havendo inclusive margem para que, ao cabo, restasse apenas um diretor indicado para todos esses riscos, ponto é que o quadro regulatório não incentivava que houvesse a preocupação com o estabelecimento de um CRO que tivesse responsabilidade pela função global de gerenciamento de riscos, sem ademais cumular responsabilidades relacionadas a qualquer operação das linhas de negócios ou funções de geração de faturamento, como decorre das recomendações do Comitê da Basileia. Com efeito, não só era descurado que o agente referido poderia contribuir para o desempenho da função de gerenciamento de risco de maneira integrada, com uma visão holística para a instituição, como não se mencionava a abrangência da responsabilidade específica do diretor indicado inclusive quanto aos riscos não mencionados nas normas citadas, tais como o risco estratégico e o risco de reputação. De fato, o quadro regulatório era fragmentado, mencionando apenas determinados tipos de risco, ao passo que as instituições em questão se sujeitavam e se sujeitam a muitos outros. Ademais, também não era apreciado o fato de que o CRO pode contribuir para um fluxo adequado de informações importantes relacionadas a risco para o conselho de admistração e seu(s) comitê(s), evitando-se que haja falhas como as observadas no âmbito da crise de 2008.

Para melhor visualização do quanto relatado, segue quadro comparativo com a redação dos dispositivos pertinentes:

PONTOS DE MECANISMOS INTERNOS DE GOVERNANÇA CORPORATIVA

QUADRO 6: Comparação de recomendações do Comitê da Basileia (2015) e de dispositivos selecionados da Resolução n. 3.988/2011, da Resolução n. 3.721/2009, da Resolução n. 3.464/2007, da Resolução n. 3.380/2006 e da Resolução n. 4.090/2012.

	Recomendação Comitê de Basileia (redação de 2015)	Resolução 3.988/2011 (gerenciamento de capital)	Resolução 3.380/2006 (gerenciamento de risco operacional)	Resolução 3.464/2007 (gerenciamento do risco de mercado)	Resolução 3.721/2009 (gerenciamento de risco de crédito)	Resolução 4.090/2012 (gerenciamento do risco de liquidez)
Aplica-se a	Large, complex and internationally active banks, and other banks, based on their risk profile and local governance requirements [...] (item 108).	Art. 1º As instituições financeiras e demais instituições autorizadas a funcionar pelo Banco Central do Brasil obrigadas a calcular os requerimentos mínimos de Patrimônio de Referência (PR), de Nível I e de Capital Principal, na forma estabelecida pela Resolução nº 4.193, de 1º de março de 2013, devem implementar estrutura de gerenciamento de capital compatível com a natureza das suas operações, a complexidade dos produtos e serviços oferecidos, e a dimensão de sua exposição a riscos. (Redação dada, a partir de 1º/1/2015, pela Resolução nº 4.388, de 18/12/2014.) Parágrafo único. O disposto nesta Resolução não se aplica às administradoras de consórcio, que seguirão as normas editadas pelo Banco Central do Brasil no exercício de sua competência legal.	Art. 1º Determinar às instituições financeiras e demais instituições autorizadas a funcionar pelo Banco Central do Brasil a implementação de estrutura de gerenciamento do risco operacional.	Art. 1º As instituições financeiras e demais instituições autorizadas a funcionar pelo Banco Central do Brasil devem implementar estrutura de gerenciamento do risco de mercado.	Art. 1º As instituições financeiras e demais instituições autorizadas a funcionar pelo Banco Central do Brasil devem implementar estrutura de gerenciamento do risco de crédito compatível com a natureza das suas operações e a complexidade dos produtos e serviços oferecidos e proporcional à dimensão da exposição ao risco de crédito da instituição. [...] § 2º O disposto nesta resolução não se aplica às administradoras de consórcio, cuja estrutura de gerenciamento do risco de crédito seguirá as normas editadas pelo Banco Central do Brasil no exercício de sua competência legal.	Art. 1º As instituições financeiras e demais instituições autorizadas a funcionar pelo Banco Central do Brasil devem manter estrutura de gerenciamento do risco de liquidez compatível com a natureza das suas operações, a complexidade dos produtos e serviços oferecidos e a dimensão da sua exposição a esse risco.
Indicação de um Diretor Responsável	[...] should have a senior manager (CRO or equivalent) with overall responsibility for the bank's risk management function (item 108).	Art. 10. As instituições mencionadas no art. 1º devem indicar diretor responsável pelos processos e controles relativos à estrutura de gerenciamento de capital.	Art. 8º As instituições mencionadas no art. 1º devem indicar diretor responsável pelo gerenciamento do risco operacional. (Redação dada pela Resolução nº 3.464, de 26/6/2007.)	Art. 10. As instituições mencionadas no art. 1º devem indicar diretor responsável pelo gerenciamento do risco de mercado.	Art. 12. As instituições mencionadas no art. 1º devem indicar diretor responsável pelo gerenciamento do risco de crédito.	Art. 9º As instituições mencionadas no art. 1º devem indicar diretor responsável pelo gerenciamento do risco de liquidez.
Funções que não devem ser desempenhadas pelo Diretor responsável	The CRO, however, should not have management or financial responsibility related to any operational business lines or revenue-generating functions, and there should be no "dual hatting" (ie the chief operating officer, CFO, chief auditor or other senior manager should in principle not also serve as the CRO) (item 110). Where such "dual hatting" is unavoidable (eg in smaller institutions where resource constraints may make overlapping responsibilities necessary), these roles should be compatible – for example, the CRO may also have lead responsibility for a particular risk area – and should not weaken checks and balances within the bank (Nota de rodapé 26).	Art. 10, § 1º Para fins da responsabilidade de que trata o caput, admite-se que o diretor indicado desempenhe outras funções na instituição, exceto as relativas à administração de recursos de terceiros.	Art. 8º, § 1º Para fins da responsabilidade de que trata o caput, admite-se que o diretor indicado desempenhe outras funções na instituição, exceto as relativas à administração de recursos de terceiros. (Renumerado pela Resolução nº 3.464, de 26/6/2007.)	Art. 10, § 1º Para fins da responsabilidade de que trata o caput, admite-se que o diretor indicado desempenhe outras funções na instituição, exceto as relativas à administração de recursos de terceiros e de operações de tesouraria.	Art. 12, § 1º Para fins da responsabilidade de que trata o caput, admite-se que o diretor indicado desempenhe outras funções na instituição, exceto as relativas à administração de recursos de terceiros e realização de operações sujeitas ao risco de crédito.	Art. 9º, § 1º Para fins da responsabilidade de que trata o caput, admite-se que o diretor indicado desempenhe outras funções, exceto as relativas às áreas de negócios e à administração de recursos de terceiros.
Diretor responsável no caso de grupo (no Brasil, atualmente previsão de "conglomerado prudencial", conforme inicialmente disposto pela vigente Resolução nº 4.195/2013, revogada pela Resolução nº 4.280/2013)	In banking groups, there should be a group CRO in addition to subsidiary-level risk officers.	Art. 10, § 2º Para as instituições integrantes de conglomerado que tenham optado pela constituição de unidade única de gerenciamento de capital nos termos do art. 9º, apenas a instituição na qual está localizada a mencionada unidade deve indicar diretor responsável.	Art. 8º, § 2º Para as instituições integrantes de conglomerado que tenham optado pela constituição de estrutura única de gerenciamento de risco de mercado nos termos do art. 7º, apenas a instituição na qual está localizada mencionada estrutura deve indicar diretor responsável. (Incluído pela Resolução nº 3.464, de 26/6/2007.)	Art. 10, § 2º Para as instituições integrantes de conglomerado que tenham optado pela constituição de estrutura única de gerenciamento de risco de mercado nos termos do art. 9º, apenas a instituição na qual está localizada mencionada estrutura deve indicar diretor responsável.	Art. 12, § 2º Para as instituições integrantes de conglomerado que tenham optado pela constituição de estrutura única de gerenciamento de risco nos termos do art. 9º, apenas a instituição na qual está localizada a mencionada estrutura deve indicar diretor responsável.	Art. 9º, § 2º Para as instituições integrantes de conglomerado que tenham optado pela constituição de unidade única de gerenciamento do risco de liquidez nos termos do art. 8º, apenas a instituição na qual está localizada a mencionada unidade deve indicar diretor responsável.

Fonte: elaborado pela autora com as informações constantes de BCBS (2015) e das Resoluções n. 3.988/2011, n. 3.721/2009, n. 3.464/2007, n. 3.380/2006 e n. 4.090/2012.

Entendemos, assim, que, nesse quadro anterior à Resolução n. 4.557//2017, se por um lado as normas regulatórias permitiam configurações diversas quanto à estrutura de governança de risco – o que admite uma adequação à realidade de cada instituição, seguindo-se, assim, no sentido em geral preconizado pela governança corporativa –, por outro, não sinalizavam o devido cuidado com o estabelecimento de um CRO nas instituições bancárias. Como consequência, havia necessidade de maior atenção por parte da construção da governança corporativa individual de referidas instituições no tocante à efetiva adoção deste diretor com responsabilidade pela função de gerenciamento global de todos os riscos incorridos e que não cumulasse quaisquer funções que envolvessem a geração de faturamento.

Nessa direção, necessária era a incursão integrativa a outras fontes que pudessem colaborar com a governança corporativa das instituições em questão. Do ponto de vista de recomendações de governança corporativa específica para bancos (*soft law*), a Cartilha da ABBC, de 2009, aponta, para o nível de complexidade 4 de 5 (pressuposto também para o nível de complexidade 5 de 5), que a gestão de risco esteja em conformidade com os mais elevados padrões internacionais, pelo que, de maneira atualizada, e por todo o exposto, era possível estender que a posição de um CRO deveria ser (como recomendação de governança corporativa adequada) implementada. Ainda nesse tocante, valia observar que as recomendações de governança corporativa geral advindas tanto do Código de Melhores Práticas do IBGC[163] quanto do Código da

---

[163] Item 4.5, Fundamento: "Negócios estão sujeitos a riscos, cuja origem pode ser operacional, financeira, regulatória, estratégica, tecnológica, sistêmica, social e ambiental. Os riscos a que a organização está sujeita
devem ser gerenciados para subsidiar a tomada de decisão pelos administradores./ Os agentes de governança têm responsabilidade em assegurar que toda a organização esteja em conformidade com os seus princípios e valores, refletidos em políticas, procedimentos e normas internas, e com as leis e os dispositivos regulatórios a que esteja submetida. A efetividade desse processo constitui o sistema de conformidade (*compliance*) da organização"; e práticas: "d) A diretoria, em conjunto com o conselho de administração, deve desenvolver uma agenda de discussão de riscos estratégicos, conduzida rigorosamente ao longo de todo o ano, de tal forma que supere os paradigmas e vieses internos. e) Além da identificação de riscos, a diretoria deve ser capaz de aferir a probabilidade de sua ocorrência e a exposição financeira consolidada a esses riscos, incluindo os aspectos intangíveis, implementando medidas para prevenção ou mitigação dos principais riscos a que a organização está sujeita. [...] g) A diretoria, auxiliada pelos órgãos de controle vinculados ao conselho de administração (comitê

PONTOS DE MECANISMOS INTERNOS DE GOVERNANÇA CORPORATIVA

Abrasca[164] e do Código Brasileiro de Governança Corporativa – Companhias Abertas[165] ressaltam o papel da diretoria como um todo no estabelecimento e operação dos sistemas de processos relacionados à gestão de risco.

Destacamos, entretanto, a especificidade do setor bancário, que demanda um cuidado especial com a estrutura de gestão de riscos, dadas a dimensão e a extensão únicas destes, como tratadas no primeiro capítulo, motivo pelo qual, mesmo desde antes da Resolução n. 4.557/2017, deveria efetivamente ser ponderada a instituição do CRO indicado pelo Comitê da Basileia – sem, contudo, eliminar o papel diligente da diretoria como um todo (aliás, da alta administração) que, no mais, decorre e

---

de auditoria, ver 4.1) e pela auditoria interna (ver 4.4), deve estabelecer e operar um sistema de controles internos eficaz para o monitoramento dos processos operacionais e financeiros, inclusive os relacionados com a gestão de riscos e de conformidade (*compliance*). Deve, ainda, avaliar, pelo menos anualmente, a eficácia do sistema de controles internos, bem como prestar contas ao conselho de administração sobre essa avaliação".

[164] Capítulo 5, Princípio Básico: "[a] Companhia deve manter sistemas de controles internos e gestão de riscos que propiciem sua sustentabilidade e perenidade". Princípios Complementar: "[o]s controles internos devem permitir à administração monitorar os processos operacionais e financeiros, assim como os riscos de desconformidade com as políticas e os limites estabelecidos pelo conselho de administração". Regra 5.2: "[o] diretor-presidente, em conjunto com os demais diretores, é o responsável pelos sistemas de controles internos e gestão de riscos, cabendo-lhe revisar periodicamente esses sistemas e identificar falhas e propor melhorias" e "5.5. A Companhia deve ter uma área voltada para acompanhar a eficácia dos controles internos e a observância de regras prudenciais por todos os administradores, empregados e outros colaboradores".

[165] Item 3.1, Princípio: "[a] diretoria deve gerir os negócios da companhia, com observância aos limites de risco e às diretrizes aprovados pelo conselho de administração". Fundamento: "[c]omo responsável pela gestão dos negócios, a diretoria desempenha papel central no funcionamento do sistema de governança corporativa, na medida em que cabe a ela, entre outras atribuições, implementar a estratégia definida pelo conselho de administração, bem como mecanismos, processos, programas, controles e sistemas visando a assegurar a observância aos limites de risco e às diretrizes aprovados pelo conselho de administração". Prática recomendada: a diretoria deve, sem prejuízo de suas atribuições legais e estatutárias e de outras práticas previstas no Código, 3.1.1 (i) "executar a política de gestão de riscos e, sempre que necessário, propor ao conselho eventuais necessidades de revisão dessa política, em função de alterações nos riscos a que a companhia está exposta". GT Interagentes, op. cit., p. 43.

é incentivada pelas normas jurídicas aplicáveis[166 e 167] –, observando-se as recomendações dessa entidade acima referidas.

[166] Além do dever de diligência geral presente, não se pode esquecer dos próprios papéis atribuídos ao conselho de administração e diretoria como um todo. Por exemplo, o art. 18 da Resolução n. 4.557/2017 dispõe: "A diretoria e o conselho de administração, quando existente, devem se envolver ativamente no programa de testes de estresse, indicando as diretrizes a serem seguidas e aprovando os cenários, quando utilizada a metodologia de análise de cenários". Já o art. 50 de mesma norma prevê: "Compete à diretoria da instituição conduzir, em conformidade com as políticas e estratégias de que trata o art. 7º, inciso I, as atividades que impliquem a assunção de riscos".

[167] Destaque-se, ademais – novamente sem pretensão de detalhamento, o qual merece trabalho monográfico próprio –, que, no caso bancário brasileiro em específico, para além da responsabilidade geral constante do artigo 158 e parágrafos da Lei das S.A., devem ser consideradas as particularidades já mencionadas no primeiro capítulo no tocante à responsabilidade dos administradores de instituições financeiras. Com efeito, é importante que haja a indicação clara da responsabilidade pelo(s) gerenciamento(s) de risco(s) inclusive para efeitos de individualização de responsabilidades de natureza administrativa (como salienta, por exemplo, LAUDÍSIO, A. **Responsabilidade do administrador de banco e a pena de inabilitação**. 29 dez. 2014. Disponível em: <http://www.conjur.com.br/2014-dez-29/arnaldo--laudisio-responsabilidade-administrador-banco>. Acesso em: 9 nov. 2016) e até penal. Já no âmbito da responsabilidade civil, com espeque nos comandos legislativos do art. 40 e seu parágrafo único da Lei 6.024/74 referida anteriormente, tem-se a responsabilidade solidária expressa da administração pelas obrigações da instituição financeira assumidas em sua gestão até que estas sejam cumpridas, circunscrevendo-se, contudo, ao montante dos prejuízos causados, ainda que esta questão – a exemplo da celeuma sobre a sua natureza objetiva ou subjetiva – também não seja pacífica na doutrina, mormente em se caracterizar a solidariedade com relação a todos os administradores, ou apenas aos considerados responsáveis (pressupondo-se que seja subjetiva a responsabilidade). Por exemplo, Eduardo Salomão Neto sustenta que: "a responsabilidade é solidária entre os administradores e controladores de forma que respondem mesmo por obrigações conferidas à esfera de atribuição de outrem. [...] Também não será necessário que exista conduta do responsável ou relação de tal conduta com os prejuízos causados. [...] A intenção da lei parece ser a de criar responsabilidade mútua entre todas as pessoas que têm ou possam ter ingerência na administração da empresa financeira, ou que a ela emprestam credibilidade participando de sua administração ou controle societário. Como resultado, haverá internamente clima de fiscalização mútua, e pressão do próprio mercado de administradores pela qualidade administrativa das instituições: só as bem administradas conseguirão contratar bons profissionais, pois o risco de se associar a uma instituição mal administrada e sofrer reflexos na esfera patrimonial é sempre presente" (SALOMÃO NETO, op. cit., p. 723-724). Já Ivo Waisberg, manifestando-se a respeito das diversas posições de doutrinadores por ele revistas, posiciona-se no sentido de que é "[q]uanto à solidariedade imposta pela lei, a exegese [...] nos parece correta. É entre os culpados, apontados pelo inquérito [conduzido pelo Banco Central do Brasil por meio da nomeação de uma comissão de inquérito para determinar as causas da situação financeira e

3.4.3.2 Cenário das fontes abstratas de governança corporativa no Brasil posterior à publicação da Resolução n. 4.557/2017 no tocante ao CRO

Com a publicação da Resolução n. 4.557/2017, essa construção que já decorria da análise conjunta de diversas fontes de governança corporativa, bem como da experiência decorrente da crise de 2008, foi substituída por uma previsão regulatória propriamente específica a dispor sobre o agente CRO. Observe-se que essa previsão entrou em vigor desde sua publicação ocorrida no dia 1º de março de 2017, ainda que a determinação expressa da revogação das resoluções mencionadas no item anterior tenha sido postergada, pelo artigo 68, I, da Resolução n. 4.557/2017, por trezentos e sessenta dias após a publicação desta, com exceção do caso das instituições enquadradas no Segmento 1, para as quais a cessação da observância das resoluções anteriores recebeu o prazo de cento e oitenta dias contados da publicação da Resolução n. 4.557/2017[168].

Com efeito, sem excluir a responsabilidade da diretoria como um todo[169], referida resolução previu i) a indicação de diretor para gerenciamento de riscos (expressamente nomeado CRO)[170] responsável pela unidade específica que deve executar o gerenciamento de riscos nas instituições enquadradas nos segmentos S1, S2, S3 e S4[171]; e ii) a

---

a responsabilidade], que ela se institui e não sobre todos os administradores" (WAISBERG, I. **Responsabilidade civil dos administradores de bancos comerciais**: regimes especiais: intervenção, liquidação extrajudicial, regime de administração temporária – RAET. São Paulo: Revista dos Tribunais, 2002, p. 115).

[168] §3º do art. 67 da Resolução n. 4.557/2017.
[169] Aliás, como decorre do já disposto nas notas de rodapé 166 e 167 do presente capítulo.
[170] Art. 44 da Resolução n. 4.557/2017.
[171] Art. 43 da Reoslução n. 4.557/2017 que dispõe: "Art. 43. A atividade de gerenciamento de riscos deve ser executada por unidade específica nas instituições de que trata o art. 2º./ §1º A unidade a que se refere o *caput* deve ser segregada das unidades de negócios e da unidade executora da atividade de auditoria interna, de que trata o art. 2º da Resolução nº 2.554, de 24 de setembro de 1998./ §2º A unidade a que se refere o *caput* deve ter quantidade suficiente de profissionais experientes e qualificados em gerenciamento de riscos que atendam aos seguintes requisitos:/ I – possuam conhecimento do mercado e dos produtos e serviços da instituição;/ II – tenham acesso regular a capacitação e treinamento;/ III – sejam capazes de questionar os riscos assumidos nas operações realizadas pelas unidades de negócios; e/ IV – compreendam as limitações e as incertezas relacionadas às metodologias utilizadas na estrutura de gerenciamento de riscos". As instituições enquadradas no S5 estão sujeitas

indicação de diretor responsável pela estrutura de gerenciamento de capital[172 e 173].

Dessa feita, a resolução em tela estatuiu o CRO responsável pelo gerenciamento integrado dos riscos (prevendo, para além dos tipos de riscos mencionados nas normas anteriores, o risco socioambiental e "os demais riscos relevantes, segundo critérios definidos pela instituição", conforme incisos VI e VII do seu art. 6º), e manteve a ele paralelo o diretor responsável pelo gerenciamento de capital. Para o primeiro, a norma estabelece uma lista de atribuições que devem ser abrangidas (além das atribuições conjuntas que já mencionamos quando da análise do comitê de riscos): i) supervisão do desenvolvimento, da implementação e do desempenho da estrutura de gerenciamento de riscos, incluindo seu aperfeiçoamento; ii) responsabilidade pela adequação, à RAS e aos objetivos estratégicos da instituição, das políticas, dos processos, dos relatórios, dos sistemas e dos modelos utilizados no gerenciamento de riscos; iii) responsabilidade pela adequada capacitação dos integrantes da unidade específica de execução da atividade de gerenciamento de riscos, acerca das políticas, dos processos, dos relatórios, dos sistemas e dos modelos da estrutura de gerenciamento de riscos, mesmo que desenvolvidos por terceiros; e iv) subsídio e participação no processo de tomada de decisões estratégicas relacionadas ao gerenciamento de riscos e, quando aplicável, ao gerenciamento de capital, auxiliando o conselho de administração[174].

Em adição, para ambos os agentes é prevista a possibilidade de cumulação de outras funções, desde que não haja conflito de interesses[175].

---

ao artigo 62 da resolução em questão que estabelece o dever de designar um diretor responsável pela estrutura simplificada de gerenciamento contínuo de riscos.

[172] Art. 48 da Resolução n. 4.557/2017.

[173] A exemplo da unidade específica de gerenciamento de riscos prevista no artigo 43 já reproduzido, o artigo 46 dispõe: "Art. 46. A atividade de gerenciamento de capital deve ser executada por unidade específica nas instituições de que trata o art. 2º./ §1º A unidade a que se refere o *caput* deve ser segregada da unidade executora da atividade de auditoria interna, de que trata o art. 2º da Resolução nº 2.554, de 1998./ §2º A unidade a que se refere o *caput* deve ter quantidade suficiente de profissionais experientes e qualificados que tenham acesso regular a capacitação e treinamento para fins do gerenciamento de capital".

[174] Conforme incisos do §1º do art. 44 da Resolução n. 4.557/2017.

[175] Conforme §2º do art. 44 e §1º do art. 47, todos da Resolução n. 4.557/2017, respectivamente: "§2º Desde que assegurada a inexistência de conflito de interesses, admite-se que o

Assim, numa ponta, é possível até mesmo que haja um único diretor abrangendo tanto o gerenciamento de capital quanto o de riscos. Na outra, entretanto, pode ser salutar que haja dois diretores distintos, notadamente naquelas instituições em que o gerenciamento de capital (ou o de riscos) é complexo o suficiente para justificar tal configuração. Nesse caso, ainda que a norma não seja expressa nesse sentido[176], é imprescindível que haja boa coordenação e comunicação tempestivas entre ambos os agentes para que o propósito da integração dos gerenciamentos de riscos e boa administração da instituição se concretize.

Ainda quanto ao ponto acima observado, destacamos a adequação da fórmula da letra da norma brasileira que dispõe claramente que o núcleo central a ser observado na cumulação de funções no caso dos referidos agentes é a ausência de conflito de interesses. Com efeito, ainda que não deixe uma sinalização objetiva (como ocorria antes da publicação da resolução em comento, com a expressa vedação à cumulação de atividades relativas à administração de recursos de terceiros, ou mesmo nas recomendações do Comitê da Basileia, no sentido de apontar a não cumulação com atividades que gerem faturamento), evidencia-se o que efetivamente se busca, permitindo uma melhor aplicação da vedação às múltiplas situações que podem surgir na realidade dos casos concretos.

Observamos também que a disciplina dos aspectos afetos ao CRO trazida pela Resolução n. 4.557/2017, como suas atribuições, acesso a informação, alcance na comunicação, nomeação e destituição, muito se aproxima do quanto previsto nas recomendações mencionadas do Comitê da Basileia, o que envidenciaremos pelo quadro a seguir exposto.

CRO desempenhe outras funções na instituição, incluindo a avaliação da adequação de capital de que trata o art. 40, inciso VI"; e "§1º Admite-se que o diretor de que trata o *caput* [diretor responsável pela estrutura de gerenciamento de capital] desempenhe outras funções, exceto as que configurem conflito de interesses". Previsão similar também existe para o caso da estrutura simplificada de gerenciamento contínuo de riscos das instituições enquadradas no Segmento 5, as quais devem indicar diretor responsável por referida estrutura e, para os fins dessa responsabilidade, "admite-se que o diretor indicado desempenhe outras funções na instituição, exceto as que configurem conflito de interesses" (art. 62, *caput* e parágrafo único).

[176] Embora seja possível dizer que a Resolução n. 4.557/2017 enseja o quanto mencionado no texto, notadamente ao dispor como atribuição do CRO prover subsídio e participação no processo de tomada de decisões estratégicas relacionadas ao gerenciamento de capital, "quando aplicável", como já referido.

Por fim, comenta-se que a Resolução n. 4.557/2017 disciplinou o gerenciamento de riscos e o gerenciamento de capital de conglomerados prudenciais, determinando (o que as normas anteriores deixavam como opção) a adoção de estrutura unificada de cada um dos referidos gerenciamentos para as instituições integrantes, com a consideração dos riscos associados ao conglomerado e a cada instituição individualmente, bem como identificação e acompanhamento dos riscos associados às demais entidades controladas pelas integrantes ou das quais estas participem[177]. Nessa direção, é previsto que o Banco Central do Brasil seja informado sobre a indicação da instituição integrante do conglomerado prudencial responsável pelo disposto na referida resolução, a quem competirá tanto a designação do CRO responsável pelo gerenciamento de riscos do conglomerado, quanto a designação do diretor responsável pelo gerenciamento de capital do conglomerado. Quanto a esse ponto, vale trazer à baila a recomendação do Comitê da Basileia no sentido de que os "grupos bancários"[178] contem com um CRO do grupo em adição aos CROs das suas integrantes.

3.4.3.2.1 Comparação com as recomendações do Comitê da Basileia em matéria de CRO

Por fim, no cumprimento de nosso propósito de situar as fontes abstratas em matéria de governança corporativa de instituições bancárias no Brasil *vis-à-vis* o contexto internacional consubstanciado nas recomendações do Comitê da Basileia (2015) nos pontos selecionados em função da crise de 2008, dentre os quais o estabelecimento de um CRO, procederemos a uma comparação destas com os dispositivos da Resolução 4.557/2017, por ser essa a principal fonte atual na matéria.

Como já salientado acima, a disciplina dos aspectos afetos ao CRO muito se aproxima do quanto previsto nas recomendações mencionadas do Comitê da Basileia, situação essa que envidenciaremos com a apresentação do seguinte quadro:

---

[177] Ver artigos 2º, §2º, e 53 a 55, da Resolução n. 4.557/2017.

[178] Deve-se observar que não há definição de "grupo bancário" nos documentos específicos de governança corporativa do Comitê da Basileia. Entretanto, entendemos possível e adequado estender as recomendações referidas ao denominado "conglomerado prudencial", conceito adotado no Brasil justamente em sintonia com a inserção de Basileia III em nosso ordenamento, e já explanado na nota de rodapé 71 do presente capítulo.

Quadro 7: Comparação no tocante a previsões atinentes ao CRO constantes do documento de 2015 do Comitê da Basileia e de dispositivos da Resolução n. 4.557/2017.

	Recomendação Comitê de Basileia (redação de 2015)	Resolução n. 4.557/2017	Observações
Indicação de CRO	Large, complex and internationally active banks, and other banks, based on their risk profile and local governance requirements should have a senior manager (CRO or equivalent) with overall responsibility for the bank's risk management function	Obrigatório para instituições dos segmentos S1, S2, S3, S4 e S5.	Mais abrangente. As instituições dos segmentos S1, S2, S3 e S4 devem também indicar diretor responsável pela estrutura de gerenciamento de capital.
Fundamento	item 108	art. 2º c.c art. 44, 47 e 62.	
Atribuições	• The CRO has primary responsibility for overseeing the development and implementation of the bank's risk management function. • This includes the ongoing strengthening of staff skills and enhancements to risk management systems, policies, processes, quantitative models and reports as necessary to ensure that the bank's risk management capabilities are sufficiently robust and effective to fully support its strategic objectives and all of its risk-taking activities. • The CRO is responsible for supporting the board in its engagement with and oversight of the development of the bank's risk appetite and RAS and for translating the risk appetite into a risk limits structure. • The CRO, together with management, should be actively engaged in monitoring performance relative to risk-taking and risk limit adherence • The CRO's responsibilities also include managing and participating in key decision-making processes (eg strategic planning, capital and liquidity planning, new products and services, compensation design and operation). • The CRO should have the ability to interpret and articulate risk in a clear and understandable manner and to effectively engage the board and management in constructive dialogue on key risk issues.	As atribuições do CRO abrangem: • supervisão do desenvolvimento, da implementação e do desempenho da estrutura de gerenciamento de riscos, incluindo seu aperfeiçoamento; • responsabilidade pela adequada capacitação dos integrantes da unidade específica de execução da atividade de gerenciamento de riscos, acerca das políticas, dos processos, dos relatórios, dos sistemas e dos modelos da estrutura de gerenciamento de riscos, mesmo que desenvolvidos por terceiros; • responsabilidade pela adequação, à RAS e aos objetivos estratégicos da instituição, das políticas, dos processos, dos relatórios, dos sistemas e dos modelos utilizados no gerenciamento de riscos; • subsídio e participação no processo de tomada de decisões estratégicas relacionadas ao gerenciamento de riscos e, quando aplicável, ao gerenciamento de capital, auxiliando o conselho de administração. O conselho de administração, o comitê de riscos, o CRO e a diretoria da instituição devem: • compreender, de forma abrangente e integrada, os riscos que podem impactar o capital e a liquidez da instituição; • entender as limitações das informações constantes dos relatórios gerenciais recebidos no âmbito do gerenciamento de riscos e do gerenciamento de capital (conforme previstos nos artigos 7º, inciso X, e 40, inciso VII, da Resolução n. 4.553/2017), e dos reportes relativos ao gerenciamento de riscos e ao gerenciamento de capital; • garantir que o conteúdo da RAS seja observado pela instituição; • entender as limitações e as incertezas relacionadas à avaliação dos riscos, aos modelos, mesmo quando desenvolvidos por terceiros, e às metodologias utilizadas na estrutura de gerenciamento de riscos; • assegurar o entendimento e o contínuo monitoramento dos riscos pelos diversos níveis da instituição.	Substancialmente similar.
Fundamento	itens 109 e 110	art. 44, §1º e incisos, c.c. art. 51, caput e incisos	
Funções que não devem ser desempenhadas pelo CRO	The CRO, however, should not have management or financial responsibility related to any operational business lines or revenue-generating functions, and there should be no "dual hatting" (ie the chief operating officer, CFO, chief auditor or other senior manager should in principle not also serve as the CRO) (Item 110). Where such "dual hatting" is unavoidable (eg in smaller institutions where resource constraints may make overlapping responsibilities necessary), these roles should be compatible – for example, the CRO may also have lead responsibility for a particular risk area – and should not weaken checks and balances within the bank (Nota de rodapé 26).	Desde que assegurada a inexistência de conflito de interesses, admite-se que o CRO desempenhe outras funções na instituição, incluindo a avaliação da adequação de capital	Condizente. A redação brasileira é mais direcionada ao núcleo que deve reger a cumulação de funções: inexistência de conflito de interesses.
Fundamento	item 110 e nota de rodapé 26	§2º do art. 44, §1º do art. 47, e art. 62, caput e parágrafo único	
Previsão formal das atribuições	The organisation and procedures and decision-making of senior management should be clear and transparent and designed to promote effective management of the bank. This includes clarity on the role, authority and responsibility of the various positions within senior management, including that of the CEO.	O regimento interno, ou equivalente, da instituição deve dispor, de forma expressa, sobre as atribuições do CRO.	Substancialmente condizente.
Fundamento	item 88	art. 44, §3º	
Comunicação	The CRO should have the organisational stature, authority and necessary skills to oversee the bank's risk management activities. The CRO should be independent and have duties distinct from other executive functions. [...] While formal reporting lines may vary across banks, the CRO should report and have direct access to the board or its risk committee without impediment. [...] Interaction between the CRO and the board and/or risk committee should occur regularly, and the CRO should have the ability to meet with the board or risk committee without executive directors being present.	A instituição deve estabelecer condições adequadas para que o CRO exerça suas atribuições de maneira independente e possa se reportar, diretamente e sem a presença dos membros da diretoria, ao comitê de riscos, ao principal executivo da instituição, e ao conselho de administração.	Substancialmente similar. Cuidado deve ser dado à regularidade da interação do CRO com o comitê de riscos e o conselho de administração, tal como expresso nas recomendações do Comitê da Basileia. No mais, a norma brasileira também destacou o acesso do CRO ao CEO.
Fundamento	item 110	art. 44, §4º	
Acesso a Informações	The CRO should be independent and have duties distinct from other executive functions. This requires the CRO to have access to any information necessary to perform his or her duties.	Deve ser assegurado ao CRO acesso às informações necessárias ao cumprimento de suas atribuições	Condizente.
Fundamento	item 110	art. 44, §5º	
Nomeação e destituição	• Appointment, dismissal and other changes to the CRO position should be approved by the board or its risk committee. • If the CRO is removed from his or her position, this should be disclosed publicly. The bank should also discuss the reasons for such removal with its supervisor.	• A nomeação e a destituição do CRO devem ser aprovadas pelo conselho de administração. • A instituição deve designar o nome do CRO perante o Banco Central do Brasil. • A destituição do CRO deve ser tempestivamente divulgada no sítio da instituição na internet e as razões desse fato devem ser comunicadas ao Banco Central do Brasil, que poderá requerer informações adicionais.	Condizente. Atenção à possibilidade recomendada pelo Comitê da Basileia no tocante à participação do comitê de riscos.
Fundamento	item 111	art. 44, §6º, §7º e §8º	
Desempenho, remuneração e orçamento	The CRO's performance, compensation and budget should be reviewed and approved by the risk committee or the board.	Sem correspondência.	Na há correspondência na Resolução n. 4.557/2017. Uma previsão que se aproxima parcialmente do presente item encontra-se no inciso IX do art. 49, pelo qual é competência do conselho de administração garantir que a estrutura remuneratória adotada pela instituição não incentive comportamentos incompatíveis com os níveis de apetite por riscos fixados na RAS. Ademais, deve-se recordar a Resolução n. 3.921/2010, incluindo o disposto em seu art. 10: "O conselho de administração é responsável pela política de remuneração de administradores, devendo supervisionar o planejamento, operacionalização, controle e revisão da referida política".
Fundamento	item 111	Sem correspondência.	

Diretor responsável no caso de grupo (no Brasil, atualmente previsão de "conglomerado prudencial", conforme inicialmente disposto pela vigente Resolução n° 4.195/2013, revogada pela Resolução n° 4.280/2013)	In banking groups, there should be a group CRO in addition to subsidiary-level risk officers	• As estruturas de gerenciamento contínuo e integrado de riscos e de gerenciamento de capital devem ser, cada uma, unificadas para as instituições integrantes de um mesmo conglomerado prudencial; • O Banco Central do Brasil deve ser informado sobre a indicação da instituição integrante do conglomerado prudencial responsável pelo disposto na Resolução n. 4.557/2017, à qual compete: designar o CRO responsável pelo gerenciamento de riscos do conglomerado; designar o diretor responsável pelo gerenciamento de capital do conglomerado.	Parcialmente condizente. A norma brasileira dispôs com preocupação quanto à integração do gerenciamento de riscos e de capital de instituições que integrem um mesmo conglomerado prudencial. Dessa forma, previu expressamente o CRO do conglomerado. O Comitê da Basileia recomenda que "grupos bancários" tenham tanto um CRO para o grupo, como também CROs para as entidades dele integrantes. A norma brasileira inseriu bom patamar mínimo a ser observado, restando à governança corporativa de cada caso concreto sopesar a adequação de estruturas ainda mais robustas.
Fundamento	Item 108	§2° do art. 2° c.c art. 55, incisos I e II	
Obs.: Na inexistência do conselho de administração, aplicam-se à diretoria da instituição as competências a ele atribuídas pela Resolução n. 4.557/2017 (art. 49)			

Fonte: elaborado pela autora com as informações constantes de BCBS (2015) e a Resolução n. 4.557//2017.

3.5 Políticas de remuneração e instauração de comitê de remuneração: relacionamento com o risco

O último tópico de governança corporativa interna de instituições bancárias estimulado pela crise de 2008 de destaque na presente dissertação refere-se à remuneração do pessoal com atribuições relacionadas à assunção de risco. Com efeito, como relatado no capítulo anterior, a preocupação com a relação entre remuneração e risco, especialmente em uma visão de longo prazo, no contexto dos bancos, embora já destacada desde antes, foi enfatizada, e encontra-se especialmente alinhada, mais uma vez, à especialidade da complexidade da atividade bancária, envolta em opacidade e em extensão única de riscos corridos.

Nesse ponto, conforme referido no item 2.4.2 do presente trabalho, o Comitê da Basileia destacou em 2010 como os sistemas de remuneração e incentivos relacionados (*compensation*) contribuem para o desempenho e assunção de risco dos bancos, motivo pelo qual deveriam ser considerados elementos-chave de sua governança. Observado que na prática os riscos não foram sempre levados em consideração nessa seara, resultando na exacerbação de riscos de longo prazo para, por exemplo, aumentar resultados de curto, foi mencionada a iniciativa do Financial Stability Board[179] de publicar o *FSF Principles for Sound Compensation Practices*[180], em abril de 2009, acompanhado do *FSB Implementation*

---

[179] Ainda à época do primeiro documento mencionado como Financial Stability Forum (FSF). Para evolução histórica do FSB, em doutrina nacional, ver PINTO, op. cit., p. 327-328.
[180] FSF. **FSF Principles for Sound Compensation Practices**. 2 abr. 2009. Disponível em: <http://www.fsb.org/wp-content/uploads/r_0904b.pdf?page_moved=1>. Acesso em: 18 dez. 2016.

Standards on Compensation[181 e 182], em setembro de 2009[183]. A recomendação geral do Comitê era de que os princípios e padrões do FSB, ou as provisões nacionais a eles consistentes, fossem implementadas pelos bancos. Efetivamente, os princípios e práticas enunciados pelo Comitê da Basileia em 2010 refletiam os elementos centrais relacionados à governança corporativa dos princípios e padrões do FSB[184], de forma que as recomendações de 2010 do Comitê da Basileia quanto à política de remuneração guardam grande correspondência na redação com enunciados dos referidos documentos do FSB.

Os princípios e recomendações do Comitê da Basileia de 2015, por sua vez, mantiveram a substância do quanto disposto em 2010, ainda que as recomendações tenham sido reescritas, simplificadas (inclusive reduzindo-as a um único princípio), e tenham ocorrido algumas poucas inserções (como comentado no item 2.4.3 da presente dissertação). De fato, mantém-se o alinhamento aos princípios do FSB quanto à remuneração, destacando-se que estes são voltados para a aplicação por

---

[181] FSB. **FSB Principles for Sound Compensation Practices – Implementation Standards**. 25 set. 2009. Disponível em: <http://www.fsb.org/wp-content/uploads/r_090925c.pdf>. Acesso em: 18 dez. 2016.

[182] Conforme observa Jairo Saddi: "O primeiro documento define princípios gerais com o objetivo de alinhar as políticas de remuneração das grandes instituições financeiras a uma prudente filosofia de gerenciamento de riscos. O segundo adota abordagem mais prática, contendo propostas específicas e detalhadas de reformas na governança corporativa e nos padrões globais de estrutura de remuneração, trazendo ainda recomendações destinadas a elevar a transparência das políticas e práticas de remuneração de administradores e empregados" (SADDI, J. É papel do Banco Central regular a remuneração dos executivos de instituições financeiras? **Revista Capital Aberto**, São Paulo, abr. 2010, p. 2. Disponível em: <http://www.ibgc.org.br/biblioteca/download/E%20papel%20do%20Banco%20Central.pdf>. Acesso em: 9 nov. 2016).

[183] O Comitê da Basileia também publicou um documento para assistir os supervisores na revisão das práticas de remuneração de instituições e sua conformidade com os princípios e padrões do FSB: **Compensation Principles and Standards Assessment Methodology**. Disponível em: <http://www.bis.org/publ/bcbs166.pdf>. Acesso em: 22 out. 2016.

[184] Os documentos referidos do FSB versam sobre medidas no tocante a práticas remuneratórias abarcando recomendações de governança corporativa (como comitê de remuneração e práticas de remuneração – mecanismos internos –, bem como divulgação de informações – associada a mecanismo externo de controle) e outras medidas, como a atuação da supervisão bancária. O enfoque do Comitê da Basileia nos documentos que utilizamos para o desenvolvimento da presente dissertação destacam justamente pontos-chave de governança corporativa dentre as medidas recomendadas.

parte de instituições financeiras, mas são especialmente críticas para as grandes e sistemicamente importantes, devendo as jurisdições nacionais aplicarem-nos de maneira proporcional a instituições pequenas e menos complexas, além de os próprios bancos serem diretamente encorajados a aplicá-los[185].

Ainda nessa linha – e em sintonia com nosso propósito de comparar fontes de governança corporativa brasileiras na matéria –, retoma-se que, quanto ao conselho de administração, é apontado que este (ou o comitê de remuneração, quando houver) é responsável pela supervisão geral da implementação pela administração do sistema de remuneração para o banco inteiro. O conselho, ou seu comitê, deve regularmente monitorar e revisar os resultados de forma a avaliar se o sistema de remuneração do banco está criando os incentivos desejados para a administração do risco, capital e liquidez[186]. Ainda, o conselho, com o comitê de remuneração, se existente, deve aprovar a remuneração dos diretores (*senior executives*)[187], bem como deve revisar os planos, processos e resultados de remuneração ao menos anualmente[188], além de fiscalizar o desenvolvimento e operação das políticas, sistemas e controles relacionados[189].

No que tange à estrutura de remuneração, esta deve estar em sintonia com as estratégicas do banco e seu risco, objetivos, valores e interesses de longo prazo, incorporando medidas que previnam conflitos de interesse, e encorajam uma cultura de risco saudável na qual a assunção de risco seja apropriada e haja incentivos para que os empregados ajam no interesse do banco como um todo, e não em seus próprios interesses, ou dos de sua linha de negócio. Particularmente, os incentivos presentes nas estruturas de remuneração não devem estimular a assunção excessiva

---

[185] Item 145 (BCBS, op. cit., 2015, p. 34). Correspondência com o item 106 de 2010 (BCBS, op. cit., 2010).

[186] Item 143 (BCBS, op. cit., 2015, p. 34). Correspondência com parte do item 105, do item 107 e do item 108 de 2010 (BCBS, op. cit., 2010).

[187] Item 146 (BCBS, op. cit., 2015, p. 34).

[188] Item 143 (BCBS, op. cit., 2015, p. 34). Correspondência com parte final do item 107 e item 108 de 2010 (BCBS, op. cit., 2010). Vale notar que houve um esclarecimento mais expresso quanto à revisão dos planos, processos e resultados da remuneração: "*The board or subcommittee should review the remuneration plans, processes and outcomes at least annually*".

[189] Item 146: "*should oversee development and operation of compensation policies, systems and related control processes*" (BCBS, op. cit., 2015, p. 34).

de risco pelo *staff*[190]. Outrossim, a remuneração deve refletir a assunção e o resultado de riscos. Práticas pelas quais a remuneração é paga em função de receitas potenciais futuras cujo tempo e probabilidade são incertos devem ser cuidadosamente avaliadas tanto por indicadores-chave qualitativos quanto por quantitativos. O quadro remuneratório deve possibilitar que a remuneração variável seja ajustada para levar em consideração toda a gama de riscos, incluindo violações a limites do apetite de risco, procedimentos internos ou requisitos legais[191].

Especificamente quanto aos empregados em funções de controle (risco, *compliance* e auditoria interna), recomenda-se que a remuneração seja determinada independentemente da linha de negócio supervisionada, e as medidas de performance sejam baseadas principalmente no atingimento de seus próprios objetivos, de maneira a não comprometer sua independência[192].

Ademais, os bancos devem ter provisões específicas para empregados com influência significativa no perfil de risco do banco (*material risk-takers*[193]). Nesse sentido, a programação de pagamento de remuneração deve ser sensível aos resultados em um horizonte plurianual, o que pode ser muitas vezes alcançado por meio de arranjos que defiram uma

[190] Item 148 (BCBS, op. cit., 2015, p. 34). Correspondência com os itens 110 e 111 de 2010 (BCBS, op. cit., 2010). Vale notar que a redação de 2015 é mais sistematizada e enfática quanto ao alinhamento da estrutura da remuneração com a estratégia de risco, objetivos, valores e interesses de longo prazo do banco, além de destacar a adoção de medidas que inibam conflitos de interesse dos empregados com relação ao interesse do banco.

[191] Item 149 (BCBS, op. cit., 2015, p. 34). Correspondência com trechos dos itens 110 e 111 de 2010 (BCBS, op. cit., 2010).

[192] Item 147 (BCBS, op. cit., 2015, p. 34). Correspondência com o item 109 de 2010 (BCBS, op. cit., 2010).

[193] A definição de *material risk takers*, por si, não é de pronto objetivamente averiguável, motivo pelo qual, no contexto da União Europeia, por exemplo, foram estabelecidos, no âmbito da Diretiva 2013/36/UE (*Capital Requirements Directive* [CRD IV]), art. 92, n. 2, critérios qualitativos e quantitativos apresentados pelo Regulamento Delegado (UE) n. 604/2014 da Comissão de 4 de março de 2014. Dentre os primeiros, situa-se, a título exemplificativo, ser o membro parte da alta administração. Já dentre os segundos, vale menção o atrelamento à remuneração percebida, por exemplo, se superior a 500 mil euros (valor total anual) no exercício financeiro precedente (ainda que haja exceções). Dessa forma, um *material risk taker* pode ser membro do banco que esteja abaixo da alta administração (ou da "administração" nos termos legais brasileiros). No mais, vale observar que na versão em português das normas europeias referidas, a expressão "*material risk taker*" foi traduzida para "pessoal cujas atividades profissionais têm um impacto significativo no perfil de risco da instituição".

parte significativamente grande da remuneração até que os resultados de risco se tornem melhor conhecidos. *Golden hellos* e *golden parachutes*, entendidos como cláusulas que preveem o pagamento de elevadas quantias para executivos ou empregados recém-contratados ou em processo de desligamento, independentemente do desempenho não são em geral consistentes com práticas saudáveis de remuneração[194].

Por fim, instituições sistemicamente relevantes devem ter[195] comitê de remuneração como parte integral de sua estrutura de governança para fiscalizar o desenho e operação do sistema de remuneração[196].

3.5.1 Disciplina da Resolução n. 3.921/2010: política de remuneração da alta administração e comitê de remuneração no Brasil

No que tange ao Brasil, a política de remuneração da alta administração é objeto de disposições cogentes consubstanciadas na Resolução n. 3.921, de 25 de novembro de 2010. Referida norma infralegal vale-se das recomendações publicadas pelo Financial Stability Board (FSB), conforme nota à imprensa divulgada pelo Banco Central do Brasil na abertura do processo de consulta pública na formulação de mencionada resolução[197 e 198]. Nessa direção, suas disposições estão alinhadas

---

[194] Item 150 (BCBS, op. cit., 2015, p. 34-35); Correspondência com o item 112 de 2010 (havia referência apenas ao arranjo de *golden parachute* associado a empregados/executivos em processo de desligamento da instituição) (BCBS, op. cit., 2010).

[195] Conforme item 76 do documento de 2015, delas deve ser exigida a constituição de comitê de remuneração (BCBS, op. cit., 2015, p. 17-18).

[196] Item 144 (BCBS, op. cit., 2015, p. 34).

[197] **BC coloca em audiência pública proposta e norma sobre remuneração de executivos de instituições financeiras**, 1 fev. 2010. Disponível em: <http://www.bcb.gov.br/textonoticia.asp?codigo=2440&idpai=NOTICIAS>. Acesso em: 20 out. 2016.

[198] Por ocasião das discussões relacionadas a referida norma, foi estabelecido um debate na *Revista Capital Aberto*, de abril de 2010, no âmbito do qual se manifestaram Augusto Korps Junior e Jairo Saddi. Para o primeiro, o papel do Banco Central é garantir a saúde do sistema financeiro e, nesse sentido, é seu dever zelar para que os planos de remuneração dos bancos promovam um alinhamento de interesses entre executivos, acionistas e demais *stakeholders*, destacado que sistemas de remuneração mal desenhados podem incentivar comportamentos coletivos que aumentam o risco das instituições e representam um sério perigo à saúde do sistema financeiro de longo prazo (Limite necessário. **Revista Capital Aberto**, São Paulo, abr. 2010, p. 1. Disponível em: <http://www.ibgc.org.br/biblioteca/download/E%20 papel%20do%20Banco%20Central.pdf>. Acesso em: 9 nov. 2016). Ainda, o autor observa que as propostas do Banco Central se inserem em um movimento que eleva os padrões

em grande medida com as recomendações do Comitê (tanto na versão de 2010 como na de 2015), condizente com o fato de se basearem na mesma fonte[199].

de governança corporativa dos bancos, além de que, apesar de o Brasil ter sido poupado durante o período de crise, graças à solidez do nosso sistema financeiro, não havia na proposta da normatização elementos que tolhessem o mercado de maneira demasiada, mas sim que reduziam as chances de o Brasil ser apanhado por uma nova bolha financeira no futuro. Alinhando-se em posição contraposta no debate, o autor Jairo Saddi, ao observar a realidade brasileira comparando-a aos dos Estados Unidos, destacou que o Banco Central deveria concentrar seus esforços em melhorar o ambiente institucional e consolidar um sistema financeiro mais estável com medidas prudenciais e de supervisão do que investir seu tempo com a remuneração dos executivos, desenhando soluções em busca de um problema que, para o autor, ainda não existia. Vale ressalvar que Jairo Saddi destacou que a remuneração dos executivos financeiros é diferente dos demais setores por três razões (a saber, i) pela administração estar exposta a riscos de mercado que independem da decisão tomada pelo gestor; ii) pelo fato de que decisões potencialmente vantajosas para o executivo implicam assunção muito maior de risco; e iii) pelo fato de que, se um banco se tornar insolvente, isso traz efeitos negativos para a economia e, consequentemente, para toda a sociedade), e que faria sentido criar alguns critérios de remuneração variável para evitar que os executivos da área financeira adotassem comportamentos que elevassem a exposição ao risco acima dos níveis considerados. Entretanto, o autor entendia que essa proposta regulatória deveria ser indicativa e não obrigatória aos agentes econômicos. No mais, Jairo Saddi pontuou que o propósito da – à época – proposta de norma era adequar o arcabouço regulatório nacional às boas práticas bancárias internacionais (SADDI, op. cit., p. 2). Para efeitos do presente trabalho, o destaque é justamente o alinhamento das fontes de governança corporativa interna de instituições bancárias com as recomendações da fonte internacional representada pelo Comitê da Basileia, conforme expresso por seus documentos específicos de governança corporativa, e em tópicos selecionados em função da crise de 2008. Não se aprofunda, portanto, a análise quanto a aspectos empíricos ou de adequação específica das recomendações *vis-à-vis* a realidade brasileira ou suas questões regulatórias prudenciais. Não obstante, além da própria referência à discussão realizada pelos autores acima citados, vale mencionar que a reação inicial de bancos como o Itaú Unibanco, Bradesco e Santander à normativa foi no sentido de que esta não deveria causar grandes impactos na governança corporativa dos bancos, uma vez que muitas dessas instituições já dispunham de comitê de remuneração em moldes similares aos propostos pela norma. Ademais, a Federação Brasileira de Bancos alegou que as políticas de remuneração dos bancos brasileiros já eram mais conservadoras em comparação com o praticado em outros países, bem como que, na legislação brasileira, os diretores estatutários respondem com seu patrimônio por quaisquer problemas que ocorram em suas instituições, o que já atuaria como forte limitação à tomada excessiva de risco – no mais, em linha com o que expusemos em nosso primeiro capítulo (Brasil Econômico. **Bônus menos não assusta grandes bancos**. 9 fev. 2010, p. 38-39).

[199] O FSB publica relatórios quanto ao progresso mundial na aplicação dos princípios e padrões referentes a práticas de remuneração por ele divulgados nos documentos men-

Nesse sentido, a implementação e manutenção de política de remuneração[200] de administradores (ou seja, diretores estatutários e membros do conselho de administração[201]) em instituições bancárias[202]

cionados no texto. O relatório de 2015 – o quarto na sequência de relatórios – pontuou a aderência do Brasil, com hiatos apenas no tocante às recomendações do FSB: i) envolvendo intervenções excepcionais estatais para estabilizar e resgatar bancos (*standard* – ou "item", como temos chamado – 10), que, conforme as explicações prestadas pelas autoridades brasileiras, não seriam aplicáveis no Brasil em função da Lei de Responsabilidade Fiscal, além da existência da Resolução CMN 4.019/2011 que já permite ao Banco Central do Brasil estabelecer limites à remuneração, tanto fixa quanto variável, em casos de exposição inapropriada a riscos, deterioração da situação financeira da instituição e deficiências de controles internos; ii) solicitação por parte das instituições financeiras significativas (*significant financial institutions*), com estabelecimento, onde necessário, de arranjos apropriados de *compliance*, de que seus empregados estejam comprometidos em não adotar estratégias pessoais de cobertura ou de remuneração ou seguros relacionados às suas obrigações de forma a mitigar os efeitos de alinhamentos com o risco incorporados nos arranjos remuneratórios (*standard* 14), cuja implementação, segundo as informações das autoridades brasileiras, está sob preparação; e iii) divulgação de relatório com as características das estruturas e práticas remuneratórias, incluindo informações quantitativas (*standard* 15), em consistência com os requerimentos de transparência do Pilar 3 de Basileia III, que, conforme a análise de implementação de referido acordo no Brasil, não foram adotadas por questões de segurança ("[...] *the Basel Committee's 2013 regulatory consistency assessment of Basel III risk-based capital regulations in Brazil* [...] *reports that the Pillar 3 remuneration disclosures requirements have not been implemented due to security concerns*), sendo no mais informado que companhias abertas já estavam sujeitas a diversos requisitos de divulgação no tocante à remuneração de conselheiros e diretores (quanto a esse ponto, ver nota de rodapé 232 do presente capítulo) (FSB. **Implementing the FSB Principles for Sound Compensation Practices and their Implementation Standards – Fourth progress report**. 10 Nov. 2015, p. 33. Disponível em: <http://www.fsb.org/wp-content/uploads/FSB-Fourth-progress-report-on-compensation-practices.pdf>. Acesso em: 23 out. 2016). Também segundo as informações prestadas pelas autoridades brasileiras, foram considerados para efeitos do relatório, por serem considerados "significativos", os bancos Itaú S.A. e Bradesco S.A. (FSB, op. cit., p. 35).

[200] Remuneração é definida pela Resolução n. 3.921/2010, no inciso II do §2º de seu art. 1º: "pagamento efetuado em espécie, ações, instrumentos baseados em ações e outros ativos, em retribuição ao trabalho prestado à instituição por administradores, compreendendo remuneração fixa, representada por salários, honorários e comissões, e remuneração variável, constituída por bônus, participação nos lucros na forma do §1º do art. 152 da Lei n. 6.404, de 15 de dezembro de 1976 [Lei das S.A.], e outros incentivos associados ao desempenho".

[201] Conforme §2º do artigo 1º da Resolução n. 3.921/2010: "Para fins do disposto nesta resolução, consideram-se: I – administradores: a) os diretores estatutários e os membros do conselho de administração das sociedades anônimas [como, aliás, determina a Lei das S.A. já referida na presente dissertação]; e b) os administradores das sociedades limitadas". Vale recordar que as instituições bancárias se organizam sob a forma de sociedade anônima.

encontra parâmetros mínimos vinculativos na Resolução n. 3.921/2010, sendo o conselho de administração – ou a diretoria, no caso de o conselho não existir[203] – seu responsável, devendo supervisionar o planejamento, operacionalização, controle e revisão de referida política[204].

Na mesma direção dos apontamentos feitos na presente dissertação, a norma determina que a política de remuneração de administradores deve ser compatível com a política de gestão de riscos e ser formulada de modo a não incentivar comportamentos que elevem a exposição ao risco acima dos níveis considerados prudentes nas estratégias tanto de curto e médio quanto de longo prazos adotadas pela instituição[205].

No tocante à remuneração variável, determina-se que as instituições que efetuem seu pagamento devem levar em conta, quanto ao montante global e à alocação da remuneração, os seguintes fatores, dentre outros: i) os riscos correntes e potenciais; ii) o resultado geral da instituição, em particular o lucro recorrente realizado (ou seja, o lucro líquido contábil do período ajustado pelos resultados não realizados e livre dos efeitos de eventos não recorrentes controláveis pela instituição[206]); iii) a capacidade de geração de fluxos de caixa da instituição; iv) o ambiente econômico em que a instituição está inserida e suas tendências; e v) as bases financeiras sustentáveis de longo prazo e ajustes nos pagamentos futuros em função dos riscos assumidos, das oscilações do custo do capital e das projeções de liquidez[207]. Devem ainda ser considerados, no mínimo, os seguintes critérios: i) o desempenho individual; ii) o desempenho da

---

[202] A Resolução n. 3.921/2010 abarca, conforme seu artigo 1º e §1º: "instituições financeiras e demais instituições autorizadas a funcionar pelo Banco Central do Brasil, exceto as cooperativas de créditos e as sociedades de crédito ao microempreendedor e à empresa de pequeno porte [...] §1º O disposto nesta resolução não se aplica às administradoras de consórcio, que seguirão as normas editadas pelo Banco Central do Brasil no exercício de sua competência legal".

[203] Conforme decorre do artigo 19 da Resolução n. 3.921/2010: "[n]o caso de instituições que não possuam conselho de administração, as referências desta resolução àquele conselho devem ser entendidas como feitas à diretoria da instituição".

[204] Conforme art. 10 da Resolução n. 3.921/2010; item 108 de 2010 (BCBS, op. cit., 2010); e item 143 de 2015 (BCBS, op. cit., 2015, p. 34).

[205] Conforme art. 2º da Resolução n. 3.921/2010.

[206] Conforme parágrafo único do art. 4º da Resolução n. 3.921/2010.

[207] Conforme art. 4º da Resolução n. 3.921/2010. No mais, substancialmente correspondente aos itens 110 e 111 de 2010 (BCBS, op. cit., 2010), itens 148, 149 de 2015 (BCBS, op. cit., 2015, p. 34), e item 4 do documento **FSB Principles for Sound Compensation Practi-**

unidade de negócios; iii) o desempenho da instituição como um todo; e iv) a relação entre os desempenhos mencionados nos itens i, ii e iii e os riscos assumidos[208].

No mais, a remuneração variável pode ser paga em espécie, ações, instrumentos baseados em ações ou outros ativos (esses três últimos avaliados pelo valor justo[209]), em proporção que leve em conta o nível de responsabilidade e a atividade do administrador[210], desde que, no mínimo, 50% (cinquenta por cento) da remuneração variável seja paga em ações ou instrumentos baseados em ações, compatíveis com a criação de valor a longo prazo e com o horizonte de tempo do risco[211]. Para as instituições que não possuam ações negociadas no mercado e que não emitam instrumentos baseados em ações, o pagamento dos 50% (cinquenta por cento) mencionados da remuneração variável deve tomar como base a variação ocorrida no valor contábil do patrimônio líquido da instituição, livre dos efeitos dos negócios realizados com os sócios[212].

Por fim, quanto à remuneração variável, no mínimo 40% (quarenta por cento) deve ser diferida para pagamento futuro, por um período não inferior a três anos e estabelecido em função dos riscos e da atividade do administrador[213], crescendo o pagamento com o nível de res-

---

ces – **Implementation Standards**. 25 set. 2009, p. 3. Disponível em: <http://www.fsb.org/wp-content/uploads/r_090925c.pdf>. Acesso em: 18 dez. 2016.

[208] Conforme art. 5º da Resolução n. 3.921/2010. Condizente com o item 6 do FSB ("*a substantial proportion of compensation should be variable and paid on the basis of individual, business-unit and firm-wide measures that adequately measure performance*") (Ibid., p. 3).

[209] Conforme §2º do art. 6º da Resolução n. 3.921/2010.

[210] Conforme *caput* do art. 6º da Resolução n. 3.921/2010. Consistente com o item 113 de 2010 (BCBS, op. cit., 2010).

[211] Conforme §1º do art. 6º da Resolução n. 3.921/2010. Condizente com o item 112 de 2010 (BCBS, op. cit., 2010); e com o item 8 do **FSB Principles for Sound Compensation Practices – Implementation Standards** (op. cit., p. 3).

[212] Conforme §3º do art. 6º da Resolução n. 3.921/2010. A letra de referido dispositivo vale-se do termo "proprietários" ao excluir os "efeitos das transações realizadas com os proprietários". Esse termo, entretanto, em geral decorrente de traduções literais do inglês "*proprietaries*", é inadequado do ponto de vista jurídico, devendo-se adotar acionistas (para sociedades anônimas), quotistas (para sociedade limitadas), ou genericamente "sócios", como ademais já observado na nota de rodapé 17 do primeiro capítulo.

[213] Conforme §1º do art. 7º da Resolução n. 3.921/2010. Condizente com itens 6 e 7 do FSB (observado apenas que a resolução brasileira é direcionada à alta administração, ao passo que as recomendações internacionais também incluem "*other employees whose actions have*

ponsabilidade do administrador[214], bem como sendo escalonado em parcelas proporcionais ao período de diferimento[215]. Ademais, no caso de redução significativa do lucro recorrente realizado ou de ocorrência de resultado negativo da instituição ou da unidade de negócios durante o período de diferimento, as parcelas diferidas ainda não pagas devem ser revertidas proporcionalmente à redução no resultado[216].

No tocante a possíveis garantias de pagamento de um valor mínimo de bônus ou de outros incentivos a administradores, prescreve-se que tal situação pode ocorrer somente em caráter excepcional, por ocasião da contratação ou transferência de administradores para outra área, cidade ou empresa do mesmo conglomerado, limitada ao primeiro ano após o fato que der origem à garantia[217].

Ademais, no que se refere ao importante tema da remuneração de administradores das áreas de controle interno e de gestão de risco, é coerentemente previsto que esta deve ser adequada para atrair profissionais qualificados e experientes, bem como ser determinada independentemente do desempenho das áreas de negócios, de forma a não gerar conflitos de interesse[218]. Em sintonia com as recomendações anteriormente analisadas, prescreve-se que as medidas do desempenho dos administradores das áreas de controle interno e de gestão de riscos

a material impact on the risk exposure of the firm", como, no mais, teceremos comentários no texto) (FSB, op. cit., p. 3).

[214] Conforme *caput* do art. 7º da Resolução n. 3.921/2010. Condizente com o item 6 do FSB (Ibid., p. 3).

[215] Conforme §2º do art. 7º da Resolução n. 3.921/2010. Condizente, no mais, com os itens 6 e 7 do FSB (Ibid., p. 3).

[216] Conforme §3º do art. 7º da Resolução n. 3.921/2010. De acordo com Lúcio Rodrigues Capelletto, essa previsão é classificada como "*malus*" (CAPELLETTO, L. **Aspectos regulatórios e expectativas da supervisão**. Fórum de debates: Remuneração dos administradores de instituições financeiras. IBGC. 5 jun. 2014, p. 21. Disponível em: <http://www.ibgc.org.br/userfiles/files/Lucio_Capelletto.pdf>. Acesso em: 18 dez. 2016). No mais, é assim referida nas recomendações 112 de 2010 (BCBS, op. cit., 2010); 150 de 2015 (BCBS, op. cit., 2015, p. 34-35); e itens 5 e 9 FSB (op. cit., p. 3).

[217] Conforme art. 9º da Resolução n. 3.921/2010. Em sintonia com o item 11 do FSB, com adaptações que entendemos alinhadas com a prática brasileira (de garantia de pagamentos em função de transferência): "[g]*uaranteed bonuses are not consistent with sound risk management or the pay-for-perfomance principle and should not be a part of prospective compensation plans. Exceptional minimum bonuses should only occur in the context of hiring new staff and be limited to the first year*") (Ibid., p. 4).

[218] Conforme art. 3º da Resolução n. 3.921/2010.

devem ser baseadas na realização dos objetivos de suas próprias funções e não no desempenho das unidades controladas ou avaliadas por eles[219].

Também é disciplinado que contratos com cláusulas de pagamentos excedentes aos previstos na legislação, vinculados ao desligamento de administradores, devem ser compatíveis com a criação de valor e com a gestão de risco de longo prazo[220].

Por fim, a Resolução n. 3.921/2010 prevê a criação obrigatória da estrutura de governança corporativa conhecida por "comitê de remuneração" para as instituições autorizadas a funcionar pelo Banco Central do Brasil que atuem sob a forma de companhia aberta, que estejam obrigadas a constituir comitê de auditoria nos termos da regulamentação em vigor (ou seja, conforme a vigente Resolução CMN n. 3.198, de 27 de maio de 2004)[221], ou que façam parte de conglomerado integrado por

---

[219] Conforme parágrafo único do art. 3º da Resolução n. 3.921/2010. Condizente com o item 109 de 2010 (BCBS, op. cit., 2010), e o item 147 de 2015 (BCBS, op. cit., 2015, p. 34).

[220] Conforme art. 8º da Resolução n. 3.921/2010. Pela redação de referida norma, evitam-se, assim, os chamados *"golden parachutes"* na medida em que se aponta para a necessária compatibilidade dessas cláusulas de pagamento em função do desligamento com a criação de valor e com a gestão de risco de longo prazo (o que, em outras palavras, significa não atrelar pagamentos vinculados ao desligamento de administradores com situações que não sopesam o desempenho/performance). Na mesma direção, o item 12 do FSB explicita: "[e]*xisting contractual payments related to a termination of employment should be re-examined, and kept in place only if there is a clear basis for concluding that they are aligned with long-term value creation and prudent risk-taking; prospectively, any such payments should be related to performance achieved over time and designed in a way that does not reward failure*" (FSB, op. cit., p. 4).

[221] Conforme *caput* do art. 11 da Resolução n. 3.921/2010. Vale recordar que as instituições autorizadas a funcionar pelo Banco Central do Brasil (exceto as sociedades de crédito ao microempreendedor) que tenham apresentado no encerramento dos dois últimos exercícios sociais: I – Patrimônio de Referência (PR) igual ou superior a R$ 1.000.000.000,00 (um bilhão de reais); ou II – administração de recursos de terceiros em montante igual ou superior a R$ 1.000.000.000,00 (um bilhão de reais); ou III – somatório das captações de depósitos e de administração de recursos de terceiros em montante igual ou superior a R$ 5.000.000.000,00 (cinco bilhões de reais) (conforme o disposto no art. 10, *caput* e incisos, do Regulamento anexo à Resolução 3.198/2004), devem constituir comitê de auditoria. Assim, abarca-se mais do que "instituições sistemicamente importantes" indicada no documento do Comitê da Basileia de 2015 (quanto ao conceito, ver nota de rodapé 92 do presente capítulo), alinhando-se, no mais, ao item 1 do **FSB Principles for Sound Compensation Practices – Implementation Standards**, p. 2: "[s]*ignificant financial institutions should have a board remuneration committee as an integral part of their governance structure and organisation to oversee the compensation system's design and operation on behalf of the board of directors*"). Ainda que *"significant institutions"* não indique necessariamente um critério objetivo, a adoção dos

instituição que atue sob a forma de companhia aberta ou que seja obrigada a constituir comitê de auditoria[222].

Ainda que o artigo 11 fale em "componente organizacional denominado comitê de remuneração" e não seja expresso como a Resolução CMN n. 3.198, de 27 de maio de 2004, que ao tratar do comitê de auditoria destaca ser este "órgão estatutário"[223], o fato de o §1º do artigo 13 prever que o número de integrantes, os critérios de nomeação, de destituição e de remuneração, o tempo de mandato e as atribuições do comitê de remuneração devam constar do estatuto (ou do contrato social para instituições não bancárias autorizadas a operar sob a forma de sociedade limitada) enseja sua característica jurídica de órgão "estatutário"[224].

Além da previsão de que o comitê de remuneração deve se reportar diretamente ao conselho de administração[225], prescreve-se que a composição de referido comitê deve: i) contar, no mínimo, com três integrantes, com mandato fixo, vedada a permanência de integrante no comitê por prazo superior a dez anos[226]; ii) ter pelo menos um membro não administrador[227]; e iii) ter integrantes com as qualificações e a experiência necessárias ao exercício de julgamento competente e indepen-

parâmetros referidos pela norma brasileira caminha, em sintonia com a obrigatoriedade de constituição de comitê de auditoria, nesse sentido.

[222] Conforme §1º do art. 11 da Resolução n. 3.921/2010. Ainda que o *caput* do art. 12 da referida resolução preveja que os "conglomerados financeiros [atualmente abarcados pelos conglomerados prudenciais] podem constituir comitê de remuneração único, por meio das instituições líderes, para o cumprimento das atribuições e responsabilidades previstas nesta resolução, relativamente às instituições que os compõem".

[223] De acordo com o *caput* do art. 10 do Regulamento à referida resolução: "[d]evem constituir órgão estatutário denominado comitê de auditoria [...]", c.c. o §2º de mesmo artigo: "[a] utilização do termo 'comitê de auditoria' é de uso restrito de órgão estatutário constituído na forma deste regulamento".

[224] E, assim, inclusive a responsabilidade de seus membros, nos termos do art. 160 da Lei das S.A.

[225] Conforme inciso I do art. 13 da Resolução n. 3.921/2010, observado que, na esteira do que dispõe o art. 19 da mesma resolução, na inexistência de conselho de administração, deve-se entender que o comitê deve se reportar à diretoria.

[226] Conforme inciso II do *caput* do art. 13 da Resolução n. 3.921/2010, observado que o §2º do mesmo artigo dispõe que o integrante que ultrapassar o prazo máximo de dez anos somente pode voltar a integrar o comitê de remuneração na mesma instituição após decorridos, no mínimo, três anos.

[227] Conforme inciso III do *caput* do art. 13 da Resolução n. 3.921/2010.

dente sobre a política de remuneração da instituição, inclusive sobre as repercussões dessa política na gestão de riscos[228] – o que, no mais, é condizente com as colocações feitas na presente dissertação, tanto no tocante ao cuidado na qualificação dos membros da alta administração quanto no cuidado com a expertise relativa à gestão de riscos, ambas observações especialmente relevantes para o contexto bancário. Outrossim, o preenchimento de mencionados requisitos exigidos pela resolução em questão deve ser assegurado pelo conselho de administração da instituição[229] – ou, em sua inexistência, pela diretoria[230].

As responsabilidades do comitê de remuneração, além de outras que podem ser estabelecidas no estatuto da instituição bancária (ou contrato social para determinadas instituições financeiras), englobam: i) elaborar a política de remuneração dos administradores da instituição, propondo ao conselho de administração (ou diretoria, em sua inexistência) as diversas formas de remuneração fixa e variável, além de benefícios e programas especiais de recrutamento e desligamento; ii) supervisionar a implementação e operacionalização da política de remuneração de administradores da instituição; iii) revisar anualmente a política de remuneração de administradores da instituição, recomendando ao conselho de administração (ou diretoria, em sua inexistência) sua correção ou aprimoramento; iv) propor ao conselho de administração (ou diretoria, em sua inexistência) o montante da remuneração global dos administradores a ser submetido à assembleia geral, na forma do art. 152 da Lei das S.A.; v) avaliar cenários futuros, internos e externos, e seus possíveis impactos sobre a política de remuneração de administradores; vi) analisar a política de remuneração de administradores da instituição em relação às práticas de mercado, com vistas a identificar discrepâncias significativas em relação a empresas congêneres, propondo os ajustes necessários; e, vii) zelar para que a política de remuneração de adminis-

---

[228] Deve-se pontuar que a existência de um não administrador e a existência de conhecimento e experiência necessários ao exercício de julgamento competente e independente sobre a política de remuneração e repercussões na política de risco alinha-se em substância às recomendações do item 107 de 2010 (BCBS, op. cit., 2010), do item 76 de 2015 (BCBS, op. cit., 2015, p. 17-18), bem como ao primeiro tópico do item 1 do documento do FSB (op. cit., p. 2).
[229] Conforme §3º do art. 13 da Resolução n. 3.921/2010.
[230] Novamente em uma leitura sistêmica, dada a previsão constante do art. 19 da Resolução n. 3.921/2010.

tradores esteja permanentemente compatível com a política de gestão de riscos, com as metas e a situação financeira atual e esperada da instituição e com o disposto na resolução em tela[231].

Ademais, deve-se mencionar que o comitê de remuneração deve elaborar, com periodicidade anual, no prazo de noventa dias relativamente à data-base de 31 de dezembro, "Relatório do Comitê de Remuneração", o qual – muito embora não haja previsão de sua publicação[232] – deve

---

[231] Conforme art. 14 e incisos da Resolução n. 3.921/2010.

[232] Os princípios do FSB preveem, em seu item 15, a publicação ao público de um relatório anual contendo as informações similares às requisitadas para o "Relatório do Comitê de Remuneração" (FSB, op. cit., p. 4-5). No mesmo sentido, o documento de 2015 do Comitê da Basileia, sob o princípio referente à transparência dos bancos, destaca que um relatório anual sobre remuneração deve ser publicado (BCBS, op. cit., 2015, item 154, p. 36). Quanto a este ponto – embora entendamos que esteja fora de nosso corte na medida em que lida com mecanismo externo de governança corporativa –, vale retomar o comentado na nota de rodapé 199 do presente capítulo de que se considera que o Brasil não está integralmente aderente ao item (ou *standard*) 15 do FSB – em linha com o qual, no mais, está o Pilar 3 do Acordo da Basileia II, suplementado pelo que ficou conhecido como Basileia III (para aprofundamento, ver BCBS, **Pillar 3 disclosure requirements for remuneration**. July 2011. Disponível em: <http://www.bis.org/publ/bcbs197.pdf>. Acesso em: 25 out. 2016). Com efeito, não há a obrigatoriedade de publicação de relatório contendo informações com relação à política de remuneração dos bancos meramente por serem bancos (ressalvadas as normas gerais contábeis mencionadas a seguir aplicáveis aos bancos por disposições do CMN e do BC). Não obstante, aponta-se que as companhias abertas (pela característica de companhias abertas) estão sujeitas à Instrução CVM n. 480, de 7 de dezembro de 2009, conforme alterada, que instituiu o Formulário de Referência (art. 21, inciso II, c.c art. 24 e Anexo 24 de referido instrução), documento eletrônico já mencionado na presente dissertação que deve ser entregue ao menos anualmente, em até 5 (cinco) meses contados da data de encerramento do exercício social, reunindo informações relevantes para a compreensão e avaliação das companhias abertas e de seus valores mobiliários. Justamente no item 13 do Anexo 24 da Instrução (anexo com alterações inseridas pela Instrução CVM n. 552, de 9 de outubro de 2014 e Instrução CVM n. 567, de 17 de setembro de 2015), há a previsão de divulgação de informações quanto à política de remuneração da alta administração. Aliás, o formulário pontua, por exemplo, a divulgação "inclusive da diretoria não estatutária" – o que, do ponto de vista da Lei das S.A. (art. 138 c.c art. 139), é uma figura esdrúxula (para não dizer equivocada), já que os administradores pela lei devem ser os conselheiros e os membros da diretoria eleitos na forma do estatuto social da companhia –, mas que abrange mais, portanto, do que a Resolução CMN n. 3.921/2010. No mais, o item 14.3 do Anexo 24 abrange a descrição das políticas de remuneração dos empregados da companhia emissora, ainda que estejamos aqui na seara da divulgação e não necessariamente nos pontos abordados em nosso texto notoriamente no tocante à assunção de riscos, até porque são de especial atenção no contexto bancário e não necessariamente para companhias abertas de outros segmentos. Dessas con-

siderações decorre que companhias abertas – e, portanto, bancos que sejam companhias abertas – estão sujeitas à divulgação de políticas de remuneração, inclusive dos empregados, muito embora não haja necessariamente o enfoque quanto à sua relação com o gerenciamento de risco como decorre das recomendações do FSB e do Comitê da Basileia, constituindo-se assim em ponto de atenção para a construção da transparência de instituições bancárias específicas. Ademais, cumpre mencionar a existência de discussão judicial que se estabeleceu em função do item 13.11 do Formulário de Referência, referente à divulgação obrigatória de informações relativas à remuneração individual máxima, média e mínima do Conselho de Administração, Diretoria Estatutária e Conselho Fiscal. Com efeito, o Instituto Brasileiro de Executivos de Finanças (Ibef) do Rio de Janeiro ingressou com ação para suspender mencionada obrigatoriedade para os seus membros, ação essa que se encontra atualmente sentenciada em favor do instituto, liberando assim, por ora, seus membros da obrigatoriedade da divulgação dessas informações (há recurso interposto). Outro caso que ganhou destaque na mídia questionando a validade da exigência prevista na instrução em questão trata-se de ação ajuizada por empresa baseada em Santa Catarina, mas que restou julgada em favor da exigência, já tendo ocorrido seu trânsito em julgado (TRF 2ª Região, AC 0005763-61.2010.4.02.5101, Rel. Des. Guilherme Calmon Nogueira da Gama, j. 12 abr. 2012). Ainda, é de observar a existência do Pronunciamento Técnico CPC 05 (atualmente vigente a revisão CPC 05 R1) que versa sobre divulgação de informações de partes relacionadas no tocante à elaboração de demonstrações contábeis – o qual deve ser observado pelas instituições autorizadas a funcionar pelo Banco Central do Brasil, com exceção das administradoras de consórcio, nos termos do art. 2º da Resolução n. 3.750, de 30 de junho de 2009, e art. 1º da Circular 3.463, de 24 de julho de 2009. Referido CPC prevê: "16. A entidade deve divulgar a remuneração do pessoal-chave da administração no total e para cada uma das seguintes categorias: (a) benefícios de curto prazo a empregados e administradores; (b) benefícios pós-emprego; (c) outros benefícios de longo prazo; (d) benefícios de rescisão de contrato de trabalho; e (e) remuneração baseada em ações "pessoas chave da administração" (tendo como definição "pessoal-chave da administração são as pessoas que têm autoridade e responsabilidade pelo planejamento, direção e controle das atividades da entidade, direta ou indiretamente, incluindo qualquer administrador (executivo ou outro) dessa entidade"), muito embora o que se busca com as colocações do texto, de acordo com o recomendado pelo Comitê da Basileia, é o *material risk-taker*, que entendemos assumir contornos especiais em instituições bancárias, já que o próprio negócio do banco é a assunção de risco, de modo que esta não se restringe a pessoas-chave da administração, como ilustrado pela crise de 2008. O próprio Comitê da Basileia esclarece (no documento BCBS, **Compensation Principles and Standards Assessment Methodology**. Jan. 2010. Disponível em: <http://www.bis.org/publ/bcbs166.pdf>. Acesso em: 15 nov. 2016) que "[t]*he ultimate intention of the FSB Principles is to reduce individuals' incentives for taking excessive risk. The experience of the financial crisis that began in mid 2007 has shown that such incentive had arisen from the structure of compensation policies and schemes. The Principles should therefore apply to those policies and schemes that relate to the categories of staff whose professional activities have a material impact on the bank's risk profile, with the possibility of expansion to other staff where appropriate. These categories of staff should* at least [g.n.] *include: • individuals, such as senior management, material risk-takers and*

ficar à disposição do Banco Central do Brasil pelo prazo mínimo de cinco anos[233]. Referido documento deve conter, no mínimo – sem prejuízo de o Banco Central do Brasil, no âmbito de suas atribuições, exigir informações adicionais[234]: i) descrição da composição e das atribuições do comitê de remuneração; ii) atividades exercidas no âmbito de suas atribuições no período; iii) descrição do processo de decisão adotado para

staff performing important risk management and control functions; and • groups of employees who may together take material risks, even if no individual employee is likely to expose the firm to material risk (e.g. loan officers who, as a group, originate loans that account for a material amount of the organisation's credit risk)" (op. cit, p. 2-3). Por fim, mencione-se a existência de pesquisa empírica levada a efeito por Matheus Lamounier de Oliveira e Carlos André de Melo Alves – segundo os autores, inédita no Brasil – com vistas a identificar as características pertinentes à remuneração de administradores de bancos no Brasil em 2012 e 2013 *vis-à-vis* as recomendações do anteriormente mencionado documento *Pillar 3 disclosures requirements for remuneration* (OLIVEIRA, M. L.; ALVES, C. A. de M. Remuneração de administradores em Bancos no Brasil: Estudo baseado em recomendações inovadoras do Comitê da Basileia. **Anais do IV SINGEP – Simpósio Internacional de Gestão de Projetos, Inovação e Sustentabilidade**, São Paulo, SP, 8, 9 e 10 nov. 2015. Disponível em: <http://www.singep.org.br/4singep/resultado/646.pdf>. Acesso em: 15 nov. 2016). Referidos autores identificaram duas categorias ("Informações Qualitativas" e "Informações Quantitativas") e, dentro destas, vinte e nove subcategorias das recomendações do Comitê da Basileia e analisaram os dados divulgados pelos trinta maiores bancos constantes do Consolidado Bancário I (com carteira comercial) divulgado no relatório do Banco Central do Brasil denominado "50 maiores bancos e o consolidado do Sistema Financeiro Nacional", data-base dezembro de 2013, ordenados de maneira decrescente de ativos totais. Os resultados encontrados indicam que vinte das vinte e nove subcategorias de recomendações foram encontradas nas informações divulgadas pelas instituições pesquisadas em pelo menos um dos dois anos de análise, bem como que cinco subcategorias foram identificadas em mais de 50% dos bancos analisados tanto em 2012 como em 2013, a saber: i) "nome, composição e mandato do principal órgão que supervisione a remuneração"; ii) "descrição dos tipos de empregados considerados tomadores de risco material e gerentes sênior, incluindo o número desses em cada grupo"; iii) "visão geral das principais características e objetivos da política de remuneração"; iv) "visão geral sobre as formas de remuneração variável (i.e., dinheiro, ações, instrumentos associados a ações e outras formas)"; v) "número e montante total dos bônus garantidos concedidos durante o exercício fiscal". Vale observar que, não obstante o apontamento de que mais de 50% dos bancos estudados divulgaram informações a respeito da "descrição dos tipos de empregados considerados tomadores de risco material", não há maiores esclarecimentos e detalhamento a seu respeito, notadamente com relação à metodologia de identificação da informação pelos autores. Feitas essas considerações, reforçamos a importância e o cuidado que deve existir no desenho de políticas de remuneração para os tomadores de risco material nos bancos.

[233] Conforme *caput* do art. 15 c.c. seu §1º da Resolução n. 3.921/2010.
[234] Conforme §2º do art. 15 da Resolução n. 3.921/2010.

estabelecer a política de remuneração; iv) principais características da política de remuneração, abrangendo os critérios usados para a mensuração do desempenho e o ajustamento ao risco, a relação entre remuneração e desempenho, a política de diferimento da remuneração e os parâmetros usados para determinar o percentual de remuneração em espécie e o de outras formas de remuneração; v) descrição das modificações na política de remuneração realizadas no período e suas implicações sobre o perfil de risco da instituição e sobre o comportamento dos administradores quanto à assunção de riscos; e vi) informações quantitativas consolidadas sobre a estrutura de remuneração dos administradores, indicando: a) o montante de remuneração do ano, separado em remuneração fixa e variável e o número de beneficiários; b) o montante de benefícios concedidos e o número de beneficiários; c) o montante e a forma de remuneração variável, separada em remuneração em espécie, ações, instrumentos baseados em ações e outros; d) o montante de remuneração que foi diferida para pagamento no ano, separada em remuneração paga e remuneração reduzida em função de ajustes do desempenho da instituição; e) o montante de pagamentos referentes ao recrutamento de novos administradores e o número de beneficiários; f) o montante de pagamentos referentes a desligamentos realizados durante o ano, o número de beneficiários e o maior pagamento efetuado a uma só pessoa; e g) os percentuais de remuneração fixa, variável e de benefícios concedidos, calculados em relação ao lucro do período e ao patrimônio líquido[235].

Ainda que aspectos próprios de supervisão bancária, notoriamente prudenciais, não sejam foco da presente dissertação, cumpre observar, na medida em que pode interferir na política de remuneração adotada, que o Banco Central do Brasil pode solicitar, a qualquer tempo, que a

---

[235] Conforme art. 15 da Resolução n. 3.921/2010, observado que, no caso dos conglomerados que constituírem comitê de remuneração único, o Relatório do Comitê de Remuneração deverá apresentar as informações mencionadas no texto para cada uma das entidades do conglomerado (ver §3º do artigo 15 mencionado). No mais, mesmo as instituições abarcadas pela obrigatoriedade de observar a política de remuneração tratada pela Resolução n. 3.921/2010, mas que não tenham de constituir o referido comitê de remuneração, devem elaborar relatório anual no mesmo prazo referenciado no texto, contendo, no mínimo, as informações indicadas nos itens iii e iv, devendo mantê-lo à disposição do Banco Central do Brasil também pelo prazo mínimo de cinco anos (nesse sentido, ver art. 16 e parágrafo único da resolução em questão).

instituição demonstre que os incentivos proporcionados no âmbito de seu sistema de remuneração de administradores levam em consideração adequadamente os aspectos de gestão de riscos, adequação de capital e liquidez[236], além de poder determinar as medidas necessárias para compensar qualquer risco adicional resultante da inadequação da política de remuneração de administradores implementada pela entidade, inclusive a revisão da referida política ou a aplicação do requerimento de capital[237]. Ademais, e ainda nesse sentido, menciona-se que a Resolução CMN n. 4.019, de 29 de setembro de 2011, permite que sejam aplicadas, dentre outras medidas prudenciais, nos casos de situações que comprometam ou possam comprometer o funcionamento do Sistema Financeiro Nacional, a limitação ou suspensão: i) ao aumento da remuneração dos administradores; ii) ao pagamento de remuneração variável dos administradores; e iii) à distribuição de resultados. Por fim, no âmbito da implementação dos padrões de Basileia III, a Resolução CMN n. 4.193, de 1º de março de 2013, determinou que a insuficiência no cumprimento do Adicional de Capital Principal (ACP)[238], segundo o percentual fixado pelo Banco Central do Brasil, ocasiona restrições, dentre outros pagamentos, ao pagamento a título de remuneração variável aos diretores e membros do Conselho de Administração, no caso das sociedades anônimas (como se revestem as instituições bancárias), enquanto perdurar a insuficiência de Adicional de Capital Principal verificada[239].

3.5.2 Comparação das fontes abstratas de governança corporativa no Brasil com as recomendações do Comitê da Basileia em matéria de políticas remuneratórias e comitê de remuneração em bancos

Como decorre do quanto exposto, complementadas pelas observações formuladas nos itens 2.4.2 e 2.4.3, a Resolução n. 3.921/2010 alinha-se em grande medida às recomendações de Basileia. Contudo, cumpre observar algumas recomendações não abrangidas por referida norma de força vinculativa e que, portanto, devem ser objeto de cuidado reforçado

---

[236] Nesse sentido, ver art. 17 da Resolução n. 3.921/2010.
[237] Nesse sentido, ver art. 18 da Resolução n. 3.921/2010.
[238] Calculado conforme estipula a própria Resolução n. 4.193/2013.
[239] Conforme art. 9º, inciso I e parágrafos, da Resolução n. 4.193/2013.

na construção da governança corporativa específica das instituições bancárias, bem como de recomendações de fontes de *soft law*, ou até mesmo reflexões para atualização ou proposição de novas normativas. Nesse sentido, destaca-se que a resolução estudada volta-se apenas para a remuneração da alta administração[240], não abarcando, assim, necessariamente o espectro recomendado pelo Comitê da Basileia ao mencionar *material risk takers* ou ao destacar que o conselho de administração tem a responsabilidade pelo desenho e operação do sistema de remuneração de todo o banco[241] – observado inclusive que na crise, conforme descrito no item 2.2.2, o pessoal abaixo da alta administração contribuiu para a assunção excessiva de riscos nos bancos norte-americanos. Observa-se que esse hiato era parcialmente preenchido pelo art. 6º da Resolução n. 3.721/2009 que, ao tratar do gerenciamento de risco de crédito, determina amplamente que a diretoria da instituição e o conselho de administração, se houver, devem assegurar-se de que a estrutura remuneratória adotada não incentive comportamentos incompatíveis com um nível de risco considerado prudente nas políticas e estratégias de longo prazo adotadas pela instituição[242]. Com a publicação da Resolução n. 4.557/2017, referido hiato ficou parcialmente preenchido pela disposição constante do inciso X de seu artigo 48 que prevê, em fór-

---

[240] Como também observa Teresa Negreiros ao analisar normas sobre remuneração e risco no setor financeiro na Europa, que abragem, para além dos administradores, todo um conjunto de colaboradores cujas atividades têm um impacto significativo no respectivo perfil de risco da instituição: "[d]ivesa foi a opção do Banco Central do Brasil (Bacen). Com efeito, a Res. Bacen 3.921/2010, que dispõe sobre a política de remuneração das instituições financeiras e demais instituições autorizadas a funcionar pelo Bacen, incide apenas sobre a remuneração dos respectivos diretores estatutários, membros do conselho de administração das sociedades anônimas e administradores das sociedades limitadas" (nota de rodapé 13, p. 203). NEGREIROS, T. Remuneração e Risco no Setor Financeiro – Novidades e tendências na Europa. **Revista de Direito Bancário e do Mercado de Capitais**, n. 51. São Paulo: Editora Revista dos Tribunais, jan.-mar. 2011, p. 197-212.

[241] Item 107 de 2010 (BCBS, op. cit., 2010), e item 143 de 2015: " [...] *The board (or, by delegation, its compensation committee) is responsible for the overall oversight of management's implementation of the remuneration system for the entire bank. In addition, the board or its committee should regularly monitor and review outcomes to assess whether the bank-wide remuneration system is creating the desired incentives for managing risk, capital and liquidity* [...]" (BCBS, op. cit., 2015, p. 34).

[242] Destaque-se, mais uma vez, que a Resolução n. 4.557/2017 previu a revogação da Resolução n. 3.721/2009, dentre outras, considerado o prazo de 360 (trezentos e sessenta) dias após a publicação daquela primeira, ocorrida em 1º de março de 2017 no Diário Oficial da União (ver. seu art. 69 c.c inciso I do art. 68).

mula ampla, que compete ao conselho de administração, para fins de gerenciamento de riscos e do gerenciamento de capital: "garantir que a estrutura remuneratória adotada pela instituição não incentive comportamentos incompatíveis com os níveis de apetite por riscos fixados na RAS". Não obstante, a abertura existente demanda a atenção ressaltada.

Ademais, reconhece-se que especificidades da realidade brasileira também devem ser ponderadas para a análise do que se mencionou anteriormente. Nesse tocante, vale apontar as considerações de Jairo Saddi ao avaliar, quando da discussão da proposta da regulamentação que culminou na Resolução n. 3.921/2010 que, em primeiro lugar, a realidade brasileira de remuneração variável nos bancos é muito diversa da norte-americana (o autor chega a dizer que, nos maiores bancos, a remuneração variável não alcançava 1% do total da receita de intermediação); em segundo, que não é fácil determinar quais profissionais têm "impacto material" sobre o risco; e, em terceiro, que devem ser consideradas as restrições trabalhistas para, por exemplo, reduzir vencimentos ou "devolver" o que deveria ser recebido[243].

De todo modo, no âmbito de nossa análise comparativa entre as recomendações de governança corporativa do Comitê da Basileia e as fontes existentes no Brasil, tem-se que, ainda que a Resolução n. 3.921//2010 combinada com o artigo 6º da Resolução n. 3.721/2009 (enquanto vigente) e com o art. 48, inciso X, da Resolução n. 4.557/2017 alinhem-se sensivelmente às colocações daquele referido órgão, há margem para maiores elucidações quanto a estruturas remuneratórias abaixo da alta administração. Com efeito, esse ponto merece atenção por parte da construção da governança corporativa, e, especialmente da política ampla remuneratória, por parte especificamente das instituições bancárias (nos casos concretos).

Outro ponto em aberto, apesar da Resolução n. 4.557/2017 que tratou do comitê de risco, e que merece atenção para a governança cor-

---

[243] Disponível em: <http://www.ibgc.org.br/biblioteca/download/E%20papel%20do%20Banco%20Central.pdf>, p. 2. A Febraban também manifestou a necessidade de atenção com a legislação trabalhista brasileira em entrevista quando a minuta da resolução em questão ainda estava em audiência pública: "[a] entidade ressalta ainda que qualquer regulamentação terá de respeitar a legislação trabalhista e os contratos individuais entre as instituições e seus colaboradores de qualquer nível" (Brasil Econômico. **Bônus menos não assusta grandes bancos**. 9 fev. 2010, p. 38).

porativa de instituições bancárias, é o estabelecimento de comunicação adequada (*working closely*) entre aquele e o comitê de remuneração para que haja avaliação dos incentivos decorrentes da política de remuneração[244], como no mais já referido quando dos comentários atinentes à instauração de um comitê de risco[245].

Ainda, em análise das recomendações de governança corporativa geral (não específicas ao setor bancário[246]), tem-se que as recomendações são especialmente voltadas à alta administração, enfatizando também a necessidade de atrelar a remuneração ao longo prazo, mas não avançam muito mais do que as normas especificamente voltadas ao setor objeto de análise da presente dissertação[247 e 248]. Reforça-se que o

---

[244] Item 107 de 2010 (BCBS, op. cit., 2010) e item 76 do documento de 2015 (BCBS, op. cit., 2010, p. 17-18).

[245] Item 3.4.2.2.2 da presente dissertação e o quadro constante do item 3.4.2.2.5, também do presente trabalho.

[246] Nesse ponto, não há elaborações na cartilha da ABBC utilizado ao longo do presente capítulo.

[247] Nesse sentido, mencionam-se os itens 2.16 ("Remuneração dos conselheiros de administração"), 3.7 ("Remuneração da diretoria") e 4.2.5 ("Remuneração do conselho fiscal"), com destaque para 2.16 d) "Caso a organização utilize remuneração variável para os conselheiros, não deve atrelá-la a resultados de curto prazo. Esse plano deve ser vinculado a objetivos estratégicos de médio e longo prazos, focados na geração de valor econômico de longo prazo, e a organização deve tomar cuidados no sentido de evitar o estímulo a conflitos de interesse"; 3.7 a) "A remuneração da diretoria deve estar vinculada a resultados, com metas de curto e longo prazos relacionados de forma clara e objetiva à geração de valor econômico para a organização. A remuneração deve ser justa e compatível com as funções e os riscos inerentes a cada cargo e devidamente contabilizada. b) As organizações devem ter um procedimento formal e transparente de aprovação de suas políticas de remuneração aos diretores, incluindo eventuais benefícios e incentivos de longo prazo pagos em ações ou nelas referenciados. As metas e as premissas de eventual remuneração variável devem ser mensuráveis e auditáveis. c) Na criação da política de remuneração, o conselho de administração, por meio do comitê de remuneração ou de pessoas, se houver, deve considerar os custos e os riscos envolvidos nesses programas, inclusive ocasional diluição de participação acionária dos sócios, no caso de adoção de benefícios de longo prazo pagos em ações. d) A política de remuneração não deve estimular ações que induzam os diretores a adotar medidas de curto prazo sem sustentação ou que, ainda, prejudiquem a organização no longo prazo. Deve-se evitar o caráter imediatista das metas relacionadas à remuneração variável ou, ainda, a criação de desafios inatingíveis ou inconsistentes, que induzam a diretoria a expor a organização a riscos extremos ou desnecessários. e) A estrutura de incentivos deve incluir um sistema de freios e contrapesos, que indique os limites de atuação dos envolvidos e evite que uma mesma pessoa controle o processo decisório e a sua respectiva fiscalização. Ninguém deve estar envolvido

em qualquer deliberação sobre sua própria remuneração. O diretor-presidente deve encaminhar para aprovação do conselho a proposta de remuneração da diretoria. f) O conselho deve submeter sua proposta dos valores e da política de remuneração da diretoria à aprovação da assembleia geral. [...]"; e 4.2.5 "a) Não deve haver remuneração variável para conselho fiscal". No mesmo sentido apontado, acompanha o Código Abrasca: "Princípio Básico: A remuneração da diretoria e do conselho de administração deve ser estruturada de forma a promover um alinhamento aos interesses e objetivos de longo prazo da Companhia". "Regras. 4.1. O conselho de administração deve zelar para que os planos de incentivo de longo prazo lastreados ou referenciados em ações, tais como planos de opção de compra de ações ou similares, tenham critérios de elegibilidade, aquisição de direitos (*vesting*), preço, prazo e condições de exercício, estabelecidos de forma a promover o alinhamento dos participantes desse plano aos interesses de longo prazo dos acionistas. 4.2 As pessoas que controlam o processo decisório da estrutura de remuneração e incentivos não devem ser também responsáveis pela sua fiscalização. Recomendações 4.3 É recomendável que o conselho de administração aprove formalmente uma política de remuneração de diretores e conselheiros de administração. 4.4 É recomendável que o conselho de administração institua um comitê de remuneração". O Código Brasileiro de Governança Corporativa – Companhias Abertas também se alinha ao quanto referido pelos códigos anteriores, destacando-se, 2.7 Princípio: "[a] remuneração dos membros do conselho de administração deve estar alinhada aos objetivos estratégicos da companhia com foco em sua perenidade e na criação de valor no longo prazo; 3.4 Princípio: "[a] remuneração dos membros da diretoria deve estar alinhada aos objetivos estratégicos da companhia, com foco em sua perenidade e na criação de valor no longo prazo", Fundamento: "[a] remuneração da diretoria é uma ferramenta efetiva de atração, motivação e retenção dos diretores. Se estruturada de forma justa e compatível com as funções e os riscos inerentes a cada cargo, proporciona o alinhamento de seus interesses com os interesses de longo prazo da companhia", Práticas Recomendadas: "3.4.1 A remuneração da diretoria deve ser fixada por meio de uma política de remuneração aprovada pelo conselho de administração por meio de um procedimento formal e transparente que considere os custos e os riscos envolvidos./ 3.4.2 A remuneração da diretoria deve estar vinculada a resultados, com metas de médio e longo prazos relacionadas de forma clara e objetiva à geração de valor econômico para a companhia de longo prazo./ 3.4.3 A estrutura de incentivos deve estar alinhada aos limites de risco definidos pelo conselho de administração e vedar que uma mesma pessoa controle o processo decisório e a sua respectiva fiscalização. Ninguém deve deliberar sobre sua própria remuneração".

[248] Para além da quinta edição do Código das Melhores Práticas, o IBGC faz recomendações, no Guia de Orientação para Planejamento de Sucessão, Avaliação e Remuneração de Conselho de Administração e Diretor Presidente, quanto a filosofia e estratégias de remuneração total da empresa no âmbito da atribuição do Comitê de Pessoas, o qual também deve, dentre outras funções, analisar o posicionamento da remuneração total em relação ao mercado competitivo, analisar o desenho e impacto dos programas de remuneração variável de longo prazo/ incentivos de longo prazo, propondo, se for o caso, ajustes para aprovação pelo Conselho de Administração, avaliar cada programa de remuneração e, se for o caso, propor ajustes tendo em vista o alinhamento dos interesses dos administradores e profissionais da

caso bancário é específico, e que o cuidado com a política de remuneração por todo o banco, e, particularmente, com relação a posições que podem levar à assunção de riscos, é de especial relevância nesse âmbito, haja vista as observações nesse sentido desenvolvidas ao longo do presente trabalho.

---

organização com os dos acionistas, bem como zelar pelas práticas e sistemas de remuneração da empresa com vistas a evitar distorções que resultem em perda de competitividade e/ou riscos para a empresa (IBGC, **Guia de orientação para planejamento de sucessão, avaliação e remuneração de conselho de administração e diretor-presidente**, Série Cadernos de Governança Corporativa, 10, São Paulo, SP, 2011, p. 48-49. Disponível em: <http://www.ibgc.org.br/userfiles/10.pdf>. Acesso em: 28 out. 2016). Não obstante, permanece a ponderação do cuidado especial para o caso específico bancário, notoriamente quanto a remuneração de posições que possam envolver a assunção de risco material, para além do evidente enfoque existente na governança corporativa geral com relação à remuneração da alta administração.

Conclusão

Como decorre do quanto exposto na presente dissertação, a governança corporativa de instituições bancárias foi estimulada pela crise de 2008 por meio da identificação de falhas das práticas observadas nos bancos nela envolvidos, resultando no reconhecimento mais amplo de que aquela é (ou deve ser) especial quando comparada à governança corporativa de demais organizações empresariais. Essa constatação deu-se inclusive em contextos especialmente *shareholder-oriented*. Com efeito, mesmo nesses ambientes, a necessidade de cuidado com os interesses dos *stakeholders* do setor bancário é patente, relacionada à necessária estabilidade do sistema financeiro. Como consequência, por exemplo, tem-se que a métrica de avaliação da governança corporativa dos bancos e seu desempenho devem ser refletidas de forma diversa do que pode ocorrer com outras organizações, não se valendo unicamente de parâmetros como maior retorno ao acionista evidenciado pelo preço de suas ações.

Também relacionada a tal reconhecimento, a crise de 2008 provocou uma profusão em diversas jurisdições de normas tanto com força cogente quanto recomendatórias a tratarem de aspectos de governança corporativa de bancos, ora no sentido da ênfase necessária a determinados mecanismos já reconhecidos como importantes, ora com o surgimento de novas recomendações de estruturas.

Voltando-nos à análise dos princípios e recomendações de governança corporativa para bancos enunciados pelo Comitê da Basileia, constata-se que existiam manifestações e apontamentos gerais de muitos dos pontos que foram identificados como falhos na crise de 2008, notadamente no tocante às políticas de remuneração. A crise evidenciou o quanto essas manifestações e apontamentos não estavam sendo praticados, bem como estimulou que houvesse seu aprimoramento mais em detalhes. Nesse mesmo sentido, reforçou-se o papel – do ponto de vista de supervisão bancária de referido Comitê – da governança corporativa com relação à proteção dos depositantes. Destaque também foi dado à qualificação técnica do conselho de administração diante à complexidade bancária. Especialmente relevante quanto às estruturas internas de governança corporativa de bancos, a crise estimulou a ênfase e surgimento de novas recomendações no tocante ao comitê de riscos no âmbito das funções do conselho de administração, buscando-se que haja análises detidas e com expertise necessária quanto aos riscos da específica instituição – ponto muito sensível aos bancos –, bem como à adoção de um *Chief Risk Officer* (CRO) – estrutura para que haja uma função de gestão de risco com autoridade suficiente, respeitabilidade, independência, recursos, visão global e acesso ao conselho. Com efeito, essas duas estruturas ganharam especial força em decorrência do que se observou na referida crise financeira. A relação entre risco e remuneração também foi reforçada, inclusive com relação a patamares que não se restringem apenas à alta administração de um banco.

Comparando as recomendações do Comitê da Basileia e fontes abstratas de governança corporativa no Brasil em tópicos selecionados em função do quanto discorrido com relação à crise, constatou-se que a governança corporativa de bancos no Brasil, abstratamente considerada, encontra-se de modo geral, nos referidos tópicos, em grande parte aderente aos mencionados princípios e práticas internacionais. Isso ocorre notadamente em função do quadro mínimo de governança corporativa instaurado pelas normas legais e regulatórias existentes, especialmente após a publicação da Resolução n. 4.557/2017 que suplantou lacunas que existiam no cenário nacional quanto ao comitê de riscos e ao CRO. Com efeito, o Conselho Monetário Nacional e o Banco Central do Brasil são atuantes na indicação de estruturas mínimas que permitem a assertiva acima realizada, ainda que alguns poucos pontos ainda não estejam integralmente abarcados por suas normas e mereçam especial atenção no desenho concreto da governança corporativa de instituições, como discorremos. Nesse ponto, em sede de palavras finais, deve-se fazer expressa menção ao cuidado com a remuneração e o risco assumido para além da alta administração nas instituições bancárias.

Por fim, a título de conclusão, é salutar reforçar que a governança corporativa dos bancos *vis-à-vis* outras organizações demanda especialidade, motivo pelo qual os mecanismos daquela não devem ser estendidos a outras espécies de organizações sem uma análise crítica, notadamente no tocante à intervenção regulatória, ainda que avanços em pontos como a gestão de risco possam servir de modelo para outras organizações de tamanho e complexidade similares que se situem fora do setor bancário.

REFERÊNCIAS

ABBC (Associação Brasileira de Bancos) e Centro de Estudos de Governança da Fundação Instituto de Pesquisas Contábeis Atuariais e Financeiras – Fipecafi. **Cartilha de governança corporativa**. 2009. Disponível em: <http://www.abbc.org.br/ADM/publicacoesconfig/uploads/30333550179494052001_ABBC_Cartilha_Governanca_Corporativa.pdf>. Acesso em: 28 ago. 2016.

ABRÃO, Nelson. **Direito bancário**. 12. ed. atual. por Carlos Henrique Abrão. São Paulo: Saraiva, 2009.

ABRASCA. **Código Abrasca de autorregulação e boas práticas das companhias abertas**. 2011, p. 4. Disponível em: <http://www.abrasca.org.br/Uploads/autoregulacao/codigo_Abrasca_de_Autorregulacao_e_Boas_Praticas_das_Companhias_Abertas.pdf>. Acesso em: 12 out. 2016.

ABREU, Jorge Manuel Coutinho de. **Governação das sociedades comerciais**. 2. ed. Coimbra: Almedina, 2010.

ACCA (Association of Chartered Certified Accountants). Shareholder Primacy in UK Corporate Law: An Exploration of the Rationale and Evidence. **Research Report 125**, 2011. Disponível em: <http://www.accaglobal.com/content/dam/acca/global/PDF-technical/business-law/rr-125-001.pdf>. Acesso em: 9 out. 2016.

ACCA (Association of Chartered Certified Accountants). **Corporate Governance and the Credit Crunch**. Disponível em: <http://www.accaglobal.com/content/dam/acca/global/PDF-technical/corporate-governance/cg_cc.pdf>. Acesso em: 26 set. 2016.

ADAMEK, Marcelo Vieira von. **Responsabilidade civil dos administradores de S/A** (e as ações correlatas). São Paulo, Saraiva, 2009.

ADAMS, Renée; MEHRAN, Hamid. Is Corporate Governance Different for Bank Holding Companies? **FRBNY Economic Policy Review**, Apr. 2003, p. 123-142. Disponível em: <https://www8.gsb.columbia.edu/leadership/sites/leadership/files/Is_Corporate_Governance_Different_For_Bank_Holding_Companies.pdf>. Acesso em: 29 ago. 2016. 2003a.

_____. Bank board structure and performance: Evidence for large bank holding companies. **Journal of Financial Intermediation**, n. 21, 2012, p. 243-267. Disponível em: <http://ac.els-cdn.com/S1042957311000398/1-s2.0-S1042957311000398-main.pdf?_tid=fc-49c272-b0ff-11e6-b2b5-00000aab0f02&acdnat=1479852597_5efd683c-307d933c616be460fed6cd04>. Acesso em: 22 nov. 2016.

AEBI, Vincent; SABATO, Gabriele; SCHMID, Markus. Risk management, corporate governance, and bank performance in the financial crisis. **Journal of Banking & Finance**, n. 36, 2012, p. 3213-3226. Disponível em: <http://ac.els-cdn.com/S0378426611003104/1-s2.0-S0378426611003104-main.pdf?_tid=a3111ec4=-101b11-6e9-1ce00000-aa0b27f&acdnat-1479853307_36b3580a0b6caf0da50f8672855a29ce>. Acesso em: 22 nov. 2016.

AHRENS, Luis Roberto. Breves considerações sobre a função social da empresa. **Âmbito Jurídico,** Rio Grande, XIV, n. 85, fev. 2011. Disponível em: <http://www.ambito-juridico.com.br/site/index.php?n_link=revista_artigos_leitura&artigo_id=8936>. Acesso em: 9 jul. 2015.

ALEXANDER, Kern. Corporate Governance and Banking Regulation: The Regulator as Stakeholder. **CERF Research Programme in International Financial Regulation Working Paper 17**, June 2004. Disponível em: <http://www.cfap.jbs.cam.ac.uk/publications/downloads/wp17.pdf>. Acesso em: 29 ago. 2016.

ALVES, Carlos André de Melo; CHEROBIM, Ana Paula Mussi Szabo. Análise do nível de divulgação do risco operacional segundo recomendações do Comitê da Basiléia: estudo em bancos do país e do exterior. **RAM – Revista de Administração Mackenzie**, v. 10, n. 2, mar.-abr. 2009. Disponível em: <http://editorarevistas.mackenzie.br/index.php/RAM/article/view/390>. Acesso em: 19 dez. 2016.

ALVES, Carlos André de Melo; MACHADO FILHO, Cláudio Antonio Pinheiro. Governança corporativa e divulgação das atribuições de ouvidorias: um estudo em instituições bancárias públicas e privadas à luz da regulamentação brasileira. **XXXIV Encontro da ANPAD**, Rio de Janeiro, RJ, 25 a 29 set.

2010. Disponível em: <http://www.anpad.org.br/admin/pdf/eso2781.pdf>. Acesso em: 19 dez. 2016.

ALVES, Carlos André de Melo; MACHADO FILHO, Cláudio Antonio Pinheiro. Governança corporativa, responsabilidades dos órgãos de controle e ouvidorias: estudo em bancos no Brasil. **Gestão & Regionalidade**, v. 30, n. 90, set.-dez. 2014. Disponível em: <http://seer.uscs.edu.br/index.php/revista_gestao/article/view/2340/0>. Acesso em: 19 dez. 2016.

AMARAL, José Romeu Garcia do. **Regime jurídico das debêntures**. 2. ed. São Paulo: Almedina, 2016.

AMEC. **Código Amec de princípios e deveres dos investidores institucionais – Stewardship**. Disponível em: <http://www.amecbrasil.org.br/wp-content/uploads/2016/10/Codigo-Amec-de-Principios-e-Deveres-dos-Investidores-Institucionais-Stewardship-3.pdf>. Acesso em: 12 nov. 2016.

ANBIMA. **Basileia III no Brasil**. Atual. 30 mar. 2016. Disponível em: <http://www.anbima.com.br/informe_legislacao/2013_015.asp> Acesso em: 30 out. 2016.

ANDRADE, Adriana; ROSSETTI, José Paschoal. **Governança corporativa**: fundamentos, desenvolvimento e tendências. 7. ed. rev. e amp. São Paulo: Atlas, 2014.

ARAGÃO, Lindenberg Araújo; PONTE, Vera Maria Rodrigues; OLIVEIRA, Marcelle Colares. Governança corporativa no setor bancário brasileiro: um estudo sobre as práticas dos conselhos de administração. **XXXIV Encontro da ANPAD**. Rio de Janeiro, RJ, 25 a 29 set. 2010.

ARAÚJO, Antonio Maria H. B.; MENDES, Paulo César de M.; LUSTOSA, Paulo Roberto B. Governança corporativa no Brasil: contraste de práticas entre instituições financeiras e instituições não financeiras. **Revista Universo Contábil**, Blumenau, v.8, n. 2, p. 64-83, abr.-jun. 2012.

ARUN, Thankom G.; TURNER, John David. Corporate Governance of Banks in Developing Economies: concepts and issues. **Corporate Governance: An International Review**, v. 12, n. 3, p. 371-377, 2004.

ASHCRAFT, Adam B.; BLEAKLEY, Hoyt. Federal Reserve Bank of New York. **Staff Report n. 257**, 2006. Disponível em: <https://www.newyorkfed.org/medialibrary/media/research/staff_reports/sr257.pdf>. Acesso em: 26 ago. 2016.

ASSAF NETO, Alexandre. **Mercado financeiro**. 12. ed. São Paulo: Atlas, 2014.

BADARÓ, Gustavo Henrique; BOTTINI, Pierpaolo Cruz. **Lavagem de dinheiro**: aspectos penais e processuais penais: comentários à Lei 9.613, com alterações da Lei 12.683/2012. São Paulo: Editora Revista dos Tribunais, 2012.

BAINBRIDGE, Stephen. **Corporate Governance after the Financial Crisis.** New York: Oxford University Press, 2012.

BAIR, Sheila. **Lessons of the Financial Crisis:** The Dangers of Short-Termism. 4 July 2011. Disponível em: <https://corpgov.law.harvard.edu/2011/07/04/lessons-of-the-financial-crisis-the-dangers-of-short-termism/>. Acesso em: 24 set. 2016.

BANCO CENTRAL DO BRASIL. **Brasil é convidado a participar de importantes fóruns internacionais.** 13 mar. 2009. Disponível em: <http://noticias.i3gov.planejamento.gov.br/noticias/pesquisa.xhtml?b=convite%20Comit%EA%20da%20Basileia+fontes:()+perfis_facebook:()+perfis_twitter:()+canais:()&q=0&o=0&e=0>. Acesso em: 24 set. 2016.

BANCO CENTRAL DO BRASIL. **BC coloca em audiência pública proposta e norma sobre remuneração de executivos de instituições financeiras.** 1 fev. 2010. Disponível em: http://www.bcb.gov.br/textonoticia.asp?codigo=2440&idpai=NOTICIAS. Acesso em: 20 out. 2016.

_____. **Glossário.** Disponível em: <https://www.bcb.gov.br/glossario.asp?Definicao=1406&idioma=P&idpai=GLOSSARIO>. Acesso em: 30 out. 2016.

_____. **Governança cooperativa:** diretrizes para boas práticas de governança em cooperativas de crédito. 2008. Disponível em: <https://www.bcb.gov.br/pre/microFinancas/coopcar/pdf/DiretrizesVersaoCompleta.pdf>. Acesso em: 31 ago. 2016.

_____. **Relatório de estabilidade financeira.** Abr. 2016. Disponível em: <http://www.bcb.gov.br/htms/estabilidade/2016_04/refReg.pdf>. Acesso em: 17 out. 2016.

BANZAS, Manoel S. **Governança corporativa no setor bancário:** evolução recente no mercado brasileiro. 2005. Dissertação (Mestrado) – Instituto COPPEAD de Administração, UFRJ, Rio de Janeiro, 2005.

BCBS. **Basel III:** A global regulatory framework for more resilient banks and banking systems. Disponível em: <http://www.bis.org/publ/bcbs189.htm>. Acesso em: 21 nov. 2016.

_____. **Basel III:** International framework for liquidity risk measurement, standards and monitoring. Disponível em: <http://www.bis.org/publ/bcbs188.pdf>. Acesso em: 21 nov. 2016.

_____. **Compensation Principles and Standards Assessment Methodology.** Jan. 2010. Disponível em: <http://www.bis.org/publ/bcbs166.pdf>. Acesso em: 15 nov. 2016.

_____. **Enhancing bank transparency,** Sep. 1998. Disponível em: <http://www.bis.org/publ/bcbs41.pdf>. Acesso em: 21 nov. 2016.

_____. **Enhancing Corporate Governance for Banking Organisations**, 1999. Disponível em: <https://www.bis.org/publ/bcbsc138.pdf>. Acesso em: 24 nov. 2016.

_____. **Enhancing corporate governance for banking organisations**, Feb. 2006. Disponível em: <http://www.bis.org/publ/bcbs122.htm>. Acesso em: 23 nov. 2016.

_____. **Framework for internal control systems in banking organisations**, Sep. 1998. Disponível em: <http://www.bis.org/publ/bcbs40.htm>. Acesso em: 21 nov. 2016.

_____. **Global systemically important banks: updated assessment methodology and the higher loss absorbency requirement.** July 2013. Disponível em: <http://www.bis.org/publ/bcbs255.pdf>. Acesso em: 17 out. 2016.

_____. **Guidance for national authorities operating the countercyclical capital buffer.** Disponível em: http://www.bis.org/publ/bcbs187.htm. Acesso em: 21 nov. 2016

_____. **Guidelines – Corporate governance principles for banks**. 2015. Disponível em: <http://www.bis.org/bcbs/publ/d328.htm>. Acesso em: 31 ago. 2016.

_____. **Pillar 3 disclosure requirements for remuneration**. Jul. 2011. Disponível em: <http://www.bis.org/publ/bcbs197.pdf>. Acesso em: 25 out. 2016.

_____. **Principles for enhancing corporate governance**, Oct. 2010. Disponível em: <http://www.bis.org/publ/bcbs176.htm>. Acesso em: 23 nov. 2016.

_____. **Principles for Sound Stress Testing Practices and Supervision**, May 2009. Disponível em: <http://www.bis.org/publ/bcbs155.pdf>. Acesso em: 21 nov. 2016.

_____. **Principles for the management of credit risk**: consultative document, July 1999. Disponível em: <http://www.bis.org/publ/bcbs54.htm>. Acesso em: 21 nov. 2016.

_____. **Principles for the management of interest rate risk**, 2004. Disponível em: <http://www.bis.org/publ/bcbs108.htm>. Acesso em: 21 nov. 2016.

_____. **Principles for the management of interest rate risk**, Sep. 1997. Disponível em: <http://www.bis.org/publ/bcbs29a.htm>. Acesso em: 21 nov. 2016.

_____. **Principles of the sound management of operational risk.** July 2011. Disponível em: <http://www.bis.org/publ/bcbs195.htm>. Acesso em: 23 nov. 2016.

BEAUCHAMP, Tom; BOWIE, Norman. **Ethical Theory and Business**. 6. ed. Londres: Prentice Hall, 2001.

BEBCHUK, Lucian; SPAMANN, Holger. Regulating Bankers' Pay. **The Georgetown Law Journal**, v. 98, 2010, p. 247-287.

BECHER, David A.; FRYE, Melissa B. **Does regulation substitute or complement governance?** Nov. 2008. Disponível em: <http://fic.wharton.upenn.edu/fic/papers/08/0816.pdf>. Acesso em: 19 dez. 2016.

BECHT, Marco; BOLTON, Patrick; RÖELL, Ailsa. Corporate Governance and Control. **ECGI Working Paper Series n. 02/2002**, atual. ago. 2005. Disponível em: <http://unpan1.un.org/intradoc/groups/public/documents/apcity/unpan033582.pdf>. Acesso em: 19 dez. 2016.

BECHT, Marco; BOLTON, Patrick; RÖELL, Ailsa. Why bank governance is different. **Oxford Review of Economic Policy**, v. 27, n. 3, 2012, p. 437-463, p. 438. Disponível em: <http://www.ecgi.org/tcgd/2012/documents/Becht_Bank_Governance.pdf>. Acesso em: 26 set. 2016.

BELTRATTI, Andrea; STULZ, René M. Why Did Some Banks Perform Better During the Credit Crisis? A Cross-Country Study of the Impact of Governance and Regulation. **NBER Working Paper n. 15180**, July 2009. Disponível em: <http://www.nber.org/papers/w15180.pdf>. Acesso em: 22 nov. 2016.

BERTOLDI, Marcelo M. O poder de controle na sociedade anônima: alguns aspectos. **Revista de Direito Mercantil**, Ano XXXIX, n. 118, abr.-jun. 2000, p. 62-87.

BETTARELLO, Flávio Campestrin. **Governança corporativa**: fundamentos jurídicos e regulação. São Paulo: Quartier Latin, 2008.

BETTER MARKETS. 9 Jan. 2015, p. 13-14. Disponível em: <https://www.bettermarkets.com/sites/default/files/documents/BIS-%20BCBS-%20CL-%20Corporate%20Governance%20Principles%20for%20Banks%201-9-15.pdf>. Acesso em: 24 set. 2016.

BINNIE, Ricardo. **Transparência dos bancos**. São Paulo: Almedina, 2011.

BITTENCOURT, Cezar Roberto; BREDA, Juliano. **Crimes contra o sistema financeiro nacional e contra o mercado de capitais**. 3. ed. Rio de Janeiro: Saraiva, 2014.

BLAIR, Margaret. The Role of Employees in Corporate Governance. Third Southeastern Europe Corporate Governance Roundtable. Disponível em:

<www.oecd.org/corporate/ca/corporategovernanceprinciples/2482851. ppt>. Acesso em: 20 ago. 2016.

BLISS, Robert R. Market discipline and subordinated debt: A review of some saliente issues. **Federal Reserve Bank of Chicago Economic Perspectives**, First Quarter, 2001, p. 24-45. Disponível em: <http://users.wfu.edu/blissrr/PDFs/Bliss%20-%202001,%20FRB-C%20EP%20-%20Market%20Discipline.pdf>. Acesso em: 15 nov. 2016.

BNP PARIBAS. Disponível em: <http://www.bis.org/publ/bcbs168/bnp.pdf>. Acesso em: 21 nov. 2016.

BRASIL ECONÔMICO. **Bônus menos não assusta grandes bancos**. 9 fev. 2010, p. 38 -39.

CADBURY, Adrian. **Report of the Committee on the Financial Aspects of Corporate Governance.** London, Dec. 1992. Disponível em: <http://cadbury.cjbs.archios.info/report>. Acesso em: 11 jul. 2015.

CÂMARA, Paulo et. al. **A governação de bancos nos sistemas jurídicos lusófonos**. Coimbra: Almedina, 2016.

CÂMARA, Paulo. O governo societário dos bancos – em particular, as novas regras e recomendações sobre remuneração na banca. In: CÂMARA, Paulo; MAGALHÃES, Manuel (Coords.). **O novo direito bancário**. Coimbra: Almedina, 2012.

CAMARGO, André Antunes Soares de. **Transações entre partes relacionadas**: um desafio regulatório complexo e multidisciplinar. 3 ed. São Paulo: Almedina, 2016.

CANDELORO, Ana Paula Pinho; RIZZO, Maria Balbina Martins de; PINHO, Vinicius. **Compliance 360**: riscos, estratégias, conflitos e vaidades no mundo corporativo. 2. ed. São Paulo: Ed. do Autor, 2015.

CAPELLETTO, Lúcio Rodrigues. **Aspectos regulatórios e expectativas da supervisão**. Fórum de debates: Remuneração dos administradores de instituições financeiras. IBGC, 5 jun. 2014, p. 21. Disponível em: http://www.ibgc.org.br/userfiles/files/Lucio_Capelletto.pdf. Acesso em: 18 dez. 2016.

CAPRIO JR., Gerard; LEVINE, Ross. **Corporate Governance in Finance**: Concepts and International Observations. 2002. Disponível em: <http://siteresources.worldbank.org/DEC/Resources/corporategover_finance.pdf>. Acesso em: 20 ago. 2016.

CAPRIO, Gerard et al. (Ed). **The Future of State-Owned Financial Institutions**. Washington: The Brookings Institution, 2004.

CAPRIO, Gerard; LAEVEN, Luc; LEVINE, Ross. Governance and Bank Valuation, 2004. Disponível em: <http://apps.olin.wustl.edu/jfi/pdf/CaprioLaevenLevine.pdf>. Acesso em: 15 nov. 2016.

CARVALHO, Carlos Eduardo. O Banco Central como emprestador de última instância: mão quase invisível ao sustentar os mercados. **Revista OIKOS**, v. 11, n. 2, Rio de Janeiro, 2012, p. 217-239. Disponível em: <http://www.revistaoikos.org/seer/index.php/oikos/article/viewFile/313/176>. Acesso em: 29 ago. 2016.

CARVALHO, Estêvão Prado de Oliveira. **A reponsabilidade dos administradores de instituições financeiras frente aos credores**. 2011. Dissertação (Mestrado) – Faculdade de Direito, Universidade de São Paulo, São Paulo, 2011.

CARVALHO, Fernando Cardim de et al. **Economia monetária e financeira**: teoria e prática. Rio de Janeiro: Campus, 2000.

CARVALHOSA, Modesto. **Comentários à Lei de Sociedades Anônimas**. 7. ed. rev. e atual. São Paulo: Saraiva, 2013. v. 1.

_____. **Comentários à Lei de Sociedades Anônimas**. 6. ed. São Paulo: Saraiva, 2014. v. 3.

CASTILHO, Zhara Helou Ribeiro de. Relação entre a remuneração de executivos e o desempenho financeiro dos bancos brasileiros de capital aberto. **XV Congresso USP de Controladoria e Contabilidade**. São Paulo, SP, 29 a 31 jul. 2015.

CEREZETTI, Sheila Christina Neder. **A recuperação judicial de sociedade por ações**: o princípio da preservação da empresa na Lei de Recuperação e Falência. São Paulo: Malheiros, 2012.

CHEFFINS, Brian R. The Corporate Governance Movement, Banks and the Financial Crisis. **Theoretical Inquiries in Law**, 16 (1), 2015, p. 1-44, p. 15.

CHEFFINS, Brian R. Did Corporate Governance "Fail" During the 2008 Stock Market Meltdown? The Case of the S&P 500. **ECGI Law Working Paper** n. 124/2009, July 2009. Disponível em: <https://papers.ssrn.com/sol3/papers.cfm?abstract_id=1396126&rec=1&srcabs=959443>. Acesso em: 27 out. 2016.

CHENG, Mei; DHALIWAL, Dan; NEAMTIU, Monica. Banks' Asset Securitization and Information Uncertainty. 2009. Disponível em: <http://capana.net/download/2009papers/Mei%20Cheng.pdf>. Acesso em: 26 ago. 2016.

CIANCANELLI, Penny; REYES-GONZALEZ, José A. **Corporate Governance in Banking**: A Conceptual Framework. 2000. Disponível em: <http://papers.ssrn.com/sol3/papers.cfm?abstract_id=253714>. Acesso em: 29 ago. 2016.

COATES IV, John. C. **Corporate Governance and the Financial Crisis**. Disponível em: <http://www.law.columbia.edu/center_program/law_economics/conferences/financialcrisis>. Acesso em: 12 jul. 2015.

COIMBRA, Fabio. **Estrutura de governança corporativa e gestão de riscos**: um estudo de casos no setor financeiro. 2011. Tese (Doutorado) – Faculdade de Economia, Administração e Contabilidade, Universidade de São Paulo, São Paulo, 2011.

COMPARATO, Fábio Konder; SALOMÃO FILHO, Calixto: **O poder de controle na sociedade anônima**. 6. ed. rev. e atual. Rio de Janeiro: Forense, 2014.

CONWAY, Edmund. **IMF puts total cost of crisis at £7.1 trillion**. Telegraph. Disponível em: < http://www.telegraph.co.uk/finance/newsbysector/banksandfinance/5995810/IMF-puts-total-cost-of-crisis-at-7.1-trillion.html>. Acesso em: 7 set. 2016.

COSTA, Luiz Felipe Duarte Martins. **Contribuição ao estudo da responsabilidade civil dos administradores de companhias abertas**. 2006. Dissertação (Mestrado em Direito) – Faculdade de Direito da Universidade de São Paulo, São Paulo, 2006.

COSTA, Tiago Alves; FAMÁ, Rubens; SANTOS, José Odálio dos. **Serão as boas práticas de governança corporativa complemento ou substituto da regulamentação imposta à indústria bancária?** Disponível em: <http://sistema.semead.com.br/10semead/sistema/resultado/an_resumo.asp?cod_trabalho=237>. Acesso em: 31 ago. 2016.

COUNTERPATY RISK MANAGEMENT POLICY GROUP III. **Containing Systemic Risk: The Road to Reform**, Aug. 2008, p. 9-12, 71-74, 77-101. Disponível em: <http://www.crmpolicygroup.org/>. Acesso em: 15 set. 2016.

COVAS, Silvânio; CARDINALI, Adriana Laporta. **O Conselho de Recursos do Sistema Financeiro Nacional**: atribuições e jurisprudência. São Paulo: Quartier Latin, 2008.

DANTAS, José Alves et al. Determinantes do grau de evidenciação de risco de crédito pelos bancos brasileiros. **Revista Contabilidade & Finanças**, USP, São Paulo, v. 21, n. 52, jan.-abr. 2010. Disponível em: <http://www.revistas.usp.br/rcf/article/view/34307>. Acesso em: 19 dez. 2016.

DEANGELO, Harry; STULZ, René M. **Why High Leverage is Optimal for Banks?** 2013. Disponível em: <http://fic.wharton.upenn.edu/fic/papers/13/13-20.pdf>. Acesso em: 27 ago. 2016.

DELOITTE UNIVERSITY PRESS. **Global risk management survey, eighth edition – Setting a higher bar**. 2013, p. 20. Disponível em: <https://www2.deloitte.com/content/dam/Deloitte/global/Documents/Financial-Servi-

ces/dttl-fsi-us-fsi-aers-global-risk-management-survey-8thed-072913.pdf>. Acesso em: 29 out. 2016.

DELOITTE UNIVERSITY PRESS. **Global risk management survey, ninth edition – Operating in the new normal: Increased regulation and heightened expectations**. 2015, p. 19. Disponível em: <https://www2.deloitte.com/content/dam/Deloitte/ru/Documents/financial-services/ru-global-risk-management-survey-9th-edition.pdf>. Acesso em: 29 out. 2016.

DERMINE, Jean. Bank Corporate Governance, Beyond the Global Banking Crisis. In: **INSEAD Faculty & Research Working Paper**. Mar. 2011. Disponível em: <http://sites.insead.edu/facultyresearch/research/doc.cfm?did=47338>. Acesso em: 25 nov. 2016.

DEVRIESE, Johan et al. Corporate Governance, regulation and supersivion. **National Bank of Belgium, Financial Stability Review**, 2004. Disponível em: <https://www.nbb.be/doc/oc/repec/fsrart/fsr_2004_en_95_120.pdf>. Acesso em: 26 ago. 2016.

DOBBS, Kevin. Crisis Casts Bank Boards As Activists. **American Banker**, 14 July 2008. Disponível em: <https://www.highbeam.com/doc/1G1-181283373.html>. Acesso em: 20 nov. 2016.

ERKENS, David H.; HUNG, Mingyi; MATOS, Pedro. Corporate governance in the 2007-2008 financial crisis: Evidence from financial institutions worldwide. **Journal of Corporate Finance 18**, 2012, p. 389-411. Disponível em: <http://www.darden.virginia.edu/uploadedFiles/Darden_Web/Content/Faculty_Research/Directory/Corp-gov-07-08-fin-crisis.pdf>. Acesso em: 22 nov. 2016.

EUROPEAN BANKING AUTHORITY. **EBA Guidelines on Internal Governance** (GL 44). Disponível em: <https://www.eba.europa.eu/documents/10180/103861/EBA-BS-2011-116-final-EBA-Guidelines-on-Internal-Governance-(2)_1.pdf>. Acesso em: 18 nov. 2016.

EUROPEAN COMMISSION. **Corporate Governance in Financial Institutions:** Lessons to be drawn from the current financial crisis, best practices. Commission Staff Working Document. 2010. Disponível em: <http://ec.europa.eu/internal_market/company/docs/modern/sec2010_669_en.pdf>. Acesso em: 27 set. 2016.

_____. **European Commission's Green Paper on corporate governance in financial institution and remuneration policies**. 2010. Disponível em: <http://ec.europa.eu/internal_market/company/docs/modern/com2010_284_en.pdf>. Acesso em: 27 set. 2016.

EY. GLOBAL REGULATORY NETWORK. **An international regulatory push for enhanced risk governance**, 31 July 2015, p. 2. Disponível em:

<http://www.ey.com.br/Publication/vwLUAssets/EY-an-international-regulatory-push-for-enhanced-risk-governance/$FILE/EY-an-international-regulatory-push-for-enhanced-risk-governance.pdf>. Acesso em: 23 nov. 2016.

FAHLENBRACH, Rüdiger; STULZ, René M. **Bank CEO Incentives and the Credit Crisis**, Mar. 2010. Disponível em: <https://www8.gsb.columbia.edu/leadership/sites/leadership/files/Bank%20CEO%20Incentives%20and%20the%20Credit%20Crisis%2020100508%20RMS.pdf>. Acesso em: 22 nov. 2016.

FAMA, Eugene F. **What's different about banks?** (Disponível em: <http://www.sciencedirect.com/science/article/pii/0304393285900510>. Acesso em: 15 ago. 2016.

FARIAS, Ricardo R. A natureza da responsabilidade civil dos administradores de bancos em regime especial Lei 6.024/1974 e Dec.-Lei 2.321/1987. **Revista de Direito Bancário e do Mercado de Capitais**, v. 59, p. 65, jan. 2013. Disponível em: <http://www.ifibe.edu.br/arq/201509142145001867673918.pdf>. Acesso em: 30 ago. 2016.

FERREIRA, Daniel et al. **Shareholder Empowerment and Bank Bailouts**, Nov. 2012. Disponível em: <http://www.lse.ac.uk/fmg/workingPapers/discussionPapers/fmgdps/dp714_AXA11.pdf>. Acesso em: 23 nov. 2016.

FERREIRA, Daniel; KIRCHMAIER, Tom; METZGER, Daniel. Boards of Banks. **AXA Working Paper Series**, n. 6, Discussion Paper n. 664, Jan. 2011. Disponível em: <http://www.lse.ac.uk/fmg/workingPapers/discussionPapers/DP664_2010_BoardsofBanks.pdf>. Acesso em: 23 nov. 2016.

FINANCIAL CRISIS INQUIRY COMISSION. **Financial Crisis Inquiry Report** – Final Report of the National Commission on the Causes of the Financial and Economic Crisis in the United States, Jan. 2011, Disponível em: <https://fcic.law.stanford.edu/report>. Acesso em: 27 set. 2016.

FINANCIAL STABILITY FORUM. **Report of the Financial Stability Forum on Enhancing Market and Institutional Resilience**. Apr. 2008. Disponível em: <http://www.fsb.org/wp-content/uploads/r_0804.pdf?page_moved=1>. Acesso em: 15 set. 2016.

FLANNERY, Mark; KWAN, Simon; NIMALENDRAN, Mahendrarajah. **Market Evidence on the Opaqueness of Banking Firms' Assets**. 2002. Disponível em: <http://bear.warrington.ufl.edu/flannery/PDF/FKN_Jan01.pdf>. Acesso em: 27 ago. 2016.

_____. The 2007-09 Financial Crisis and Bank Opaqueness. **Federal Reserve Bank of San Francisco Working Paper Series 2010-27**. Sep. 2010. Disponível em: <http://www.frbsf.org/economic-research/files/wp10-27bk.pdf>. Acesso em: 27 ago. 2016.

FORGIONI. Paula A. **Os fundamentos do antitruste**. 2. ed. 2. tir. rev. e atual. São Paulo: RT, 2005.

FORTUNA, Eduardo L. P. **A governança corporativa no sistema bancário**: uma visão orientada aos depositantes, credores e à sociedade. 2007. Tese (Doutorado) – Instituto COPPEAD de Administração, Universidade Federal do Rio de Janeiro, Rio de Janeiro, 2007.

FRANCO, Gustavo H. B.; ROSMAN, Luiz Alberto C. A crise bancária norte--americana: algumas lições da experiência brasileira. In: GARCIA, Márcio; GIAMBIAGI, Fabio. **Risco e regulação**: por que o Brasil enfrentou bem a crise e como ela afetou a economia mundial. Rio de Janeiro: Elsevier, 2010. p. 157-169.

FREEMAN, Edward. **Strategic Management**: a Stakeholder Approach. Reimp. Cambridge: Cambridge University Press, 2010.

FREITAS, Volnei A. de. **O Conselho do Rei**: A Função de Auditoria Interna na Governança Corporativa de Bancos no Brasil. 2015. Dissertação (Mestrado) – Escola de Administração de Empresas de São Paulo, Fundação Getulio Vargas, São Paulo, 2015.

FRONTINI, Paulo S. Função Social da Companhia: Limitações do Poder de Controle. In: ADAMEK, Marcelo Vieira von (coord.). **Temas de Direito Societário e Empresarial Contemporâneos**. São Paulo: Malheiros, 2011.

FSB. **Compensation Principles and Standards Assessment Methodology**. Disponível em: <http://www.bis.org/publ/bcbs166.pdf>. Acesso em: 22 out. 2016.

_____. **Guidance on supervisory interaction with financial institutions on risk culture: a framework for assessing risk culture,** Apr. 2014. Disponível em: <http://www.fsb.org/2014/04/140407/>. Acesso em: 23 nov. 2016.

_____. **Implementing the FSB Principles for Sound Compensation Practices and their Implementation Standards – Fourth progress report**. 10 nov. 2015. p. 33. Disponível em: <http://www.fsb.org/wp-content/uploads/FSB-Fourth-progress-report-on-compensation-practices.pdf>. Acesso em: 23 out. 2016.

_____. **Principles for an effective risk appetite framework**, Nov. 2013. Disponível em: <http://www.fsb.org/wp-content/uploads/r_130717.pdf?page_moved=1>.Acesso em: 23 nov. 2016.

_____. **Policy Measures to Address Systemically Important Financial Institutions**. 4 nov. 2011, p. 1. Disponível em: <http://www.fsb.org/wp-content/uploads/r_111104bb.pdf?page_moved=1>. Acesso em: 17 out. 2016.

_____. **Thematic review on risk governance**, Feb. 2013. Disponível em: <http://www.fsb.org/2013/02/r_130212/>. Acesso em: 23 nov. 2016.

FURFINE, Craig. Banks as Monitors of Other Banks: Evidence from the Overnight Federal Funds Market. **Journal of Business**, v. 74, n. 1, Jan. 2001.

G-20. **Declaration of the Summit in Financial Markets and the World Economy**. Nov. 2008. Disponível em: <http://www.un.org/ga/president/63/commission/declarationG20.pdf>. Acesso em: 15 set. 2016.

GALBRAITH, John Kenneth. **The Great Crash of 1929**. New York: Houghton Mifflin Harcourt, 2009.

GERMAN COUNCIL OF ECONOMIC EXPERTS. Sachverständigenrat zur Begutachtung der gesamtwirtschaftlichen Entwicklung, **Die Finanzkrise meistern** – Wachstumskräfte stärken, Jahresgutachten 2008/09, Wiesbaden, 2008, p. 116-191. Disponível em: <http://www.sachverstaendigenrat-wirtschaft.de/fileadmin/dateiablage/download/gutachten/ga08_ges.pdf>. Acesso em: 15 set. 2016.

GOBBI, Juliana Vianna Lacreta. **Exequibilidade das decisões proferidas no âmbito dos processos de regulação e melhores práticas da Anbima**. Coleção Academia-Empresa 6. São Paulo: Quartier Latin, 2012.

GONTAREK, Walter. Risk governance of financial institutions: The growing importance of risk appetite and culture. **Journal of Risk Management in Financial Institutions**, vol. 9, 2, 2016.

GREUNING, Hennie van; BRATANOVIC, Sonja B. **Analyzing Banking Risk**: A framework for assessing corporate governance and risk management. 3. ed. Washington: The World Bank, 2009.

GROSHEN, Erica L (Ed.). Federal Reserve Bank of New York. **Economic Policy Review** 9, Apr. 2003, n. 1. Special issue "corporate governance: what do we know, and what is different about banks?", p. 1. Disponível em: <https://www.newyorkfed.org/medialibrary/media/research/epr/2003/EPRvol9no1.pdf>. Acesso em: 27 set. 2016.

GROVE, Hugh et. al. Corporate governance and performance in the wake of the financial crisis: Evidence from US commercial banks. **Corporate Governance: An International Review**, v. 19, n. 5, p. 418-436, 2011. Disponível em: <http://onlinelibrary.wiley.com/doi/10.1111/j.1467-8683.2011.00882.x/abstract>. Acesso em: 22 nov. 2016.

GT INTERAGENTES. **Código Brasileiro de Governança Corporativa – Companhias Abertas.** São Paulo: IBGC, 2016. Disponível em: <https://www.editoraroncarati.com.br/v2/phocadownload/codigo_brasileiro_de_governanca_corporativa_companhias_abertas.pdf>. Acesso em: 19 nov. 2016.

GUIMARÃES, Francisco José Pinheiro. Debêntures. In: LAMY FILHO, Alfredo; PEDREIRA, José Luiz Bulhões (Coords.). **Direito das companhias.** Rio de Janeiro: Forense, 2009. v. I.

HAU, Harald; THUM, Marcel P. Subprime Crisis and Board (In)Competence: Private vs. Public Banks in Germany. **INSEAD Working Paper N 2010/45/FIN,** June 2010. Disponível em: <http://sites.insead.edu/facultyresearch/research/doc.cfm?did=44430>. Acesso em: 25 ago. 2016.

HAUCK, Achim; NEYER, Ulrike. Are rating splits a useful indicator for the opacity of an industry? **Heinrich-Heine-University of Düsseldorf Economics Finance, and Taxation Discussion Paper** n. 3/2008, 2008. Disponível em: <https://papers.ssrn.com/sol3/papers.cfm?abstract_id=1304146>. Acesso em: 13 nov. 2016.

HEREMANS, Dirk. Corporate Governance Issues for Banks: A Financial Stability Perspective. **Katholieke Universiteit Leuven Discussions Paper Series,** Feb. 2007. Disponível em: <https://papers.ssrn.com/sol3/papers.cfm?abstract_id=1024693>. Acesso em: 19 dez. 2016.

HOPT, Klaus J. Comparative Corporate Governance: The State of the Art and International Regulation. **ECGI Law Working Paper n. 170/2011,** p. 4-5. Disponível em: <http://papers.ssrn.com/sol3/papers.cfm?abstract_id=1713750>. Acesso em: 11 jul. 2015.

_____. Better Governance of Financial Institutions. **ECGI Law Working Paper n. 207,** 2013, p. 11. Disponível em: <http://papers.ssrn.com/sol3/papers.cfm?abstract_id=2334874>. Acesso em: 27 set. 2016.

_____. Corporate Governance of Banks and Other Financial Institutions after the Financial Crisis – Regulation in the Light of Empiry and Theory. **Journal of Corporate Law Studies,** v. 13, Part 2, Oct. 2013. Disponível em: <http://papers.ssrn.com/sol3/papers.cfm?abstract_id=2334874>. Acesso em: 11 jul. 2015. 2013a.

IADI (International Association of Deposit Insurers). **Core Principles for Effective Deposit Insurance Systems.** Nov. 2014. Disponível em: <http://www.iadi.org/en/assets/File/Core%20Principles/cprevised2014nov.pdf>. Acesso em: 30 ago. 2016.

IANNOTTA, Giuliano. Testing for Opaqueness in the European Banking Industry: Evidence from Bond Credit Ratings. **Journal of Financial Services**

REFERÊNCIAS

Research 30, 2006, p. 287-309. Disponível em: <http://download.springer.com/static/pdf/265/art%253A10.1007%252Fs10693-006-0420-y.pdf?originUrl=http%3A%2F%2Flink.springer.com%2Farticle%2F10.1007%-2Fs10693-006-0420-y&token2=exp=1472421182~acl=%2Fstatic%2Fpdf%2F265%2Fart%25253A10.1007%25252Fs10693-006-0420-y.pdf%3ForiginUrl%3Dhttp%253A%252F%252Flink.springer.com%252Farticle%252F10.1007%252Fs10693-006-0420-y*~hmac=6fc066ba9485cf-96cad87980ac2634f235b7767f0c4ecbc5207712c116fedd28>. Acesso em: 28 ago. 2016.

IANNOTTA, Giuliano; KWAN, Simon. The impact of Reserves Pratices on Bank Opacity. Federal Reserve Bank of San Francisco. Working Paper Series. **Working Paper 2013-35**, 2014. Disponível em: <http://www.frbsf.org/economic-research/files/wp2013-35.pdf>. Acesso em: 28 ago. 2016.

IBGC. **Código das melhores práticas de governança corporativa**. 4. ed. Disponível em: <http://www.ibgc.org.br/CodigoMelhoresPraticas.aspx>. Acesso em: 13 jul. 2015.

_____. **Código das melhores práticas de governança corporativa**. 5. ed. Disponível em: <http://www.ibgc.org.br/CodigoMelhoresPraticas.aspx>. Acesso em: 15 ago. 2016.

_____. **Guia de orientação para gerenciamento de riscos corporativos**. Série de Cadernos de Governança Corporativa, 3, São Paulo, 2007, p. 44. Disponível em: <http://www.ibgc.org.br/userfiles/3.pdf>. Acesso em: 28 out. 2016.

_____. **Guia de orientação para melhores práticas de comitês de auditoria**. Série de Cadernos de Governança Corporativa, 7. São Paulo, 2009, p. 14. Disponível em: <http://www.ibgc.org.br/userfiles/files/Guia_7_.pdf>. Acesso em: 28 out. 2016.

_____. **Governança corporativa em tempos de crise.** Coord. de Joaquim Rubens Fontes Filho e Renata Weingrill Lancellotti. São Paulo: Saint Paul Editora, 2009.

_____. **Monitoramento de desempenho empresarial**. Minuta para audiência pública. Out. 2016.

_____. **O futuro da governança corporativa**: desafios e novas fronteiras. Org. de Joaquim Rubens Fontes Filho e Ricardo Pereira Câmara Leal. São Paulo: Saint Paul Editora, 2013.ICGN. **Statement on the Global Financial Crisis**. 10 Nov. 2008, p. 1. Disponível em: <http://www.iasplus.com/en/binary/resource/0811icgn.pdf>. Acesso em: 8 out. 2016.

ICGN. **Statement on the Global Financial Crisis.** 10 nov. 2008, p. 1. Disponível em: <http://www.iasplus.com/en/binary/resource/0811icgn.pdf>. Acesso em: 8 out. 2016.

IFC. **Global Corporate Governance Forum – Financial Crisis Response, International Consultation**, Paris, 19 June 2009. p. 14-16. Disponível em: <http://www.ifc.org/wps/wcm/connect/d858228048a7e-5d2a3c7e76060ad5911/GCGF%2BParis%2BConsultation--Final%2BReport%2B2009.pdf?MOD=AJPERES&CACHEID=d858228048a7e5d2a-3c7e76060ad5911>. Acesso em: 1 out. 2013.

IMF. **Risk taking by banks: the role of governance and executive pay.** 2014. Disponível em: <https://www.imf.org/external/pubs/ft/gfsr/2014/02/pdf/c3.pdf>. Acesso em: 27 out. 2016.

IMF. **The Recent Financial Turmoil – Initial Assessment, Policy Lessons, and Implications for Fund Surveillance.** Apr. 2008. Disponível em: <https://www.imf.org/external/np/pp/eng/2008/040908.pdf>. Acesso em: 15 set. 2016.

INSTITUTE OF INTERNATIONAL FINANCE, **Final Report of the IIF Committee on Market Best Practices: Principles of Conduct and Best Practices Recommendations.** July 2008. Disponível em: <https://www.iif.com/file/7102/download?token=zVgadpJM>. Acesso em: 15 set. 2016.

IOSCO. Technical Committee of the International Organization of Securities Commissions, **Final Report on The Subprime Crisis**, May 2008. Disponível em: <https://www.iosco.org/library/pubdocs/pdf/IOSCOPD273.pdf>. Acesso em: 27 set. 2016.

JACKSON, Howell. **Systemic Risk Literature Review** (Definition and Policy Proposals), 14 nov. 2009. Memorando apresentado em conferência The Financial Crisis: Can we prevent a recurrence? Disponível em: <http://www.law.columbia.edu/null/download?&exclusive=filemgr.download&file_id=154832>. Acesso em: 28 ago. 2016.

JENSEN, Michael; MECKLING, William. Theory of the firm: managerial behavior, agency costs and ownership structure. **Journal of Financial Economics**, v. 3, p. 305-360, Oct. 1976. Disponível em: <http://papers.ssrn.com/sol3/papers.cfm?abstract_id=94043>. Acesso em: 9 jul. 2015.

JENSEN, Michael. Value Maximization, Stakeholder Theory and the Corporate Objective Function, **HBS working paper,** Oct. 2000, p. 9. Disponível em: <http://www.hbs.edu/faculty/Publication%20Files/00-058_f2896ba9-f272-40ca-aa8d-a7645f43a3a9.pdf>. Acesso em: 12 jul. 2015.

JICKLING, Mark. Causes of the Financial Crisis. **Congressional Research Service Report for Congress**: Prepared for Members and Committees of Congress, 9 Apr. 2010. Disponível em: <https://www.fas.org/sgp/crs/misc/R40173.pdf>. Acesso em: 20 nov. 2016.

JOHNSON, Simon et al. Corporate Governance in the Asian Financial Crisis. **Journal of Financial Economic 58,** 2000, p. 141-186.

JUCÁ, Michele Nascimento. Determinantes da estrutura de capital de bancos brasileiros e norte-americanos. 2011. Tese (Doutorado) – Faculdade de Economia, Administração e Contabilidade, Universidade de São Paulo, São Paulo, 2011. Disponível em: <http://www.teses.usp.br/teses/disponiveis/12/12139/tde-27012012-192849/pt-br.php>. Acesso em: 19 dez. 2016.

KIM, Hwa-Jin. Living With the IMF: A New Approach to Corporate Governance and Regulation of Financial Institutions in Korea. **Berkeley Journal of International Law 17,** 1999, p. 61-94.

KING, Michael. The cost of equity for global banks: a CAPM perspective from 1990 to 2009. **BIS Quarterly Review,** Sep. 2009, p. 59-73. Disponível em: <http://www.bis.org/publ/qtrpdf/r_qt0909g.pdf>. Acesso em: 26 ago. 2016.

KIRKPATRICK, Grant. **Corporate Governance Lessons from the Financial Crisis,** Feb. 2009, p. 4. Disponível em: <http://www.oecd.org/finance/financial-markets/42229620.pdf>. Acesso em: 25 nov. 2016.

KLOTZLE, Marcelo Cabus; COSTA, Luciana de Andrade. Governança corporativa e desempenho dos bancos no Brasil. **Revista Eletrônica de Gestão Organizacional.** v. 4. n. 4, set.-dez. 2006. Disponível em: <http://www.revista.ufpe.br/gestaoorg/index.php/gestao/article/viewFile/69/59>. Acesso em: 19 dez. 2016.

KOKKINIS, Andreas. A Primer on Corporate Governance in Banks and Financial Institutions: Are Banks Special? In: CHIU, Iris H-Y (Ed.). **The Law on Corporate Governance in Banks.** Cheltenham: Edward Elgar, 2015.

KORPS JUNIOR, Augusto. Limite necessário. **Revista Capital Aberto.** São Paulo, abr. 2010, p. 2. Disponível em: <http://www.ibgc.org.br/biblioteca/download/E%20papel%20do%20Banco%20Central.pdf>. Acesso em: 9 nov. 2016.

KOSE, John; YIMING, Qian. Incentive Features in CEO Compensation in the Banking Industry. **Economic Policy Review,** v. 9, n. 1, Apr. 2004. Disponível em: <http://papers.ssrn.com/sol3/papers.cfm?abstract_id=795564>. Acesso em: 29 ago. 2016.

KPMG. **FRC announces review of the UK Corporate Governance Code.** 16 feb. 2017. Disponível em: https://home.kpmg.com/qm/en/home/insights/2017/02/frc-announces-review-of-the-uk-corporate-governance-code.html. Acesso: 18 mar. 2017.

KWAN, Simon. Financial Crisis and Bank Lending. **Federal Reserve Bank of San Francisco Working Paper Series 2010-11.** May 2010. Disponível em: <http://www.frbsf.org/economic-research/files/wp10-11bk.pdf>. Acesso em: 27 ago. 2016.

LAEVEN, Luc. **Corporate Governance**: What's special about banks? Disponível em: <http://www.annualreviews.org/doi/abs/10.1146/annurev-financial-021113-074421?journalCode=financial>. Acesso em: 31 ago. 2016.

LAEVEN, Luc; LEVINE, Ross. **Corporate Governance, Regulation, and Bank Risk Taking**, 2007. Disponível em: <http://fic.wharton.upenn.edu/fic/sicily/22%20laevenlevine.pdf>. Acesso em: 15 nov. 2016.

LADIPO, David et al. **Board profile, structure and practice in large European banks**, Nestor Advisors, London, 2008.

LAROSIÈRE, Jacques. **The High-level Group on Financial Supervision in the EU.** Report. 25 Feb. 2009. Disponível em: <http://ec.europa.eu/internal_market/finances/docs/de_larosiere_report_en.pdf>. Acesso em: 26 set. 2016.

LAUDÍSIO, Arnaldo. **Responsabilidade do administrador de banco e a pena de inabilitação.** 29 dez. 2014. Disponível em: <http://www.conjur.com.br/2014-dez-29/arnaldo-laudisio-responsabilidade-administrador-banco>. Acesso em: 9 nov. 2016.

LAUTENSCHLEGER JÚNIOR, Nilson. **Os desafios propostos pela governança corporativa ao direito empresarial brasileiro.** São Paulo: Malheiros, 2005.

LEELADHAR, Shri V. Corporate Governance in Banks. **Reserve Bank of India Bulletin**, Dec. 2004. p. 1101-1104. Disponível em: <https://rbidocs.rbi.org.in/rdocs/Bulletin/PDFs/59405.pdf>. Acesso em: 29 ago. 2016.

LEVINE, Ross. **The Corporate Governance of Banks**: A Concise Discussion of Concepts and Evidence, p. 9. Disponível em: <https://openknowledge.worldbank.org/bitstream/handle/10986/14239/WPS3404.pdf?sequence=1>. Acesso em: 20 ago. 2016.

LEVINE, Ross. The Corporate Governance of Banks: A Concise Discussion of Concepts and Evidence. **World Bank Policy Research Working Paper 3404**, Sep. 2004. Disponível em: <http://papers.ssrn.com/sol3/papers.cfm?abstract_id=625281>. Acesso em: 29 ago. 2016.

LLEWELLYN, David. A Regulatory Regime For Financial Stability. **Oesterreichische Nationalbank Working Paper 48**, 2001. Disponível em: <http://econpapers.repec.org/paper/onboenbwp/48.htm>. Acesso em: 29 ago. 2016.

MACEY, Jonathan; O'HARA, Maureen. **Bank Corporate Governance**: A Paradigm for the Post-Crisis World. Mar. 2014. Disponível em: <https://fnce.wharton.upenn.edu/linkservid/6703E275-5056-893A-285F1F77A-F3D52FF/showMeta/0/>. Acesso em: 29 ago. 2016.

MACEY, Jonathan; O'HARA, Maureen. Bank Corporate Governance: A Proposal for the Post-Crisis World. **FRBNY Economic Policy Review**. Aug. 2016, p. 85-105. Disponível em: <https://www.newyorkfed.org/medialibrary/media/research/epr/2016/epr_2016_post-crisis-world_macey.pdf?la=en>. Acesso em: 29 ago. 2016.

_____. The Corporate Governance of Banks. **FRBNY Economic Policy Review**, Apr. 2003. Disponível em: <https://www.newyorkfed.org/medialibrary/media/research/epr/03v09n1/0304mace.pdf>. Acesso em: 29 ago. 2016. 2003a.

_____. Solving The Corporate Governance Problems of Banks: A Proposal. **The Banking Law Journal**, v. 120, n. 4, Apr. 2003. 2003b.

MALLIN, Christine A (Ed.). **Handbook on Corporate Governance in Financial Institutions**. Cheltenham: Edward Elgar, 2016.

MANZI, Vanessa Alessi. **Compliance no Brasil**: consolidação e perspectivas. São Paulo: Saint Paul, 2008.

MARANHO, Flávia Schwartz; FONSECA, Marcos Wagner da; FREGA, José Roberto. Governança corporativa e desempenho das empresas diante da crise econômica global de 2008: Uma análise de dados em painel. **Rev. Adm. UFSM**, Santa Maria, v. 9, n. 2, p. 293-311, abr.-jun. 2016. Disponível em: <https://periodicos.ufsm.br/reaufsm/article/view/13414>. Acesso em: 22 nov. 2016.

MARCASSA, Ana Cecília. **Mecanismos de governança corporativa em bancos**. 2004. Disponível em: <http://www4.bcb.gov.br/pre/inscricaoContaB/trabalhos/Mecanismos%20de%20Governan%C3%A7a%20Corporativa%20em%20Bancos.pdf>. Acesso em: 31 ago. 2016.

MARQUES, Newton Ferreira da Silva. Quatro décadas de atuação do Banco Central do Brasil na fiscalização e supervisão bancária. **Revista de Direito Bancário e do Mercado de Capitais**, n. 30. São Paulo: Editora Revista dos Tribunais, out.-dez. 2005, p. 242-282.

MATTOS, Eduardo da Silva. **O que a crise do *subprime* ensinou ao Direito?** Evidências e lições do modelo concorrencial e regulatório bancário brasileiro. São Paulo: Almedina, 2015.

McCormick, Emily. **The 2015 risk practices survey summary report: cyberanxiety for bank boards**, 23 mar. 2015. Disponível em: <http://www.bankdirector.com/index.php/issues/risk/2015-risk-practices-survey-cyberanxiety-for-bank-boards/>. Acesso em: 27 out. 2016.

MEETING OF THE OECD COUNCIL AT MINISTERIAL LEVEL. **OECD Principles of Corporate Governance**. 21 June 1999. Disponível em: <http://www.oecd.org/officialdocuments/publicdisplaydocumentpdf/?cote=C/MIN(99)6&docLanguage=En>. Acesso em: 27 set. 2016.

Mehran, Hamid; Mollineaux, Lindsay. Corporate Governance of Financial Institutions. **Federal Reserve Bank of New York Staff Report n. 539**, Jan. 2012, p. 7. Disponível em: <https://www.newyorkfed.org/medialibrary/media/research/staff_reports/sr539.pdf>. Acesso em: 27 set. 2016.

Mehran, Hamid; Morrison, Alan; Shapiro, Joel. Corporate Governance and Banks: What Have We Learned from the Financial Crisis? **Federal Reserve Bank of New York Staff Report n. 502**, June 2011, p. 1. Disponível em: <http://www.newyorkfed.org/research/staff_reports/sr502.pdf>. Acesso em: 12 jul. 2015.

Meinen, Ênio. **Cooperativismo Financeiro**: Virtudes e Oportunidades. Ensaios sobre a perenidade do empreendimento cooperativo. Brasília: Confebras. 2016

Meirelles, Anthero de Moraes. **Gestão integrada de riscos:** a visão do supervisor. Out. 2012. Disponível em: <http://www.bcb.gov.br/pec/appron/apres/ApresentacaoGestaoIntegradadeRiscosEProcessoDeSaneamentoAnteroFebrabanOut2012.pdf>. Acesso em: 7 nov. 2016.

_____. **O processo de supervisão no Banco Central do Brasil**. Out. 2012. Disponível em: <http://www.bcb.gov.br/pec/appron/apres/Apresenta%E7%E3o_Anthero_Meirelles_CONBRAI_22-10-2012.pdf>. Acesso em: 7 nov. 2016.

Meirelles, Henrique. Pronunciamento do Presidente do Banco Central no evento "Boa Governança no Sistema Financeiro Nacional", 5 set. 2008, p. 5. Disponível em: <http://www.bcb.gov.br/pec/appron/Apres/Pronunciamento_presidente_BC_05-09-08.pdf>.

Merrouche, Ouarda; Nier, Erlend. What Caused the Global Financial Crisis? Evidence on the Drivers of Financial Imbalances 1999-2007. **IMF Working Paper**, Dec. 2010. Disponível em: <https://www.imf.org/external/pubs/ft/wp/2010/wp10265.pdf>. Acesso em: 20 nov. 2016.

Metzger, Barry. **International Financial Institutions, Corporate Governance and the Asian Financial Crisis**. 2003. Disponível em: <http://

papers.ssrn.com/sol3/papers.cfm?abstract_id=382840>. Acesso em: 26 set. 2016.

MILLER, Geoffrey Parsons. **The New Corporate Governance in Banks**, Remarks at the Conference: Challenges of Financial Regulation in the 21st Century, São Paulo, 8 dez. 2015. p. 8. Disponível em: <http://www.law.nyu.edu/sites/default/files/upload_documents/Corporate%20Governance%20in%20Banks%2021C%20December%206%202105.pdf>. Acesso em: 29 out. 2016.

MONGIARDINO, A.; PLATH, C. Risk governance at large banks: have any lessons been learned?. **Journal of Risk Management in Financial Institutions**, v. 3, n. 2, 2010.

MORGAN, Donald P. Rating Banks: Risk and Uncertainty in an Opaque Industry. **American Economic Review**, v. 92, n. 4, 2002. p. 874-888.

MÜLBERT, Peter. Corporate Governance of Banks after the Financial Crisis: Theory, Evidence, Reforms. **ECGI Law Working Paper n. 130/2009**, Apr. 2010. Disponível em: <http://papers.ssrn.com/sol3/papers.cfm?abstract_id=1448118>. Acesso em: 29 ago. 2016.

MÜLBERT, Peter O.; CITLAU, Ryan D. The Uncertain Role of Banks' Corporate Governance in Systemic Risk Regulation. **ECGI Law Working Paper n. 179/2011**, July 2011. Disponível em: <https://papers.ssrn.com/sol3/papers.cfm?abstract_id=1885866&download=yes>. Acesso em: 15 nov. 2016.

MÜLLER, Bianca Abbot. **Concorrência no setor bancário brasileiro**. 2007. Dissertação (Mestrado) – Faculdade de Direito, Universidade de São Paulo, São Paulo, 2007.

NEGREIROS, T. Remuneração e Risco no Setor Financeiro – Novidades e tendências na Europa. **Revista de Direito Bancário e do Mercado de Capitais**, n. 51. São Paulo: Editora Revista dos Tribunais, jan.-mar. 2011, p. 197-212.

NESTOR ADVISORS. **Report on Bank Boards and the Financial Crisis:** A corporate governance study of the 25 largest European banks. May 2009. Disponível em: <http://www.nestoradvisors.com/var/files/pdf/publications/ExecSum2009.pdf>. Acesso em: 22 set. 2016.

NÓBREGA, Maílson. Origens da Crise. In: GARCIA, Márcio; GIAMBIAGI, Fabio (Orgs.). **Risco e regulação**: por que o Brasil enfrentou bem a crise e como ela afetou a economia mundial. Rio de Janeiro: Elsevier, 2010.

OCDE. **Os princípios da OCDE sobre o governo das sociedades**. 2004. Disponível em: <http://www.oecd.org/daf/ca/corporategovernanceprinciples/33931148.pdf>. Acesso em: 1 jul. 2015.

_____. **Corporate Governance and the Financial Crisis**: Conclusions and emerging good practices to enhance implementation of the Principles. 24 Feb. 2010. Disponível em: <http://www.oecd.org/corporate/ca/corporategovernanceprinciples/44679170.pdf>. Acesso em: 27 set. 2016.

_____. **Corporate Governance and the Financial Crisis**: Key Findings and Main Messages, Paris, June 2009. Item 12, p. 11. Disponível em: <http://www.oecd.org/corporate/ca/corporategovernanceprinciples/43056196.pdf>. Acesso em: 27 set. 2016.

_____. **Princípios de governo das sociedades do G20 e da OCDE**. 2016. Disponível em: <http://www.keepeek.com/Digital-Asset-Management/oecd/governance/principios-de-governo-das-sociedades-do-g20--ocde_9789264259195-pt#page15>. Acesso em: 25 nov. 2016.

_____. Corporate Governance of Financial Groups. **OECD Corporate Governance Working Papers**, n. 20, 2016. Disponível em: <http://www.oecd-ilibrary.org/governance/corporate-governance-of-financial-groups_5jlvlm6zq3nx-en>. Acesso em: 19 dez. 2016.

OLIVEIRA, Jaildo Lima de; SILVA, César Augusto T. **A governança corporativa no Sistema Financeiro Nacional**. [2005]. Disponível em: <http://www4.bcb.gov.br/pre/inscricaoContaB/trabalhos/A%20Governan%C3%A7a%20Corporativa%20nn%20SFN.pdf>. Acesso em: 31 ago. 2016.

OLIVEIRA, Leonardo Henrique Mundim. Crimes de gestão fraudulenta e gestão temerária em instituição financeira. **Revista de Informação Legislativa**. Brasília a. 36, n. 143, jul.-set. 1999. Disponível em: <https://www2.senado.leg.br/bdsf/bitstream/handle/id/502/r143-05.PDF?sequence=4>. Acesso em: 10 out. 2016.

OLIVEIRA, Matheus Lamounier; ALVES, Carlos André de Melo. Remuneração de administradores em bancos no Brasil: Estudo baseado em recomendações inovadoras do Comitê da Basileia. **Anais do IV SINGEP – Simpósio Internacional de Gestão de Projetos, Inovação e Sustentabilidade**, São Paulo, SP, 8, 9 e 10 nov. 2015. Disponível em: <http://www.singep.org.br/4singep/resultado/646.pdf>. Acesso em: 15 nov. 2016.

OLIVEIRA, Wolney Resende de; NIYAMA, Jorge Katsumi; OLIVEIRA, Jaildo Lima de. O Comitê de Auditoria de acordo com a Resolução n. 3.198/04 do Conselho Monetário Nacional: uma avaliação das maiores instituições financeiras a partir do *ranking* apresentado pelo Banco Central do Brasil. **Congresso USP de Controladoria e Contabilidade**, 9. São Paulo: USP, 2009.

PAIVA, José Fernando Martins. **Governança corporativa e a distribuição de dividendos no setor bancário brasileiro**. 2016. Dissertação (Mestrado)

– Faculdade de Gestão e Negócios, Universidade Federal de Uberlândia, Uberlândia (MG), 2016.

PARENTE, Flávia. **O dever de diligência dos administradores de sociedades anônimas**. Rio de Janeiro: Renovar, 2005.

PAULIN, Luiz Alfredo. A responsabilidade do administrador de instituição financeira, em face da lei bancária. In: NERY JÚNIOR, Nelson; NERY, Rosa Maria de Andrade (Orgs.). **Doutrinas essenciais:** responsabilidade civil. São Paulo: RT, 2011. v. 3, p. 1063-1101.

PENI, Emilia; SMITH, Stanley D.; VÄHÄMAA, Sami. Bank Corporate Governance and Real Estate Lending During The Financial Crisis. **Journal of Real Estate Research**, v. 35, n. 3, p. 313-343, 2012. Disponível em: <http://pages.jh.edu/jrer/papers/pdf/forth/accepted/Bank%20Corporate%20Governance%20and%20Real%20Estate%20Lending%20During%20the%20Financial%20Crisis.pdf>. Acesso em: 22 nov. 2016.

PENI, Emilia; VÄHÄMAA, Sami. Did good corporate governance improve bank performance during the financial crisis? **Journal of Financial Services Research**, v. 41, n. 1, p. 19-35, 2012. Disponível em: <http://link.springer.com/article/10.1007/s10693-011-0108-9>. Acesso em: 22 nov. 2016.

PEREIRA, Antonio Nunes. Comitês de auditoria em bancos brasileiros: uma abordagem exploratória e introdutória de conceitos e práticas dos 4 (quatro) maiores bancos. 2005. Disponível em: <http://www.atena.org.br/revista/ojs-2.2.3-06/index.php/pensarcontabil/article/viewFile/41/41>. Acesso em: 19 dez. 2016.

PINETTI, Camilla Garcia. O risco sistêmico no foco da regulação financeira pós-crise. **Revista da Faculdade de Direito da Universidade de São Paulo**, v.110, jan.-dez. 2015, p. 819-847.

PINTO, Gustavo Mathias Alves. **Regulação sistêmica e prudencial no setor bancário brasileiro**. São Paulo: Almedina, 2015.

POLIZATTO, Vincent P. Prudential regulation and banking supervision: building an institutional framework for Banks. Policy, **Planning and Research Department Working Papers**. The World Bank, n. 340, 1990. Disponível em: <http://documents.worldbank.org/curated/en/389501468764981235/pdf/multi-page.pdf>. Acesso em: 22 nov. 2016.

POLO, Andrea. **Corporate Governance of Banks**: The Current State of the Debate, Jan. 2007. Disponível em: <http://papers.ssrn.com/sol3/papers.cfm?abstract_id=958796>. Acesso em: 29 ago. 2016.

PONTES, Evandro Fernandes de. **O conselho fiscal nas companhias abertas brasileiras**. São Paulo: Almedina, 2012.

PREDA, Stefano. **Relatório de governança corporativa de 1999**. Disponível em: <http://www.ecgi.org/codes/documents/codice_di_autodisciplina.pdf>. Acesso em: 9 jul. 2015.

PROWSE, Stephen. The Corporate Governance System in Banking: What Do We Know? **BNL Quarterly Review**, Special Issue, Mar. 1997, p. 14. Disponível em: <ojs.uniroma1.it/index.php/PSLQuarterlyReview/article/download/12898/12701>. Acesso em: 15 nov. 2016.

RAAIJMAKERS, Geert et. al. **New Corporate Governance Principles for banks**. Disponível em: <http://www.lexology.com/library/detail.aspx?g=aae3067d-dc27-4303-ba20-1d8bcfc1f50b>. Acesso em: 28 set. 2016.

REBOUÇAS, Lucia. Governança corporativa: pratique ou explique! **Revista RI – Relações com Investidores**, n. 207, out. 2016. Disponível em: <http://www.revistari.com.br/207/1156>. Acesso em: 19 nov. 2016.

RIBEIRO, Ivan César. **Os megabancos e as crises financeiras**: uma análise teórica e jurimétrica da regulação e do direito concorrencial. São Paulo: Almedina, 2015.

RIBEIRO, Maria Celia Vilela. Governança Corporativa: um estudo do impacto de seus mecanismos internos sobre o desempenho financeiro e o valor de mercado de bancos brasileiros. 2009. Dissertação (Mestrado) – Faculdade de Ciências Econômicas, Universidade Federal de Minas Gerais, Belo Horizonte, 2009.

RIBEIRO, Milton Nassau. **Aspectos jurídicos de governança corporativa**. São Paulo: Quartier Latin, 2007.

ROGERS, Pablo; RIBEIRO, Kárem Cristina de Sousa. Mecanismos de governança corporativa no Brasil: evidências do controle pelo mercado de capitais. **Contextus Revista Contemporânea de Economia e Gestão**. v. 4, n. 2, jul.-dez. 2006, p. 19. Disponível em: <http://www.contextus.ufc.br/2014/index.php/contextus/article/view/74>. Acesso em: 15 nov. 2016.

ROSS, Andrew; CROSSAN, Kenny. A review of the influence of corporate governance on the banking crises in the United Kingdom and Germany. **Corporate Governance: The International journal of business in society**, v. 12, n. 2, 2010, p. 215-225.

SADDI, Jairo. **Crise e regulação bancária**: navegando mares revoltos. São Paulo: Textonovo, 2001.

_____. É papel do Banco Central regular a remuneração dos executivos de instituições financeiras? **Revista Capital Aberto**, São Paulo, abr. 2010, p. 2. Disponível em: <http://www.ibgc.org.br/biblioteca/download/E%20papel%20do%20Banco%20Central.pdf>. Acesso em: 9 nov. 2016.

_____. Notas sobre a crise financeira de 2008. **Revista de Direito Bancário e do Mercado de Capitais**, n. 42. São Paulo: Editora Revista dos Tribunais, out.dez. 2008, p. 33-47.

_____. O Novo Acordo da Basiléia. **Revista de Direito Bancário e do Mercado de Capitais**, n. 20. São Paulo: Editora Revista dos Tribunais, abr.-jun. 2003, p. 47-60.

_____. **Temas de regulação financeira**. São Paulo: Quartier Latin, 2010.

SALAMA, Bruno Meyerhof; PRADO, Viviane Muller. Operações de crédito dentro de grupos financeiros: governança corporativa como complemento à regulação bancária. In: ARAUJO, Danilo Borges dos Santos Gomes de; WARDE JR., Walfrido Jorge (Orgs.). **Os grupos de sociedades**: organização e exercício da empresa. São Paulo: Saraiva, 2012.

SALOMÃO FILHO, Calixto. Função social do contrato: primeiras anotações. **Revista de Direito Mercantil, Industrial, Econômico e Financeiro**. Ano XLII, n. 132, out.-dez. 2003. p. 7-24.

SALOMÃO FILHO, Calixto. **O novo direito societário**. 4. ed. rev. e ampl. São Paulo: Malheiros, 2015. p. 27-39.

SALOMÃO NETO, Eduardo. **Direito bancário**. 2. ed. rev. e atual. São Paulo: Atlas, 2014.

SAMPAIO, Gustavo José Marrone de Castro. **Fundamentos da regulação bancária e aplicação do princípio da subsidiariedade**. São Paulo: Almedina, 2015.

SENIOR SUPERVISORS GROUP. **Observations on Risk Management Practices during the Recent Market Turbulences**. Mar. 2008. Disponível em: <https://www.sec.gov/news/press/2008/report030608.pdf>. Acesso em: 15 set. 2016.

SHLEIFER, Andrei; VISHNY, Robert W. A Survey of Corporate Governance. **The Journal of Finance**, v. 52, n. 2, Jun. 1997, p. 737.

SILVEIRA, Alexandre di Miceli da. **Governança corporativa e estrutura de propriedade**: determinantes e relação com o desempenho das empresas no Brasil. São Paulo, 2004. 250 f. Tese (Doutorado em Administração) – Faculdade de Economia, Administração e Contabilidade, Universidade de São Paulo, São Paulo, 2004. Disponível em: <http://www.teses.usp.br/teses/disponiveis/12/12139/tde-23012005-200501/pt-br.php>. Acesso em: 9 jul. 2015.

_____. **Governança corporativa no Brasil e no mundo**: teoria e prática. 2. ed. Rio de Janeiro: Elsevier, 2015.

_____. **Governança corporativa no Brasil e no mundo**: teoria e prática. Rio de Janeiro: Elsevier, 2010.

SPINELLI, Luis Felipe. **O conflito de interesses na administração da sociedade anônima**. São Paulo: Malheiros, 2012.

STEIN, Mara Lemos. The Morning Risk Report: UK Dials Up Review of Corporate Governance. **Wall Street Journal**, 15 Nov. 2016. Disponível em: <http://blogs.wsj.com/riskandcompliance/2016/11/15/the-morning-risk-report-uk-dials-up-review-of-corporate-governance/>. Acesso em: 18 nov. 2016.

STEPHANOU, Constantinos. Rethinking market discipline in banking: lessons from the financial crisis. **Policy Research Working Papers**. The World Bank, n. 5227, 2010. Disponível em: <http://ssrn.com/abstract=5227>. Acesso em: 6 ago. 2016.

STOUT, Lynn. **The Shareholder Value Myth**: How Putting Shareholders First Harms Investors, Corporations, and the Public. Oakland: Berrett-Koehler, 2012.

SUN, William, STEWART, Jim; POLLARD, David (Eds.). **Corporate Governance and the Global Financial Crisis**: International Perspectives. Cambridge: Cambridge University Press, 2012.

UBS. **Shareholder Report on UBS's Write-Downs**. 18 Apr. 2008. Disponível em: <http://maths-fi.com/ubs-shareholder-report.pdf>. Acesso em: 27 set. 2016.

TABALUJAN, Benny S. Why Indonesian Corporate Governance Failed: Conjectures Concerning Legal Culture. **Columbia Journal of Asian Law 15**, 2001-2002, p. 141-171.

THE CLEARING HOUSE ASSOCIATION. **Guiding Principles for Enhancing U.S. Banking Organization Corporate Governance**, 2015. Disponível em: <https://www.theclearinghouse.org/-/media/files/association%20related%20documents/20150624%20tch%20guiding%20principles%20for%20enhancing%20u%20s%20bank%20organization%20corporate%20governance.pdf>. Acesso em: 18 nov. 2016.

THE NEW YORK TIMES. **Financial Russian Roulette**, 14 Sep. 2008. Disponível em: <http://www.nytimes.com/2008/09/15/opinion/15krugman.html?_r=0>. Acesso em: 30 ago. 2016.

THE PRESIDENT'S WORKING GROUP ON FINANCIAL MARKETS. **Policy Statement on Financial Markets**, Mar. 2008. Disponível em: <https://www.treasury.gov/resource-center/fin-mkts/Documents/pwgpolicystatemktturmoil_03122008.pdf>. Acesso em: 15 set. 2016.

REFERÊNCIAS

THE WHITE HOUSE. **Declaration of the Summit on Financial Markets and the World Economy**, 15 Nov. 2008. Disponível em: <http://www.un.org/ga/president/63/commission/declarationG20.pdf>. Acesso em: 26 set. 2016.

TOLEDO, Paulo Fernando Campos Salles de. Liquidação extrajudicial de instituições financeiras: alguns aspectos polêmicos. **Revista de Direito Mercantil, Industrial, Econômico e Financeiro**. São Paulo: RT, n. 60, Nova Série, out.-dez. 1995, p. 24-38.

_____. **O conselho de administração na sociedade anônima**: estrutura, funções e poderes, responsabilidades dos administradores. 2. ed. São Paulo: Atlas, 1999.

TRADE UNION ADVISORY COMMIITTEE TO THE ORGANISATION FOR ECONOMIC COOPERATION AND DEVELOPMENT. **The OECD Principles of Corporate Governance**: An Evaluation of the 2004 Review by the TUAC Secretariat. Oct. 2004. Disponível em: <www.tuac.org/e-docs/00/00/01/0B/telecharger.phtml?cle_doc_attach=568>. Acesso em: 28 set. 2016.

TRAUCZYNSKI, Nicole. **Gestão fraudulenta e concurso de normas na lei dos crimes contra o sistema financeiro nacional**. 2014. Dissertação (Mestrado). Universidade de São Paulo, São Paulo, 2014.

TURCZYN, Sidnei. **O Sistema Financeiro Nacional e a regulação bancária**. São Paulo: RT, 2005.

UK. Department for Business, Energy & Industrial Strategy. **Corporate Governance Reform – Green Paper**. Nov. 2016. Disponível em: https://www.gov.uk/government/uploads/system/uploads/attachment_data/file/584013/corporate-governance-reform-green-paper.pdf. Acesso: 18 mar. 2017.

VARGAS, Andreia. **Departamento de Supervisão de Conduta (Decon)**. Abr. 2014. Disponível em: <http://www.abbc.org.br/images/content/Apresentacao_Decon_ABBC%2001042014.pdf>. Acesso em: 8 nov. 2016.

VENTURA, Elvira Curvinel Ferreira et al. **Governança cooperativa**: diretrizes e mecanismos para fortalecimento da governança em cooperativas de crédito. Brasília: BCB, 2009. 256 p. Disponível em: <https://www.bcb.gov.br/Pre/microFinancas/coopcar/pdf/livro_governanca_cooperativa_internet.pdf>. Acesso em: 10 ago. 2016.

VERÇOSA, Haroldo Malheiros Dulclerc. **Responsabilidade civil especial** – nas instituições financeiras e nos consórcios em liquidação extrajudicial. São Paulo: RT, 1993.

WAISBERG, Ivo. A evolução da jurisprudência sobre a responsabilidade civil dos administradores de instituições financeiras sujeitas a regimes especiais. **Revista de Direito Bancário e do Mercado de Capitais**, v. 40. São Paulo: Editora Revista dos Tribunais, abr.-jun. 2008, p. 186.

_____. **Responsabilidade civil dos administradores de bancos comerciais:** regimes especiais: intervenção, liquidação extrajudicial, regime de administração temporária – RAET. São Paulo: Editora Revista dos Tribunais, 2002.

WALD, Arnold. A culpa e o risco como fundamentos da responsabilidade pessoal do diretor de banco. **Revista de Direito Bancário e do Mercado de Capitais**, v. 40. São Paulo: Editora Revista dos Tribunais, abr.-jun. 2008, p. 345.

_____. A evolução do conceito de instituição financeira. **Revista de Direito Bancário e do Mercado de Capitais**, v. 8. São Paulo: Editora Revista dos Tribunais, abr.-jul. 2005, p. 211.

WALD, Arnold; WALD, Alexandre de M. A Responsabilidade civil do banqueiro (evolução recente da jurisprudência). **Revista de Direito Bancário e do Mercado de Capitais**, v. 48, abr. 2010, p. 17.

WALKER, David. **A review of corporate governance in UK banks and other financial industry entities – Final recommendations**, Nov. 2009, p. 25. Disponível em: <http://webarchive.nationalarchives.gov.uk/+/http:/www.hm-treasury.gov.uk/d/walker_review_261109.pdf>. Acesso em: 15 set. 2016.YAZBEK, Otavio. **Regulação do mercado financeiro e de capitais**. 2. ed. ampl., Rio de Janeiro: Elsevier, 2009.

ZANOTELLI, Suélen. **A influência do Conselho de Administração nos retornos dos bancos brasileiros de capital aberto**. 2014. Dissertação (Mestrado) – Escola de Administração, Universidade Federal do Rio Grande do Sul, Porto Alegre, 2014.

Referências da internet

https://houaiss.uol.com.br/pub/apps/www/v2-3/html/index.htm#1. Acesso em: 12 out. 2016.

http://portal.anbima.com.br/autorregulacao/codigos/Pages/default.aspx. Acesso em: 14 nov. 2016.

http://www.autorregulacaobancaria.com.br/normativos.asp

http://www.eba.europa.eu/cebs-archive. Acesso em: 20 nov. 2016

http://www.e-nautadutilh.com/40/1825/uploads/en-compare-bis-2010-2015.pdf?sid=f4be40f0-9808-4ad6-a4e9-dcfd01c69de7. Acesso em: 23 nov. 2016.

REFERÊNCIAS

http://www.e-nautadutilh.com/40/1825/uploads/en-schema-versie-16-09-2015.pdf?sid=f4be40f0-9808-4ad6-a4e9-dcfd01c69de7. Acesso em: 23 nov. 2016.

http://www.ifc.org/wps/wcm/connect/Topics_Ext_Content/IFc_External_Corporate_Site/Corporate+Governance/Investments/Tools/. Acesso em: 15 set. 2016.

http://www.ifc.org/wps/wcm/connect/topics_ext_content/ifc_external_corporate_site/corporate+governance/investments/tools/bank_governance_toolkit__wci__1320147281104. Acesso em: 15 set. 16

http://www.oecd.org/about/. Acesso em: 26 set. 2016

https://www.eba.europa.eu/-/eba-reviews-its-guidelines-on-internal-governance. Acesso em: 18 nov. 2016.

www.bis.org

www.fgc.org.br. Acesso em: 30 ago. 2016.

http://www.fsb.org/wp-content/uploads/2015-update-of-list-of-global-systemically-important-banks-G-SIBs.pdf. Acesso em: 17 out. 2016.

http://www.cvm.gov.br/audiencias_publicas/ap_sdm/2016/sdm1016.html. Acesso: 18 mar. 2017.

<http://www.bmfbovespa.com.br/pt_br/produtos/listados-a-vista-e-derivativos/renda-variavel/empresas-listadas.htm>. Acesso em: 29 mar. 2017

http://www.bcb.gov.br/nor/basileia/enquadramento.asp. Acesso em: 30 mar. 2017.

http://ri.bmfbovespa.com.br/static/ptb/perfil-historico.asp?idioma=ptb. Acesso: 21 abr. 2017.

ÍNDICE

INTRODUÇÃO	17
1. GOVERNANÇA CORPORATIVA E INSTITUIÇÕES BANCÁRIAS	25
2. A GOVERNANÇA CORPORATIVA DE INSTITUIÇÕES BANCÁRIAS E A CRISE FINANCEIRA MUNDIAL DE 2008	117
3. PONTOS DE MECANISMOS INTERNOS DE GOVERNANÇA CORPORATIVA DE INSTITUIÇÕES BANCÁRIAS ESTIMULADOS PELA CRISE DE 2008 E CONSIDERAÇÕES SOBRE FONTES NO BRASIL	221
CONCLUSÃO	317
REFERÊNCIAS	321